Gunther Philipp

Mir hat's fast immer Spaß gemacht

ERINNERUNGEN

ein Ullstein Buch

ein Ullstein Buch
Nr. 22710
im Verlag Ullstein GmbH,
Frankfurt/M – Berlin

Ungekürzte Ausgabe
Mit 93 Fotos und
12 Textillustrationen

Umschlagentwurf:
Hansbernd Lindemann
Foto: Schneider Press
Alle Rechte vorbehalten
Taschenbuchausgabe mit Genehmigung
der F. A. Herbig Verlagsbuch-
handlung GmbH, München
© 1989 by F. A. Herbig Verlagsbuch-
handlung GmbH, München
Printed in Germany 1992
Druck und Verarbeitung:
Ebner Ulm
ISBN 3 548 22710 4

April 1992

Die Deutsche Bibliothek – CIP-Einheitsaufnahme
Philipp, Gunther:
Mir hat's fast immer Spaß gemacht: Erinnerungen /
Gunther Philipp. – Ungekürzte Ausg. – Frankfurt/M; Berlin:
Ullstein, 1992
(Ullstein-Buch; Nr. 22710)
ISBN 3-548-22710-4
NE: GT

Inhalt

Ein schwerer Anfang

Psychogramm des Autors und
ein indiskreter Brief des Dr. G. P.

Beim internationalen Psychologenkongreß, 1947 in Lausanne, trat ein 24jähriger Mann mit einem aufsehenerregenden neuen Test an die Öffentlichkeit: Max Lüscher. Sein Farbtest, der seit dieser Zeit aus der Funktionspsychologie nicht mehr wegzudenken ist, wurde als Geniestreich gepriesen und eroberte die Fachwelt im Sturm.

Der Lüscher-Test gibt Auskunft über das Verhalten des Menschen zu sich selbst und zu seinen Mitmenschen. Dem Konzept dieses Tests entsprechend, hat man unter acht verschiedenen Farben eine Rangordnung aufzustellen. Daraus ergeben sich bestimmte Beziehungen zwischen den einzelnen Farben untereinander und damit das psychologische Kalkül. Ich habe nun mit mir selbst einen Lüscher-Test durchgeführt, »meine Farben« ausgewählt. Hier ist das Resultat.

1. Strebt nach einer von Hemmungen und Selbstzweifeln befreienden Entfaltung des Erlebnisbereiches. Ist für das Neue und Moderne aufgeschlossen und strebt erwartungsvoll nach einer Expansion des Wirkungsfeldes.

2. Hat das Bedürfnis nach einer verständnisvollen und distanzlosen Vertrautheit, beharrt aber auf den Ansprüchen und ist zu keinem eigenen Entgegenkommen bereit.

3. Erstrebt eine erlösende Befriedigung. Bleibt in der Gemütsbindung zurückhaltend.

4. Will von Behinderungen frei sein und selbst verfügen können, um sich uneingeschränkt zu fühlen und nicht ins Hintertreffen zu kommen.

5. Wehrt sich gegen benachteiligende Behinderungen. Will sich in den eigenen Bestrebungen frei entfalten und sich keine Einschränkungen gefallen lassen.

6. Kurzkalkül: Erlebnis- und Erfolgsstreben.

Was beim Lüscher-Test herauskommt, ist absolut ernst zu nehmen, auch wenn es nicht sehr schmeichelhaft ist. Man kann sich allerdings damit trösten, daß es stimmungsbedingte Schwankungen gibt, nicht an jedem Tag ergeben sich bei der Farbauswahl dieselben Kombinationen.

In keiner Weise ernst zu nehmen jedoch ist der hier abgedruckte Brief des Dr. med. univ. Gunther Placheta* an den Kollegen Dr. med. Josef Mayer, der ihm den Patienten Gunther Philipp zur fachärztlichen Untersuchung überwiesen hatte.

DR. MED. UNIV.
GUNTHER PLACHETA
UNIVERSITÄTSKLINIK FÜR NEUROLOGIE
UND PSYCHIATRIE
WIEN IX, LAZARETTGASSE 14

Sehr geehrter Herr Kollege!

Vielen Dank für die Zuweisung Ihres Patienten Gunther Philipp. Ich habe Herrn G. P. in unsere Klinik zur stationären Beobachtung aufgenommen und ihn im Laufe seines mehrwöchigen Aufenthaltes bei uns gründlich untersucht. Ursprünglich wollte ich Ihnen einen ausführlichen, fachärztlichen Befundbericht zugehen lassen, habe mich aber dann im Hinblick auf das Endresultat meiner Untersuchungen entschlossen, Sie vermittels dieses kollegialen Schreibens doch lieber in einer verständlichen Form zu informieren.

Familienanamnese
Vater: keine Angaben über erblich bedingte Erkrankungen,

---

* Anmerkung des Briefschreibers: Mit schriftlichem Einverständnis des Patienten wird Dr. G. P. der ärztlichen Schweigepflicht entbunden.

keine Anfallskrankheiten, jedoch ein bemerkenswerter Lebenslauf: Berufswechsel vom Tierarzt zum Musiker und Komponisten. (!)
Mutter: in der aufsteigenden Linie der Verwandtschaft und bei den Geschwistern keine Erbkrankheiten verifizierbar.

Eigenanamnese
G. P. geboren am 8. 6. 1918. Komplikationsloser, spontaner Verlauf der Geburt (Hausgeburt).
Kinderkrankheiten: Masern, Scharlach, Röteln. Mit sieben Jahren akute Blinddarmentzündung, Apendektomie. Mit 14 Jahren chron. rezidivierende Tonsillitiden, Tonsilektomie. 1934 durch exzessiven Körpersport Dilatation des linken Ventrikels, Klappeninsuffizienz, ausgeheilt. Keine Schädeltraumen. Schon im Schulalter extrovertierte Verhaltensweise mit dem Ziel, Mitschüler zum Lachen zu bringen, Charlie-Brown-Syndrom (C. B. S.).

Soziale Entwicklung
Geordnete Familien- und Wohnverhältnisse, Einzelkind. In der Pubertät vorübergehende Schwächephase der schulischen Leistungen, danach recht gut. Abitur. Medizinstudium. Zwischen dem dreizehnten und zweiundzwanzigsten Lebensjahr Schwimmsport. Rekorde. Fünf Jahre Militärdienst, Promotion zum Doktor der Medizin. Unvollendetes Philosophiestudium mit dem Hauptfach Psychologie. Kriegsgefangenschaft, ärztliche Landpraxis. Vier Jahre als Arzt an der Universitätsklinik für Neurologie und Psychiatrie in Wien. Keine berufliche Unzufriedenheit, dennoch Wechsel zum Schauspielerberuf, angeblich aus ökonomischer Indikation. Später unter existentiellem Druck nach Überschreitung der Grenzen der Frustrationstoleranz und wegen Unerträglichkeit der aktuellen schlechten Lebensqualität: Produktion von Kabarett- und Revuetexten. Spaltung in zwei kontrastierende Berufsbereiche: Medizin und Kunst.

Interner Befund
Guter Ernährungs- und Allgemeinzustand, somatisches Er-
scheinungsbild dem Alter des Patienten entsprechend, Leber-
werte innerhalb der Norm, Gesamtcholesterin unwesentlich
erhöht, EKG: geringfügige Bradykardie. Kein Belastungs-
EKG.

Neurologischer Befund
Organneurologisch o. B.

Psychischer Befund
Patient ist zeitlich, örtlich und zur Situation voll orientiert.
Gedankenablauf geordnet. Assoziationserleichterung und
rege Phantasieleistungen sind als Kreativitätszeichen zu
deuten. Sprachliche Ausdrucksweise nuanciert, wortreich.
Neigung zu Fremdwortgebrauch, Neologismen. Auffallend
gelegentliche Verbalisation von moriatischen Kalauern. I. Q.
im Normalbereich der Sozialprovenienz des Patienten.

Während des Aufenthaltes in unserer Klinik verlangt Pat.
G. P. Schreibpapier und beschäftigt sich den überwiegenden
Teil des Tages mit der Niederschrift seiner »Erinnerungen«.
Dabei erweckt er den Eindruck, daß diese Schreibarbeit un-
ter einem exogenen Druck erfolgt, der von einer bedrohli-
chen Instanz namens Herbig Verlag ausgeübt wird. Die be-
merkenswerte Wirksamkeit dieses Druckes wird zusätzlich
durch einen endogenen Faktor begünstigt. Es handelt sich
dabei um ein kontinuierliches Sprudeln von Einfällen, die
nach Art eines amoenomanischen Beschäftigungsdeliriums
zwanghaft zu Papier gebracht werden müssen. Nach vollzo-
gener Niederschrift fühlt sich Pat. sichtlich erleichtert, empfin-
det offenbar seine produktiv-kreative Tätigkeit als erlösende
Druckentlastung.
Wir haben Hunderte von Manuskriptseiten, die der Pat.
während seines Aufenthaltes bei uns schrieb, inhaltlich ein-

gehend geprüft und die daraus gewonnenen Einschätzungen in sein Psychogramm integriert, wobei wir die grundlegenden und erkenntnisreichen Arbeiten von Leo Navratil (»Dichtung Schizophrener«) einbezogen haben.

In Ihrem Begleitbrief haben Sie die Frage an mich gerichtet, ob es sich bei Pat. G. P. um eine Psychopathie von gravierendem Krankheitswert handele. In Beantwortung dieser Frage verweise ich Sie auf die klassische Definition der Psychopathie: »Der Psychopath ist eine Persönlichkeit, die unter dem Einfluß der Umwelt leidet oder seine Umwelt leiden macht.« Beides ist im Falle des Pat. G. P. unzutreffend, im Gegenteil, er schöpft aus der Konfrontation mit seiner Umgebung, die ganze Strecke seines Lebensweges hindurch, beträchtlichen Lustgewinn, euphorische Stimmungsinhalte und genießt die Belebung seiner emotionellen Abläufe, und das seit Jahrzehnten. Daher auch der Titel seiner Arbeit: »Mir hat's fast immer Spaß gemacht.«

Diagnose
Akute exogene euphorische graphomania poetica (exogene wohlgelaunte dichterische Schreibsucht)

Therapeutische Maßnahmen
Scheinen nicht angezeigt. Gelegentlich Tranquilizer in bescheidenen Dosen oder leichte Hypnotika (Lendormin 1 Tabl. vor dem Einschlafen) zur Aufrechterhaltung eines gesunden Wach-Schlaf-Rhythmus.

Die in unserer Klinik vom Pat. G. P. angefertigten Manuskripte hat unser Pflegepersonal sorgsam gesammelt. Zur Vertiefung Ihres Einblickes schließen wir sie diesem Schreiben bei. Mit gleicher Post senden wir das umfangreiche Material an den Herbig Verlag in München, wo es durch Veröffentlichung einem breiteren Publikum in Buchform zugänglich gemacht wird. Die Lektüre der Niederschriften des Pat. G. P. wird Ihnen, lieber Herr Kollege, sicherlich mehr Aufschluß über sein Zustandsbild geben, als dies ein fachärztlicher Befundbericht vermag. In der Hoffnung, Ihnen mit meiner Mitteilung gedient zu haben, verbleibe ich mit kollegialen Grüßen

P. S. Auf Ihre Ankündigung, daß Sie mir noch einige Ihrer Fälle zur Therapie an unsere Klinik überweisen wollen, muß ich Ihnen mitteilen, daß ich die Aufnahme der genannten Personen für sinnlos halte. Die von Ihnen namentlich erwähnten Filmschaffenden sind nach meiner Ansicht als erfahrener Diagnostiker keiner Therapie zugänglich. Sie wissen ja, sehr geehrter Herr Kollege, daß ich es meinem Prestige schuldig bin, aussichtslose Fälle gar nicht erst anzunehmen.

Dr. G. P.

*

Wenn einem der siebzigste Geburtstag bevorsteht – und das war der Fall, als ich zu schreiben begann –, muß man einen Blick zurück werfen, eine Bilanz ziehen. Selbstverständlich soll man sich auch darüber im klaren sein, daß sich durch den zeitlichen Abstand manche Konturen verwischen. Hinzu kommt: Die Bewertung einzelner Ereignisse ändert sich mit der Distanz, aus der man sie betrachtet. Manches verliert an Bedeutung, anderes wiederum gewinnt, in einem größeren Zusammenhang gesehen, eine veränderte Wertigkeit. Wie dem auch sei, ich habe mich bemüht, einen möglichst ungetrübten Blick in die Vergangenheit zu richten. Ein besonderes Anliegen war es, mir selbst gegenüber ehrlich zu sein und die Dinge so darzustellen, wie ich sie heute sehe. Mag sein, daß der eine oder andere sich in diesem Buche gar nicht oder in einer Weise erwähnt findet, die ihm nicht behagt. Gewiß, meine Direktheit im Formulieren hat mir im Laufe meines Lebens schon öfters Unannehmlichkeiten beschert, das nehme ich auch jetzt in Kauf.

Wie ist es nun mit dem Titel: »Mir hat's fast immer Spaß gemacht«?

Stimmt das tatsächlich, kann das wirklich wahr sein?

40 Jahre Funk, Film, Fernsehen, Theater, und es soll fast immer Spaß gemacht haben?

Schwindel schon in der ersten Zeile?

Nicht ganz! Man muß es anders sehen. Was für jeden Beruf zutrifft, gilt für meinen im besonderen Maße. Beruf ist Kampf, Konfrontation.

Bei uns wird viel gehobelt, und das mit großer Kraft und Geschwindigkeit. Konflikte, Schwierigkeiten und Ärger gehören zu unserem Alltag – wie auch anderswo. Was, also, hat da fast immer Spaß gemacht? Ganz einfach: die Bewältigung, der Sieg über die Schwierigkeiten.

Immer wenn ich meinen Geburtsort angeben muß, bemerke ich die gleiche Reaktion, man ist verwundert, manchmal sogar befremdet, wenn ich sage: »Ich bin in Transsilvanien geboren!«

»Wo bitte? Dort, wo die Vampire herkommen?« wird erstaunt gefragt.

»In Siebenbürgen! Das ist in Rumänien, der Ort heißt Marosheviz!«

»Ach so, Sie sind Rumäne!« bekomme ich dann zu hören. Und das ärgert mich, aber nicht wegen Rumänien, sondern weil ich als das gelten will, was ich bin: als Österreicher!

Um das zu verdeutlichen, helfe ich mir dann mit einem Gleichnis: »Sehen Sie mal, wenn eine Katze in der Fischhandlung Junge bekommt, sind das keineswegs Karpfen!«

Damit ist dann die Situation meistens geklärt.

Um in dieser Hinsicht Irrtümer zu vermeiden, sei trotzdem ausdrücklich hinzugefügt: Meine Eltern waren Österreicher. Meine Mutter stammte aus einer alteingesessenen Handwerkerfamilie. Mein Vater hingegen wurde in der nordmährischen Stadt Olmütz als Sohn eines Küchenchefs am Hofe des österreichi-

schen Kaisers geboren. Mähren gehörte zu jener Zeit zum König-
reich Böhmen und war bevölkerungspolitisch eine deutschspra-
chige Enklave.

Soweit meine rein österreichische Abstammung, auf die ich auch
heute noch stolz bin.

Aller Anfang ist schwer. Deshalb möchte ich den Einstieg in
meine Lebensgeschichte erleichtern, vielleicht auf dem Umweg
über den Stil der sogenannten Regenbogenpresse.

Stellen Sie sich vor, Sie sitzen im Wartezimmer Ihres Zahnarztes,
beim Friseur oder in einem jener selten gewordenen Kaffeehäu-
ser wienerischer Prägung, in denen eine große Auswahl an
Lesematerial angeboten wird. Da liegen sie nun herum, die
wöchentlich erscheinenden Druckwerke. Von vielen scheinhei-
lig geschmäht, aber heimlich gelesen, wecken sie mit ihren
bunten Titelseiten und aktuellen Stories die Neugierde des
Lesers. Um nun die Wartezeit zu überbrücken, greifen Sie fast
reflektorisch nach einem dieser Blätter. Die Titel der Artikel
verheißen tiefe Einblicke in die Intimsphäre prominenter Persönlichkeiten: Familienzwiste in Fürstenhäusern, Enthüllungen
über geheime Leidenschaften und moralische Entgleisungen
hoher Politiker, und hin wieder eine Life- oder Lovestory.

Diese Geschichten sind in einem unverschnörkelten Stil gehalten, lesen sich leicht und flüssig und liefern vor allem eine Menge
interessanter Informationen. Die Berichterstattungen beruhen
auf weitgehender Kenntnis der Einzelheiten. Der Schreiber weiß
genau, was Stephanie von Monaco im Lamborghini auf dem Wege
in die Disco zu dem berühmten Formel-I-Piloten sagte, er weiß
sogar, warum Kaiserin Soraya eine glitzernde Träne über die
Wange kullerte, als sie damals in jener schicksalsschweren
Stunde, die ihr Leben veränderte, traurig in den Park des kaiserlichen Palastes hinausblickte.

Das alles und noch viel mehr wissen die Verfasser solcher Artikel
ganz genau. Das gibt dem Leser ein beglückendes Gefühl der

Zugehörigkeit, und dieses Gefühl möchte ich auch zwischen Ihnen und mir erzeugen.

Natürlich hätte ein Autor im Dienste eines derartigen Wochenblattes auch geschrieben, was sich am 8. Juni des Jahres 1918 in Rumänien ereignete, wenn er es geschrieben hätte. Da er es aber nicht geschrieben hat, schreibe ich es und zwar so, wie er es geschrieben hätte, wenn er es geschrieben hätte. Und da ist sie nun, meine Biographie.

Hurra, ein Junge!

Geburt in Marosheviz – Die väterliche Praxis in Wien –
Ein faszinierendes Apothekerspiel – Aufklärung nach Art des
Jahres 1924 – Volksschule

Die transsilvanischen Wälder träumten poetisch vor sich hin,
der sanfte Wind eines milden Juniabends wehte pflichtgemäß, lindernde Kühlung bringend, über die Landschaft und
durch das üppige Blondhaar eines etwa vierundzwanzigjährigen
hochgewachsenen Mannes zu Pferde namens Hugo Placheta. Das
heißt, genaugenommen wehte der Wind gar nicht durch das
oben erwähnte Blondhaar, sondern er umkoste (wie die Dichter
zu sagen pflegen) die Schläfen jenes Mannes. Das lag an seiner
militärischen Kopfbedeckung, er trug nämlich die eines k. u. k.
Oberleutnants der berittenen Artillerie.

Man schrieb den 8. Juni 1918. Es war das fünfte Jahr des Ersten
Weltkrieges, aber in Siebenbürgen herrschte schon friedliche
Ruhe, dort gab es keine militärischen Aktionen mehr. Das Ende
dieses Krieges zeichnete sich bereits ab. Demgemäß schaute der
junge Offizier relativ gelassen, aber blauäugigen Blickes in eine
bestimmte Richtung, und zwar dorthin, wo sich in der Abend-
sonne die Häuschen der kleinen Ortschaft mit dem ungarischen
Namen Marosheviz am Horizont abzeichneten. Und doch flak-
kerte in seinen Augen etwas wie freudige Erwartung, eine Spannung, die nur diejenigen Männer nachempfinden können, die
sich in einer gleichen Situation befinden. Das Lachen und Scher-
zen seiner Soldaten, die in einiger Entfernung lagerten, um die
Zeit bis Dienstschluß totzuschlagen, überhörte er offenbar.

Seine Aufmerksamkeit galt nämlich jetzt der Gestalt eines Reiters,
der in gestrecktem Galopp vom Dorfe kommend heransprengte

und das dampfende Roß vor seinem Vorgesetzten zum Halten brachte. Es war der Offiziersdiener des Herrn Oberleutnant (auf österreichisch: der Pfeifendeckel) – ausnahmsweise und ganz gegen die Dienstvorschrift zu Pferde. Die Dringlichkeit seiner Meldung, die er jetzt erstattete, schien dies jedoch zu rechtfertigen. Atemlos wie sein Gaul und noch mehr verschwitzt als dieser stieß er hervor: »Melde gehorsamst, Herr Oberleutnant, es ist soweit!«

Wortlos gab der junge Offizier seinem Pferd die Sporen und sprengte davon – der Pfeifendeckel hinter ihm drein.

In sagenhaft kurzer Zeit war man vor Ort. Der Pfeifendeckel versorgte die beiden Gäule und verkrümelte sich grinsend. Der Herr Oberleutnant Placheta betrat das kleine ebenerdige Bauernhaus, das ihm als Dienstquartier diente, mit vorsichtigen Schritten. Da kam ihm schon der Regimentsarzt mit strahlendem Lachen und in Hemdsärmeln aus dem Schlafraum des Ehepaarers Therese und Hugo Placheta entgegen. Er hielt dem Herrn Oberleutnant ein Etwas von zirka 3350 Gramm und 52 Zentimetern hin: Das war ich!

»Was ist es?« fragte mein Vater den Geburtshelfer.

»Schau nach«, sagte der Regimentsarzt.

Der Herr Oberleutnant lüftete gespannt die Umhüllung und stellte fest: »Ein Bub, Gott sei Dank! Wie geht es meiner Theres?«

»Alles in Ordnung!« sagte der Regimentsarzt.

Nun kam auch Leopoldine, die jüngere Schwester der Mutter, heraus. Sie hatte die Hochschwangere von Wien nach Marosheviz begleitet, um bei dem großen Ereignis der Ankunft des Stammhalters dabei zu sein, in erster Linie aber, um der Theres in schwesterlicher Liebe bei ihrer Niederkunft Beistand zu leisten.

»Tante Poldi«, wie sie später immer genannt wurde, blieb vom Tage der Geburt an für mich so etwas wie ein Schutzengel, eine großzügige Patin und Gönnerin in den Dürrezeiten meines Lebens.

Tante Poldi entwickelte sich zu einer zweiten Mutter. Alle liebenswerten Eigenschaften, die den Ramingertöchtern eigen waren, hatte sie in ebenso reichem Maße wie meine Mutter. Tante Poldi war kinderlos, und so wurde ich sozusagen zum Sohn zweier Mütter. Das war ein sehr angenehmer Zustand, diese doppelte Mutterliebe. Wenn meine Mama in ihrer Eigenschaft als Frau eines Tierarztes in ihren Pflichten aufging, sprang die gute Tante Poldi ein und schleppte mich fast täglich zum Schwimmen. Ganz offensichtlich genoß sie es, wenn die Leute im Amalienbad meine Schwimmkünste bemerkten und sie für meine Mutter hielten.

Das Kriegsende rückte immer näher, schon wenige Wochen nach meiner Geburt wurde mein Vater zum Heimatstandort seiner Artillerieeinheit, nach Wiener Neustadt, zurückberufen. Meine Eltern nahmen in Schottwien eine kleine Wohnung.
Am 11. November 1918 war der Erste Weltkrieg zu Ende, Kaiser Karl dankte ab, das große Österreich-Ungarn war zerfallen. Am nächsten Tag wurde die erste Republik ausgerufen – sie sollte bis zum 13. März 1938 Bestand haben.

1922 wurde mein Vater an der Tierärztlichen Hochschule Wien zum Doktor der Veterinärmedizin promoviert. Meine Eltern waren inzwischen nach Wien gezogen und im Hause Erdbergstraße 35, Tür 25, wohnte nun eine dreiköpfige Familie, die dem Durchschnitt der damaligen Zeit entsprach. Der Vater ein junger Akademiker, die Mutter vor der Ehe eine schlichte Postbeamtin und nun emsige Hausfrau, ein Kind: ich! In der geräumigen Vierzimmer-Wohnung wurde eine Praxis für Kleintiere eingerichtet. Die langgestreckte Diele diente als Wartezimmer, ein großer Raum war die »Ordination«. Die Praxis florierte, ständig wartete ein gutes Dutzend von kläffenden, miauenden und piepsenden Patienten auf die Untersuchung.
Schon als Fünfjähriger habe ich in der Praxis meines Vaters eifrig mitgewirkt, allerdings eher geschäftsschädigend. Ich erzählte

zum Beispiel den Besitzern erkrankter Tiere, daß mein Vater durchaus in der Lage sei, mit einer einzigen kleinen Spritze jeden Vierbeiner schmerzlos in die ewigen Jagdgründe zu befördern. Das wirkte natürlich schockierend und bedeutete für meinen Vater einige Patienten weniger und für mich eine Tracht Prügel mehr. Rückblickend sehe ich diese pädagogischen Handgreiflichkeiten meines Vaters als Ausdruck seiner damaligen Überlastung. Ich hatte eben als Fünfjähriger für seinen Lebenskampf genausowenig Verständnis wie mein jetzt ebenso alter Sohn Gero für mich hat, wenn er immer wieder mit neuen Ideen für seine Lego-Konstruktionen ins Zimmer kommt, um mich vom Schreiben abzuhalten. Ich lasse mich aber nicht beirren und stöbere weiterhin in meinem Gedächtnis.

Mein Vater war in der ersten Zeit nach seiner Promotion als wissenschaftlicher Mitarbeiter an der tierärztlichen Hochschule beschäftigt und wirkte an der Entwicklung eines Röntgengerätes für Pferde und Rinder mit. Außer Forschung und Praxis hatte er noch eine weitere spezielle Aufgabe, er war der Haustierarzt eines Fuhrwerkbetriebes, der sich um die Ecke in der Schwalbengasse befand. Das war der »Sandner«, der die meisten und schönsten Fiaker besaß und dazu natürlich auch die Pferde, die veterinärmedizinisch versorgt werden mußten.

Der Fiaker war in jener Zeit ein Nobelfahrzeug für den Individualverkehr, das man, ähnlich wie heute ein Taxi, mieten konnte. Manche Leute, die das nötige Kleingeld besaßen, fuhren sogar regelmäßig immer mit demselben Fiaker. Da saß der Kutscher hoch oben auf dem Bock und zog respektvoll seine Melone, wenn der vornehme Fahrgast einstieg: »Küß d'Hand, Herr Baron, Herr Hofrat, Herr Professor!« Die Tramway, wie die Straßenbahn damals hieß, war zu jener Zeit eher etwas für das »Volk«. Automobile hingegen gehörten zu den Seltenheiten.

Seit Wien zu einem attraktiven Reiseziel ausländischer Touristen geworden ist, hat der Aufwind der Nostalgie eine Wiederbelebung des Fiakerfahrens bewirkt, es gibt diese netten ein- oder zweispännigen offenen »Cabriolets« wieder in großer Zahl, und sie beleben das Straßenbild der Stadt in besonderer Weise – vorwiegend optisch. Ein Fiaker mit Kutscher in kleinkarierter Hose, Samtsakko und der Melone auf dem Kopf, das ist schon was, das kann sich sehen lassen! Das ist Wien, wie es der Fremde erleben will. Wenn dann die Fiaker so »ringrund« fahren und der Kutscher oder gar sein Beifahrer (der manchmal auch dolmetscht) die Sehenswürdigkeiten erklärt – die Oper, das Parlament, das Burgtheater, die Universität – und wenn sich die Autos hinter ihnen stauen, wird nicht gehupt und nicht geflucht. Da wird der Autofahrer zum Charmeur, damit der Fremde glaubt, wir Wiener seien immer so. Aber schon an der nächsten Kreuzung bekommt der andere Verkehrsteilnehmer die volle Wucht des goldenen Wienerherzens zu spüren: »Schleich di, tramhapperte Trottel!«

Wien bleibt eben Wien.

Gelegentlich nahm mich mein Vater mit, wenn er in dem auf der anderen Seite des Donaukanals liegenden Zweiten Wiener Gemeindebezirk seine Visiten machte. Diese Gegend war damals ein ausgesprochenes Nobelviertel. Zum Abschluß seiner Krankenbesuche bei elitären, scharfen Wachhunden, schmusigen, verwöhnten Angorakatzen und ähnlichem Schickimickigetier gab es traditionsgemäß einen Besuch in der »Schüttelapotheke«, benannt nach dem dortigen Stadtviertel Schüttel. Der Apotheker Franz und sein Magister Brandtner sind mir noch heute in Erinnerung. Sie trugen schwarze Arbeitskittel, was auf mich einen besonderen, mystischen Reiz ausübte.

Meine Bewunderung galt vor allem der Sorgfalt, mit der in den Nebenräumen der Apotheke bei der Zubereitung von Medikamenten gearbeitet wurde. In jener Zeit hatten die Ärzte noch reichlich Gelegenheit, in raffiniert ausgeklügelten Wirkstoffkombinationen und Mengenverhältnissen Arzneimittel zu verordnen. Da gab es die Präzisionswaagen im Glasverschlag, die aus Horn gefertigten kleinen Waagschalen, die mit grünen Kordeln an den blitzenden Messingarmen der Waage befestigt waren. Da waren die winzigen Goldplättchen, die als Gewichte dienten, die man nur mit der Pinzette anfassen durfte. All das hat mich ungeheuer beeindruckt und zum Apothekerspiel motiviert. Dies fand im Hofe unseres Wohnhauses statt. Zwischen dem Vorder- und dem Hintertrakt befand sich ein gepflasterter Hof, in dem ich mit einem einige Jahre älteren Jungen spielte. Er hieß Otto, heute ist er Direktor einer renommierten Bühne in Wien: Professor Otto Ander.

Die Ingredienzien zu unserem Apothekerspiel waren verschiedenfarbige pulverisierte Tafelkreiden und gefärbte Wässerchen in kleinen Flaschen aus dem Labor meines Vaters. Das hatte etwas Fesselndes. Zeit und Raum waren vergessen, da konnte meine Mutter aus dem vierten oder Ottos Mutter aus dem zweiten Stock rufen so viel sie wollten, wir hörten nicht. Erst wenn mein Vater mit seiner Donnerstimme herunterbrüllte, daß die Scheiben klirrten, kehrten wir in die Wirklichkeit und ich in die elterliche Wohnung zurück.

Einmal war es allerdings zu spät. Ich hatte meine neue Lederhose an, außen grau mit grüner Einfassung und mit schmucken Fransen an den Seitenschlitzen. Innen war sie hellgelb, aber nur bis zu jenem Zeitpunkt, da es geschah. Im Eifer des Spieles mit Otto hatte ich versäumt, rechtzeitig das Örtchen aufzusuchen. Wie von Furien gehetzt raste ich die vier Etagen hoch. Es war zu spät! Es setzte ein Donnerwetter ungeheuren Ausmaßes, mein Vater hatte nämlich eine deutliche Handschrift.

Er war ein Patriarch. Rückblickend kann ich jedoch sagen, seine Strenge hat mir nicht geschadet, im Gegenteil, sie hat mich geformt und geprägt. Auch heute noch bin ich ihm unendlich dankbar für alles, was er mir gegeben hat, auch für die Ohrfeigen in nicht geringer Stückzahl.

Was in meiner Erinnerung an ihn auch heute noch weiterlebt, ist sein ganz typischer Humor, der das Image des Wieners ausmacht:

die pointierende, verbale Treffsicherheit, die beißende Ironie, der makabre Zynismus und das gnadenlos Verletzende bei extremer eigener Verletzlichkeit. Bei Oskar Sima und Helmut Qualtinger waren diese Eigenschaften besonders ausgeprägt.

Dazu hatte Vater eine sehr geistreiche Art, mit Worten zu spielen, Schüttelreime zu produzieren und Geschicklichkeitsübungen mit der Sprache anzustellen. Diese Fähigkeiten habe ich an meinen erstgeborenen Sohn Peter weitergegeben.

Wesenszüge, die bei meinem Vater nicht ausgeprägt waren, die aber das Bild des Wieners gefällig abrunden: die Rührseligkeit, der tränenverschleierte, sehnsüchtige Blick aus dem Diesseits ins fröhliche Jenseits mit den blonden Engerln, die weinselige Verklärung des Sterbens, der »liabe Himmelvatter« und der Petrus, all das findet man in unsern Wienerliedern und in uns allen.

Meine Mutter verkörperte – im wahrsten Sinne des Wortes – mit der molligen Rundlichkeit ihrer reiferen Jahre eine weitere Facette des Wienerischen: das Sonnige, das Gemütliche und Herzliche, kurz, das »Paul-Hörbigerische« und »Hans-Moserische«. Mit einem Teil der eben erwähnten Eigenschaften, in ausgewogenem Mischungsverhältnis, hat die DNS-Codierung auch mich ausgestattet, wofür ich der Erbbiologie dankbar bin.

Mit sechs Jahren wurde ich in der Volksschule Hörnesgasse im Dritten Wiener Gemeindebezirk eingeschult. Diese Schule lag ganz in der Nähe der elterlichen Wohnung. Man ging die Erdbergstraße bis zur fünften Querstraße stadteinwärts und dann rechts hinunter die Kübeckgasse entlang, an der Geusaugasse vorbei, und da war es schon rechts an der Ecke, das düstere, ehrfurchtgebietende Schulgebäude mit den immer ungeputzten, mehrteiligen Fenstern. Halbdunkle Korridore, hohe Klassenzimmer, Gasbeleuchtung, abgewetzte zwei- und dreisitzige Schulbänke mit eingeritzten Buchstaben. Ehemals grüngestrichene Klappulte und fürchterlich knarrende Rückenlehnen, die zum Stillsitzen zwangen.

Meine Klassenkameraden waren durchwegs Knaben. In der Nebenklasse für Mädchen war Thea, die Tochter unseres jüdischen Hausarztes Dr. Ruff, und dann noch die Trude Gerlach aus der Kübeckgasse mit ihrem hellblonden Pagenkopf.

Diesen beiden galt mein besonderes Interesse, vor allem, seit ich am Ende der Turnstunde Thea beim Umziehen beobachtet hatte. Das hatte mich ziemlich beeindruckt, und arglos, wie ich damals noch war, berichtete ich meinem Vater davon. Mit zwei blitzartigen schallenden Haustetschen (Ohrfeigen) war die kurze Sexaufklärung nach Art des Jahres 1924 schnell beendet. Irgendwie stand ich vor einem Rätsel, dessen Lösung mir erst mehr als ein Jahrzehnt später gelang. Dann aber gründlich.

Zwischen meinem Vater und Dr. Ruff muß wohl ein Gespräch stattgefunden haben, und auch die Direktion der Schule wurde eingeschaltet. Kurz darauf hatte die Turnstunde der Mädchenklasse früher beendet zu sein, und die Knaben mußten später beginnen. Eine umsichtige und pädagogisch fundierte Maßnahme, wie sie dem damaligen Stand der Kinderpsychologie entsprach.

Im Vorschulalter hatten wir damals, ganz im Gegensatz zu den Kindern von heute, ein paar naive Illusionen. Wir zitterten am 5. und 6. Dezember vor dem Nikolo und dem Krampus, seinem Begleiter aus der Hölle. Der Nikolo erkundigte sich, ob wir wohl auch das ganze Jahr über brav gewesen wären, dann belohnte er die braven Kinder. Zwischendurch rasselte der wilde Krampus immer wieder mit seiner Kette, fuchtelte mit der Rute und drohte, die schlimmen Kinder in der großen Butte, die er auf dem Rücken trug, in die Hölle mitzunehmen. Es war schauerlich und schön zugleich. An diese beiden Gestalten, die als pädagogisches Druckmittel dienten, glaubte ich bis zu dem Zeitpunkt, da ich die Schuhe vom »heiligen Nikolo« genauer betrachtete und feststellte, daß sie ebenso dreckig waren wie die vom Herrn Hertel aus dem dritten Stock.

Auch das liebe Christkind war noch lange bei mir auf dem

Spielplan. Viele Stunden lauerte ich am Heiligabend vor der Tür des Wohnzimmers, in dem die Bescherung stattfinden sollte, auf den hellen Klang des Glöckchens. Mit einem Blitzstart stürmte ich in das Zimmer hinein, das Fenster war weit geöffnet, und ich stürzte hin, um das Christkindl auf seinem Weiterflug zu den anderen Kindern noch mit dem Blick zu erhaschen. Nichts war zu sehen, weg war es, das Christkind. Immer war es schneller als ich. Die frische Schneeluft drang aus der Winternacht in den Raum und brachte die Kerzen auf dem prächtigen Weihnachtsbaum zum Flackern. Für lyrische Empfindungen hatte ich keine Zeit, ich machte mich über die Geschenke her – o je, schon wieder was zum Anziehen! –, aha, Gott sei Dank, da war zum Glück das große, hölzerne Feuerwehrauto, das ich mir gewünscht hatte, und das Schaukelpferd war auch da! Leider zerrann auch diese kindliche Illusion eines Tages, die älteren Spielkameraden sorgten schon dafür.

In den Schulferien gingen meine Eltern, wie der Österreicher damals sagte, »auf Sommerfrische«. Das war eine Form des Urlaubs, die man mit dem, was das Jet-Zeitalter heutzutage bietet, nicht vergleichen kann. Damals begnügte man sich damit, dritter Klasse Personenzug in die Wachau zu fahren, eine kleine Ferienwohnung bei Weinbauern zu mieten oder sich in einem Dorfgasthof, zum Beispiel in Marbach oder Mariataferl, einzuquartieren.

Gelegentlich fuhren wir auch etwas weiter in Urlaub. Im Sudetenland hatte mein Vater einen Schulfreund und Studienkollegen, den Tierarzt Dr. Schwarzer in Warmbrunn. Bei ihm verbrachten wir so manche Sommerwoche. Der Aufenthalt dort war für mich eher arm an Ereignissen, ich mußte also etwas tun, um mein Dasein zu beleben.

In der ländlichen Idylle des kleinen Ortes gab es eine interessante Tierwelt und in der näheren Umgebung des Landhauses unseres Gastgebers munteres Federvieh. Meine besondere Aufmerksamkeit galt einem großen, stolzen Hahn. Aus mir unerklärlichen Gründen hatte der Arme vor mir große Angst. Diese Tatsache machte ich mir zunutze. Ich führte mit ihm ein stufenweise aufgebautes Lauftraining durch. Zwischen zwei langen, parallel verlaufenden Zäunen bestand ein schmaler Korridor, wie geschaffen für eine Geflügelrennbahn. Über diese etwa 200 Meter lange Piste scheuchte ich nun mehrmals täglich den armen Vogel in forciertem Laufstil, wobei ich ihn durch Fuchteln und höllisches Gebrüll zu Höchstleistungen anspornte. Der Erfolg blieb nicht aus, die Stoppuhr zeigte tägliche Verbesserungen seines Sprintvermögens. Manchmal hatte ich sogar den Eindruck, der Gockel war irgendwie stolz auf seine Trainingserfolge. Fast könnte man sagen, wir wurden Freunde, wie eben Trainer und Leichtathlet. Wenn ich morgens aus dem Hause kam und der Hahn mich sah, ergriff er bezeichnenderweise keineswegs die Flucht, im Gegenteil, er wartete, bis ich ihn wieder scheuchte, und demonstrierte seine Lernfreudigkeit und seine gute Kondition.

Eines Tages war der Hahn verschwunden, ich suchte ihn überall, zunächst bei seinen Hennen, aber auch dort fand ich ihn nicht. Ich war traurig und vergaß meinen Trennungsschmerz erst, als zum Mittagstisch gerufen wurde. Es gab Geflügel. Eine sentimentale Rührung ergriff mich, als mein »Onkel Schwarzer« sich über eine muskulöse Keule her und seiner Frau Vorwürfe machte, weil das Fleisch so zäh war. Es zeigte sich somit, daß Bodybuilding und exzessives Lauftraining bei Schlachthähnchen den kulinarischen Genuß mindern.

Meine Zeit in der Volksschule Hörnesgasse war begrenzt, nicht wegen des geschilderten Vorfalles im Turnsaal, sondern ich kam in eine andere Volksschule, in die Kundmanngasse, ein paar hundert Meter links um die Ecke. Diese Anstalt galt als bessere Vorstufe für das im selben Gebäude untergebrachte humanistische Gymnasium mit dem prestigemäßig wohlklingenden Namen G III. Da wußte jeder gleich: Aha, Latein und Griechisch!

Damit war ein deutlicher Unterschied zum RG III, dem Realgymnasium in der Hagenmüllergasse, gegeben, in dem die Sprache der alten Griechen für überflüssig befunden wurde.

Die Tatsache, jetzt eine Schule besuchen zu dürfen, die sich eines guten Rufes erfreute, machte auf mich Knirps keinen großen Eindruck, offenbar war es damals nicht möglich, bei mir ein Eton-Bewußtsein zu erzeugen, ich hatte eben noch keinen Collegegeist.

Der Reiz dieser Schule bestand darin, daß sich ihr gegenüber eine rätselhafte Villa befand. Sie war in einem eigenartigen, sachlichen Stil gehalten, würfelförmig, scharfkantig, architektonisch an den Bunkerstil der Flaktürme erinnernd, auf denen die Fliegerabwehrkanonen im Zweiten Weltkrieg postiert waren. Dieses geheimnisvolle Bauwerk war von einer hohen Mauer umgeben, die unseren sportlichen Ehrgeiz herausforderte.

Getreu dem olympischen Motto »Schneller, weiter, höher« entwickelten wir eine spezielle Disziplin, in der wir unsere Fähigkeiten in edlem Wettstreit messen konnten: Hochspucken aus dem Stand. Es galt, die hohe Mauer der geheimnisvollen Villa an der höchstmöglichen Stelle zu überspucken. Da die Kundmanngasse dort ein Gefälle hatte, wurde die Mauer zur Ecke hin immer höher. Wer also von einer Stelle aus, die der Ecke am nächsten lag, über die Mauer spucken konnte, war Sieger.

Die Leute, die während einer solchen Hochspuck-Konkurrenz vorbeikamen, mußten natürlich die jeweilige Windrichtung berücksichtigen, um nicht etwas abzubekommen. Kopfschüttelnd entrüstete sich so mancher Passant: »Pfui Teufel«, und spuckte ebenfalls aus, allerdings abwärts und natürlich ohne verfeinerte Technik.

Leider fand die Saison für diesen edlen Freiluftsport ein jähes Ende, als die Schuldirektion davon erfuhr und uns zur inneren Einkehr ein paar Stunden nachsitzen ließ.

Fast ein halbes Jahrhundert nach meiner Zeit am Gymnasium in der Kundmanngasse, zur fünfzigjährigen Maturafeier, schenkte mir ein Schulkollege ein Buch, aus dem ich interessante Einzelheiten über die seltsame Architektur jener geheimnisvollen Villa entnehmen konnte. Der Philosoph Ludwig Wittgenstein, der Bruder der Bauherrin, war für den Entwurf des Bauwerkes verantwortlich. Daher die skurrile Architektur.

Jetzt, da ich weiß, daß ein Philosoph, auf den Österreich stolz ist, der Architekt des vielbeachteten Bauwerkes war, das inzwischen sogar unter Denkmalschutz steht, schäme ich mich noch im nachhinein, über die Mauern gespuckt zu haben.

Tiroler Intermezzo

Gymnasiast in Innsbruck – Meine »Karriere«
als Geiger – Leidenschaft Sport – Matura in Wien

Die Wiener Volksschulzeit war noch nicht beendet, da mußte mein Vater aus beruflichen Gründen nach Innsbruck übersiedeln. Meine Eltern mieteten im Saggen, einem schönen Stadtteil, fast am Fuße der Nordkette gelegen, eine große Wohnung. Die schattigen Alleen und Straßen boten reichlich Gelegenheit zu turbulenten Spielen wie Tretrollerfahren, Landhockey und Wettlaufen. In dieser Hinsicht gab es nur Positives zu vermerken. Problematisch war hingegen mein Dasein als Neuzugang in der Dreiheiligenschule in Pradl. Dieser Stadtteil ist durch seine Volkstümlichkeit geprägt, demgemäß sind die Umgangsformen der dortigen Schuljugend ziemlich handgreiflich. Frisch aus Wien zugereist, war ich natürlich zunächst ein Fremdkörper und bekam sofort von meinen Mitschülern jene original Tiroler Watschen, durch die der berühmte »Watschentanz« damals schon seine Weltgeltung erlangt hatte. Die Ursache dafür waren die sprachlichen Verständigungsschwierigkeiten, die zwischen meinen Altersgenossen und mir bestanden. Die »Tiroler Buam« konnten nämlich mein Wienerisch nicht verstehen, und ich nicht ihr Tirolerisch.

Diese Anfangsschwierigkeiten wurden aber bald ausgeräumt, denn ich konnte mich sehr schnell sprachlich anpassen, und schon nach kurzer Zeit war ich wesentlich ordinärer als meine Klassenkameraden. Zwar gab es jetzt zu Hause mit meinen Eltern, die sich über meine deftigen Ausdrücke gar nicht genug wundern konnten, gelegentliche Sprachprobleme, aber dafür war ich in der Schule mit dem vollmundigen, kantenreichen Tiroler

Dialekt, den ich nun erlernt hatte, sozusagen tabu. Übrigens beherrsche ich Innsbruckerisch heute noch recht gut, und es bringt mir Vorteile, wenn ich zum Beispiel mit meinem Sohn Alexander telefoniere, der in Innsbruck Architektur studiert. Er spricht ein sehr gepflegtes Tirolerisch, und ich habe keine Schwierigkeiten, ihm in seiner Sprache mitzuteilen, wie ich mir zum Beispiel seinen Studienfortgang vorstelle.

Nach den harten Jahren in der Pradler Volksschule bestand ich die Aufnahmeprüfung in das Gymnasium. Unter den rauhen Einflüssen meiner Schulkollegen war ich zu dem herangereift, was man in der Landessprache einen »Ruach« nennt. Dieser Begriff wäre nach heutigem Sprachgebrauch einem jugendlichen Alpen-Rambo gleichzusetzen.

Die Zeit im Innsbrucker Gymnasium stand im Zeichen besonders strenger Unterrichtsmethoden. Der Direktor der Anstalt, wir Schüler nannten ihn Zopf, war ein sommersprossiger, rothaariger Mann mit Bürstenfrisur und blitzenden Brillengläsern, der Angst und Schrecken verbreitete, wo er erschien. Überhaupt dominierten in dieser Schule autoritäre Tendenzen, es regnete Ohrfeigen von allen Seiten, man mußte hart im Nehmen sein.

Die herausragendste Figur in dieser Menagerie der Despoten war Professor Pfeiffer, ein dunkelhaariger Mann mit einem furchterregenden Knebelbart. Er unterrichtete Deutsch, wenn er nicht gerade von seinen Erlebnissen im Ersten Weltkrieg und den Kämpfen mit den italienischen Alpini in den Südtiroler Alpen erzählte. Seine Spezialitäten waren die Satzlehre und die Grammatik, die uns mit drakonischer Strenge eingebleut wurden. Wir haben viel geschwitzt, wenn wir als Hausaufgabe ganze Lesestücke Wort für Wort grammatikalisch analysieren mußten. Ich gebe jedoch zu, daß mir diese lästigen Übungen im Endeffekt bei Latein und Griechisch enorme Vorteile gebracht haben. Auch viel später noch, als ich mir nach und nach moderne Fremdsprachen aneignete, war meine stabile Grammatik ein großes Plus.

Eines Tages beschloß mein Vater, der schon immer der Musik sehr zugetan war, ich sollte Violine spielen lernen. Ich kam also jetzt zu Frau Hasselwandter, eine für ihre Strenge in weitem Umkreis bekannte Geigenlehrerin. Sie hatte die Angewohnheit, die Übungsstücke unisono auf ihrem Instrument mitzuspielen. Das hätte für mich eigentlich ein Vorteil sein müssen, denn es bestand immerhin die Chance, daß sie mit ihren richtigen Tönen meine falschen zudeckte und dadurch meine Fehler überhörte. Leider war das nicht so. Mit ihrem Fiedelbogen schlug sie mir mit bewundernswerter Treffsicherheit bei jedem falschen Ton auf den jeweiligen sündigen Finger.

Zweimal die Woche kam ich also mit wundgeprügelter linker Hand nach Hause. Die erste Zeit gelang es mir, meine Verletzungen als Fahrradstürze zu bagatellisieren. Dann aber merkte mein Vater allmählich, daß meine Entwicklung zum konzertreifen Virtuosen recht schleppend voranging. Er begab sich zu Frau Hasselwandter, die ihm unumwunden mitteilte, daß ich vollkommen untalentiert sei. Er wollte nicht glauben, daß ihm die Mendelschen Gesetze einen solchen erbbiologischen Streich spielen könnten. Als ich nun damit herausrückte, daß mir mit dem Fiedelbogen immer auf die Finger geschlagen wurde, stand für ihn fest: »Die Frau Hasselwandter ist eine schlechte Musikpädagogin. Mit wundgeprügelten Fingern kann man keinen Wohlklang erzeugen, der arme Bub muß von dort weg!«

Die nächste Station meines leidvollen Weges zum Ruhmesgipfel eines Geigenkünstlers war die Städtische Musikschule in der Museumsstraße, aber auch dort war der teure Einzelunterricht von keinerlei Erfolg gekrönt. Meine Untalentiertheit war jetzt bereits einer größeren Anzahl von Leuten bekannt, nur noch nicht meinem Vater. Es lag wohl, wie ich mich vor mir selber rechtfertigte, an den äußeren Umständen.

Schon die ganze Atmosphäre in der Musikschule hat mich genervt. Wenn ich das Gebäude betrat, empfing mich ein fürchterliches Tongemenge. Aus den vielen Unterrichtsräumen quoll eine scheußlich klingende Vielstimmigkeit. Die verschiedensten Geläufigkeitsübungen und Etüden auf allen nur denkbaren Instrumenten waren in grauenvollen Dissonanzen zu hören, so daß es einem kalt über den Rücken lief. Der Akustikhorror in der Städtischen Musikschule hat schon auf dem Wege zu meinem Unterrichtszimmer meine ganze musikalische Ambition, soweit überhaupt vorhanden, im Keim erstickt, und auch die Unterrichtsstunde selbst empfand ich als Folterung.

Den Weg zum Violinunterricht legte ich auf meinem Fahrrad zurück. Der Geigenkasten baumelte auf der rechten Seite des Lenkers und verursachte dadurch eine Gleichgewichtsstörung, die man ausbalancieren konnte, allerdings nicht immer.

Eines Tages regnete es, der Asphalt in der Museumsstraße war spiegelglatt, außerdem gab es da noch Straßenbahnschienen. In eleganter Schräglage versuchte ich, die Tramschienen beim Abbiegen nach links beherzt zu nehmen. Denkste! Sturz! Ich lag auf dem Bauch, das Fahrrad auf dem Gehsteig und der Geigenkasten geöffnet im Rinnsal, die Holzsplitter meiner Violine weit verstreut in der Umgebung. Ich rappelte mich hoch, sammelte die Überreste der Geige ein und schwänzte die Musikstunde.

Von diesem Zeitpunkt an fuhr ich zweimal wöchentlich mit dem Fahrrad und dem leeren Geigenkasten, in dem die Bruchstücke meines Instrumentes klapperten, zur Musikschule, ohne sie jedoch zu betreten. Ich trieb mich bis Unterrichtsende in der Gegend herum, um die Zeit totzuschlagen.

Nach einer gewissen Zeit begann mein Vater den Wohlklang meiner Violinetüden zu vermissen. Zwar war es Hausbrauch, daß ich nicht üben sollte, wenn mein Vater komponierte, aber soviel Rücksichtnahme meinerseits erschien ihm doch irgendwie verdächtig. Ein kurzes Verhör, ich war geständig.

Die Aufklärung der Situation hatte ein fürchterliches Donnerwetter und das verfrühte Ende meiner Karriere als Violinvirtuose zur Folge. Ich atmete erleichtert auf, und mein Vater meinte, ich könnte mich jetzt vielleicht intensiver meinen schulischen Pflichten widmen, denn meine Leistungen als Gymnasiast hielten sich damals etwas unter dem erforderlichen Durchschnitt. Das Leben bot aber auch wirklich zu viele Ablenkungen.

Im Sommer wohnten wir in der Franz-Josef-Straße oder in der Erzherzog-Eugen-Straße. Da wurden in der Kastanienallee Rundstreckenrennen auf dem Fahrrad oder dem Tretroller abgehalten, da wurde Hockey oder Völkerball gespielt, gelernt wurde nicht.

In einer der beiden Wohnungen, die meine Eltern jeweils für die Sommermonate im Stadtteil Saggen gemietet hatten, kam ich zum ersten Mal in Berührung mit dem, was damals als moderne Malerei galt.

Die Wohnung in der Erzherzog-Eugen-Straße gehörte einer Familie Güttner und war, was ihre Wände betraf, flächendeckend zugepflastert mit den Werken des Wohnungsinhabers. Es waren Bilder in erschreckend grellen Farben mit verzerrten Konturen. Mit meinen heutigen, allerdings recht bescheidenen Kenntnissen über Malerei würde ich diese Arbeiten zwischen dem Osttiroler Maler Egger-Lienz und Picasso ansiedeln. Ich muß gestehen, daß der intensive Eindruck, den diese Bilder mit ihrer Aggressivität auf mich machten, noch lange in meinen Träumen nachwirkte. Einen echten Milieuschaden verantwortlich machen für meine mangelhaften Lernerfolge in den ersten zwei Gymnasialklassen kann ich trotzdem leider nicht. Ich muß zugeben, es waren eher die vielen Ablenkungen, die mich vorübergehend zu einem schlechten Schüler machten. Da war vor allem auch der »Matador Holzbaukasten« mit dem ich mich als kreativer Konstrukteur viel zu ausführlich beschäftigte. In der dritten Klasse ging mir sozusagen der Knopf auf, und ich brachte wieder halbwegs gute Noten nach Hause.

Was unsere körperliche Ertüchtigung betraf, hatte der Lehrplan in Tirol mit seinen Bergen natürlich positive Besonderheiten. Im Winter gab es, anstelle des Turnunterrichts in der Halle, Skifahren im Hochgebirge. Mindestens zweimal in der Woche ging es mit der Stubaitalbahn hinauf nach Vulpmes, Natters oder Mutters. Skilifte gab es keine, wir machten oft lange Aufstiege (manchmal sogar mit Seehundfellen) hinauf auf die Muttereralm, aufs Pfriemesköpfl oder auf die Nockspitze.

Oben angelangt, gab es in einer Berghütte heißen Tee oder eine klassische Tiroler Speckknödel-Suppe. Gut aufgewärmt und gestärkt ging es dann in wilder Abfahrt hinunter nach Innsbruck, Endstation Wilten. Auf der Ferrari-Wiese, unterhalb vom »Sonnenhof«, wurde Station gemacht. Dort brachten uns die Turnprofessoren, die alle hervorragende wettkampferprobte Skifahrer waren, verfeinerte Techniken und neue Schwünge bei. Gelegentlich veranstaltete auch der österreichische Alpenverein Jugendwettbewerbe, einmal wurde ich sogar in der Kombination (Abfahrt, Slalom, Langlauf) Zweiter in meiner Altersklasse, ich bekam das »Silberne Edelweiß«.

Auch eine kleine Sprungschanze aus Schnee wurde zusammengepappt, und wir lernten Skispringen. Wer sich dabei als halbwegs begabt erwies, wurde einer Sondergruppe zugeteilt und unter der Leitung von Meisterspringern aus der Dynastie der Lantschner-Buam auf der damaligen kleinen Berg-Isel-Schanze weitergebildet. Nach ein paar saftigen Stürzen, die mir großflächige Blutergüsse am verlängerten Rücken bescherten, schaffte ich Sprünge bis zu 22 Meter.

Die Rückübersiedlung meiner Eltern nach Wien entriß mich brutal der Weiterentwicklung zum Skispringer.

Die Erinnerung an diese bewegte Jugendzeit in Innsbruck ist bis zum heutigen Tage wach, mein Sohn Alexander ist im selben Schwimmclub wie ich damals. Noch immer habe ich eine sentimentale Beziehung zu dieser schönen Stadt. Jedesmal wenn ich nach Innsbruck komme, nehme ich mir Zeit, meinen damaligen Schulweg entlangzugehen: von der elterlichen Wohnung in der Franz-Josef-Straße vorbei an der Handelsakademie und durch das große Tor gegenüber vom »Grauen Bären« direkt zum Gymnasium. Dort stehe ich dann vor dem ehrwürdigen Gebäude und träume mich für ein paar Augenblicke zurück in meine Jugend.

Gegen Ende des Jahres 1931 gingen meine Eltern von Innsbruck, wo mein Vater seine dortige Tätigkeit beendet hatte, nach Wien zurück in unsere alte Wohnung Erdbergstraße 35.

Als 13jähriger kam ich in das humanistische Gymnasium G III. Wegen der unterschiedlichen Lehrpläne von Innsbruck und Wien mußte ich die dritte Klasse wiederholen, obwohl ich nach Überwindung einer Lernkrise ein recht ordentliches Abgangszeugnis mitbrachte. Mir war das gar nicht so unangenehm, denn ich hatte meinen Klassenkameraden gegenüber einen gewissen Vorsprung und dadurch mehr Zeit für den Schwimmsport, mit dem es jetzt so richtig losgehen sollte.

Die Jahre bis zum Abitur (in Österreich »Matura«) im Jahre 1937 waren nur dem Sport und dem Studium gewidmet. Meine Grundkenntnisse in Latein waren solide, vor allem durch das grammatikalische Härtetraining unter dem gefürchteten Professor Pfeiffer. In der vierten Klasse kam als neues Fach Altgriechisch hinzu, und meine Begeisterung für die Antike und ihre Sprachen ging so weit, daß ich für die Reifeprüfung Griechisch als freiwilliges Wahlfach nahm und mit Auszeichnung bestand. In diesen Jahren hatte ich allerdings in Mathematik anhaltende Probleme. Der Umgang mit Logarithmentafeln war mir ein Greuel. Die heutige Schülergeneration hat es leichter, der Taschenrechner löst die kompliziertesten Aufgaben.

Selbst bei gar nicht so schwierigen Schularbeiten kamen gelegentlich erstaunliche Endresultate heraus. Es sollte zum Beispiel aus verschiedenen Angaben die Höhe eines Berges berechnet werden. Ich ermittelte eine Gipfelhöhe von 0,035 Millimeter! Oder: Die Entfernung zweier Gestirne war bei mir 22,8 Zentimeter. Und noch verblüffender: Der Inhalt eines burgenländischen Weinfasses betrug 12,4 Kubikmillimeter.

Das Hohngelächter meiner Klassenkameraden war mir jedesmal

sicher. Deshalb war die Prognose für die Matura in Mathematik düster. In den übrigen Fächern hingegen waren keine Schwierigkeiten zu erwarten, im Gegenteil, Naturwissenschaft und Sprachen machten mir sogar großen Spaß.

Mein zweites Wahlfach neben Griechisch hatte den eindrucksvollen Namen »Psychologie und philosophische Propädeutik« (Vorerziehung). Zum Abitur reichte ich eine größere schriftliche Arbeit mit einem Thema ein, das mich auch während meines Universitätsstudiums noch weiterhin beschäftigte: »Körperbau und Charakter«. Ich ging den Anfängen der Charakterologie in der Antike bei Theophrastos und bei einem Zeitgenossen Goethes, dem Schweizer Forscher Lavater, und natürlich auch bei Kretschmer nach. Da gab es keine Probleme, aber wir hatten ja noch die verflixte Mathematik.

Als es 1937 an die schriftliche Maturaarbeit in diesem Fach ging, war die Wachsamkeit der Lehrkräfte verständlicherweise beträchtlich erhöht. Das direkte Abschreiben vom Nebenmann war völlig aussichtslos. Mit meinen bisherigen Leistungen in Mathe hatte ich kaum eine Chance, in diesem Fach zu bestehen. Also mußte ich mir eine Methode ausdenken, wie ich an die Lösung der Aufgaben von meinem Mitschüler Erwin Pilz gelangen konnte. Er war in Mathe der Beste, und nachdem ich seine moralischen Bedenken zerstreut hatte, war er ungern bereit, die vier Auflösungen der Aufgaben in einem Kassiber zu liefern. Aber wohin? Der Prüfungsstreß hat ja bekanntlich auch physiologische Auswirkungen, weshalb bei wichtigen Prüfungen der am häufigsten frequentierte Ort das Örtchen ist. Dort sollte nun in einem gut verschlossenen Proberöhrchen der Zettel mit den Lösungen unserer Aufgaben deponiert werden. Der Behälter der Wasserspülung war sehr hoch oben angebracht, wenn man an ihn heran wollte, hätte man auf die Brille steigen müssen, da wäre man natürlich zu sehen gewesen. Das ging also nicht. Als nächste Möglichkeit bot sich die Klomuschel an. In unser Proberöhrchen füllten wir nun bleierne Schrotkügelchen ein, bis es senkrecht schwimmend fast gänzlich versank. Oben auf dem Verschluß war ein Stück braunes Sohlenleder angebracht, um vorzutäuschen, hier ist noch ein Etwas, das nicht fortgespült wurde. Die vorbereitenden Tests waren schon Tage vorher erfolgreich abgeschlossen.

Die Strategie war einfach: Erwin deponiert das »Ding«, nach einiger Zeit folge ich ihm und fische die Lösung aus dem Klo.

Zur Sicherheit ging ich trotzdem daran, die vier Prüfungsaufgaben zu lösen. Da ich mit richtigen Resultaten des Mathegenies Erwin rechnen konnte, war ich relativ frei von Nervosität und hatte es ziemlich bald geschafft, völlig überzeugt, daß alle Resultate falsch seien. Natürlich waren Erwin und ich nicht die einzigen, die »hinaus mußten«.

Als er zurückkam, deutete er mir mit Blicken an: Das Ding ist zu Wasser gelassen!

Jetzt begab ich mich so unauffällig wie möglich hinaus. Die vereinbarte Kemenate war besetzt, schon faul! Ich klopfte an die Tür und signalisierte Dringlichkeit: »Brauchst du noch lang?«

»Ja!« kam es von drinnen heraus.

»Beeil dich, ich muß auch«, zischte ich.

»Geh nebenan, da ist ja frei!« sagte der Kerl, der auf *meinem* Klo saß.

»Nein, ich will hier, also mach schon!«

Qualvolle Minuten vergingen, endlich wurde die Wasserspülung gezogen! Da hörte ich von drinnen: »Verdammter Schmarren!«

Ich fragte ängstlich: »Was ist?«

»Das Zeug läßt sich nicht wegspülen!« fluchte dieser Unglücksvogel.

Ich wurde flehentlich: »Das macht nix, laß mich rein!«

Aber der da drin war unerbittlich: »Moment, jetzt hab ich es geschafft, mit der Klobürste, das Ding ist weg!«

Grinsend kam er heraus, am liebsten hätte ich ihm eine geklebt. Ich stürzte in die Zelle, hob den Deckel, nichts! Alles weggespült! Ich wankte an meinen Platz zurück.

Nach kurzer Zeit mußten wir unsere Arbeiten abgeben, ich war verzweifelt, das konnte nur ein »Ungenügend« werden!

Am nächsten Tag wurden die Noten bekanntgegeben: Placheta Mathematik Note Eins!

Ich konnte es nicht fassen, vier Richtige, das mußte eine Eingebung des Himmels gewesen sein! In meiner ganzen Gymnasialzeit hatte ich niemals ein solches Resultat.

Das Toilettendrama mit der »verspülten« Chance hat mir Erwin natürlich nicht geglaubt, er meint heute noch, mein »sehr gut« sei sein Verdienst.

Ach ja, da war noch das sogenannte »Charlie-Brown-Syndrom« (CBS). Es entwickelte sich bei mir in der Gymnasialzeit zur vollen Blüte. Ich imitierte unsere Professoren, spielte komische Szenen vor und avancierte zum Gaudium meiner Mitschüler zum Entertainer für die ganze Schule.

Wo bitte geht's nach Olympia?

Jugendmeisterschaft im Brustschwimmen – Die Ausnahme
von der Askese – Rekorde und Rekordversuche –
Der Traum von der Olympiade 1936 – Kriegsbeginn

Wenn meine Aufgaben bewältigt waren, lebte ich nur für den Schwimmsport. Die Schuldirektion zeigte dafür großes Verständnis und beurlaubte mich jedesmal, wenn es um die Teilnahme an Wettkämpfen im Ausland ging. Doch von den schulischen Leistungen wurde mir nichts geschenkt. Ich mußte schon zusehen, wie ich mein Lernpensum bewältigte.

Ich ging fast täglich in das Boerhave-Bad, die Schwimmhalle des Wiener Amateur-Sportclubs Austria (W. A. S.). Von meinem Elternhaus war es ein Fußmarsch von knapp zehn Minuten. Das Becken war extrem klein, die Länge betrug nur sechzehn Meter. Nach heutigen Begriffen ist es schwer zu glauben, daß man sich dort zur Weltklasse emporarbeiten konnte, und doch! Aus Innsbruck hatte ich ein gewisses Maß an Wettkampferfahrung mitgebracht. Ich war in allen drei Stilarten (Brust, Freistil, Rücken) relativ schnell.

Eines Tages wurde der Trainer der »Austria«, Ludwig Aigner, ein Zweimetermann und selbst ehemaliger Olympiateilnehmer, auf den dreizehnjährigen Knaben Gunther Placheta aufmerksam. Er fragte mich, ob ich der Austria beitreten wollte. Wie sich das gehörte, verwies ich ihn an meinen strengen Vater. Also begab sich Herr Aigner zu meinen Eltern und erzählte ihnen von einem großen internationalen Schwimmfest im Dianabad, das in Kürze stattfinden sollte. Der Veranstalter war der jüdische Schwimmclub Hakoah. Er wollte mich in einem der Rahmenwettbewerbe, und zwar in der 4 × 66⅔ Meter Kraulstaffel starten lassen. Meine

Eltern waren einverstanden, zumal meine Mutter als ehemaliges aktives Mitglied im E. W. D. S. C. (Erster Wiener Damen Schwimm Club) das nötige Verständnis für meine Teilnahme an Wettbewerben hatte.

Für ein großes Training blieb keine Zeit mehr, denn schon ein paar Tage nach meiner Aufnahme in den Schwimmclub Austria fand die Veranstaltung statt. So startete ich als »Naturtalent«.

Obwohl wir mit unserer Jugendmannschaft nur für die Rahmenbewerbe vorgesehen waren, hatten wir fürchterliches Startfieber, denn es war eine Großveranstaltung unter Beteiligung von Weltstars wie Arnö Borg und Johnny Weißmüller, der damals bestimmt noch nicht wußte, daß er später als Tarzan die Welt begeistern würde.

Unsere Knabenstaffel siegte, ich schwamm die schnellste Zeit. Das war der Auftakt.

Es war November und wir standen am Beginn der Hallensaison 1931/32. Knapp hintereinander folgte eine Reihe von Veranstaltungen, bei denen ich in allen drei Stilarten startete und siegte. Es war zwar sehr schön, in verschiedenen Disziplinen zu gewinnen, aber auch ziemlich kraftraubend. Das eine oder andere Mal ging ich nach dem Sieg vorübergehend zu Boden. Irgendwann mußte ich mich für eine Stilart entscheiden.

Am 8. Juni 1932 wurde ich vierzehn und schied somit aus der Knabenklasse aus. Jetzt mußte ich in der Jünglingsklasse starten, die bis zum achtzehnten Lebensjahr ging. Schon bei einem meiner ersten Starts, als eben vierzehnjähriger Jüngling, konnte ich über 100 Meter Brust gegen meine achtzehnjährigen Konkurrenten mit einer recht ordentlichen Zeit gewinnen. Damit war die Entscheidung gefallen, ich wurde Brustschwimmer.

Das Training wurde nun immer intensiver. Schon vor der Schule, zwischen 6.00 Uhr und 7.30 Uhr morgens, absolvierte ich ein Konditionstraining: Atemübungen, Start- und Wendetechnik. Nach dem Vormittagsunterricht wieder Training, abwechselnd in zwei verschiedenen Schwimmbädern. Nach dem Mittagessen:

Studium und Hausaufgaben. Abends das gleiche: Training im Club. Meine Leistungskurve ging innerhalb von vier Jahren konstant nach oben, und 1935 kam ich in Hochform. Meine Siege und Rekorde waren das Ergebnis eines mit viel Sorgfalt geplanten Aufbauprogrammes. Hier zeigte es sich, daß zur Erzielung von Höchstleistungen eine Begabung nur mit Überlegung und Fleiß zur Entfaltung gebracht werden kann. Ich war inzwischen zum Selfmademan geworden, ganz allein auf mich gestellt.

Mein Trainer Ludwig Aigner fungierte jetzt nur noch als Kontrollinstanz. Ohne mich mit ihm auf Kontroversen einzulassen, ging ich jetzt meine eigenen Wege, größtenteils merkte er das gar nicht. Unter anderem entwickelte ich 1937 ein neues Unterwassertempo, mit dem ich nach dem Start bis zu 50 Meter tauchend zurücklegte und dabei schneller war als über Wasser. Aigner war zunächst dagegen, als ich aber damit laufend meine Rekorde verbesserte, schwenkte er ein und stellte die Sache als seine Erfindung dar. Ich ließ ihn in diesem Glauben.

Im Sommer des Jahres 1934 fuhr das ganze Schwimmerteam der Austria, Männlein und Weiblein, zu den österreichischen Jugendmeisterschaften nach Kärnten. Ich war eben sechzehn geworden und hatte, wie schon berichtet, bereits im Volksschulalter die erregende Feststellung gemacht, daß es Menschen zweierlei Geschlechts gibt. Das weibliche beeindruckte mich nun in zunehmendem Maße. Das galt besonders für eine junge Brustschwimmerin namens Erika Tressler. Sie war zwei Jahre jünger als ich, aber in jeder Hinsicht reifer als eine Vierzehnjährige. Sie war groß, sehr hübsch und schwamm einen faszinierend schönen Stil. Diese Tatsache beeindruckte mich am meisten. In den späteren Jahren waren es andere Kriterien, die ein weibliches Wesen für mich interessant machten. Ob ein Mädchen gut brustschwimmen konnte, war dann nicht mehr so wichtig.

Zwischen Erika und mir entwickelte sich durch unseren gemeinsamen Sport eine Beziehung, die bis zum Jahre 1942 dauern sollte. Erika war also sozusagen meine erste Liebe, die immerhin – man höre und staune – acht Jahre dauerte, eine lange Zeit für die erste Jugendliebe. Was uns zusammenhielt, waren die gleichen Ziele, das gemeinsame Training, die Reisen zu den verschiedenen auswärtigen Wettkämpfen. Außerdem wohnten wir im gleichen Bezirk, wenige Minuten voneinander entfernt. Unsere Eltern duldeten die Situation, daß wir nun »zusammen« waren. Meine Mutter war Erika besonders zugetan, wir mußten um unsere junge Liebe nicht kämpfen. Es gab keine Verbote, keine Konflikte. Dieses tolerante Verhalten der Eltern war nach unseren heutigen Moralbegriffen recht fortschrittlich. Es bestand eine Vertrauenssituation, die wir nicht mißbrauchten. Erika besuchte nach der Hauptschule, auf Wunsch ihrer Mutter, eine Gewerbeschule für Damenschneiderei, ich war Gymnasiast.

In jener Zeit herrschte eine heute längst überholte Auffassung, was die Lebensweise von Kampfsportlern betraf. Allgemein war man der Meinung, daß nur intensives Training, spezielle Ernährung und sexuelle Enthaltsamkeit zum Erfolg führen können. Zugunsten unserer Kondition hielten wir uns an dieses strenge Konzept. Das war manchmal mit Verzicht verbunden, und aus diesem Grunde verlagerte sich in unserer Beziehung alles mehr auf das Seelische. Heute sieht man dieses Problem anders, aber wir glaubten damals an die Wirksamkeit der Askese, unsere sportlichen Erfolge mit dem starken Aufwärtstrend der Leistungen schienen uns recht zu geben.

Die Vereinsleitung hatte mir die Schlüssel zum Hallenbad unseres Clubs anvertraut. So konnte ich, wenn die Schwimmhalle für Publikum und Clubbetrieb geschlossen war, ganz allein mein Training abwickeln, ohne Beobachter und ohne Störungen. Oft verbrachte ich die Zeit von Samstagnachmittag bis Montagfrüh in dem menschenleeren Schwimmbad bei stundenlangem systematischen Training und schonungsloser, harter Konditionsarbeit. Nachts schlief ich auf Badetüchern neben den Kesseln im Heizraum. Sobald ich wach wurde, ging es gleich wieder ins Wasser. Proviant hatte ich mitgebracht: hochkalorische Kraftnahrung und Traubenzucker. Diese Zeit war für den Aufbau meiner Leistungen die fruchtbarste.

1935 zeigten sich die ersten Würdigungen, ich kam in den Olympiakader. Im Sommer dieses Jahres wurde das offizielle Olympiatraining unter der Leitung des Bundestrainers am Ossiachersee in Kärnten abgehalten. Die Nationalmannschaft, der ich damals schon angehörte, wurde dort einen Monat lang gedrillt. Unsere morgendliche Konditionsübung, außerhalb des offiziellen Trainingsprogrammes, bestand aus einer Überquerung des Sees. Aus dem Fenster unseres Zimmers im ersten Stock starteten wir mit einem Kopfsprung direkt ins Wasser.

Nach dem Olympiatrainingskurs ging es mit großem Schwung in die Wintersaison 35/36. Ich konzentrierte mich jetzt auf die 200-Meter-Strecke, ließ aber auch die Sprintstrecke nicht verkümmern, zumal ich jetzt eine neue Anregung erhalten hatte. In einem amerikanischen Sportjournal las ich von einer neuen Stilart: Butterfly-Stroke, also »Schmetterling«. Die Abbildungen sagten mir nicht viel, und auch aus dem Text mit der Beschreibung von Arm- und Beintempo wurde man nicht schlau. Das Neue an diesem Stil war, daß die Arme gleichzeitig über dem Wasser nach vorne gebracht und unter dem Körper durchgezogen wurden. Da diese Armbewegung seitensymmetrisch ausgeführt wurde, widersprach sie nicht dem geltenden Reglement für das Brustschwimmen. Das Beintempo des herkömmlichen Bruststils blieb unverändert. Es war also ein Mischstil zwischen dem heutigen Delphin- und dem Brustschwimmen.

Nach dem Zweiten Weltkrieg wurden die beiden verschieden schnellen Stilarten getrennt. Die damals von uns erzielten Zeiten kann man daher mit den heutigen nicht vergleichen. Wenn man unsere Leistungen richtig einordnen will, muß man sich an den Positionen in den damaligen Europa- und Weltranglisten orientieren. Die aus USA berichteten Zeiten, die mit diesem neuen Stil erreicht wurden, waren aufsehenerregend.

Mit meinem Freund und Clubkameraden Hugo Kummer ging ich ans Experimentieren. Tagelang sperrten wir uns in unserem Vereinsbad ein und machten endlose Versuche, bei denen sich sofort zeigte, daß der neue Stil schnellere Zeiten bringen könnte. Ganz glücklich war ich allerdings zunächst noch nicht, denn das Herausheben der Arme erforderte wesentlich mehr Kraft als das Armtempo des herkömmlichen Bruststils. Aus diesem Grund mußten Arm- und Beinbewegungen so koordiniert werden, daß sich durch das Schließen der Beingrätsche der Oberkörper höher heraushob und somit die Arme leichter aus dem Wasser gebracht werden konnten. Obwohl ich mir nicht ganz sicher war, ob meine Ausführung richtig war, entschloß ich mich, diesen neuen Stil bei einem Meeting im vertrauten Amalienbad erstmalig offiziell auszuprobieren.

Am 13. Oktober 1935 war es soweit, ich startete über 100 Meter. Das Aufsehen war groß, denn niemand hatte jemals zuvor diesen seltsamen neuen Stil gesehen. Ich wurde zwar Erster, aber meine Zeit war wesentlich langsamer als mit dem orthodoxen Bruststil. Es gab Diskussionen und Proteste, doch die neue Idee breitete sich in ganz Europa rapide aus.

Mein schärfster Gegner in der Olympiadisziplin über 200 Meter hieß Franz Hölzl. Er war etwa sechs Jahre älter als ich und daher mit seinen 23 Jahren in meinen Augen ein alter Mann. Wir waren bei Länderkämpfen immer in Doppelzimmern einquartiert, und ich beobachtete meinen Rivalen besonders genau. Einerseits wollte ich ihm eventuelle konditionssteigernde Geheimtricks abgucken, andererseits suchte ich bei ihm schon nach »Alterserscheinungen«. Besonders wurmte mich die Tatsache, daß mir Hölzl zwar nur knapp, aber dafür immer über 200 Meter überlegen war. Ich konnte ihn nie schlagen und mußte mich stets mit einem zweiten Platz begnügen. Über 100 Meter hatte er gegen mich keine Chance, die waren aber leider keine Olympiadisziplin. So lagen wir eben mit unseren 200-Meter-Zeiten in der Europarangliste auf Platz 7 und 8. Das genügte mir, denn damit war meine Position im Olympiateam und in der Nationalmannschaft gesichert.

Am 20. Dezember 1935 unternahm ich einen angemeldeten Rekordversuch über 100 Meter Brust. Mit 1:15,4 stellte ich den damaligen österreichischen Rekord ein, den der mehrfache Weltmeister im Eiskunstlauf, Karli Schäfer, innehatte.

Die 100 Meter wurden nun meine Domäne, und in all den Jahren, in denen ich in dieser Disziplin an den Start ging, verlor ich nur ein einziges Mal, das war gegen den damaligen Europaschnellsten Jochen Balke aus Dortmund. Er schlug mich um 0,2 Sekunden – und das im Kongreßbad in Wien vor meinem heimatlichen Publikum! Kurze Zeit darauf konnte ich mich bei einem Retourkampf in Balkes Heimatstadt revanchieren. Umgekehrt wäre uns beiden die Plazierung lieber gewesen.

Im Laufe jener Jahre gelang es mir dann, den österreichischen Rekord noch fünfmal, um insgesamt 4,2 Sekunden, zu verbessern. Mit den beiden letzten Marken war ich somit 1937 und 1938 schnellster Europäer in der Jahresliste und mit einer Zeit von 1:10,6, die ich im Jahr darauf in Dresden, knapp vor Kriegsausbruch, erzielte, Zweiter in der Weltrangliste. Zum Weltrekord fehlten mir nur 40 Hundertstel Sekunden.

An zwei Höhepunkte in meiner Laufbahn als Schwimmer erinnere ich mich besonders gerne.

Dreiländerkampf USA–Polen–Österreich in Warschau, zwei Wochen nach den Olympischen Spielen 1936 in Berlin. In der USA-Mannschaft befand sich damals der Erfinder des Schmetterlingsstils, Jack Kasley. Mit seinem neuen Stil, der damals noch dem Brustschwimmen zugeordnet wurde, hatte er sich an die Spitze der Weltrangliste gesetzt.

Mein Zusammentreffen mit Jack Kasley bei diesem Dreiländerkampf in Warschau brachte eine große Überraschung, auch für mich: Vor 8000 Zuschauern konnte ich den Erfinder des Schmetterlingsstils über 100 Meter Brust besiegen. Die Reaktion darauf war enorm, innerhalb von 70 Sekunden wurde ich zum Wunderknaben und auf der Ehrentribüne herumgereicht. Ich bekam rote Ohren, als man mich der polnischen Olympiasiegerin im Hundertmeterlauf, Stella Valaszewicz, vorstellte. Nach Schluß der Veranstaltung trug mich das Publikum auf den Schultern in das Hotel Seimowy. Am nächsten Tag waren Kasley und ich im Startsprung auf der Titelseite einer großen Tageszeitung abgebildet. Darunter stand: »So startet Placheta, Österreich.«

Vor unserer Rückreise nach Wien nahm mich der Coach des US-Teams beiseite und machte mir den Vorschlag, nach Amerika zu kommen, in Chicago gäbe es einen Club, den »Lake Shore«, in den nur Weltrekordschwimmer aufgenommen wurden. So wie er mich einschätzte, würde ich dort gut hineinpassen.

Dieser Vorschlag war für mich so sensationell, daß ich zunächst nicht einmal mein bevorstehendes Abitur erwähnte. Im Augenblick konnte ich natürlich keine Zusage machen, aber der Gedanke beschäftigte mich, und ich führte einige Wochen eine Korrespondenz mit ihm, in deren Verlauf mein Entschluß, nach USA durchzubrennen, immer konkretere Formen annahm.

Eines Tages war es so weit, aber ich kam über die Grenzen meines Heimatlandes gar nicht hinaus. Die Polizei fing mich ab und setzte mich in einen Zug nach Wien. Auf dem Westbahnhof empfind mich mein Vater mit einem Donnerwetter und ein paar gutsitzenden Haustetschen.

Der Traum vom Lake Shore war ausgeträumt.

Die dreißiger Jahre waren für Österreich eine bewegte Zeit. Doch als vierzehnjähriger Gymnasiast bekam ich von den politischen Ereignissen nicht viel mit. Mich nahm der Sport fast ganz in Anspruch, der Rest meiner Zeit gehörte dem Studium.

Meine Altersgenossen in der Schule und im Club waren wie ich von einer Beziehungslosigkeit zum Zeitgeschehen, wie man sie der heutigen Jugend nicht zubilligen würde. Was sich in der österreichischen Politik abspielte, waren für uns Begebenheiten am Rand, sie betrafen uns – jedenfalls zunächst – nicht direkt. Und es spielte sich viel ab, aber nichts, was dazu angetan gewesen wäre, bei uns ein positives Interesse für die Politik zu wecken.

Wie eine makabre Revue ziehen die Ereignisse dieser Jahre an mir vorbei. 1931 der Heimwehr-Putsch der Austrofaschisten, 1932 die ersten Aktivitäten der NSDAP, 1933 der Staatsbankrott des Dollfuß-Regimes, der zur Errichtung des autoritären Ständestaates führte, darauf die Gründung der »Vaterländischen Front« mit ihrem hysterisch überspitzten Patriotismus. 1934 der Aufstand der Sozialdemokraten gegen den Ständestaat, der vom Militär blutig niedergeschlagen wurde. Im selben Jahr: der Naziputsch mit der Ermordung des Bundeskanzlers Dr. Dollfuß und dann die Regierung Dr. Schuschnigg bis zum Anschluß Österreichs an das Deutsche Reich im März 1938.

Aber das alles lief wie auf einem Nebenschauplatz ab. Jener Teil der heranwachsenden Jugend, dem ich angehörte, lebte in einer ideologiefreien Enklave, Parteipolitik war für uns kein Thema, wir wären auch gar nicht reif gewesen, um an ihr teilzunehmen.

Schon kurz nach meinem Eintritt in die Austria bemerkte ich Spannungen unter den Schwimmern. Der damals führende Club war der E. W. A. S. C. (Erster Wiener Amateur Sport Club). Seine Mitglieder, die Funktionäre und vor allem der Vorstand waren überwiegend Nazis. In den Statuten dieses Vereines gab es einen sogenannten »Arierparagraphen«, demzufolge Juden oder »Judenstämmlinge« nicht aufgenommen wurden. Der Ariernachweis war Bedingung. In Opposition zu diesem Club befanden sich noch einige andere Vereine, die diesen Paragraphen nicht hatten. Zu diesen gehörte die Austria, der ein jüdischer Präsident vorstand, der den Club großzügig förderte. Mein Teamkollege in der Nationalmannschaft, Franz Hölzl, war ebenfalls Mitglied eines unpolitischen Vereines (»Schwarz-Rot«). Unsere Leistungen verbesserten sich laufend, und wir wurden immer wieder aufgefordert, unsere Clubs zu verlassen, um dem E. W. A. S. C. beizutreten, der doch leistungsstärker sei als unsere Vereine. Zugegeben, der Naziclub hatte mehr Mitglieder, fast alle Rekordhalter (außer jenen aus den Bundesländern) gehörten ihm an. Allerdings war ich als Angehöriger der Europaklasse der einzige Rekordmann meines Vereines und wollte deshalb meine Kameraden nicht im Stich lassen. Außerdem war mir die politisierte Atmosphäre beim Konkurrenzclub zuwider.

Den Gegenpol zum E. W. A. S. C., dessen Funktionäre auch in der übergeordneten Dachorganisation V. Ö. S. (Verband der österreichischen Schwimmvereine) das Sagen hatten, bildete der rein jüdische Verein Hakoah. Daraus resultierten die Gegensätze, die nun in zunehmendem Maße bei unseren Wettkampfveranstaltungen zu Tumulten und Schlägereien führten. Wir, die wir an einem ungestörten Sportbetrieb interessiert waren, verabscheuten das Randalieren und die Manifestationen einer politischen Ideologie, die wir gar nicht kannten. Was hinter diesen Ideen steckte und wohin sie die Menschheit führen sollten, ahnten wir damals nicht. Jedenfalls entstand in jenen Jahren meine bis zum heutigen Tage währende Abneigung gegen jede Form von Parteipolitik.

Zu oft hatte das politische Leben in Österreich etwas Zwanghaftes an sich. Die jeweiligen Machthaber übergaben einander das Volk wie ein Staffelholz. Und jedesmal waren es die »Hundertzehnprozentigen«, die dem Rest der Österreicher ihre Ideologien mit Gewalt aufzwingen wollten, auch wenn sie blödsinnig waren.

Da gab es für die akademische Jugend, egal welcher Fakultät sie angehörte, Pflichtvorlesungen in Staatsbürgerkunde, paramilitärische Gruppenübungen und das Absingen vaterländischer Lieder. Das drängte einen großen Teil der jungen Leute in die Gleichgültigkeit. Wir trugen als Selbstschutzmaßnahme Scheuklappen, unser Blick war nur auf die sportlichen Ziele ausgerichtet. Außer dieser Reaktion der Abkehr von politischen Manifestationen stellte sich noch eine andere Konsequenz ein: Wir solidarisierten uns mit den friedfertigen Sportlern, die unpolitischen Vereinen angehörten. Mit mehreren Mitgliedern der Hakoah

bestanden bis zum Jahre 1938, als sie Österreich verlassen mußten, Freundschaften, die nach 1945 fortgesetzt wurden. Noch
viele Jahre hatte ich Briefwechsel mit meinen emigrierten Sport-
kameraden, die in USA, England, Australien und Israel lebten.

Am Beginn des Jahres 1936 wurde das Team für die Olympiade in
Berlin aufgestellt, Hölzl und ich waren für 200 Meter Brust
vorgesehen. Wir besaßen schon unsere Olympia-Uniformen und
waren mächtig stolz darauf. Bei den österreichischen Meister-
schaften siegte Franz Hölzl und wurde Meister, ich war Zweiter.
Nennenswerte Konkurrenten hatten wir nicht, im Finale lag der
Rest des Teilnehmerfeldes weit hinter uns. Unsere Chancen für
Berlin schienen klar, da wir alle Leistungsbedingungen erfüllt
hatten. Wir waren deshalb guter Dinge.
Ein paar Wochen vor der Abreise wurden Hölzl und ich zu einer
Besprechung in den V. Ö. S. gerufen. Knallhart wurde uns die
Frage gestellt: »Wollt ihr jetzt endlich dem E. W. A. S. C. beitreten,
ja oder nein?«
Wir lehnten ab. Einige Tage später wurden unsere Uniformen
abgeholt, in der Presse erschienen die Mannschaftsaufstellungen
für Olympia. In der Nennungsliste für 200 Meter Brust, dem
einzigen Bewerb, in dem Österreich zwei olympiafähige Schwimmer aufzuweisen hatte, die sich international sehen lassen konnten, waren wir beide nicht mehr zu finden. Dafür stand da nun
der Name eines Sportlehrers, also eines Profis: Hans Girg. Nach
dem »Umbruch« gab er sich als hochrangiger Nazi zu erkennen.
Der Verlauf der 200 Meter bei der Olympiade zeigte dann, daß
Hölzl und ich mühelos ins Halbfinale gekommen wären, mit
unseren Positionen in der Europarangliste hätten wir keine
schlechte Figur gemacht. Der »Olympiatourist« Hans Girg trat
natürlich nicht an, er war kein Amateur und kein Schwimmer,
aber er war ein Nazi, und das reichte damals zur Olympiaqualifi-
kation.
Soeben ergibt sich eine merkwürdige Situation. Ich sitze in

meinem Haus in der Toskana. Da klingelt das Telefon, am Apparat ist mein einundzwanzigjähriger Sohn Alexander: »Papi, ich bin in der Olympiamannschaft, 4 × 100 Meter Freistilstaffel, eben haben sie uns vereidigt für Seoul.« Ein Anflug von Stolz und Rührung überkommt mich, und ich bin glücklich, daß er es geschafft hat, dabei zu sein. So erfüllt sich 1988 für Alexander Placheta ein Traum, der sich 52 Jahre vorher für Gunther Placheta nicht erfüllen sollte. Ein halbes Jahr nach der Olympiade in Seoul stellte mein Sohn Xandi knapp hintereinander zwei neue österreichische Rekorde über 100 Meter Freistil auf.

Zwei Wochen nach der Olympiade 1936 in Berlin brachte mir mein Sieg in Warschau ein wenig das Gefühl von Genugtuung.

In den Jahren bis zum Kriegsausbruch gab es internationale Wettbewerbe und Länderkämpfe, darunter 1936 einen gegen Italien in Neapel. Kronprinz Umberto, der zusammen mit seiner Principessa den Ehrenschutz der Veranstaltung übernommen hatte, verlieh mir das Abzeichen des königlich-italienischen Schwimmverbandes, vermutlich als Trostpflaster, weil wir mit dem Beginn der Wettkämpfe drei Stunden warten mußten, bis er eintraf.

Hölzl und ich hatten ein starkes Echo in der italienischen Sportpresse, unsere »Taktik« wurde besonders hervorgehoben, vor allem meine schnelle Zwischenzeit über 100 Meter und dann mein edler »Verzicht« auf den Sieg zugunsten meines Landsmannes. Der Berichterstatter wußte wohl nicht, daß mir, wie immer über 200 Meter, knapp vor dem Ziel die Luft ausgegangen war.

In dem italienischen Team befanden sich übrigens zwei Schwimmer, Bertetti und Costoli, die viele Jahre später zusammen mit Bud Spencer an einer Olympiade teilnahmen. Diese Tatsache war bei den Dreharbeiten zu *Banana Joe* ein ständiges Gesprächsthema zwischen Bud und mir. Jedesmal empfanden wir es als Störung, wenn man uns bat, die Privatgespräche abzubrechen und ins Atelier zum Drehen zu kommen.

1937, letzter Länderkampf Deutschland–Österreich in Berlin, Olympiastadion. Bei der Eröffnungszeremonie, als die beiden Hymnen und im Anschluß daran das Horst-Wessel-Lied gespielt wurden, leisteten sich jene Mitglieder unseres Nationalteams, die dem E. W. A. S. C. angehörten, etwas Besonderes, was in Österreich einen riesigen politischen Skandal auslöste: Sie erhoben den rechten Arm zum »Deutschen Gruß«. Das spektakuläre Foto dieser Szene ging durch die Weltpresse. Nicht genug damit, ein paar Leute aus unserer Mannschaft profilierten sich bei einem Empfang in der österreichischen Botschaft mit kleinkarierten Ungezogenheiten. Zunächst schlugen sie sich beim Bankett ihre Bäuche so voll, daß die 4×200-Meter-Kraulstaffel zu einem lächerlichen Debakel geriet. Als nach dem opulenten Mahl der Herr Botschafter eine von seinen Zigarren rauchen wollte, waren sie schon in den Hosentaschen unserer Kameraden zerbröselt. Keine schöne Erinnerung für mich.

Mit großem Vergnügen aber erinnere ich mich an den Kampf gegen den deutschen 200-Meter-Schwimmer Erwin Temke, mit dem ich genau 50 Jahre später anläßlich eines Gastspiels in einem Kurort in der Bundesrepublik zusammentraf. Mit nostalgischem Rückblick ließen wir an jenem Abend ein halbes Jahrhundert Revue passieren. Bei diesem Länderkampf verbrachte ich meine freie Zeit im Berliner Zoo. Dort studierte ich stundenlang den Bewegungsmodus der Seehunde und machte dabei die Beobachtung, daß sich ihre Art der Fortbewegung im Wasser ganz wesentlich von der unseren unterschied. Das brachte mich auf eine Idee, die ich kurz darauf in die Tat umsetzte. Ich legte mir ein neues Unterwassertempo zurecht, das mir später große Vorteile brachte. Nach dem Krieg wurde das Reglement geändert, seit dieser Zeit darf man nach dem Startsprung und nach der Wende unter Wasser nur mehr ein Tempo machen.

Der »Anschluß« Österreichs an das Deutsche Reich am 13. März 1938 veränderte die Situation unseres Lebens in allen Bereichen grundlegend. Was sich politisch ereignete, ist bekannt.

Auch im Schwimmsport war plötzlich alles anders. Österreich hieß jetzt »Ostmark« Gau 17, und wir wurden in die große Schar der Kollegen des »Altreiches« eingereiht, unser Club unterstand einer Dachorganisation, dem D. S. V. (Deutscher Schwimmverband). Mit meinen Rekorden stand ich zwar an der Spitze der Europarangliste, hatte aber, wenn ich bei nationalen Veranstaltungen mit meinen Konkurrenten aus dem Altreich zusammenkam, das Gefühl, ein Fremdkörper zu sein. Diese Empfindungen wurden aber nicht durch die aktiven Schwimmer ausgelöst, es lag mehr an den Funktionären, den »Großkopferten«. Für sie war ich ein eher unwillkommener Außenseiter, der eben auch wußte, wo es langgeht beim Schwimmen. Zum Glück gehen die Stoppuhren in der ganzen Welt gleich, daran ließ sich nicht rütteln.

Im Herbst 1938 stand ein Erdteilkampf im Schwimmen, Europa gegen Amerika, auf dem Terminkalender. »Zufällig« wurde ich als Vertreter unseres Kontinents nicht aufgestellt, vermutlich hatten die Maßgebenden »vergessen«, in den Jahreslisten nachzulesen, so etwas kann ja passieren. Der Protest meines Clubs wurde schon im Verband, der Dachorganisation des Gaues Ostmark, in den Papierkorb geworfen. In meiner Enttäuschung leistete ich mir als Gegenmaßnahme den Scherz, für denselben Tag einen Rekordversuch anzumelden und schwamm einen neuen »Ostmärkischen Gaurekord«. Mit meiner Zeit war ich deutlich einige Zehntel schneller als der Sieger des Erdteilkampfes. Dieses Ergebnis mußte in der in Leipzig erscheinenden Fachzeitschrift »Der Schwimmer« zwar gebracht werden, einen Kommentar zu diesem seltsamen Sachverhalt gab es selbstverständlich nicht.
Im Vorfeld der Studentenweltspiele, die in Wien stattfinden sollten, stellte ich bei den deutschen Hochschulmeisterschaften in Schrießheim (bei Mannheim) über 100 Meter Brust einen akademischen Weltrekord auf.
Unsere anschließende Schwimmtournee endete einige Tage spä-

ter in Dresden. Dort schwamm ich die 100 Meter Brust in einer Zeit, die einen neuen Rekord bedeutet hätte, wenn nicht einem der Zeitnehmer »unglücklicherweise« die Stoppuhr aus der Hand gefallen wäre. Somit fehlte die obligate fünfte Zeitnehmung, und die Marke konnte nicht anerkannt werden. Überflüssig zu erwähnen: Der betreffende Zeitnehmer war ein E. W. A. S. C.–Funktionär. Kurze Zeit darauf erzielte ich dann doch noch die gleiche Zeit und rangierte nun in der Weltrangliste an zweiter Stelle.

Was wir in Dresden und in der ganzen Umgebung dieser schönen Stadt zu sehen bekamen, beunruhigte uns sehr. Alles stand im Zeichen eines gewaltigen Truppenaufmarsches. Wo das Auge hinsah: Wehrmacht, Panzer, Pioniere, Artillerie. Daß uns in Kürze der Ausbruch eines Weltkrieges bevorstand, wollten wir nicht glauben. Aber eine böse Vorahnung wurden wir nicht los.

Von Dresden fuhren wir direkt nach Wien, die Studentenweltspiele standen jetzt bevor. Im Gegensatz zu den Olympischen Spielen war bei der Universiade meine Lieblingsdisziplin endlich einmal ausgeschrieben. Ich sah also mit großer Zuversicht und auf den Heimvorteil vertrauend dem Tag des großen, weltweiten Kräftemessens entgegen. Am Ende eines sorgfältig ausgeklügelten Aufbautrainings standen die letzten Vorbereitungen. Ich befand mich in Topform.

Es war der 1. September 1939. Aus den Lautsprechern über den Tribünen des Schwimmstadions dröhnte Marschmusik, und dann hörten wir die pathetischen Worte Adolf Hitlers: »Seit 5.45 Uhr wird zurückgeschossen!« Innerhalb weniger Stunden reisten die ausländischen Teilnehmer ab. Das war das Aus für meinen geliebten Sport.

An der Wiener Universität traten im Studienbetrieb durch den sogenannten »Umbruch« ebenfalls schlagartige Veränderungen ein. Die jüdischen und politisch »unzuverlässigen« Akademiker wurden eliminiert, Professoren und Studenten verschwanden über Nacht. Noch vor Kriegsausbruch legte ich nach der alten österreichischen Studienordnung, die zum Zeitpunkt meiner Inskription galt, das erste Rigorosum, das in etwa dem heutigen Physikum entspricht, ab, bestehend aus den Fächern Physik, Chemie, Anatomie, Physiologie und Histologie. Damit war ich vom Vorkliniker zum Kliniker avanciert.

Ziemlich bald nach Kriegsbeginn holte man meinen Jahrgang zur Musterung. Auch heute noch überkommt mich ein eigenartiges Gefühl, wenn ich in Wien die Währinger Straße vom Schottenring stadtauswärts, an den medizinischen Instituten vorbei, zum Heurigen hinausfahre. Links auf Nummer 10 liegt die »Chemie«, etwas weiter rechts dann die »Anatomie« neben der »Pharmakologie« und an der Ecke Boltzmanngasse das Physikalische Institut. Genau gegenüber steht jenes dunkle Gebäude, in dem ich für tauglich befunden worden war.

Am 16. Mai 1940 »wurde ich zu den Fahnen geeilt«: Einberufung zur Infanterie Nachrichtenersatzkompanie 44 in Lundenburg (heute Breclav), die in der Moltkekaserne stationiert war. Und jetzt kam all das, was einem Rekruten blüht: Grundausbildung, exerzieren, marschieren, Frühsport, robben, und da es sich ja um eine Nachrichteneinheit handelte, funken mit dem Gerät »Dora 2«, Leitungen legen und Übungen am Feldfernsprecher 33. Warum ich als Mediziner zu einer Nachrichteneinheit eingezogen wurde, konnten auch scharfsinnige Denker nicht ergründen, die militärische Logik hatte ja damals bekanntlich mit dem gesunden Menschenverstand nichts zu tun.

Jedenfalls marschierten wir unter Absingen zünftiger Soldatenlieder zackig in eine düstere Zukunft. Schon im Morgengrauen brüllten wir ihn heraus, den damaligen Hit »Ein Heller und ein Batzen, die waren beide mein«, und vor allem die Nummer eins in den damaligen Charts, in der verkündet wurde, wer im Westerwald so kalt bläst. Unseren Individualismus hatten wir schon beim Einrücken, zusammen mit den Zivilkleidern, gegen Depotschein abgegeben.

Trotz allem entstanden in dieser Zeit eine Reihe von wertvollen Freundschaften, die viele Jahre überdauerten. Unter dem Druck der äußeren Umstände rückte man enger zusammen. In unserer Kompanie gab es einige Leute, die in ihrem Zivilleben künstlerisch tätig waren, zum Beispiel Karl Riebe, ein Redakteur in der Unterhaltungsabteilung am Rundfunksender Breslau, Franz Totzauer, Komponist für Bühnenmusik und Kapellmeister am Wiener Burgtheater, sowie Feodor Weingart, ein stimmgewaltiger Bassist von der Staatsoper Wien. Nicht zu vergessen Harald Proeglhoff, ein Eleve an der Musikhochschule, der nach dem Krieg als Opernsänger Karriere machte.

Zusammen mit einem Stabsfeldwebel und einem Oberschützen wurden für die Kompanieabende bunte Programme geschrieben und gespielt. Dabei sammelte ich Erfahrungen, die mir für mein späteres Leben als Bühnenkünstler sehr wertvoll waren und die ich deshalb keineswegs missen möchte.

»Placheta kann man nicht heißen!«

Wie vereinbart man Medizin- und Schauspielstudium? –
Mein Künstlername wird geboren – Als junger Wehrmachtsarzt in
Rußland – Heirat mit Friedl Mayrhofer – Das Staatsexamen –
Robert Freitag und Rudolf Steinboeck

Den Schlenker, den meine Lebenskurve eines Tages machte, verdanke ich einem ganz besonderen Freitag. Ihn kann ich anführen, wenn es darum geht, den uralten Aberglauben zu widerlegen, daß der Freitag Unglück bringe. Mit Vornamen heißt er übrigens Robert: Robert Freitag. Er war es, der den Einstieg in meinen zweiten Beruf durch seine Initiative möglich machte. Über ihn steht in »Langen Müller's Schauspieler Lexikon der Gegenwart« u. a. folgendes:

»Nach dem Besuch des Realgymnasiums absolvierte er das Max-Reinhardt-Seminar in Wien.

Bühnenstationen: Schauspielhaus Zürich, Salzburger Festspiele, Deutsches Schauspielhaus Hamburg, Kleine Komödie München, Kammerspiele Hamburg.

Anfang der sechziger Jahre gründete er zusammen mit Maria Becker und Will Quadflieg die ›Schauspieltruppe Zürich‹. Dieses Tourneetheater leitet er mit Maria Becker. Er verkörpert alle Rollen seines Faches aus Klassik und Moderne und führt umfangreich Regie. Er wirkte in 40 Filmproduktionen mit. Freitag spricht Englisch, Französisch und Italienisch, er ist in zweiter Ehe mit Maria Sebaldt verheiratet.«

Soweit das Wesentliche über diesen alten Freund, der zur Veränderung meines Lebens so Entscheidendes beitrug.

Während meines Studienurlaubes in Wien, als Angehöriger einer Studentenkompanie für Mediziner, blieb der Kontakt zu meinem

Schwimmclub einigermaßen aufrecht, wenngleich viele Mitglieder zum Wehrdienst einberufen waren. Es gab keine nennenswerten Wettkämpfe mehr, vor allem keine internationalen. Meine Kondition war sowieso schon durch die infanteristische Grundausbildung dahin. Dennoch gab es hin und wieder Zusammenkünfte mit den Clubkameraden, soweit es Wehrdienst und Studium zuließen. Bei einem dieser Clubtreffen brachte unser Wasserballtormann Otto Freitag, genannt der »schöne Otto«, seinen Bruder Robert mit: Bobby Freitag. Er hatte damals gerade das Max-Reinhardt-Seminar absolviert und deshalb noch eine lose, aber herzliche Verbindung zu dieser Hochschule, insbesondere zu deren Lehrkräften. Bei irgendeinem geselligen Beisammensein im Schwimmerkreis muß ich wohl – wie des öfteren – ein paar Blödeleien zur Erheiterung der Freundesrunde beigetragen haben – wieder das CBS, das Charlie-Brown-Syndrom.

Bobby Freitag war von meiner Darbietung angetan. Er meinte, daß man vorhandene Begabungen ausloten, gegebenenfalls weiterentwickeln und fördern sollte. Mit seinen guten Beziehungen erwirkte er für mich eine Sonderprüfung zur Aufnahme in die »Reichshochschule für Musik und darstellende Kunst«, wie das Reinhardt-Seminar seit 1938 hieß. Im Zuge des »Anschlusses« war es nämlich kurzerhand »arisiert« und umbenannt worden. Der Name seines jüdischen Gründers wurde unter jenen Teppich gekehrt, in den der »Führer« bei seinen Wutanfällen zu beißen pflegte. Erst nach 1945 durfte dieses Institut wieder den Namen Max-Reinhardt-Seminar tragen.

Mein Talentförderer erklärte sich bereit, mich auf die Prüfung vorzubereiten. In stundenlangen Sitzungen ackerte er mit mir einige zum Vorsprechen geeignete Rollen durch. Ich studierte u. a. den Marius aus dem *Goldenen Anker* von Marcel Pagnol, den Leonhard aus *Maria Magdalene* von Hebbel, den Leon aus *Weh dem, der lügt* von Grillparzer und noch ein paar andere Glanzlichter der Bühnenliteratur. Für mich war das alles eine völlig neue Materie, mit der ich mich erst einmal anfreunden mußte.

Auch eine Wunschrolle genehmigte mir Bobby für mein Vorsprechen: den Assessor Ströbel aus *Moral* von Ludwig Thoma.

Über diese unentgeltlichen Privatstunden bei Bobby Freitag hinaus nahm ich noch bei Professor Kestranek (damals in Wien ein führender Schauspiellehrer) Unterricht in Bühnensprache. Wie heute jeder hören kann, war wohl die Ausbildungsdauer nicht ausreichend genug, um meinen wienerischen Akzent gänzlich zu tilgen. Sicherlich lag das jedoch nicht an Professor Kestranek. Das Publikum hat sich übrigens inzwischen an mein Wienerisch gewöhnt. Bei Kestranek studierte ich zusätzlich noch die Rolle des Zettel aus dem *Sommernachtstraum,* und mit fünf Vorsprechrollen fühlte ich mich nun gut gewappnet, um vor die strenge Prüfungskommission zu treten. Ihre Mitglieder waren durchwegs bekannte und verdienstvolle Angehörige des Burgtheaters: Vera Balser-Eberle, Fred Liewehr, Adolf Rott, Friedrich Schreyvogel (die beiden letzteren wurden später Direktoren des Burgtheaters). Der Leiter des Seminars, Prof. Dr. Hans Niederführ, hatte den Vorsitz der Kommission.

Natürlich befiel mich ein der Situation angemessener Bammel. Es war schon eine Kühnheit, sich als hochsemestriger Mediziner einer solchen Aufgabe zu stellen. Aber ich hatte immer die besondere Gabe, Bedenken jeder Art elegant zu verdrängen. Bedenkenlosigkeit ist die Vorstufe zur Kühnheit und Kühnheit die Voraussetzung für die Bewältigung (Weisheit vom Kalenderblatt). Allerdings muß man dazu noch etwas Glück haben. Das hatte ich, ich kam durch und wurde in diese hohe akademische Bildungsstätte aufgenommen. Ein gewisses amüsiertes Schmunzeln von seiten der Prüfungskommission war mir nicht entgangen, in meinem Optimismus deutete ich das als positives Signal. So war es wohl auch zu verstehen, wie man jetzt rückblickend sagen kann.

Jetzt war ich also Eleve des berühmten Reinhardt-Seminars und sprang mitten hinein in das laufende Semester. Zugegeben, mit recht gemischten Gefühlen! Meine Kommilitonen waren nämlich vier bis fünf Jahre jünger als ich, der ich den wesentlichen Teil eines Hochschulstudiums hinter mir hatte. Somit war ich für sie, als fast fertiger Mediziner, irgendwie ein Außenseiter. Ihre Haltung mir gegenüber schwankte zwischen respektvoller Reserviertheit und einem uneingestandenen Mißtrauen. Nach einer kurzen Anpassungsphase fielen jedoch alle Barrieren, die einer offenen Kommunikation noch im Wege standen. Ich war einer von ihnen. Mit den weiblichen Studierenden kam ich etwas schneller ins reine, hier wirkte sich wohl die Vorliebe für den »reiferen« Mann im positiven Sinne aus. Diese Tatsache sollte ziemlich bald in meinem Privatleben Konsequenzen haben.

Der Studienplan bot eine reichhaltige Palette von Unterrichtsfächern, im Vordergrund stand das Schauspiel. Im Laufe eines Seminartages arbeiteten mehrere Professoren in bunter Reihenfolge die klassischen Vorsprechszenen durch, es ging querbeet durch die Bühnenliteratur.

Was mich nun besonders motivierte, mein ganzes Kräftepotential zu aktivieren, war das Nebeneinander von zwei grundverschiedenen Aufgabenkreisen. Das gab es übrigens immer wieder in meinem Leben, und es hatte für mich stets etwas ungemein Reizvolles und Herausforderndes. Da waren auf der einen Seite die Vorbereitungen auf die abschließenden medizinischen Staatsprüfungen und auf der anderen der Schauspielunterricht im Seminar. Natürlich gab es gelegentlich auch Terminprobleme, eigentlich hätte mein Tag 48 Stunden haben müssen.

Besonders vorsichtig mußte ich gegenüber meiner Militärbehörde sein, die ja diesen Studienurlaub genehmigt hatte und keine Verschleppungen des Studienablaufes zuließ. Unsere Kompaniechefs hatten nämlich genaue Kenntnis über den Studienfortgang jedes einzelnen Angehörigen der Studentenkompanie, waren sie doch selbst Ärzte. Die erforderlichen Vorbereitungszeiten für die einzelnen Prüfungsfächer waren ihnen sehr wohl bekannt. »Tachinieren« und den Studienurlaub künstlich verlängern war da nicht drin. Selbst ein geringfügiger Zeitverlust konnte den Studienabbruch und zugleich einen Marschbefehl an die Front zur Folge haben. Man mußte sich also zusammennehmen, um seinen Pflichten zu genügen.

»Placheta kann man nicht heißen!« sagte Fräulein Cech, die Sekretärin des Seminars. »Sie müssen sich einen Künstlernamen zulegen!«

Das war der Auftakt zu einem Dialog mit schwerwiegenden Folgen für meine Identität.

»Warum kann man nicht Placheta heißen?«

»Das fragen Sie noch? Sie sind doch Wehrmachtsangehöriger und machen Ihr Medizinstudium fertig.«

»Toi, toi, toi!«

»Sehr richtig! Aber Sie sind auch an der Hochschule für Musik und darstellende Kunst inskribiert, lieber Herr Placheta.«

»Gott sei Dank! Wo ist das Problem?«

»Sie spielen bei uns am Schönbrunner Schloßtheater, Sie stehen auf dem Programm. Was glauben Sie, wird die Standortkommandantur sagen, wenn sie erfährt, in Nestroys *Der Zerrissene* spielt der Mediziner Gunther Placheta die Titelrolle des Herrn von Lips.«

»Daran habe ich nicht gedacht!«

»Na sehen Sie, das geht also nicht!«

»Das leuchtet mir ein.«

»Das ist gut. Außerdem, ohne daß ich Ihnen nahetreten möchte, Sie können ja nichts für Ihren Namen, so schön ist er auch wieder nicht, (skandieren:) Plach – che – ta. Wie betont man das eigentlich? Placheta oder Placheta, da gäbe es doch immer Hörfehler, und wie man das schreibt, wüßte auch kein Mensch. Also denken Sie sich einen Künstlernamen aus.«

»Ach du lieber Himmel, wo soll ich denn jetzt so plötzlich einen neuen Namen hernehmen?«

»Das ist doch ganz einfach. Sehen Sie zu, daß Ihr Monogramm bleibt, G. P., wegen der Taschentücher. Gunther, das geht ja gerade noch, und dann halt noch einen Nachnamen mit P., was weiß ich, vielleicht wie Ihr Kaufmann heißt, zum Beispiel.«

»Der heißt Eckstein!«

»Ach so, das ist nix! Oder euer Nachbar ...?«

»Friedländer!«

»Das ist auch nix! Wie heißt denn der Hausmeister?«

»Philipp!«

»Na bitte, da haben wir es ja schon: Gunther Philipp!«

(Befremdet:) »Gunther Philipp? Na, ich weiß nicht, unser Hausmeister, dieser Philipp, ist ein fürchterlicher Kerl, ein Grantscherben, wie man so sagt.«

»Das ist doch egal, das weiß ja niemand außer Ihnen. Also, ich gebe das jetzt gleich durch an die Druckerei: Herr von Lips ... Gunther Philipp. Der Fall ist erledigt. Und jetzt entschuldigen Sie mich, ich habe was anderes zu tun, und Sie sind in drei Minuten bei Professor Rott, da werden Sie Ihre Bedenken bald vergessen. Auf Wiedersehen, Herr Philipp!«

Leicht belämmert murmelte ich vor mich hin: »Gunther Philipp, Gunther Philipp ...«

Studienkollege Harry Kalenberg eilte vorbei und stutzte: »Gunther Philipp, wer ist das?«

»Ich, das bin ich!«

»Du? Seit wann?«

»Seit jetzt, ich bin ein Getaufter. Die Cech hat mir einen Künstlernamen verpaßt.«

»Na, das ist ja toll, das wird sofort gefeiert. Jetzt mußt du einen ausgeben!« (Er läuft ins Unterrichtszimmer zu den anderen:) »Hört zu, Kinder, wir feiern eine Taufe ...«

Hier hat also jemand einen Künstlernamen bekommen, der noch gar kein Künstler war. Bedenkenlos, wie ich bin, freundete ich mich sehr bald mit meiner neuen Identität an.

Die erste »Persönlichkeitsspaltung« war vollzogen, aber in der Medizin war ich immer noch Gunther Placheta. In meinem

Studium herrschte Ruhe vor dem Sturm. Die Pflichtvorlesungen und Colloquien hatte ich hinter mich gebracht und war von den weiteren Vorlesungen, Seminaren und praktischen Übungen befreit. Ich mußte lediglich in der vorgeschriebenen Zeit die einzelnen Teilprüfungen des zweiten und dritten Rigorosums ablegen. Aber noch war es nicht so weit.

Die Ausbildung als Schauspieler bedeutete für mich damals noch keine Wende. An eine Aufgabe der Medizin dachte ich nicht. Was mir das Seminar gegeben hatte, war erst viel später die Grundlage für die Weichenstellung zum Berufswechsel.

Das Reinhardt-Seminar verfügte über eine eigene Bühne, das Schönbrunner Schloßtheater, das in der ehemaligen kaiserlichen Residenz, gleich rechts am Haupteingang zum Vorpark des Schlosses Schönbrunn, untergebracht war. Dieses entzückende kleine Haus wurde als Repertoire-Theater geführt und ausschließlich von Schülerinnen und Schülern bespielt. Regie führten unsere Professoren, die selbst noch Ensemble-Mitglieder der großen Wiener Theater wie »Burg« und »Josefstadt« waren. Der Spielplan konnte sich sehen lassen, er reichte von Nestroy und Bauernfeld über Hermann Bahr bis zu Shakespeare, Goethe und Hebbel.

Wer sich dem Schauspiel verschreibt, sollte seinen Blick auch in die Zukunft richten, vorausdenkend und, rein theoretisch, Überlegungen anstellen, was nach Abschluß der Schauspielschule zu machen sei. Das war natürlich ein völlig unrealistisches Gedankenspiel. Es war ja Krieg, Doktor war ich auch noch nicht, aber was soll's, man wird doch noch phantasieren dürfen.

Mein gleichsemestriger medizinischer Kollege Hans Kinast hatte eine reizende Schwester, ihres Zeichens Schauspielerin von hohen Graden, Lisl Kinast, vielbeschäftigt am Theater in der Josefstadt und (das war für mich das Wesentliche) verheiratet mit dem damaligen Direktor dieses Theaters, Rudolf Steinboeck. Ich löcherte meinen Freund Kinast, mir ein Vorsprechen bei seinem Schwager zu ermöglichen. Das schaffte er, und ich durfte mich in den heiligen Hallen dieses Hauses präsentieren. Auf der Bühne liefen zur Zeit die Proben für irgendein Stück, dort konnte ich also nicht vorsprechen. Aber der Herr Direktor Steinboeck war bereit, mich im Foyer zu begutachten. Er setzte sich auf eine mit rotem Samt gepolsterte Bank, schlug ein Bein über das andere und sagte: »Also, fangen S' an, Herr Philipp!«

Ich legte mit großem Impetus einige Vorsprechszenen hin und am Schluß, als Knüller, meinen Assessor Ströbel. Nach dieser geballten Darbietung verneigte ich mich vor dem Herrn Direktor wie vor einem vielköpfigen Publikum und wartete.

Es verstrichen einige bange Sekunden, dann schmunzelte der Gewaltige und stellte eine Frage, die mich in Verlegenheit brachte: »Also, lieber Herr Philipp, gehen wir von der Hypothese aus, ich würde Sie hier an unser Theater engagieren, was würden Sie denn da für ein Fach spielen wollen?«

Ich raffte alle meine theoretischen Kenntnisse zusammen und überlegte, was es eigentlich für Schauspielfächer gibt. Meine Informationen gründeten sich in erster Linie auf das Studium eines einschlägigen Buches aus dem vorigen Jahrhundert mit recht unmodernen und skurrilen Ausdrücken. Dort gab es die Naiv-Sentimentale, die Naiv-Muntere, die Salondame, die komische Alte, den Helden, den Bonvivant und noch ein paar andere eigenartige Bezeichnungen.

Ich riß mich zusammen: »Herr Direktor, am liebsten würde ich das Fach des Intriganten spielen!«

Rudolf Steinboeck lächelte, zwirbelte die Spitzen seines Menjou-Bärtchens und sagte dann in seinem typischen Schönbrunner Wienerisch: »O je, da sind wir überbesetzt! Aber wenn ich noch einen weiteren Intriganten in unserem Theater brauchen sollte, werde ich Sie durch meinen Schwager, den Hansl, verständigen lassen. Ich dank Ihnen schön, und auf Wiedersehen, mein Lieber.«

Gelegentlich wurden auch Absolventen in der einen oder anderen Inszenierung in ihren Rollen belassen, wenn sie nach dem Verlassen der Hochschule disponibel waren. Das traf auf meinen Steigbügelhalter und Promoter Robert Freitag auch zu. Er war Schweizer und daher für den Zugriff der Wehrmacht tabu.

Auf dem Spielplan stand unter anderem auch ein Lustspiel von Hermann Bahr, *Wienerinnen*, in dem Bobby eine Hauptrolle spielte. Seinetwegen sah ich mir dieses Stück an.

Im Mittelpunkt stand das erheiternde Geschehen einer typisch wienerischen Familie, und es gab da auch eine lustige Rolle für eine kleine, halbwüchsige Göre. Die Figur hieß Risa. Dieser Part wurde von einer sechzehnjährigen Elevin namens Friederike Mayrhofer gespielt. Sie wirkte noch viel jünger. Unter ihren Jahrgangskolleginnen war sie die Jüngste, weil sie schon vor Erreichung des vorgeschriebenen Aufnahmealters von achtzehn Jahren zum Studium zugelassen worden war. Bei »Kindern« mit entsprechender Bühnenerfahrung wurden solche Ausnahmen gemacht. Die kleine Friedl, wie sie bei uns hieß, stand nämlich schon im Alter von acht Jahren auf verschiedenen Bühnen und war daher eine richtige routinierte Schauspielerin, die ihren kindlichen Reiz und ihr darstellerisches Talent wirkungsvoll und erfolgreich einzusetzen verstand. Nicht nur auf der Bühne! Was Wunder, daß ich auf sie aufmerksam wurde. Und sie auf mich.

Auf dem privaten Sektor meines vollgepfropften Lebens, als Student an zwei Hochschulen, trat nun ganz allmählich eine Änderung ein. Die Beziehung zu Erika hatte eine reduzierte Dimension angenommen, ganz still und schmerzlos, keine Szenen, keine Tränen, ein friedliches »Aus«. Bei Erika und auch bei mir spielte inzwischen das Schwimmen keine Rolle mehr. Dazu kam die zunehmende Verdüsterung unserer Lebenssituation durch den Krieg: Bombenangriffe, Lebensmittelverknappung, Kleiderkarten, Rationierung, Verdunkelung. Man klammerte sich an das Positive, an das Heute, man dachte gar nicht mehr an das Gestern und schon gar nicht an ein Morgen. Unsere große Liebe war sanft entschlafen, keiner von uns beiden hat gelitten. In unserer Vierergruppe Erika, Hugo Kummer mit seiner Fritzi Lederer und mir vollzog sich eine Art Bäumchen-wechsle-Dich. Die Rückenschwimmerin Fritzi trennte sich von dem Rückenschwimmer Hugo, der seinerseits die von einem Brustschwimmer verlassene Brustschwimmerin Erika tröstend zur Brust nahm, ihr den Rücken stärkte und, wie sich das gehörte, sie später auch heiratete.

Zu den positiven Aspekten meines Daseins gehörte jetzt immer mehr die kleine Friedl Mayrhofer. Sie hatte ihr Seminarstudium abgeschlossen und ging mit dem druckfeuchten Diplom in ein Engagement nach Leipzig. Das war 1942. Sie hatte gleich mit ihrer ersten Rolle als Naiv-Muntere in dem Lustspiel *Der blaue Strohhut* von Friedrich Michael großen Erfolg.

Der Abschied von Wien war herzzerreißend, Friedl verschlug das Schicksal nach Sachsen und mich mit einem Marschbefehl als Mediziner nach Rußland.

Gruppenreisen haben immer etwas Besonderes, wobei das Besondere vom Reiseziel einerseits und von den Teilnehmern andererseits geprägt wird. Unsere Gruppe bestand aus einigen tausend Personen, alle männlichen Geschlechts und alle gleich gekleidet, in schlichtem Feldgrau, unansehnlich, aber zweckmäßig. Das genauere Reiseziel war unbekannt, die Himmelsrichtung wußten wir: Es ging nach Osten. Unsere Reisegesellschaft war in ihrer Einstellung zum Zweck der Reise in sich gespalten. Die einen wollten dorthin und durften dies, die anderen wollten dort nicht hin, aber sie mußten. Ich gehörte zu den letzteren. Was sollte man machen, es war Krieg.

Ich war nicht gerade verwöhnt, die Grundausbildung als Infanterist und Nachrichtenmann hatte mir schon deutlich genug vermittelt, wo es langging beim Barras. Diese Fahrt aber übertraf alles Bisherige. Wir wurden in Viehwaggons zu Dutzenden zusammengepfercht, und ab ging es Richtung Rußland.

Tagelang fuhr unser Güterzug ratternd und polternd, mit langen, unerklärlichen Aufenthalten auf offener Strecke, durch die Tschechoslowakei und Polen in die Ukraine. Irgendwo wurde Zwischenstation gemacht. In der trostlosen Landschaft gab es eine Kneipe, primitiv, aber stimmungsvoll. Die einheimische Bevölkerung hielt sich mehr im Hintergrund und zeigte keinerlei feindselige Gesinnung gegen uns. Die Gäste waren überwiegend Landser, hauptsächlich jedoch Angehörige der Sanitätstruppe, also Mediziner, soweit man das im dichten Qualm der Papirossi erkennen konnte. Der Wodka floß in Strömen und hatte seine Wirkungen, schließlich galt es ein beträchtliches Maß an Verzweiflung, Heimweh und Trennungsschmerz hinunterzuspülen.

Jedoch – Alkohol ist eine gefährliche Spülflüssigkeit. Als überzeugter Antialkoholiker hatte ich nach den ersten paar Gläschen dieses achtzigprozentigen Gesöffs einen kapitalen Vollrausch und ging zu Boden. Vom Morgentau des jungen Tages wachgeküßt, erblickte ich mich im Straßengraben vor der Kneipe, gleich neben einem Fußballplatz. Anfeuerungsrufe und Jubelschreie: Tor, Tor! führten mich in die Wirklichkeit zurück, ich hatte mir ein Eigentor geschossen. Ich war schwindelig und »im Osteinsatz«. Dieser Jahrhundertrausch bewahrte mich auf Jahre hinaus vor allen weiteren Besäufnissen, ich hatte lange Zeit eine unüberwindliche Abneigung gegen Alkohol, und das war gut so.

Die Fahrt im Viehwaggon ging weiter und wir landeten auf einem Schulhof in Brest-Litowsk. In unseren von der langen Fahrt reichlich verkrumpelten Uniformen waren wir in Reih und Glied angetreten. Jetzt ging es offenbar an die Aufteilung der Jungärzte und Mediziner in verschiedene kleinere Gruppen. Ausgerechnet ich wurde herausgerufen und erhielt den Befehl, aus der hier angetretenen Einheit sieben Kollegen auszuwählen, um mit ihnen in einem Lazarett weiter draußen Dienst zu machen. Diese Aufgabe war mir außerordentlich unangenehm, ich liebe es nicht, Schicksal zu spielen. Wir wußten ja nicht, was uns bevorstand. Schweren Herzens traf ich meine Auswahl, vier von den Kommilitonen kannte ich näher, mit zweien war ich befreundet.

Ich weiß heute noch ihre Namen: Fürnsinn, Gastinger, Gitsch, Knapp, Pexa, Tulzer und Weinstabl, der Achte war ich.

Was mich Jahre später beruhigte: Sie haben alle den Krieg überlebt und teilweise akademische Karrieren gemacht. Tulzer wurde Dozent an der Universitätsfrauenklinik in Wien und Gitsch als Inhaber des Lehrstuhles für Gynäkologie und Geburtshilfe sein Chef. Knapp und Weinstabl gingen in eine Allgemeinpraxis, Pexa wurde Zahnarzt, Fürnsinn Lungenfacharzt. Nur Gastinger hatte nach dem Krieg ein tragisches Schicksal.

An unserem Einsatzort angekommen, empfing uns der Chefarzt des Kriegslazaretts, Stabsarzt Dr. Hans Jäger, mit offensivem badischen Charme. Nach altem militärischen Ritual wurden wir zuerst kräftig angeschissen und anschließend in unsere Aufgaben eingewiesen. Doktor Jäger war Facharzt für Chirurgie und dort genau am richtigen Platz. Zusammen mit Assistenzarzt Dr. Mattoni und O. P.-Schwester Emma Finkbeiner aus dem Schwabenländle hatte er die Sache fest im Griff. Amtssprache war Badisch.

Unsere Funktionen waren multilateral, wir mußten alles machen, was in einem Kriegslazarett anfällt: bei den Operationen assistieren, anästhesieren und narkotisieren. Wir haben in dieser Zeit sehr viel gelernt und wurden mit dem Fortschreiten unserer Ausbildung in zunehmendem Maße mit schwierigeren Aufgaben betraut. Vormittags wurde operiert, dann kam die Visite und für uns Jungärzte die Versorgung der frischoperierten Patienten. Dazu hatten wir noch die von der Front neu eingetroffenen Verwundeten zu betreuen. Tag und Nacht waren wir im Einsatz. In diesen Monaten festigte sich meine Liebe zur Medizin, aber auch mein Entschluß, wenn ich den Krieg überleben sollte, für meine weitere ärztliche Tätigkeit ein unblutiges Fach zu wählen.

In den wenigen freien Stunden besann ich mich auf mein Privatleben. Es hieß Friedl Mayrhofer, mit der ich die letzten Monate bis zu ihrem Engagement in Leipzig verbracht hatte. Nun setzte ein lebhafter Briefwechsel ein. Trennung und Sehnsucht sind bekanntlich potente Wirkstoffe, die eine Situation rasch zur

Eskalation bringen. So war es auch bei uns beiden, wir wollten heiraten. Das war gar nicht so leicht, wie wir dachten, es gab Verordnungen und Bestimmungen, die dieser Absicht entgegen standen. Die Braut war zu jung, noch keine achtzehn. Wir hatten keine Chance, zunächst.

Irgendwann stand mir ein Heimaturlaub zu. Beladen mit Eßwaren, Eiern und einem toten Huhn, alles für die darbende Heimat, fuhr ich nach Leipzig. Beladen aber auch mit all den schönen Gefühlen, die durch unseren Briefwechsel aufgebaut waren, beladen mit der aufgestauten Sehnsucht eines Landsers, der aus dem Osten kam.

In Leipzig angekommen, bewunderte ich meine kleine Braut auf der Bühne des Schauspielhauses und war beeindruckt von ihrem kindlichen Charme. In nächtelangen Gesprächen diskutierten wir unsere Situation. Friedl war vertraglich mindestens auf zwei Jahre an das Theater gebunden. Ich hingegen war als Wehrmachtsangehöriger starren Bestimmungen unterworfen. Eine noch nicht Volljährige zu heiraten, schien unmöglich. Jedenfalls wollten wir unbedingt zusammenbleiben. Meine Lage war klar. Nach der sogenannten Frontbewährung, also im Herbst, wenn das Semester wieder begann, durfte ich im Überlebensfalle wieder zurück nach Wien in eine Studentenkompanie, um mein Studium zu beenden. Die Umstände waren gegen uns!

Da wir jedoch nächtlicherweise nicht nur diskutierten, änderten sich auf ganz natürliche Weise die Umstände: Die Braut war in anderen Umständen. Jetzt kamen wieder die Bestimmungen des Barras, und zwar im entgegengesetzten Sinne, zum Tragen. Ein S. O. A., dessen Braut Mutterfreuden entgegensieht, muß heiraten. Was wir zuerst nicht durften, mußten wir jetzt, und das taten wir auch.

Im Dezember 1942 gaben sich in Wien Friederike Mayrhofer (Künstlername: Friedl Mayhof) und der cand. med. Gunther Placheta das Ja-Wort zum Bund fürs Leben, und im Juli 1943 wohnte ich im Sanatorium Hera, das sich genau gegenüber der

Kaserne der Studentenkompanie befand, der Geburt meines ersten Sohnes bei. Der Knabe wurde auf den Namen Peter getauft.

Spätherbst 1943. Mein letztes Staatsexamen stand bevor: Gynäkologie und Geburtshilfe, ein großes Doppelfach. Ich war gut vorbereitet. Das sogenannte gynäkologische Internat hatte ich hinter mir, jene Woche, in der man als Student in der Frauenklinik untergebracht wurde, um unter Anleitung eines Dozenten Geburtshilfe zu praktizieren. In der Zeit, in der man sich auf das Examen in einem bestimmten Fach vorbereitet, bezieht man sein Wissen aus Lehrbüchern und Skripten, die im wesentlichen mit dem Stoff der Hauptvorlesung des betreffenden Professors und späteren Prüfers übereinstimmen. Daher verfolgt man die Vorgänge bei den Prüfungen anderer Kollegen, um die wesentlichsten Fragen zu erfahren. Man wohnt also dem Examen bei, zittert mit den Prüflingen und lernt die Eigenheiten des Prüfers kennen. Gelegentlich gibt es auch erheiternde Episoden, an eine erinnere ich mich noch heute.

Kandidat Schindler stand vor dem »Geburtsphantom«, der Professor neben ihm. Der Prüfling hatte nun die Aufgabe, eine Geburt praktisch durchzuführen.

Das »Phantom« war zu meiner Zeit der Torso eines weiblichen Unterkörpers aus Pappmaché, bestehend aus dem Bauchabschnitt und einem Teil der Oberschenkel. Die Bauchdecke war aufklappbar. Der Prüfer plazierte das »Geburtsobjekt« im Bauchraum des »Phantoms«, ohne daß der Prüfling sehen konnte, in welcher Lage sich das »Kind« knapp vor der Entbindung, die er nun zu leiten hatte, befand. Das »Kind« war eine lächerlich anmutende Stoffpuppe in der Größe eines echten Neugeborenen.

Nun ging Schindler daran, durch manuelle Untersuchung im Wege eines Tastbefundes die Lage des »Kindes« zu ermitteln. Er mußte einen Vorschlag machen, wie er sich den Verlauf der

Geburt dachte. Erbleichend stellte Schindler fest, daß hier eine Zangengeburt angebracht war.

Der Professor nickte beifällig und reichte ihm die beiden Teile der Zange, er sollte sie zusammensetzen und dann das »Kind« ans Licht der Welt befördern.

Unser Prüfling geriet in Verlegenheit, hatte Mühe, die Zangenteile richtig zusammenzusetzen.

Die Miene des Professors verdüsterte sich: »Na schön, Herr Kollege, bitte weiter!«

Der Kollege begann mit beiden Händen fürchterlich an den Griffen der Zange zu zerren und holte schließlich mit einem lauten Plumpf das »Kind« zur Welt.

Das Gesicht des Prüfers versteinerte: »Nun, Herr Kollege, sind Sie fertig?«

»Ich glaube schon, Herr Professor!«

»Ich glaube das nicht!«

»Ich wüßte nicht, was ich jetzt noch machen könnte.«

»Aber ich weiß es! Gehen Sie jetzt hinaus in den Vorraum, wo der Vater des Kindes wartet, und hauen Sie ihm mit der Zange dreimal kräftig über den Schädel. Dann haben Sie die ganze Familie ausgerottet! Ich danke Ihnen, Herr Kollege Schindler, Sie müssen noch einmal wiederkommen, der nächste Kandidat bitte!« –

In diesem heiklen Fach mußte ich nun die Staatsprüfung ablegen. Erst kamen theoretische Fragen, dann ein Prüfungsgespräch am Bett einer Patientin zum klinischen Sachverhalt.

Nach etwa zwei Stunden des Bangens war die Sache vorbei, und ich ging mit einer Auszeichnung stolz nach Hause – das heißt, nach Hause ist etwas übertrieben, ich ging in das Quartier der Studentenkompanie in der ehemaligen Schule Lazarettgasse. Obwohl ich, beflügelt von dem Gefühl, jetzt ein fertiger Arzt zu sein, die wenigen hundert Meter von der Frauenklinik zu meiner Einheit fast im Laufschritt zurücklegte, war die militärische Bürokratie doch noch schneller. Am Schwarzen Brett mit den Tagesbefehlen prangte schon die Aufforderung, mich in der Schreibstube zu melden.

Dann ging alles ruck-zuck, ein zackiger Händedruck des Kompaniechefs, ein paar Glückwünsche von Gleichsemestrigen, vielleicht auch ihrerseits ein bißchen Neid – »Der hat's hinter sich!« – oder sogar eine Art von Bedauern – »Wer weiß, wo es den jetzt hinverschlägt.« In der Kompanie war ich ja kein Unbekannter. Die Bunten Abende in den Sophiensälen vor zweitausend Medizinern waren den Kollegen noch in Erinnerung – aber was sollten jetzt die Sentiments. Wir hatten Krieg und ich war Soldat.

Der Marschbefehl beorderte mich zu einer Sanitätseinheit in der Rossauerkaserne. Dort wurden die frischgebackenen Doktoren zu Unterärzten befördert. Unterarzt war ein eigenartiger, zwittriger Dienstrang zwischen Oberfähnrich (also einem Nochnichtoffizier) und Leutnant, aber eben doch nicht Leutnant. Zwar befand sich auf der Schirmmütze eine silberne Kordel, so daß man von weitem für einen Offizier gehalten werden konnte, doch im Gegensatz dazu hatten die Schulterstücke das gleiche Aussehen wie bei den verschiedenen Diensträngen der Unteroffiziersklasse; zwei silberne Sterne und als einziges Unterscheidungsmerkmal zum Oberfeldwebel oder Oberfähnrich zwischen den beiden Sternen eine Äskulapschlange, um den bewußten Stab geschlungen. Diese Insignien zierten also jetzt meine äußere Erscheinung.

Ich begab mich zur Toilette, um mich dort in dem halbblinden Spiegel zu betrachten. Was ich bei meinem Anblick empfand, ist schwer zu sagen. War es Stolz? Stolz auf einen militärischen Rang? Das bestimmt nicht! Aber vielleicht war es das Gefühl der Genugtuung, hinter ein halbes Jahrzehnt Studium eine Fermate gesetzt, ein seit vielen Jahren angestrebtes Ziel erreicht zu haben. Mein Gott, wie ganz anders hatte ich mir diesen wichtigen Tag in meinem Leben vorgestellt! Wie gewaltig hatte der Krieg unser aller Dasein verändert! Die Welt war aus den

Fugen geraten. Angst, Mißtrauen und Verlassenheit waren die Emotionen, die uns beherrschten.

Ich sah nur einen einzigen Weg, mich aus der tiefen Verzweiflung herauszubringen: Nicht rechts und links zu schauen, nur für meine Aufgaben zu leben, mich zu ertränken in der neuen Aufgabe.

»Wollen Sie Ihre Zukunft wissen?«

Stationsarzt in Wien – Der Krieg nähert sich dem Ende –
Eine existenzgefährdende Anklage – Am 7. Mai 1945 in Oberösterreich

Schrille Pfiffe und militärische Brülltöne katapultierten mich
aus meinen Gedanken zurück in den Kasernenhof. Aus einiger Entfernung sah ich, wie eine Gruppe junger Mediziner die
Ladefläche eines Lkw bestieg und abfuhr – Richtung Osten. Ich
dachte an das vergangene Jahr, meinen Abmarsch zur Frontbewährung. Ostbahnhof, sieben Tage im Viehwaggon, Rußland,
Kriegslazarett. Die sieben Kollegen, die mit mir der chirurgi-
schen Abteilung von Stabsaızt Dr. Hans Jäger zugeteilt worden
waren, sind freilich alle zurückgekehrt, relativ unversehrt. Ich mit
dabei. Aber was kommt jetzt?

Nach einem kurzen Appell wurden wir entlassen. Ich mit einem
Marschbefehl zu einer anderen Sanitätseinheit in Wien. Und
wohin dann? Morgen würde ich es wissen. Die Ungewißheit war
quälend.

Mit der Straßenbahn fuhr ich zu meiner Frau, die mit unserem
Söhnchen Peter bei ihren Eltern Unterschlupf vor den täglichen
Bombenangriffen gefunden hatte. Tränen, Glückwünsche. Da lag
der kleine Bub schlafend in seinem Bettchen, ahnungslos, un-
schuldig, unberührt von dem, was um ihn herum vorging.

Meinem Vater erstattete ich telefonisch in seiner Dienststelle die
»Vollzugsmeldung«, daß das Studium nunmehr geschafft sei.
Gleich danach rief ich meine Mutter an, sie stieß einen Freuden-
schrei aus und wollte mich sofort bei sich sehen, es gäbe
Schnitzel auf Abschnitt, sowieso, panierte! Ich tröstete sie und
sagte dankend ab. Die Feierlichkeit mußte auf einen späteren

Zeitpunkt verschoben werden, ich war todmüde, und der Weg zur Wohnung meiner Eltern durch die schon zum größten Teil zerstörten Stadtteile wäre zu weit gewesen.

Am anderen Morgen begab ich mich laut Tagesbefehl in eine Kaserne in Wien-Meidling. Zu meiner freudigen Überraschung wurde ich zunächst in das Krankenhaus Rudolfs-Stiftung (Rudolfsspital), gegenüber vom Boerhave-Bad des Schwimmclubs Austria, in Marsch gesetzt. In diesem Krankenhaus hatte ich schon als Famulus während meiner praktischen Ausbildung an der Chirurgie und Gynäkologie hospitiert. Aus dem Rudolfsspital war inzwischen ein Reservelazarett der Wehrmacht geworden, es hieß jetzt »Reservelazarett XI a«.

Geschniegelt und in strammer Haltung meldete ich mich beim Chefarzt dieses riesigen Lazarettkomplexes. Daß der schwergewichtige, etwa eine Achteltonne ohne Dienstkleidung wiegende Oberstabsarzt Dr. Hoffmann keinen Wert auf preußische Zackigkeit legte, merkte ich sofort. Seine Art, sich zu geben, hatte etwas von gemütlicher, wienerischer Strenge.

»Also Sie sind jetzt grad fertig geworden?«

»Jawoll!«

»Wo wollen S' denn hin, auf die Chirurgie?«

»War ich schon!«

»Wo?«

»In Rußland.«

»Aha, was ist mit Kiefer?«

»Kieferchirurgie bitte nicht!«

»Wollen S' auf die Interne?«

»Das wäre schön, Herr Oberstabsarzt.«

»Na gut, wie Sie wollen, aber der Chef von der Internen ist ein Scharfer, ein Hundertprozentiger, wissen S'. Also gehen S' zu ihm in den ersten Stock, mein Adjutant, der Herr Oberleutnant Dr. Schön, wird Sie hinführen.«

Versehentlich schlug ich die Hacken zusammen, Dr. Hoffmann winkte ab: »Is scho guat!«

Ich folgte dem Oberleutnant Schön und präsentierte mich bei einem Oberstabsarzt Dr. Loewenstein. Er war der klassische aktive Militarist, wie aus der HDV (Heeresdienstvorschrift) abgepaust. Mit schnarrender Stimme artikulierte er seine klar formulierten Sätze und konfrontierte mich mit seinen Erwartungen. Mit den Händen an der Hosennaht nahm ich seinen Ton auf und antwortete ebenso militärisch in knappem Stakkato. Das schien ihm zu behagen. Trotzdem hatte ich sofort das Gefühl, mit diesem Mann ist nicht gut Kirschen essen. Er teilte mich dem Stabsarzt Dozent Dr. Karl Fellinger zu, der im Zivilleben erster Assistent der I. Med. Universitätsklinik war. Ich sollte als Saalarzt die Säle 17, 18 und 28 übernehmen.

Der klinische Betrieb im Reservelazarett XI a hatte fast zivilen Charakter. Die Ärzte besaßen zwar militärischen Rang, waren aber als Zivilisten erfahrene Fachärzte, die zum Teil neben dem Dienst als Wehrmachtsangehörige in ihren Privatpraxen weiterarbeiteten. Das galt für meinen direkten Vorgesetzten, Dozent Fellinger, aber auch für Prof. Lorenz Böhler, den Doyen der Unfallchirurgie, der außer seiner Abteilung in unserem Lazarett auch das Unfallkrankenhaus führte. Diese Herren waren alle mehr Arzt als Soldat, das machte den Gesamteindruck dieses klinischen Betriebes so sympathisch. Die geistlichen Schwestern schufen mit ihrer Nonnentracht schon rein äußerlich die Atmosphäre eines konfessionellen Krankenhauses. Nur gelegentlich wurde einem bewußt, daß man in einer militärischen Dienststelle beschäftigt war, etwa, wenn es einen Appell mit Befehlsausgabe oder einen Anschiß von Dr. Loewenstein gab, der keine Gelegenheit versäumte, sich als Scharfmacher zu profilieren. Oder, wenn gegen Kriegsende die Spitzel der Standortkommandatur und die Schnüffler des Divisionsgerichts für Unruhe sorgten. Da wußte man, wo man sich befand.

Allmählich entwickelte sich mit Dozent Fellinger eine Situation der gegenseitigen Sympathie und des Vertrauens. Er beauftragte mich mit einer verantwortungsvollen Tätigkeit in der Herzambulanz. Die Institution hieß »Herzschleuse« und war die letzte Befundungsinstanz, in der für jeden uns zugewiesenen Soldaten der Tauglichkeitsgrad endgültig ermittelt wurde. Wir hatten oft schwierige, schicksalhafte Entscheidungen zu treffen, ob ein Soldat oder ein Offizier kv. (kriegsverwendungsfähig), av. (arbeitsverwendungsfähig) oder g. v. H. (garnisonsverwendungsfähig Heimat) einzustufen sei.

Dr. Loewenstein kontrollierte in unregelmäßigen Abständen immer wieder unsere Ambulanzbefunde, und jedesmal gab es Debatten, wenn ihm die eine oder andere Beurteilung zu milde erschien. Manchmal mußte ich meinen ärztlichen Standpunkt damit verteidigen, daß es wenig Sinn hätte, wenn ein schwer herzkranker Soldat von zwei Gesunden zum Fronteinsatz getragen werden müßte.

Die Arbeit in meinen drei Krankensälen mit jeweils etwa zwanzig Betten war reichlich, aber befriedigend. Wir hatten nur Fälle, die in das Fach Innere Medizin gehörten. Dozent Fellinger führte die Abteilung wie eine Universitätsklinik, von wo er als erster Assistent von Prof. Jagic gekommen war. Seine klare wissenschaftliche Denkweise hatte etwas Überzeugendes und Faszinierendes. Eine Chefvisite mit ihm war wie eine Vorlesung im Hörsaal. Zwischendurch blitzten hinter der schwarzgeränderten Brille die Augen, wenn er seine Ironien verstreute.

Die Monate, die ich als aufmerksamer Schüler unter Dozent Fellinger verbrachte, gehören zu den schönsten Abschnitten meines klinischen Lebens. Was ich bei ihm lernen durfte, kam mir später, als ich auf mich allein gestellt war, zugute. Wann immer ich heute an jene Zeit zurückdenke, empfinde ich ein Gefühl von Dankbarkeit und Bewunderung für diesen großartigen Mann.

Einen Ambulanzpatienten habe ich mir besonders gemerkt: Conci-Lincoln, ein kleines dürres Männchen, von Beruf Hellseher. »Wollen Sie Ihre Zukunft wissen?« fragte er mich unvermittelt.

Die Sache interessierte mich, und Conci-Lincolm legte los mit seiner Prophezeiung. Er weissagte mir zunächst, ich würde den Krieg überleben. Das gefiel mir schon mal gut. Allerdings, was er dann noch von sich gab, klang so unrealistisch, daß ich nur den Kopf schütteln konnte: »Sie werden Ihren Beruf als Arzt aufgeben!«

»Niemals!«

»Doch, ich weiß es ganz genau, das ist aber noch nicht alles, Sie sind jetzt verheiratet, aber Sie werden noch dreimal heiraten.«

»Vier Ehen, Conci, Sie sind verrückt.«

»Warten Sie es ab, Herr Doktor, Sie werden sehen, daß ich recht habe.«

Ich wartete ab.

Zu den Aufgaben eines Stationsarztes gehörte auch die Ausbildung des Nachwuchses. Da war ein Medizinstudent, der seine Famulatur bei mir, auf Saal 18, machte. Er war ein großer, schlanker, sympathischer junger Mann mit scharfgeschnittenen Gesichtszügen und einer dicken Brille auf seiner beachtlichen Nase. Seine Körperhaltung hatte einen leichten Rechtsdrall, auf den schmalen Schultern schlotterte sein immer viel zu großer Ärztekittel. Alles in allem bot er das Bild eines in sich gekehrten, der medizinischen Wissenschaft mit Haut und Haar verschriebenen Menschen. Sein Name: Erwin Ringel.

Heute gibt es einen führenden Tiefenpsychologen an der Wiener Universitätsklinik für Psychiatrie, der unter anderem mit seinem Buch »Die österreichische Seele« die gleichnamige zum Kochen brachte: Prof. Dr. Erwin Ringel! Mit ihm verbindet mich nach mehr als 45 Jahren auch heute noch eine herzliche Freundschaft.

Gegenüber vom Rudolfsspital befand sich ein Schulgebäude, das ebenfalls in ein Lazarett umgewandelt worden war. Dort gab es einen großen Saal, der sich für verschiedene Veranstaltungen eignete. »Wehrmachtsbetreuung« war angesagt, ein Bunter Abend mit dem damals schon berühmte Komiker Rudolf Carl und dem späteren Direktor des Theaters an der Wien, Rolf Kutschera. Unter den Mitwirkenden war ein besonders herausragender Mann, ein komponierender Klavierhumorist, der mit seinen selbstverfaßten, intelligenten und urkomischen Texten in Wien wahre Triumphe feierte: Dr. Peter Wehle, seines Zeichens Volljurist.

Die Begegnung mit Wehle sollte für einen Teil meines Lebens große Bedeutung haben. An jenem Abend war ich von meinem ärztlichen Dienst befreit und hatte den Befehl, die Conférence zu übernehmen. Wie mir Peter Wehle später erzählte, löste die Ankündigung, daß ein Wehrmachtsarzt als Conférencier mitwirken sollte, einige Besorgnis aus. Man wußte ja aus Erfahrung, daß branchenfremde Leute mit ihren Insiderscherzen oft ungebührlich große Lacherfolge erzielen. Da ich in diesem Metier bei meinen Auftritten im Rahmen der Soldatenbetreuung schon einige Erfahrung als Solist gesammelt hatte, ließ ich mein Repertoire aus dem Sack und wurde im Verlauf der Veranstaltung von den Künstlern voll akzeptiert.

Nach der Vorstellung zog ich mich mit Wehle in das Ärztezimmer zurück, wir erörterten unsere Lage angesichts der damaligen Kriegssituation, ergingen uns in Zukunftsphantasien und schlossen eine Art Bündnis für gemeinsame Arbeit als Autoren der leichten Muse. Wir träumten vom Frieden, von Auftritten miteinander, und … und …

Dieser Abend endete erst am frühen Morgen, als mich der Sanitätsunteroffizier in die Wirklichkeit des Ambulanzbetriebes zurückrief: »Herr Dokta, mir müssen!«

Der Chefarzt des Reservelazaretts XI a, Oberstabsarzt Dr. Hoffmann, im Privatleben Zahnarzt in der Quellenstraße in Wien-Favoriten, rief mich zu sich. Das kam sehr selten vor. Unsere Kommunikation beschränkte sich sonst auf zufällige Begegnungen auf dem Korridor, vor seinem Zimmer oder im Luftschutzkeller bei Fliegeralarm, wenn draußen die Bomben donnerten. Diesmal mußte es wohl etwas Wichtiges sein.

In strammer Haltung stand ich vor seinem Schreibtisch und wartete. Schweigend umrundete der Chefarzt mit seinen weit über 140 Kilo Körpergewicht, einmal links und dann rechts herum, den Schreibtisch und mich. Mit erwartungsvollem Blick folgte ich seiner Wanderung und drehte mich mit wie der Calafatti im Wurstlprater. Wenn die Lage nicht so gespannt gewesen wäre, hätte ich lachen müssen.

Offenbar wußte er nicht, wie er beginnen sollte. Nach der zweiten Runde wuchtete er sich krachend auf ein Sofa und forderte mich auf, ihm gegenüber Platz zu nehmen. Es war eine jener Sitzgelegenheiten, in denen man so gründlich untergeht, daß es fast unmöglich ist, eine gebührend korrekte Haltung anzunehmen. Ich rappelte mich wieder hoch, so gut es ging, und wartete noch immer.

»Hören Sie zu, Placheta«, fing er mit beunruhigend unmilitärischem Tonfall an, »Sie wissen doch, daß ich Sie mag!«

Im Geiste schlug ich – ganz Unterarzt – die Hacken zusammen: »Jawoll, Herr Oberstabsarzt!«

»Hören S' auf mit dem Blödsinn, Placheta, ich muß Ihnen jetzt privat etwas sagen: Sie machen mir Sorgen!«

»Ich bin mir keiner Schuld bewußt«, erwiderte ich, auf seinen zivilen Tonfall eingehend.

»Das ist möglich, aber jetzt passen S' auf...« Und nun erklärte er mir mit geradezu väterlichen Worten, daß meine allzu milde Art, den Tauglichkeitsgrad der unserer Herzambulanz zugewiesenen Soldaten zu beurteilen, unangenehm auffiele. Ich sollte mich in acht nehmen.

Ich war perplex. »Aber Herr Oberstabsarzt, ich beurteile nach meinem ärztlichen Gewissen, ich habe den hippokratischen Eid geleistet!«

»Das ist es ja, den schieben S' jetzt a bissel auf d' Seiten, wenn

Ihnen Ihr Leben lieb ist, Herr Placheta. Wir sind nicht bei den alten Griechen, mir san beim Militär. Also ein bißchen strengere Maßstäbe, denken S' an den Dr. Gastinger? Ham S' mich verstanden? Das ist alles!«

Damit erhob er sich ächzend – ich stand ebenfalls auf und wollte noch etwas sagen: »Herr Oberstabs . . .«

»Das ist alles, hab ich g'sagt«, brüllte er.

Ich krächzte: »Jawoll!« Und weg war ich.

Benommen verzog ich mich in mein Dienstzimmer. Ich sollte an den Dr. Gastinger denken? Das war doch der Kollege, der mit mir zusammen in Rußland war. Drüben im gegenüberliegenden Gebäude hatte er gearbeitet, bis vor kurzem.

Jetzt fiel mir meine letzte Begegnung mit ihm ein. Von zwei Kerlen der Standortkommandantur war er vor ein paar Tagen in Handschellen in den Ambulanzraum geführt worden. In meiner Unbedarftheit wollte ich ihn kameradschaftlich begrüßen und fragen, was mit ihm los sei. Aber da war schon Dozent Dr. Fellinger hereingestürzt und hatte mich kurzerhand aus der Ambulanz geworfen. Jetzt war mir manches klar, natürlich: Gastinger war in einem Schnellverfahren wegen Wehrkraftzersetzung zum Tode durch Erschießen verurteilt worden. Dozent Fellinger mußte ihn vor der Exekution an der Schießstätte Kagran untersuchen. Todesurteile durften nämlich nur an Gesunden vollstreckt werden, so human war die Kriegsgerichtsbarkeit. Der Verurteilte durfte mit niemandem mehr sprechen, vor allem nicht mit einem Beschuldigten, der ich damals offenbar – ohne es zu wissen – schon war. Das dämmerte mir jetzt. Nun verstand ich auch den Hinausschmiß von Dozent Fellinger. Sein Befund lautete: Nicht kv. Gastinger hat überlebt, er verdankte sein Leben diesem großartigen Mann. Nach Kriegsende soll Gastinger an einer Erkrankung, die er sich im Wehrmachtsgefängnis geholt hatte, gestorben sein.

Aber was hatte der Fall Gastinger mit mir zu tun? Ich war keine »kv.-Maschine«, wie man die Scharfmacher unter den Wehrmachtsärzten damals nannte, das stimmte. Aber Wehrkraftzersetzung? Quälende Gedanken befielen mich.

Zwei, drei Tage später war ich klüger. Bei mir im Lazarett erschien mein alter Freund aus der Schwimmerzeit, Dr. Hugo Kummer, der meine erste Freundin getröstet und geheiratet hatte. Er trug eine SA-Uniform mit hohem Rangabzeichen. Das war in jener Zeit schon eine aufsehenerregende Aufmachung, denn die Stimmung der Bevölkerung war längst unter die ideologische Nullinie abgesunken. So plakativ als hoher Nazifunktionär zwischen den Ruinen der zerbombten Wohnhäuser herumzustolzieren, war zumindest ungewöhnlich, das mußte einen besonderen Grund haben. Der stellte sich bald heraus: Die Naziuniform diente offenbar zur Verharmlosung unserer Begegnung und zu seiner Tarnung. Rätselhaft war mir nur, woher er diese Uniform hatte, SA-Mann war er nämlich keineswegs.

»Gunther, gegen dich läuft beim Divisionsgericht ein Ermittlungsverfahren wegen Wehrkraftzersetzung«, sagte Kummer. Ich fiel aus allen Wolken. Sollten meine kardiologischen Befunde im Sinne einer solchen Anschuldigung beurteilt worden sein?

Da fiel mir jener Stabsfeldwebel H. von der Standortkommandantur ein, der mit einem offensichtlich gefälschten EKG-Streifen zweimal in verschiedenen Dienstgraden bei mir erschienen war. Da erinnerte ich mich an die Frau eines Soldaten, der in Kürze entlassen werden sollte, sie wollte mir Geschenke machen. Da war die jugendliche Tochter eines Unteroffiziers, der gerne untauglich geworden wäre, zu allem bereit. Na klar, Fallenstellerei! Plötzlich hatte das alles eine andere, eine lebensgefährliche Dimension.

Jetzt wußte ich, was sich im Divisionsgericht hinter meinem Rücken zusammenbraute: Über 600 Fälle von zu gutmütiger Beurteilung des Tauglichkeitsgrades. Kein Einschwenken auf eine härtere Linie trotz entsprechender Zurechtweisung durch meinen Abteilungschef, Oberstabsarzt Dr. Loewenstein. Nicht zuletzt die alte Freundschaft mit dem »Nichtarier« Fedja Salzer, die ich den ganzen Krieg hindurch aufrechterhielt. Das konnte allerdings genügen. Kummer sagte mir auch, daß die Telefone im Ärztezimmer und in der Ambulanz abgehört würden, ich sollte ab sofort alle Privatgespräche einstellen, besonders die mit meinem besten Freund Fedja.

Der Adjutant des Chefarztes unseres mehrtausendbettigen Reservelazaretts war Oberleutnant Dr. Walter Schön. Zu ihm hatte ich Vertrauen und bat ihn um eine private Unterredung. Von dem »Schuß vor den Bug«, den mir der Chefarzt verabfolgt hatte, wußte er natürlich. Ich erzählte ihm, was mir der alte Spezi Hugo in so kameradschaftlicher Weise verraten hatte. Auch das wußte Walter Schön alles, er wußte sogar noch mehr als Freund Kummer. Aber er sagte nur: »Reg dich nicht auf, mir wird schon was einfallen.«

Zwei Tage später – der Kanonendonner der heranrückenden Roten Armee ließ die Wiener Luft schon erzittern – bekam ich den Befehl, eine mehrere hundert Mann starke Truppe von Patienten aus dem potentiellen Kampfgebiet Wien in den weniger unsicheren Westen zu führen. Marschziel: Verwundetenlager Ried im Innkreis.

In aller Eile holte ich mein Motorrad hervor, machte es fahrbereit. Ein gültiges Kennzeichen hatte ich allerdings nicht, es war ja ein ziviles Fahrzeug. Da kam unser Ambulanzunteroffizier mit zwei WH(Wehrmacht-Heer)-Kennzeichen, wie sie für Dienstfahrzeuge üblich waren. Weiß der Himmel, woher er die so schnell hatte. Ein seltsamer Fall: ein ziviles Kraftrad mit militärischem Kennzeichen! Oberleutnant Dr. Schön ließ trotzdem die Fahrzeugdaten auf den erforderlichen Papieren eintragen. Die Sache war so halbwegs legalisiert.

Die Lkw- und Buskolonne setzte sich in Bewegung. Mit einem Hirnchirurgen namens Dr. Köberl, der das gleiche Marschziel hatte, auf dem Soziussitz, eskortierte ich den Krankentransport. Es ging die Donau entlang stromaufwärts. Schon in Nußdorf, dem berühmten Heurigenort, mußte eine erste Hürde genommen werden. Die englische Sportmaschine mit dem seltsamen WH-Kennzeichen erregte bei einer Streife mehr Aufmerksamkeit, als mir lieb war. Die Sache ging noch einmal gut, meine Dokumente als Führer des Krankentransportes genügten den Männern von der Standortkommandantur. Vorbei an den verträumten Häuschen der Nußdorfer Buschenschenken, vorbei an verödeten Weingärten, entvölkerten Heurigenlokalen und zerstörten Weinkellereien zogen wir weiter. Ich mußte an meinen inzwischen verstorbenen Freund, den beliebten Heurigensänger Franzl Schier, denken, der in Nußdorf seinen eigenen Heurigen hatte, und an sein populärstes Lied: »Wenn ich mit meinem Dackel, am Abend heimwärts wackel...« – Aus, vorbei!

Die Fahrt mußte weitergehen, wir gelangten auf das gegenüberliegende Donauufer und näherten uns der Wachau. Die Kolonne bewegte sich zügig westwärts, wir erreichten Krems. Mein Vater hatte dort eine neue militärische Dienststelle übernommen und in einem Bauernhaus sein Quartier. Die Wiener Wohnung in der Erdbergstraße war verlassen, meine Eltern lebten nun in der Kremser Garnison.

Die Kriegsereignisse überstürzten sich jetzt. Die sowjetische Armee hatte inzwischen Wien erreicht, und der historisch berühmte Major Karl Sokol wurde als Stabsoffizier der deutschen Wehrmacht durch eine kühne Aktion zum Retter unserer Metropole. Die Kunde vom Fall Wiens brachte die militärische Ordnung ins Wanken, hierarchische Strukturen lösten sich rapide auf, das Chaos war programmiert, das Ende abzusehen.

Bevor es weiterging, wollte ich unbedingt noch meine Eltern treffen. Dazu gab es jetzt hier in Krems eine flüchtige Gelegenheit. An einer Straßengabelung hatten wir eine rührende Begegnung, Tränen, gute Wünsche und wenig Hoffnung. Wir lagen uns in den Armen, während meine Kolonne an uns vorbeizog. Ich mußte weiter, schwang mich wieder auf das Motorrad. Vor einer Biegung der Landstraße am Ortsausgang von Krems drehte ich mich noch einmal um. Da standen meine Eltern und winkten mir nach. Würde ich sie wiedersehen? Die Ungewißheit war quälend.

Ich beschleunigte meine Fahrt, um den Transport einzuholen. An einer unübersichtlichen Stelle wurde ich wieder von einer Wehrmachtsstreife angehalten. Papiere! Ich zeigte meinen Marschbefehl und die Überstellungspapiere für die Patientengruppe. Das ging in Ordnung. Plötzlich begann der Streifenoffizier sich genauer für mein Fahrzeug zu interessieren. Die englische Sportmaschine mit dem Wehrmachtskennzeichen war ihm nicht ganz geheuer. Endlos lang studierte er den Kfz-Schein, die Sache erschien ihm jedoch so ungewöhnlich, daß er mich aufforderte, abzusteigen und ihm das Motorrad zu überlassen. Er wollte die Sache aufklären. Zum Glück hatte ich den Motor nicht abgestellt, und als ich bemerkte, wie bedrohlich die Situation jetzt wurde, gab ich Vollgas und verschwand.

»Stehenbleiben, aufhalten!« hörte ich hinter mir.

Schrille Pfiffe ertönten, aber ich kümmerte mich nicht darum und suchte mein Heil in der Flucht. Zum Glück war alles schon so in Auflösung, daß der frustrierte Scharfmacher keine Möglichkeit mehr hatte, meiner habhaft zu werden. Ich erreichte meinen Transport, und wir zogen weiter, den amerikanischen Streitkräften entgegen. Ehe wir unser Marschziel erreichten, gerieten wir noch in einen sintflutartigen Regen, blieben stundenlang im Uferschlamm der Donau stecken und überstanden einen Tieffliegerangriff der Russen. Erschöpft, aber heil und ohne Verluste an Menschen und Material erreichten wir Ried im Innkreis.

Der Befehl, die mir anvertraute Patientengruppe im Auffanglager Ried im Innkreis abzuliefern, war ausgeführt. Schon am nächsten Tag fühlte ich mich miserabel und mußte mich beim Lagerarzt wegen einer fieberhaften Halserkrankung melden. Der Verdacht lautete: Diphtherie. Begreiflicherweise wollte man mich so schnell wie möglich loswerden, aus dem riesigen Lager entfernen, um die ohnedies schwer angeschlagenen, verwundeten und rekonvaleszenten Soldaten nicht noch zusätzlich durch eine Infektionskrankheit zu gefährden. Zu einer bakteriologischen Klärung der Diagnose kam es nicht.

Jetzt ging alles ganz schnell. In der Schreibstube erhielt ich einen Urlaubsschein, der mir ein Fernbleiben von der Truppe bis zu vier Wochen gestattete. Genesungsurlaub bis zum 30. 5. 1945. Wir schrieben den 3. Mai. Die Urlaubsanschrift lautete: »Eberstallzell, Kreis Wels, Oberösterreich, bei Familie Scheidelberger.«

Ich schwang mich sofort auf mein Motorrad, bis Eberstallzell waren es zirka 80 Kilometer, die Fahrt in meinem fiebrigen Zustand hatte etwas Abenteuerliches an sich.

Eberstallzell, ein kleines Dorf. Dort war meine Frau Friedl mit unserem Söhnchen Peter als Evakuierte bei ihren Verwandten, den Scheidelbergers, untergebracht. Es gab eine Tante, deren Großmutter sowie einen jungen Vetter. Und vor allem gab es das Gemischtwarengeschäft, heute würde man Tante-Emma-Laden sagen, Schwerpunkt Lebensmittelhandel. Das schien zunächst verheißungsvoll, besonders angesichts der allgemeinen Verknappung von Eßbarem, stellte sich jedoch später als herbe Enttäuschung heraus. Die bis zuletzt praktizierte linientreue Obrigkeitshörigkeit der Scheidelberger-Familie kannte nämlich im Umgang mit den kargen Abschnitten der Lebensmittelkarten keine Gnade. Die Durchhalteparolen des Gauleiters Eigruber, der um diese Zeit vermutlich längst irgendwo untergetaucht war, klangen den braven Volksgenossen noch immer in den Ohren. Da war nichts zu machen!

An ein baldiges Kriegsende glaubte in dem kleinen Dorf niemand. Wie denn auch? Die einzigen Informationen, die es gab, lieferte der Rundfunk, sie hatten mit dem wirklichen Stand der Dinge nichts mehr zu tun, denn der Wehrmachtsbericht erging sich noch immer in Berichten über »siegreiche Rückzugsgefechte« und taktisch gebotene »Frontbegradigungen«. Auch der herannahende Gefechtslärm aus der zirka 10 Kilometer entfernt gelegenen Ortschaft Steinerkirchen konnte den Glauben dieser guten Leutchen an den Endsieg nicht erschüttern.

Von unseren Truppen war jetzt schon weit und breit nichts zu sehen, die amerikanischen Einheiten näherten sich zügig. Als sie in Sichtweite waren, bestieg ein beherzter Zivilist den Turm der Dorfkirche und feuerte blindlings mit einer Schrotflinte in Richtung des herannahenden Feindes. Das Feuer wurde von den Amerikanern prompt erwidert. Kurz darauf flatterte ein weißes Bettlaken aus dem Turmfenster heraus, das die Zeiger der Turmuhr teilweise verdeckte. Diese zeigte gerade fünf Minuten nach zwölf! Und das war es auch. Eberstallzell hatte sich kampflos ergeben. Eine kleine Einheit der US-Armee, ich glaube von der Rainbow-Division, drang auf Lkw und Jeeps in das Dörfchen ein. Der Turmschütze wurde festgenommen. Der Friede war da! Ich machte mit Rotstift eine Notiz in meinen Kalender: 7. Mai 1945.

Knapp vor dem Einmarsch der Amerikaner hatte ich meine Uniform ausgezogen, improvisierte Zivilkleidung angelegt und beobachtete die Besetzung von Eberstallzell mit einiger Spannung. Ein kleiner Trupp von US-Soldaten betrat grußlos das Lebensmittelgeschäft der Familie Scheidelberger. Die Chefin des Ladens, im Gesicht weiß wie der Inhalt ihrer gefüllten Mehlsäcke (nur auf Abschnitt der Lebensmittelkarte!), stürzte herbei und empfing den amerikanischen Sergeant mit den flehentlichen Worten: »Bittscheen net plündern!« Der Amerikaner hatte in akzentfreiem Deutsch eine passende Antwort auf Lager, die ich nicht wiedergeben möchte, weil sie eine pauschale Schuldzuweisung in bezug auf Vorgänge im Dritten Reich beinhaltete, mit denen diese bäuerliche Familie nun wirklich nichts zu tun hatte. Der Sergeant nahm sich nicht die Mühe einer längeren Diskussion, ein paar markige Kommandoworte, und die sorgsam gehorteten Lebensmittel, Zucker, Mehl und Wurst, wurden flugs auf einen weapons-carrier verladen. Auch eine große Menge alkoholischer Flüssigkeiten war zur allgemeinen Verzweiflung mit dabei. Wenige Stunden vorher hatte ich vergeblich versucht, die

Tante meiner Frau zur mildtätigen Herausgabe von einem Achtel-liter Trinkbranntwein auf Abschnitt X zu bewegen. Aber da war nichts zu machen, denn der Abschnitt wäre erst nächste Woche fällig gewesen, und zu einem Vorgriff war sie nicht bereit. Jetzt war er weg, mein Achtelliter.

So erlebte ich eben alles nüchtern, in jeder Hinsicht. Mit jener Nüchternheit beurteilte ich auch die Lage, in der ich mich befand. Mit meinen 27 Jahren und der sportgestählten Statur mußte ich meinen Status als Wehrmachtsarzt offenbaren und meldete mich im Kriegsgefangenenlager Lambach.

»Wos is, Herr Dokta,
samma wieda guat?«

Kriegsgefangener bei den Amerikanern,
»district physician« und Landarzt – Erste Kontakte zur Bühne
als Conférencier und Kabarettautor – Zurück ins bürgerliche
Leben? – Eine gewisse Hilde Hagen – Adolf Wollmarker,
Peter Wehle, Fred Kraus und das einmalige
Ausseer Ensemble

An den Ufern des Traunflusses hatten die Amerikaner ein
riesiges Lager eingerichtet. Das schöne Schloß Lambach, das
bis zu diesem Zeitpunkt schon als Reservelazarett gedient hatte,
wurde in eine US-Dienststelle umgewandelt. In den Baracken am
Bahnhof erfolgte nun die Registrierung und Einvernahme der
Gefangenen, die hier zu vielen Tausenden zusammenkamen.
Nach einem sorgfältigen »screening« durfte man, falls man keine
belastende Vergangenheit aufzuweisen hatte, auf einen Entlassungsschein hoffen.
Ich hatte das Kalkül »file check negativ« (politisch unbedenk-
lich). Allerdings, ganz so schnell ging die Sache nicht. Zunächst
wurden wir nach Waffengattungen eingeteilt, und ich begegnete
einigen Leuten aus der Zeit im Reservelazarett XIa, auch unange-
nehmen Zeit- und Parteigenossen. Ich kümmerte mich nicht
weiter um sie.
Eine bemerkenswerte Begegnung hatte ich jedoch. Plötzlich
stand jener Stabsfeldwebel H. von der Standortkommandantur
vor mir, der sich mir zweimal mit demselben getürkten EKG-
Streifen als Fallensteller des Divisionsgerichtes in der Herzambulanz präsentiert hatte. »Sein« EKG war so auffällig, daß ich es
mir schon anläßlich der ersten Untersuchung gemerkt hatte. Der

Befund paßte überhaupt nicht zu seiner übrigen Symptomatik. Ich war damals sofort dieser verdächtigen Angelegenheit nachgegangen, aber auch nach Rücksprache mit der EKG-Schwester im Labor wurde ich nicht fündig. Der Streifen war noch feucht, und da die Registrierungsnummer stimmte, konnte ich zunächst nichts machen. Dann war der Herr Stabsfeldwebel H. ein zweites Mal bei mir, diesmal mit dem Dienstrangabzeichen eines Obergefreiten, eine undenkbare Rückstufung. Der gleiche EKG-Streifen lag jetzt vor mir. Mein gutes Gedächtnis für außergewöhnliche EKG-Kurven kam mir zugute. Ich ließ die Türen der Herzambulanz versperren, rief die Standortwache, um Herrn H. festnehmen zu lassen. Kurze Zeit drauf erschienen die gorillaartigen Zweimeterkerle mit ihren Blechschildern auf der Brust, den polierten Stahlhelmen und schüttelten ihrem »Spezi« H. kameradschaftlich die Hand. Er war also einer von ihnen!

Diesen Vorfall hatte ich noch in Erinnerung, als mir dieser »agent provocateur« auf der Wiese im Kriegsgefangenenlager Lambach begegnete. Freundlich, wie ein fairer Verlierer nach einem belanglosen sportlichen Wettkampf, kam er auf mich zu, streckte mir kameradschaftlich die Hand entgegen und sagte: »Wos is, Herr Dokta, samma wieda guat?«

Ich sagte: »Naa!« und spuckte ihm mitten ins Gesicht.

Das war ihm vermutlich lieber als das Volksgericht. Für eine Anzeige bei der Lagerleitung reichten meine Rachegefühle nicht aus, ich hatte andere Sorgen.

Wir schliefen alle, ohne Rücksicht auf frühere Dienstgrade, in Viermannzelten, die auf den feuchten Wiesen an der Traun aufgestellt waren. Die kühlen Mainächte und der Regen machten uns zu schaffen, aber wir waren jung. Im übrigen war die Behandlung von seiten der Amerikaner menschlich einwandfrei. Bald schon wurde ich als Aufnahmearzt eingeteilt. Die Neuankömmlinge mußten auf ihren Gesundheitszustand untersucht werden. Nach einiger Zeit bekam ich einen neuen Arbeitsplatz in einer improvisierten HNO-Ambulanz. Aus meinen Unterlagen ging nämlich hervor, daß ich bei Doz. Dr. Emil Schlander, dem ersten Assistenten an der Universitätsklinik für Hals-, Nasen-, Ohrenerkrankungen in Wien, einige Zeit als Sprechstundenhelfer in der Privatpraxis und als Assistent bei seinen Operationen tätig gewesen war.

Zu tun gab es genug. Durch die penetrante Feuchtigkeit und nächtliche Abkühlung in den Flußniederungen der Traun waren Mittelohrentzündungen an der Tagesordnung. Da die Amerikaner über ausreichende Mengen an Penicillin verfügten und uns auch zur Behandlung im Lager davon etwas abgaben, verzeichneten wir allseits bestaunte Heilerfolge. Unsere Ambulanz erfreute sich bald eines guten Rufes.

Leider war die Zivilbevölkerung von den Segnungen unseres medizinischen Wirkens ausgeschlossen, besonders im Bereich Eberstallzell. Geographisch muß man sich dieses oberösterreichische Dorf im Mittelpunkt eines Dreieckes vorstellen, das durch Verbindungslinien zwischen den Orten Wels – Sattledt – Vorchdorf entsteht. Zwar gab es in Vorchdorf einen Gemeindearzt, einen Herrn Dr. Westreicher, der jedoch schon etwas betagt und vor allem nicht motorisiert war. Nachdem ich einige Zeit als Insasse des Lagers verbracht hatte, wurde ich »Heimschläfer«, durfte also meine Nächte bei Frau und Kind in Eberstallzell verbringen.

Eines Tages wurde ich zum Lagerkommandanten gerufen, der mir mitteilte, daß der Gouverneur von Wels mich zum »district physician« ernennen wolle, ich sollte sofort daran gehen, mir in Eberstallzell eine Praxis einzurichten, die US-Army würde mir dabei zur Hand gehen.

Das Obergeschoß der Gemischtwarenhandlung Scheidelberger bot sich als Warte- und Behandlungsraum an. Medikamente wurden angeliefert und ein dürftiges Instrumentarium zur Verfügung gestellt. Mein Ansprechpartner bei den Amis war ein Sanitätsfeldwebel des US-Medicalcorps namens Leslie Judson, dem ich auch heute noch dankbar bin für alles, was er für meine Patienten und die Praxis getan hat. Sprachliche Verständigungsschwierigkeiten hatte ich keine, denn meine Englischkenntnisse rührten von meinen häufigen Besuchen im Wiener Kreuzkino her, in dem nur Gangsterfilme in Originalfassung gespielt wurden.

Das Vokabular, das ich mir in diesem Kino angeeignet hatte, stammte größtenteils aus der Unterwelt von Chicago und aus der Bronx. Damit löste ich natürlich Verblüffung aus, aber andererseits wurden dadurch Berührungsängste beseitigt. Daher befand ich mich mit meinen Amis praktisch schon an der Grenze zur Fraternisierung. Es war also kein Wunder, daß sich Leslie auch den Kopf darüber zerbrach, wie ich als Distriktsarzt die Hausbesuche in den weitverstreuten Bauerngehöften bewältigen könnte. Vorsichtig erwähnte ich bei einem Glas Kentucky Bourbon, daß in der Werkstätte des Dorfschmiedes noch meine Sportmaschine in zerlegtem Zustand versteckt war. Leslie besorgte mir sofort das berühmte hochoktanige, rotgefärbte Ami-Benzin. Mein Motorrad wurde wieder flottgemacht, und ich konnte nun meine Krankenbesuche machen.

Meine Patienten waren durchwegs gastfreundliche Bauern, deshalb mußte ich ein großes Maß an Selbstdisziplin aufbringen, um bei meinen Hausbesuchen nicht bei Most und Jause zu versacken. Der Zahlungsverkehr war bargeldlos. Geld hatten die Bauern keines, aber sie hatten Lebensmittel. Die Naturwährung bestand aus Speck, Eiern, Brot und Most. Diätetisch gesehen: einförmig, kalorienreich und ernährungsphysiologisch bedenklich. Wenn ich also ein paar Behandlungen abgeschlossen hatte, raffte ich mein »Honorar« zusammen und fuhr die paar Kilometer in die nächstgelegene Stadt nach Wels. Im Kaufhaus Eybel zum Beispiel, wo es Textilien gab, erzielte ich immer einen günstigen Umrechnungskurs von Kalorien in Stoffmeter. So wurde in Kürze unter der Mitwirkung des Dorfschneiders ein relativ schmucker Distriktsarzt von US Army's Gnaden aus mir.

Meine Landpraxis lief recht ordentlich. Gelegentlich gab es Unfälle durch herumliegende Granaten und Panzerfäuste. Jetzt bewährten sich meine Erfahrungen auf dem Gebiete der Notfallmedizin, die ich im Kriegseinsatz gemacht hatte, und positiv wirkte sich auch die internistische Ausbildung unter Fellinger aus. Die Amerikaner versorgten mich mit Medikamenten, darunter auch solchen, die es in unseren Apotheken gar nicht gab, vor allem Antibiotika und Insulin. Wenn einmal ein dringender Krankentransport nötig war, schickte man mir eine US-Ambulanz, und wir beförderten die Kranken zur klinischen Behandlung nach Wels oder Gmunden.

In diesem Zusammenhang erinnere ich mich an eine junge Bäuerin, die einen Blinddarmdurchbruch hatte. Ich fuhr zum Bürgermeister von Sattledt, um von ihm ein Fahrzeug zum Transport in ein Krankenhaus zu erbitten. Mit der Begründung, die Patientin gehöre nicht zu seiner Gemeinde, wurde ich abgeschmettert. Auch hier sprang wieder mein bewährter Leslie Judson mit einem US-Ambulanzwagen ein. Die Patientin wurde nach Gmunden gebracht und erfolgreich notoperiert.

Nach angemessener Zeit erhielt ich im Lager meine Entlassungspapiere und war endlich wieder ein ordentlicher Bürger. Die Praxis hatte sich in der Zwischenzeit weiterentwickelt. Aber mein Motorrad war für die vielen Krankenbesuche auf die Dauer doch nicht das Richtige. Wieder hatte Leslie einen Einfall. Irgendwo an der Straße zwischen Wels und Lambach gab es einen großen Platz mit Hunderten von schrottreifen Automobilen. Mit Genehmigung der amerikanischen Militärregierung durfte ich mir einen PKW aussuchen. Ich entschied mich für einen handlackierten, blitzblauen Ford V8. Das war eines der wenigen halbwegs erhaltenen und gerade noch fahrbaren Exemplare. Schon in meiner Studienzeit war diese Type mit der leisen, geschmeidigen Maschine ein für mich unerreichbares Wunschobjekt.
Als ich die Motorhaube öffnete, war ich ziemlich enttäuscht:

Anstelle des Achtzylindermotors sah ich eine LKW-Maschine vom Typ BB 50, ein Vierzylinder mit vier Litern Hubraum. Das war ein schwerer Schlag! Aber immerhin, der Motor lief, und ich konnte den Wagen gleich mitnehmen. Der Autoelektriker von Wels, der freundliche Herr Gleissner, brachte Licht und Zündanlage in Ordnung, und schon stand das blaue Monster vor der Tür. Der riesige Motor war ein fürchterlicher Säufer, und der Benzinverbrauch von mehr als 25 Litern pro 100 Kilometer trotz der großzügigen Treibstoffabzweigungen der Amis auf die Dauer nicht tragbar. Da kam irgend jemand auf die Idee, das Fahrzeug auf Petroleum umzurüsten, das wäre billiger. Das Verfahren erschien zunächst einfach. Man müßte nur eine Vorwärmeeinrichtung für das Petroleum einbauen, mit Benzin starten und dann schnell auf das preiswerte Petroleum umschalten. Ich tat mich mit ein paar Amateurgenies zusammen, und wir bastelten aus einer militärischen Menageschale einen Behälter, der mit Benzin für den Start gefüllt wurde. Wenn der Motor angesprungen war, wurde blitzartig auf Petroleum umgeschaltet. Die Rohrleitung vom Tank des Wagens war in Spiralen über den Abgaskrümmer geführt. Auf diese Weise sollte das Petroleum erhitzt werden. Diese neue Technologie entpuppte sich als Fehlschlag: der Vergaser als Versager! Nach wenigen Kilometern war der Motor kaputt, und wir mußten lange suchen, bis wir einen Ersatzmotor fanden, der in dieses Gefährt überhaupt hineinpaßte. Der weitere Fahrbetrieb wurde wieder auf Benzin umgestellt. Das war zwar teurer, aber technisch problemlos.

Inzwischen stand die Praxis in voller Blüte, und mitten in mein segensreiches Wirken als Bauerndoktor platzte plötzlich ein Ereignis, aus dem viele Impulse entstehen sollten, die meinen späteren Berufswechsel mitbegründeten.

Eines Tages erschien bei mir ein atemloser Mann, der mir eine Botschaft von einem gewissen Direktor Adolf Wollmarker überbrachte. Im Volksgarten von Wels sei für den heutigen Abend eine Gala mit Johannes Heesters und dem ehemaligen Vorkriegsstar Ivan Petrovich vorgesehen, jedoch der Conférencier sei ausgefallen. Ich solle die Veranstaltung retten, man hätte nämlich erfahren, der Herr Doktor könne so etwas. Die Sache reizte mich, ich sagte zu und brachte die Angelegenheit wohlbehalten über die Bühne.

In diese Zeit reicht meine heute noch bestehende freundschaftliche Verbundenheit mit »Jopi« Heesters zurück. Außerdem lernte ich dort in Wels eine junge Schauspielerin kennen, die viele Jahre später die Frau von meinem Freund Peter Alexander wurde. Diese hübsche, große und schlanke Dame, deren bis auf die Schulter reichendes Blondhaar mir sehr imponierte, entwickelte sich später zu einer begabten Bühnenerscheinung. Sie hieß Hilde Hagen und gehörte zum Stammensemble des Veranstalters Adolf Wollmarker.

Wenn wir einander heute, nach mehr als vierzig Jahren, begegnen, die Hilde und ich, sei es bei einem Film mit ihrem Peter oder einer seiner Spezialitäten-Shows im Fernsehen, gibt es immer einen lebhaften Austausch von Erinnerungen an gemeinsame frühere Zeiten.

Ich muß sagen, daß mir die Zusammenarbeit mit der Hilde immer gut gefallen hat. Wir haben eine ähnliche Wellenlänge, wenngleich ich nicht ihre Geschäftstüchtigkeit besitze. In der Branche genießt sie den Ruf der Übertüchtigen. Aber das ist so in unserer Branche, da ist Überlegenheit nicht gefragt. Eine Hilde Alexander kann man nämlich nicht aufs Kreuz legen, und das imponiert mir an ihr.

Aber zurück zu meinem Freund Adolf Wollmarker. Er animierte mich, angesichts des Erfolges unserer Freiluftgala, für ihn ein abendfüllendes Showprogramm zu schreiben und aufzuführen. Ein glücklicher Zufall führte mich genau zu diesem Zeitpunkt wieder mit zwei Leuten zusammen, mit denen ich fünf Jahre vorher während meiner Militärzeit in Lundenburg Freundschaft geschlossen hatte. Auch sie hatten den Krieg überlebt, und die damalige kreative Zusammenarbeit als kabarettistische Autoren unserer Kameradschaftsabende wurde nun wieder aufgegriffen. Wir schrieben eine Revue mit dem Titel *WWW* (Wollmarkers Welser Werkel). Die Sache schlug ein, und somit war die Basis für meine spätere Tätigkeit als Kabarettautor und Darsteller geschaffen. In dieser Zeit spielte ich mit Hilde Hagen so manchen lustigen Sketch.

Dolf Wollmarker baute seine Erfolge als Veranstalter weiter aus, er wurde Direktor des Welser Volkstheaters und eröffnete zusätzlich im Jahre 1945 ein riesiges Freiluft-Operettentheater im Welser Volksgarten mit Fred Raymonds *Salzburger Nockerln (Saison in Salzburg)*. Immer wieder holte er Stars wie Johannes Heesters und Paul Hörbiger, engagierte sich für die Wohltätigkeit. Bei einer seiner Galas warb Paul Hörbiger von der Bühne aus für eine Lebensmittelsammlung zugunsten der notleidenden Wiener Kinder. Im Dezember 1945 kamen durch Wollmarkers Initiative acht Tonnen nahrhafte Geschenke aus Oberösterreich nach Wien, rechtzeitig zum Weihnachtsfest. Der »Wiener Kurier« berichtete darüber ausführlich am 21. Dezember.

Im weiteren Lauf der Jahre wurde mein Spezi Wollmarker der erfolgreichste Großveranstalter auf dem Heumarkt in Wien. Seine *Lustige Witwe* mit Jopi Heesters ist Operettengeschichte.

Irgendwann verließ der abenteuerlustige und risikofreudige Dolf unseren Kontinent und kehrte nach Jahren als Berufsdiplomat zurück. Heute ist er, dem Guatemala und Panama das Goldene Rote Kreuz verliehen haben, Generalkonsul der Republik Panama. Sein Vizekonsul ist Eleonore Wollmarker, seine Frau. Wer könnte einen südamerikanischen Staat erfolgreicher diplomatisch vertreten als ein Mann, der weiß, wie man Operetten veranstaltet?

Meine Rettungsaktion für die große Freiluftgala im Volksgarten von Wels blieb auch für mich nicht ohne Folgen. Der Abend mit Johannes Heesters und dem übrigen Ensemble sprach sich herum, und es hagelte Angebote für mich, auch bei anderen

Veranstaltungen für die oberösterreichische Bevölkerung mitzu-
wirken. Da mich meine Landarztpraxis ziemlich beanspruchte,
nahm ich nur vier Angebote an. Zwei davon blieben mir besonders in Erinnerung.

Das erste war eine Show für amerikanische Soldaten, die ich
angesichts meiner Englischkenntnisse als Conférencier (im Amerikanischen: master of ceremonies) bereichern sollte. Mein Repertoire für die Überleitungen von einer zur anderen Nummer
hatte ich mir mit einem deutschsprechenden US-Offizier von ISB
(information service branch), einer Army-Betreuungsstelle für
die GIs, zusammengestellt. Ich muß jedoch zugeben, daß zum
damaligen Zeitpunkt mein Vokabular noch einige Lücken hatte,
ich beschränkte mich überwiegend auf das, was ich auf der
Bühne sagen mußte.

Bei einem Gespräch mit einem höheren Offizier, der mit unserem Boß, Dolf Wollmarker, etwas Organisatorisches besprechen
wollte, benötigte ich das amerikanische Wort für Unternehmer.
Ich übersetzte wörtlich Unternehmer mit »undertaker«. Dieser
Begriff löste bei meinem Gesprächspartner Verblüffung aus, als
ich ihm mitteilte, unser »undertaker« würde gleich kommen.
Der Officer wunderte sich, daß ein »undertaker« kommen sollte.
Ich versicherte ihm, daß der »undertaker« immer dabei sei, man
wisse ja nie, ob man ihn nicht vielleicht brauche. Der Ami
schüttelte verständnislos den Kopf, und der Dialog scheiterte an
der Sprachbarriere. Erst viel später kam ich darauf, daß »undertaker« Leichenbestatter heißt. –

Ich sollte irgendwo im Innviertel einen Bunten Abend conférieren, diesmal in Deutsch. Das war eine günstige Gelegenheit, statt
Speck und Eiern Bargeld als Honorar zu bekommen. Also stand
mir eine kleine Bahnreise innerhalb der amerikanischen Zone
ins Haus. Ich entschloß mich, auf das Auto zu verzichten. Schon in
meiner Jugendzeit hat sich bei mir eine besondere Abneigung
gegen das Schleppen von Koffern entwickelt. Ich wollte diese
Fahrt also möglichst bequem gestalten und ging mit Friedl in ein

Hotel in der Nähe des Bahnhofs von Wels. Ich hatte die grandiose Idee, einen Frühzug zu nehmen, jedoch das Gepäck schon am Abend vorher als Reisegepäck am Bahnhof abzuliefern, um die Eisenbahnfahrt unbeschwert genießen zu können. Friedl verstaute allen lästigen Ballast in zwei Koffer, zurück blieb leichtes Handgepäck. Ich lag schon im Bett und verfolgte aufmerksam, wie das Reisegepäck fein säuberlich zurechtgemacht wurde. Der Lohndiener des Hotels schaffte unsere Koffer zur Gepäckaufgabe.

Am nächsten Morgen stieg ich, beschwingt durch die Vorfreude auf die Unbeschwertheit dieser Reise, aus den Federn. Also rasch in die Klamotten und ab zum Bahnhof! Ich öffnete die Tür des Kleiderschrankes – gähnende Leere! Zunächst dachte ich an einen kleinen Schelmenstreich meiner Frau. Ich sah unter die Betten, nichts! Hinter den Vorhang – auch nichts! Ich rief nach meiner Frau.

»Die gnä Dame is scho zum Bahnhof, Sie sollen nachkommen.«

Fieberhaft überlegte ich, wo meine Kleider sonst noch sein könnten, vielleicht hatte sie in einem ihrer seltenen Anfälle von Hausfraulichkeit die Sachen zum Aufbügeln gegeben? Offenbar war dem aber nicht so. Die Schuhe standen auch nicht vor der Tür. Und ich hatte nichts als meinen verknitterten Schlafanzug.

Ich hetzte den Lohndiener mit dem Fahrrad zum Bahnhof, vielleicht konnte er das Gepäck noch herausholen. Das scheiterte an der Sturheit des Personals, die Koffer waren schon verladen. Woher sollte ich jetzt Kleider nehmen? Ich konnte nicht einmal hinuntergehen zum Telefon. Vor den übrigen Hotelgästen wollte ich meine lächerliche Situation nicht preisgeben. Da fiel mir ein, daß sich ganz in der Nähe die Wohnung der Laden von Herrn Fürst, dem geschätzten Pferdemetzger von Wels, befand.

Der Lohndiener überbrachte ihm meinen Notschrei, Herr Fürst tauchte nach kurzer Zeit auf und brachte mir eine komplette Garnitur straßentauglicher Kleidungsstücke sowie ein Paar Schuhe, die mir zwei Nummern zu groß waren. Zum Glück gab es keinen Spiegel, in dem ich mich in ganzer Figur sehen konnte. Das war wohl auch besser so, denn selbst der Pferdemetzger konnte ein Schmunzeln nicht unterdrücken, als ich so in seinen Klamotten vor ihm stand. Ich mußte noch versprechen, seine Sachen unverzüglich zurückzuschicken, er wollte am Sonntag damit zur Kirche.

Die Beschaffung der Ersatzkleidung beanspruchte einige Zeit, der Zug war weg und meine Frau auch. Mit dem nächsten Zug am Bahnhof unseres Gastspielortes angekommen, erkannte mich Friedl zunächst gar nicht und verfiel dann in einen Lachkrampf, der mich furchtbar wurmte. Als mich dann noch die Kollegen in dieser eigenartigen Aufmachung erblickten, löste ich eine Reaktion aus, die man nur schwer beschreiben kann. So hatte man sich den Conférencier nicht vorgestellt. Erst als ich mich in der vollen Pracht meiner Bühnenkleidung zeigte, war der Prestigeverlust ebenso ausgebügelt wie der mit der Bahn beförderte Smoking.

Vorsichtig näherten sich in Österreich die Verhältnisse wieder der Normalität. Das Land war nun in vier Besatzungszonen geteilt. Die westlichen Bundesländer standen unter französischer Verwaltung, die südlichen waren britisch, Salzburg und Oberösterreich bildeten die amerikanische Zone. Das Burgenland und Niederösterreich wurden sowjetisch. Wien hatte man in vier Sektoren geteilt, entsprechend den vier Besatzungsmächten, die »Innere Stadt« machte man zu einer interalliierten Zone. Allmählich wagten sich auch wieder die Behörden ans Licht der Öffentlichkeit. Teilweise waren sie schon »entnazifiziert« – das gegenseitige Denunzieren hatte jetzt seine große Stunde –, es wurde gesäubert nach allen Regeln der Kunst der Befreier.

Auch im oberösterreichischen Wels hatte sich die zuständige amerikanische Behörde C. I. C. etabliert und nahm ihre Säuberungstätigkeit mit großem Schwung in Angriff. An der Tür eines solchen US-Office hing ein Schild mit einer Aufschrift, deren englischen Originaltext ich nicht mehr rekonstruieren kann, ich habe ihn mir aber sinngemäß gemerkt. »Büro zur Ausrottung sämtlicher Nazis« oder so ähnlich lautete der hochgesteckte Vorsatz. Wie die geschichtliche Entwicklung in den inzwischen verstrichenen vierzig Jahren zeigt, ist diese Zielsetzung noch nicht ganz erreicht.

Was mich als entlassenen P. W. (Prisoner of war oder Kriegsgefangener) und »district physician« zunächst besonders interessierte, war eine Klärung meiner Existenzsituation. Die improvisierte Landarztpraxis im Hause der Gemischtwarenhandlung war keine Dauerlösung. Allmählich kristallisierten sich Verwaltungsstrukturen heraus, auch im Bereich des Gesundheitswesens. In Wels gab es sogar schon einen Leiter des Gesundheitsamtes.

Ich meldete mich also bei Herrn Dr. Gusenleitner und trug ihm den Wunsch vor, die provisorisch eingerichtete Praxis in eine definitive zu verwandeln und sie mir zu übertragen. Ich verwies auf die Tatsache, daß in dieser Gegend, auch die umliegenden Dörfer betreffend, eine ärztliche Versorgungslücke bestünde, weshalb eine funktionsfähige Arztpraxis vonnöten sei. In dieser Hinsicht pflichtete mir Herr Dr. Gusenleitner bei. Er sah auch ein, daß man andere Praxisräume schaffen und den organisatorischen Aufbau angehen müsse.

Die erste Frage, die der Leiter des Gesundheitsamtes an mich richtete, befremdete mich. Sie lautete: »Sind Sie gebürtiger Oberösterreicher?«

Beschämt mußte ich gestehen, daß auf meinem Heimatschein das Wort Wien steht. Was ich mir da eigentlich einbildete, meinte Herr Dr. Gusenleitner, das ginge natürlich nicht, diese Praxis müsse selbstverständlich ein Oberösterreicher bekommen. »Das werden Sie doch verstehen, lieber Herr Kollege Placheta.« Der liebe Kollege Placheta hat es nicht verstanden. Verstanden hat er nur: Österreich lebt wieder!

Ergänzend sei hinzugefügt, nach dem Doktordiplom und meiner Ausbildung hat mich der Leiter des Gesundheitsamtes nicht gefragt. Der Oberösterreicher war ihm wichtiger.

Also kam es, wie es kommen mußte: Einige Zeit später richtete man im Hause des inzwischen entmachteten Gendarmeriepostenkommandanten, der bis Kriegsende die Bevölkerung auf politisch linientreuen Kurs gehalten hatte, eine neue Praxis ein, die ein oberösterreichischer (!) Kollege übernahm.

Endlich bekam ich meinen Entlassungsschein aus der Kriegsgefangenschaft. Ich war wieder ein Mensch, allerdings nur ein halber. Ein ganzer Mensch braucht einen Personalausweis. Den zu bekommen war nicht so einfach, wie ich zunächst annahm. Die ehemaligen Wehrmachtspapiere waren nicht mehr gültig. Einen Identitätsausweis konnte man jedoch nur an seinem letzten Wohnsitz erhalten. In meinem Falle war das Wien. Um nach Wien fahren zu dürfen, mußte man bei Enns die amerikanisch-sowjetische Demarkationslinie überschreiten, was nur mit einem Identitätsausweis, den ich ja nicht hatte, möglich war. Eine klassische bürokratische Situation, fast ausweglos! Aber nur fast.
Eines Tages schmuggelte mich ein Welser Spediteur, versteckt in einer größeren Gruppe von Besitzern regulärer Personalausweise, auf einem offenen Lkw nach Wien. Dort löste ich meine Probleme nach Überwindung einiger bürokratischer Hürden. Ich besaß nun eine sogenannte I-Karte und war wieder ein Mensch, ein österreichischer.
Bei diesem kurzen Besuch in Wien machte ich mich auf die Suche nach meinen Eltern, nach den Verwandten und Freunden. Unsere Wohnung im Hause Erdbergstraße 35 war teilweise ausgebombt und geplündert, von meinen Eltern keine Spur. Seit der Begegnung in Krems, in den letzten Tagen des Krieges, hatte ich von ihnen nichts mehr gehört. Meine Freunde, die Salzers, hatten die schlimme Zeit des Einmarsches der Roten Armee überlebt.
Ich meldete mich bei Dozent Fellinger, meinem letzten direkten Vorgesetzten im Reservelazarett XIa, der inzwischen Professor und Ordinarius der I. Medizinischen Universitätsklinik geworden war. Ich wollte wieder bei ihm arbeiten, sobald ich meine

Praxis in Eberstallzell aufgegeben hatte. Da in seiner Klinik für mich keine Planstelle frei war, riet er mir, zunächst an die Universitätsklinik für Neurologie und Psychiatrie zu gehen, da für die fachärztliche Ausbildung in interner Medizin ohnedies sechs Monate Neurologie obligatorisch waren. Bei Prof. Otto Kauders bekam ich die Zusage, zu Jahresbeginn 1946 an seiner Neurologie anfangen zu dürfen.

Zunächst aber ging ich wieder zurück aufs Dorf. Der Kollege, der dort meine Nachfolge antrat, erschien ziemlich bald und übernahm meine Patienten. Ich war nun frei, meine Zeit als Landarzt in Eberstallzell war abgelaufen.

Inzwischen hatte ich auch meine Eltern wiedergefunden, sie lebten nun in Linz an der Donau, zirka 30 Kilometer von Eberstallzell entfernt. Die Wiedersehensfreude war groß. Mein Vater, wie durch ein Wunder aus einer kurzen russischen Kriegsgefangenschaft von der sowjetischen in die amerikanische Zone Oberösterreich entlassen, hatte sich mit meiner Mutter im Obergeschoß eines einstöckigen Hauses in der Harrachstraße eine kleine Wohnung gemietet. Er arbeitete auch schon wieder als Musikus im Orchester des Linzer Landestheaters. Jedenfalls ging es ihm besser als mir und das beruhigte mich; ich konnte also mit vollem Einsatz an den Aufbau einer neuen Existenz gehen.

Die Zeit bis zum Antritt meines Dienstes an der Uniklinik in Wien mußte ich irgendwie überbrücken. Das Geld war knapp. Da kam mir meine erste Begegnung mit Peter Wehle 1944 in Erinnerung. Von Leuten, die bei der Freiluftgala in Wels zusammen mit Johannes Heesters aufgetreten waren, hörte ich, daß Peter in Salzburg sei und mit dem dortigen Landestheater zu tun hätte. Vielleicht könnten wir jetzt auf unsere Verabredungen zurückkommen und eine gemeinsame Arbeit aufbauen. Die Situation war ja mittlerweile so weit stabilisiert, daß man wieder ungehindert reisen konnte, jedenfalls in der amerikanischen Zone.

Da mein Praxisauto vom Schrottplatz wieder einmal außer Betrieb war, schwang ich mich auf mein Motorrad, um Peter Wehle in Salzburg aufzusuchen. Am Bühneneingang des Landestheaters fielen wir uns in die Arme. In diesem weihevollen Augenblick erschien dort auch ein großer, schlanker, blonder Mann mit einer fast ebenso großen, hübschen Frau an seiner Seite, das Ehepaar Fini und Fred Kraus, die Eltern von Peter Kraus. Diese Begegnung sollte für uns drei Männer der Auftakt zu einer späteren jahrelangen Zusammenarbeit werden.

Fred steckte voller Zukunftspläne, er wollte Show und Kabarett machen, eventuell sogar ein Ensemble gründen und in Salzburg ein Lokal eröffnen, in dem er spielen wollte. Ich war von seinem Unternehmungsgeist sehr beeindruckt, und wir vertieften uns in ausgedehnte Gespräche und Planungen für die nächste Zukunft, zumindest bis zu meinem Dienstantritt an der Neurologie in Wien.

Beflügelt fuhr ich zurück nach Eberstallzell, löste den dortigen Haushalt auf, da mein Dasein als Landarzt ja nun beendet war, und übersiedelte mit meiner Frau und dem Söhnchen Peter nach Salzburg, um dort mit Kraus und Wehle zu arbeiten. Im Ortsteil Hellbrunn, am grünen Stadtrand von Salzburg, bezogen wir in der Pension Radauer Quartier. Im Augenblick wußte ich zwar nicht, wovon wir die nächste Zeit leben sollten. Aber Peter Wehle knüpfte Beziehungen zum Rundfunksender »Rot-Weiß-Rot«, der von der US-Armee im Festspielhaus eingerichtet worden war. Der Komponist des musikalischen Lustspiels *Meine Nichte Susanne*, Alexander Steinbrecher, war mit Peter befreundet. Man gab uns eine periodische Folge von Unterhaltungssendungen. Peter schrieb dazu die Musik, die Texte verfaßten wir gemeinsam mit dem Berliner Drehbuchautor Aldo von Pinelli. Fred Kraus redigierte die Produktionen und wirkte als Kabarettist und Sänger mit. Diese halbstündigen Sendungen wurden teilweise live, teilweise auch, nach dem damaligen Stand der Technik, auf Decelith-Platten aufgenommen. Übrigens eine äußerst mühselige Methode, weil ein Fehler gegen Ende der Aufnahme eine komplette Wiederholung nötig machte. Korrekturen waren unmöglich. Mein Honorar für Manuskript und Mitwirkung betrug 200 Schilling (etwa 30 DM), ein lächerlicher Betrag, gemessen an den Schwarzmarktpreisen für Lebensmittel und Bekleidung.

Diese knifflige Situation wurde etwas gemildert durch die Gutmütigkeit von Frau Radauer, der Besitzerin der Pension. Dazu kam die beglückende Tatsache, daß in derselben Pension eine Reihe von Mitarbeitern einer amerikanischen Hilfsorganisation namens U. N. R. A. wohnte. Die U. N. R. A. war bei der Zivilbevölkerung äußerst beliebt, weil sie mildtätige Gaben in Form von Textilien und Lebensmitteln verteilte. Der freundschaftliche Kontakt mit diesen netten Leuten, die für unsere Notlage Verständnis hatten, brachte uns große Vorteile. Gelegentlich wurden Konserven und Zigaretten preisgünstig an uns abgezweigt. So fristeten wir unser Künstlerleben, und ich kam, wenn auch knapp, so einigermaßen über die Runden, bis mich ein kleiner Zwischenfall in große Verlegenheit brachte.

An einem der schönen Spätsommertage war im Biergarten vor der Pension Radauer zum Mittagstisch im Freien gedeckt. Auf dem angrenzenden Parkplatz, vom Gasthausgarten durch einen massiven Zaun abgegrenzt, hatte mir eben Charlie Kraus, der Bruder von Fred, meinen aus Eberstallzell überführten Schrottplatzwagen übergeben. Er hatte ihn für eine kurze Stadtfahrt ausgeliehen. Penibel wie ich bin, überprüfte ich, ob an dem Fahrzeug noch alles in Ordnung war. Dabei muß ich wohl mit dem Zündschlüssel in Berührung gekommen sein – das Auto sprang an, was es sonst nie auf Anhieb tat. Ich stand daneben, die offene Tür stieß mich um, der Wagen setzte sich mit dem Rückwärtsgang in Bewegung und schleppte mich mit. Mit einer Hand hing ich am Lenkrad und versuchte völlig unsinnigerweise mit der anderen die Fußbremse zu betätigen. Der bullige Ford hatte schon den Zaun umgelegt und walzte nun, eine Straße der Verheerung nach sich ziehend, quer durch den Wirtshausgarten bis zu einem Bächlein, in dem er mit dem Heck steckenblieb. Zum Glück waren noch keine Gäste da, aber die Zerstörung hatte

apokalyptische Dimension. Tische, Stühle, Teller, Besteck, Glä-
ser, alles in Einzelteile zerlegt, übersäten den Boden. Nach einem
kurzen Ohnmachtsanfall brach Frau Radauer in einen Schrei-
krampf aus und machte mir klar, daß das Folgen haben würde.
Das hatte es auch, von nun an arbeitete ich nicht nur für die
Familie, sondern auch für Frau Radauer, in Sachen Schadener-
satz.

In dieser düsteren Situation zeigte sich ein Lichtblick am Horizont.

Mitten in den Steirischen Bergen mit ihren verträumten, dunklen
und geheimnisvollen Seen liegt Bad Aussee. Nach dem Krieg
hatten sich dort namhafte Künstler angesammelt. Johannes Heesters und Paul Dahlke mit Elfe Gerhart waren sogar schon seßhaft
geworden. Die Liste der Prominenz, die dort heimisch wurde,
war beeindruckend: Theo Lingen, Siegfried Breuer, Ernst von
Klipstein mit Gattin Lotte Koch und Hans Unterkircher.

Ich hörte, daß diese letzten Fünf die »Ausseer Kammerspiele«
gegründet hatten. Also fuhr ich, ganz unverbindlich, mit meinem
Schrottplatz-Ford den Pötschenpaß hinauf. Das war mit dem alten
Vehikel ein waghalsiges Unterfangen, weil mir bei extremem
Einschlag gelegentlich die Lenkung steckenblieb. Schuld war
vermutlich das Lenkradschloß, zu dem ich keine Schlüssel hatte.
Ich ratterte also die achtzehnprozentige Steigung empor, da
blieb mir am Ausgang einer Haarnadelkurve das Lenkrad einge-
schlagen stecken. Nur knapp entging ich einem Frontalzusam-
menstoß mit einem bergabfahrenden Army-Truck, dank der
Geistesgegenwart des dunkelhäutigen Fahrers. Der schwarze
Riese stieg aus, fluchte und wollte mich lynchen. Ich beneidete
ihn um sein Schimpf-Vokabular, da waren ganz neue Ausdrücke
dabei. Als ich ihm meine Unschuld beteuerte und zeigte, daß die
Lenkung blockiert war, beruhigte er sich und löste mit einem
einzigen Ruck die Lenkradsperre. Jetzt war vermutlich der Sperr-
zapfen abgebrochen, Gott sei Dank. Wir gingen als Freunde
auseinander, und dieser Defekt trat nie wieder auf.

Kurz vorher war in Wels etwas Ähnliches passiert: An einer breiten Kurve, mitten in der Stadt, schlug ich nach rechts ein, das Schloß blockierte. Unbeirrt fuhr jetzt der Wagen rechts herum, die Zentrifugalkraft preßte mich gegen die Tür, sie ging auf und ich fiel auf die Straße. Der herrenlose Ford kurvte im Wendekreis jedoch weiter, ich lag noch am Boden und wälzte mich nur mit Mühe schnell zur Seite, als das blaue Ungetüm auf mich losbrauste. Das war noch mal gutgegangen! Schon hatten sich Passanten angesammelt und konnten sich vor Lachen nicht halten. Der Ford ging in die zweite Runde, da brachte ein beherzter, junger Mann den Ausreißer zum Stehen. Applaus.

In Bad Aussee angekommen, sah ich mir eine Vorstellung der Kammerspiele an: *Spiel im Schloß* von Franz Molnár. Diese Besetzung hat später kein anderes Theater jemals wieder zustande gebracht: Siegfried Breuer, Theo Lingen, Paul Kemp, Eva Maria Meineke.

Nach der Vorstellung suchte ich Ernst von Klipstein auf, wir kamen ins Gespräch und waren in Kürze einig über eine Theaterproduktion, mit der ich die Zeit bis Jahresende überbrücken konnte.

Bald darauf übersiedelte ich mit meiner Familie nach Alt-Aussee, nachdem ich mit einem Vorschuß meine Schulden bei Frau Radauer getilgt hatte.

Wir begannen gleich mit den Proben zu *Das Konzert* von Hermann Bahr. Klipstein spielte die Rolle des Dr. Jura, Lotte Koch die Marie, Unterkircher den Prof. Heink, meine Frau Friedl die Delphine und ich, als jüngster Mann der Truppe, den alten Hüttenwirt Pollinger. Nach drei Wochen waren wir soweit, und nun ging es auf Tour, kreuz und quer durch die britisch und amerikanisch besetzten Bundesländer.

Ich muß zugeben, daß ich in der Interpretation meiner Rolle, für die ich vierzig bis fünfzig Jahre zu jung war, mit Lederbundhose, Karohemd, Vollbart und Schnapsnase keine Übertreibung ausgelassen habe. Als mich Ernst von Klipstein voriges Jahr bei einem

Gastspiel in einem bundesdeutschen Kurort besuchte, erinnerte er sich noch an alle Einzelheiten meiner damaligen Darstellungskunst und sagte: »Ich habe heute abend deine Vorstellung gesehen, du bist ganz der alte geblieben ...«

»Mammatschi, schenk mir
ein Pferdchen ...«

Stationsarzt Dr. Placheta – Nachkriegsnöte – Der Sprung ins
Rampenlicht und Radiorevue »Rendezvous bei Rot-Weiß-Rot« –
»Casanovitäten« – Ost-West-Slalom und Scheidung –
»Die Kleinen Vier«

Anfang 1946 war ich wieder zurück in Wien, als mein Dienst
an der Universitätsklinik für Neurologie und Psychiatrie
begann. Es war ein ganz neues Lebensgefühl für mich: Zum
ersten Mal in einem zivilen Krankenhaus, zum ersten Mal keine
militärischen Strukturen.

An einer Uniklinik arbeiten zu dürfen, die durch herausragende
Leistungen ihrer Forscher Weltgeltung hatte, bedeutete für mich
ein großes Glück. Hier wirkte seinerzeit Professor Wagner-
Jauregg, dem für seine Impfmalariakur 1927 der Nobelpreis für
Medizin verliehen worden war. Hier war Professor Otto Poetzl
(bei dem ich 1943 mein Staatsexamen in Psychiatrie abgelegt
hatte) als Forscher auf dem Gebiet der herdförmigen Hirn- und
Marklagerschädigungen tätig. Heute noch nennt man bestimmte
Gesichtsfeldausfälle, Wortblindheit und Farbsinnstörungen das
Poetzl-Syndrom. Poetzls unmittelbarer Nachfolger, Professor
Otto Kauders, war nun mein oberster Chef. Er teilte mich dem
Leiter der Männerneurologie, Dozent Dr. Herbert Reisner, zu,
der mich auf B 18 als Stationsarzt einsetzte. Mit Reisner bestand
übrigens eine zufällige Verbindung. Sein Schwiegervater, Alfred
Neugebauer, war ein berühmter Schauspieler am Theater in der
Josefstadt und zugleich mein Lehrer am Reinhardt-Seminar. Das
wußte Reisner zunächst natürlich nicht, für ihn gab es keinen
Gunther Philipp, für ihn war ich der Neuling Dr. Placheta.

Nach Überwindung der Berührungsängste mit einem fremden Fach konnte ich mich bald in die neue Berufssituation eingewöhnen. Mein direkter Vorgesetzter auf Station B 18, Assistent Dr. Ortner, war ein stiller, introvertierter Mann, der in klaren und knappen Worten seine Anweisungen gab. Durch seine souveräne Gelassenheit verbreitete er jene Ruhe, die an einer Nervenklinik so wohltuend wirkt. Unsere Krankenschwestern, durchwegs weltlich, kommandierte die Oberschwester Edith. Sie führte ein strenges Regiment, das manchmal von der gütigen Stationsschwester Christl gebremst werden mußte. Die hierarchische Struktur war leicht durchschaubar und die Hackordnung schon nach kurzer Zeit klar. Als junger Arzt gehörte man natürlich zu den Gehackten.

Schon am frühen Morgen mußten die fälligen Injektionen gemacht werden, dann die Anamnesen und die Aufnahmeuntersuchungen der Neuzugänge. Es folgte die Vorvisite durch den Assistenten. Am späteren Vormittag ging es in die Neurologische Ambulanz und gegen 14.00 Uhr ins Ärztekasino zu Tisch. Dort gab es aus der zentralen Großküche des Allgemeinen Krankenhauses ein karges Menü auf Lebensmittelmarken, die ich meistens gar nicht mehr besaß, weil sie von Frau und Kind schon verknuspert waren. Diese Dürrezeiten wurden von der mildtätigen Schwester Christl durch Sonderzuwendungen aus dem armseligen Überschuß der Stationsküche überbrückt.

Ein besonders aufregendes Ereignis an jeder Klinik ist die Chefvisite. Man sollte, außer bei den Patienten, auch bei den jungen Ärzten Puls und Blutdruck überprüfen – man würde hohe Werte feststellen können. Die Chefvisite wurde als eindrucksvolles Ritual zelebriert. Mit wehenden weißen Kitteln folgte die Schar der Doctores dem Herrn Professor, der im Sturmschritt über die Korridore fegte. Nach Rangordnung gestaffelt trippelten sie, mühsam sein atemberaubendes Tempo mithaltend, hinter ihm her. Wo immer der Herr Professor erschien, verbreitete er bei den Patienten eine Atmosphäre von Vertrauen und Hoffnung und bei uns Ärzten jenes begründete Gefühl der Unterlegenheit, das zu intensiver Weiterbildung anregte. Das waren die Augenblicke, in denen uns klar wurde, daß eine patriarchalische Ordnung die einzig wirksame Organisationsform für einen funktionierenden Klinikbetrieb ist. Auch heute noch bin ich der Meinung, daß derjenige das Sagen haben soll, der das Maximum an Erfahrung und Qualifikation aufzuweisen hat. Letztendlich trägt er ja nicht nur die Würde des Chefs, er trägt auch die Verantwortung für alles, was in seinem Umfeld geschieht.

Selbstverständlich wurden wir jungen Ärzte, wie das an einer Uniklinik üblich ist, zur Mitarbeit an der wissenschaftlichen Forschung herangezogen. Dr. Ortner beschäftigte sich mit einer Arbeit über Hirnfermente, dazu wurden frische menschliche Gehirne benötigt. Sobald auf irgendeiner Abteilung des weitverzweigten, riesigen Allgemeinen Krankenhauses ein Todesfall eingetreten war, mußten möglichst schnell bestimmte Gehirnteile des Verstorbenen in unser Labor gebracht werden. Ich hatte nun die Aufgabe, im Laufschritt in die Pathologie zu eilen, den Schädel des Toten mit Säge und entsprechenden Instrumenten zu öffnen, nach einer vorgegebenen Schnittführung die gewünschten Gehirnteile zu entnehmen und in einem Gefäß mit physiologischer Kochsalzlösung ebenso schnell in unsere Klinik zu bringen, wo sie uns dann als Untersuchungsmaterial dienten.

Seit dieser Zeit sind bestimmte Leckerbissen der Wiener Küche von meiner Speisekarte gestrichen: gebackenes Hirn oder Hirn mit Ei in Fett gebraten, auch Kalbsbries. Die Erinnerung an die Pathologie ist stärker als mein Appetit auf diese österreichischen Spezialitäten.

Dazu fällt mir eine Episode ein, die sich dreißig oder fünfunddreißig Jahre später ereignete. Das ARD-Fernsehen hatte sich eine besondere Weihnachtsüberraschung ausgedacht. Ein berühmter Koch, der heute in seinem Münchner Nobelrestaurant Menschen, die es sich leisten können, mit den raffiniertesten

Gaumenfreuden beglückt, hatte vor der Kamera für drei spezielle Gäste eine ausgeklügelte Speisenfolge auf den Tisch zu zaubern. Beim Anblick dieser Köstlichkeiten sollte den Fernsehzuschauern das Wasser im Mund zusammenlaufen, denn wir drei Gäste mußten pflichtgemäß in einen enthusiastischen Begeisterungstaumel ausbrechen, wenn uns die Leckerbissen auf der Zunge zergingen. Meine »Mitesser« waren der ehemalige Tennischampion Wilhelm Bungert und der Schauspielerkollege Wolfgang Wahl, selbst ein passionierter Hobbykoch, der mich schon öfters in seinem Haus in Berlin-Glienicke bewirtet hatte. Die Fernsehgerichte, die uns serviert wurden, waren, an internationalen kulinarischen Maßstäben gemessen, absolute Weltklasse.

Nach einem köstlichen Auftakt kam als warme Vorspeise gebackenes Bries (!) und anschließend als Hauptgang gefüllte Taube. Über meine Einstellung zu Bries sagte ich bereits alles – und was Tauben betrifft, sind sie mir auf dem Markusplatz in Venedig lieber als auf dem Teller. Bei aller Tierliebe komme ich als Sohn eines Veterinärs nicht über die Tatsache hinweg, daß diese armen Vögel sehr häufig an Tuberkulose leiden. Obwohl die Erreger der Taubentuberkulose für den Menschen nicht gefährlich sein sollen, habe ich gebratenen Tauben gegenüber eine echte Sperre.

Während nun meine Tischgenossen vor der Kamera eifrig schmausten und den Kochkünstler lobten, mußte ich meine ganze Schauspielkunst zusammennehmen, um eine vertretbare Mimik als Feinschmecker zu bieten. Wenn die Kamera auf mir war, führte ich den Bissen elegant zum Mund, erging mich in Lobesreden über den Wohlgeschmack, sobald ich aber aus dem Bild war, landete er wieder auf dem Teller. Zwischendurch unterbrach der Maskenbildner kurz die Aufnahme, er hatte bemerkt, daß ich plötzlich merklich blasser war als vorher, er mußte etwas dunkleren Teint auflegen. So lecker auch alles, was der berühmte Kochkünstler zubereitet hatte, gewesen sein mochte, für mich bedeuteten die Stunden, die ich bei den Aufnahmen verbringen mußte, eine echte Qual.

Als endlich Drehschluß war, konnte ich gerade noch ein paar Grußworte hervorstammeln und rannte hinaus ins Freie. Vor dem Haus, wir hatten in der Luxusküche einer Bonner Familie gedreht, stand der Ü-Wagen für die Aufzeichnung. Hinter ihm erleichterte ich dann meinen Magen. Glücklicherweise war zu dieser vorweihnachtlichen Abendstunde die Straße menschenleer. Ich wüßte sonst nicht, was man sich über die festlichen Kochrezepte des Fernsehens gedacht hätte.

Mein Ausbildungsplatz an der Uniklinik machte mich stolz und glücklich, jedoch von einer Bezahlung war nicht die Rede. Man mußte froh sein, an einer hervorragenden Klinik arbeiten und lernen zu dürfen. Meine Arbeitszeit als Stationsarzt betrug 60 bis 70 Stunden wöchentlich. Es gab kaum ein freies Wochenende, Dienst von Samstagmittag bis Montagfrüh. Und selbstverständlich an Feiertagen wie Ostern, Pfingsten, Allerheiligen, Weihnachten und Silvester sowie an den übrigen in Österreich so zahlreichen Festtagen immer wieder: Dienst, Dienst und nochmals Dienst!

Zugegeben, diese Tage hatten auch ihre Vorteile, denn der klinische Betrieb war nicht so hektisch wie an Werktagen, man konnte sich mit dem einen oder anderen Fall über den Rahmen des Routinemäßigen hinaus eingehender befassen, man hatte Gelegenheit, die Befunde nochmals zu überprüfen, die Anamnesen zu erweitern, und vor allem konnte man sich in der Bibliothek in Ruhe der Fachliteratur widmen.

Die Geldknappheit wurde in dieser Zeit bei uns jungen Ärzten allmählich zum Problem, besonders bei jenen Kollegen, die von zu Hause keine finanzielle Unterstützung bekamen. Zu diesen gehörte auch ich als Familienvater.

Ich erinnere mich an einen Tag, an dem im Hörsaal des Pathologischen Institutes eine Protestversammlung der jungen Ärzte des Wiener Allgemeinen Krankenhauses angesetzt war. Es ging um die Klärung unserer Besoldungsverhältnisse. Natürlich hatte auch unser Klinikchef davon erfahren, und kurz bevor wir uns in die Pathologie hinüberbegeben wollten, wurden wir inoffiziell, aber doch deutlich darauf hingewiesen: Wer von den Herren Ärzten an dieser Veranstaltung teilnehmen wolle, solle möglichst nicht im weißen Kittel dort hinübergehen, weil eine Rückkehr an die Klinik dann nicht mehr möglich sei.

Natürlich gingen wir nicht in die Pathologie, und somit blieb unsere Existenzlage noch lange so katastrophal.

Der Winter war hart. Am 24. Dezember 1946 hatte ich zufällig einmal keinen Dienst. Meine Frau Friedl lag mit einer schweren Grippe und Fieber im Bett. Unser Sohn Peter, damals dreieinhalb Jahre alt, war bei den Eltern meiner Frau untergebracht, damit er sich nicht ansteckte. Ich saß in unserer kleinen Wohnung in Wien II, Ennsgasse 20, I. Stock, die aus einem Zimmer und einer Küche bestand, an meinem Schreibtisch und schrieb an meine Mutter in Linz.

Da saß ich also in einem ungeheizten Raum als voll ausgebildeter »Doktor der gesamten Heilkunde« und hatte nichts zu essen. Die Lebensmittel waren noch immer rationiert, äußerst knapp und bei meinen »Einkommensverhältnissen« zu Schwarzmarktpreisen nicht erschwinglich. Den Brief an meine Mutter habe ich zum Glück nie abgeschickt, aber ich schrieb mir alles, was mich bewegte, vom Herzen. Ich begann am Sinn meines Daseins zu zweifeln. Womit hatte ich es verdient, nichts zu verdienen? Das war eine jener Phasen in meinem Leben, die mich vier Jahre später für meinen Berufswechsel reif machten.

Zunächst überlegte ich, wo ich für die Festtage etwas Eßbares auftreiben könnte. Ich rief meinen alten Freund Fedja Salzer an. Er lebte in etwas günstigeren Verhältnissen. Zwar war er als Zuschneider bei einem Herrenmaßatelier auch nicht gerade auf Rosen gebettet, aber er verdiente eben doch so, daß ich von ihm Hilfe erwarten durfte. Am Telefon sagte er mir, er könnte über ein, zwei Tage hinweghelfen und mir bis Silvester das Geld für 1½ Kilo Pferdefleisch leihen, er wüßte, wo ich mir einen Festtagsbraten abholen könnte. Allerdings bestand er auf Rückzahlung vor Silvester, weil er Getränke einkaufen wollte. Ich versprach, diesen großzügigen Kredit zeitgerecht zu tilgen. Am zweiten Weihnachtsfeiertag war ich nämlich als Solo-Entertainer bei einer Matinee in einem Vorstadtkino verpflichtet.

Es war eines jener bunten Programme: ein männliches Gesangsduo wie zum Beispiel »Pirron und Knapp«, die in ihrem deftigen Wienerisch die Lebensmittelknappheit, den Schwarzhandel und die Alliierten veräppelten. Dann die klassische Soubrette oder die schon ein wenig abgetakelte Operettendiva, die in ihrem Lied fragte: »Warum hast du mich wachgeküßt?« (Das Publikum fragte sich das auch.)

Es fehlte auch nicht der brillante Magier mit seinem »Kaninchen aus dem Zylinder«. So manchem Zuschauer lief beim Anblick des wohlgenährten Tieres das Wasser im Mund zusammen.

Und dann kam, von einem redegewandten Conférencier wie Ernst Track oder Leo Förster humorig angekündigt, Gunther Philipp mit seinen Filmschauspielerparodien: Albers, Rühmann, Moser, Lingen, Romanowsky, Eichheim, Brem und Roberts.

Da stand er nun auf der Bühne, der Herr Doktor Placheta von der Neurologie B 18, und finanzierte rückwirkend seinen Weihnachtsbraten. Das steinharte Pferdefleisch, offenbar von einem durchtrainierten Fiakergaul stammend, wurde mühsam geschnetzelt, in Kunstfett abgebraten und mit Haferflocken als Beilage lukullisch garniert. Es lag mir noch lange im Magen.

Eben hatte noch ein Kollege, der vor mir aufgetreten war, jenes berühmte sentimentale Wienerlied gesungen, dessen Text mich jetzt in meiner aktuellen Situation besonders tief berührte: »Mammatschi, schenk mir ein Pferdchen, ein Pferdchen wär mein Paradies.« Der Dichter wußte wohl nicht, was mir das Christkindl am Heiligabend zu essen beschert hatte.

Der Schluß des Liedes brachte dann deutlich zum Ausdruck, was

ich in diesem Moment empfunden hatte: »...Mammatschi, solche Pferde wollt ich nicht!«
Wie recht doch oft die Dichter haben!

Mein zweites Jahr an der Neurologischen Uniklinik war, was die medizinische Seite meiner Tätigkeit betraf, ein Jahr der Erfahrungen, denn ich hatte hervorragende akademische Lehrer, Reisner und Ortner. Es war aber auch ein Jahr der Entbehrungen.
Die Notsituation von Weihnachten 1946 wiederholte sich noch des öfteren: äußerste Geldknappheit, Einschränkungen und Verzweiflung. Der Nebenberuf war eine karge Verdienstquelle, und wir kamen nur mit großer Mühe über die Runden. Erst Mitte September durfte ich eine Wiener Konzerthaus-Gala conférieren; das war mein erster gemeinsamer Auftritt mit Fred Kraus. Der Star des Abends hieß Hilde Krahl. Diese Prominentensoiree zog im darauffolgenden Jahr eine mehrteilige Veranstaltungsserie nach sich.
Zu den zahlreichen Aufgaben, die ein junger Arzt an einer wissenschaftlich orientierten Klinik zu erfüllen hatte, gehörte damals der Selbstversuch. Die späten vierziger Jahre waren ja bekanntlich jene Zeit, in der die Psychopharmakologie begann, sich in der Seelenheilkunde zu etablieren. Die ersten Psychodrogen wurden in die Hände der Forscher gegeben, und der eine oder andere Jungarzt stellte sich freiwillig für Versuche am eigenen Leib, besser gesagt, an der eigenen Seele zur Verfügung. Zu letzteren gehörte auch ich, es war in erster Linie eine Art von naturwissenschaftlicher Neugierde, die mich dazu motivierte. Experimentiert wurde mit einem noch nicht im Handel zugelassenen amerikanischen Präparat. Aus der vorangegangenen Belehrung durch unseren Chef, Professor Kauders, konnten wir schon erkennen, daß diese Droge beträchtliche Veränderungen des psychischen Zustandes erzeugen würde. Da wurde von Enthemmung, von gesteigerter Redefreudigkeit (Logorrhoe) gesprochen, nicht zu unrecht trug dieses Präparat die unsachliche

Bezeichnung »Wahrheitsserum«, weshalb es auch angeblich in der amerikanischen Kriminologie bei festgefahrenen Ermittlungsverfahren an Auskunftspersonen zur Wahrheitsfindung angewandt wurde.

Schon bevor ich eine kleine Dosis von diesem Mittel intus hatte, nahm ich mir ganz fest vor, mich energisch zu kontrollieren, um Entgleisungen zu vermeiden. Die Zustände, die ich durch dieses Zeug durchlebte, waren für mich äußerst unangenehm, und nach meinen Erfahrungen, die ich bei diesem Selbstversuch machte, stand für mein weiteres Leben eines fest: Nie mehr wieder wollte ich mit Psychodrogen etwas zu tun haben. Diesem Vorsatz bin ich bis zum heutigen Tage treu geblieben. Ich nehme keine Beruhigungsmittel, keine Schlafpillen und nichts, was mich in einen veränderten psychischen Zustand bringt oder gar aufputscht. Alle Situationen, die mit einem besonderen geistigen und körperlichen Kraftaufwand verbunden sind, bewältige ich durch ein ausgewogenes Verhältnis zwischen Schlaf und Wachen und darüber hinaus durch gesunde Lebensweise.

Unter den risikofreudigen Kollegen, die sich zu diesen Versuchen zur Verfügung gestellt hatten, befand sich auch einer, dem die Sache nicht besonders gut bekam. Im Ärztekasino begann er plötzlich, offenbar durch das Präparat enthemmt, einen nicht enden wollenden Redeschwall von sich zu geben. Mit steigender Erheiterung hörten die Kollegen, was der gute Mann über den Klinikbetrieb und vor allem über den Herrn Professor dachte. Bei manchen Äußerungen krochen die Kollegen förmlich in ihre Suppenteller, damit man ihre mimische Reaktion nicht sehen konnte. Eine äußerst peinliche Situation, aus der unser Kollege, wieder normal geworden, die Konsequenzen zog und nach Indonesien ging.

Seit meiner Salzburger Zeit beim amerikanischen Rundfunksender »Rot-Weiß-Rot«, wo ich mit Aldo von Pinelli und Peter Wehle Manuskripte für kabarettistische Unterhaltungssendungen schrieb und dann mit Fred Kraus spielte, hatte ich nach Antritt meiner Stellung an der Neurologischen Uniklinik immer wieder die Chance, auch in der Wiener Rundfunkstation dieses Senders nebenbei ein paar Groschen zu verdienen. Peter Wehle und ich bekamen eine wöchentliche Sendereihe mit dem Titel *Rendezvous bei Rot-Weiß-Rot*. Die Sendezeit, Samstagabend nach den 20.00-Uhr-Nachrichten, war sehr günstig, und da es damals noch kein Fernsehen gab, wurde ein großer Publikumskreis angesprochen. Nach kurzer Zeit nahm man mich auch beim sowjetisch kontrollierten Rundfunksender »Radio Wien« zur Kenntnis. Dort wurde ich als Conférencier für eine monatliche öffentliche Livesendung engagiert, die aus dem großen Rundfunksaal übertragen wurde.

Eines Tages kam der Theaterdirektor Oskar Pouchè zu mir in die Klinik. Zuerst dachte ich, er wollte meine ärztliche Hilfe in Anspruch nehmen, dann aber rückte er damit heraus, Fred Kraus habe ihm von Wehle und mir erzählt, die Rundfunksendungen mit unseren Texten und Ideen hätten ihm gefallen und ich solle mir überlegen, ob ich für sein Revuetheater »Casanova« ein abendfüllendes Repertoire schreiben könnte.

Diese Aufgabe reizte mich. Mit meinem Spezi Peter Wehle sahen wir uns die Revue an, die dort gerade lief. Da brillierte der schöne Fred Kraus als Sänger und Bonvivant. Ich hatte noch nie vorher eine Revue gesehen. Das Musikalische und Optische beeindruckte mich sehr, da gab es ein Zehn-Mann-Orchester mit einem Dirigenten, eine ausgezeichnete Girl-Truppe mit zwölf Mädchen und dann noch die sogenannten Beauties, langbeinige hübsche Damen, wie man sie sonst nur in Paris, im »Lido« oder im »Moulin Rouge« zu sehen bekam. Natürlich gab es in dieser Revue auch Komiker, die Sketche spielten. Die Texte, die dort verzapft wurden, gefielen uns allerdings weniger, das war nicht unsere Art von Humor. Das reizte uns als Textautoren, etwas Besseres zu schreiben.

In Nachtarbeit erstellten wir ein Szenario und bekamen sofort

Das Tagesgespräch Wiens

die erfolgreiche Ausstattungs-Revue

„CASANOVITÄTEN"

von Peter Wehle und Gunther Philipp — Musik: Peter Wehle

im Spiegel der Presse:

Der Abend
(12. V. 1948)

Die neue Revue ist beste Wiener Revuetradition...

Welt am Abend
(13. V. 1948)

„Casanovitäten" — die neue Ausstattungsrevue der Casanova — eine bezaubernde Affäre...

Wiener Kurier
(12. V. 1948)

... das neue Programm hat der Bühne einen Erfolg verschafft...

Österr. Zeitung
(22. V. 1948)

... der Revuebühne Casanova ist es gelungen, eine witzige, temporeiche Revue zur Aufführung zu bringen...

Tagblatt am Montag
(18. V. 1948)

„Casanovitäten" — eine Revue, zu der das Publikum trotz Krise hingeht...

Weltpresse
(13. V. 1948)

... mit der neuen Revue ist der Ausgangspunkt einer Renaissance dieses Genres gefunden worden

Wiener Zeitung
(12. V. 1948)

Eine Revue, wie sie sein soll — voll Laune, Charme, Humor, Geist und Witz...

Kleines Volksblatt
(20. V. 1948)

In einer Revue müssen alle Stilelemente der Stimmungs- und Unterhaltungskunst mitschwingen. Dies ist der Revuebühne Casanova mit „Casanovitäten" geglückt

Volksstimme
(25. V. 1948)

... die „Casanovitäten" sind ein gelungener Beweis dafür, daß die Revue - Made in Vienna - wieder eine Zukunft hat...

REVUEBÜHNE CASANOVA

Dir.: Oskar Pouche-S. Wittner

I., Dorotheergasse 6-8   Täglich: 20 Uhr   Tel. R-27-1-36

Karten an der Theaterkasse (v. 10-13 und ab 15 Uhr) und in sämtl. Kartenbüros

Kein Konsumtionszwang   **Zeitgemäß reduzierte Preise**

Werbeblatt der Revuebühne Casanova,
Wien, für »Casanovitäten«, Mai 1948

den Auftrag, mit der Schreibarbeit zu beginnen. Wir lieferten unser »Werk« schon nach kurzer Zeit ab, Peter Wehle hatte entzückende Musiken komponiert, Chansons, Couplets und schmissige Tanznummern. Es vergingen einige Tage, wir waren schon ziemlich nervös, weil wir von Herrn Pouchè nichts gehört hatten, da rief man uns in die Direktion und teilte uns mit, man würde diese Revue gerne aufführen, jedoch seien da so verrückte Nummern drin, daß ich die eigentlich am besten selber spielen sollte. Fred meinte das auch. Ich erklärte mich bereit, Revuekomiker zu werden, ganz unverbindlich, versteht sich.

Am 8. Mai 1948 kamen wir mit unserer ersten Revue heraus. Sie hieß *Casanovitäten*. Sie wurde ein rauschender Erfolg, in den Kritiken sprach man von »einem neuen Wind in der Dorotheergasse«. Außer unserem Freund Fred Kraus, der mit großem Erfolg den jugendlichen Liebhaber mimte, bekam ich einen ausgezeichneten Partner für unsere Sketche und Doppelconférencen, Wilhelm Hufnagel, der in Wien schon einen guten Namen als seriöser Komiker und Kabarettist hatte. Man kannte ihn vor allem aus der Zeit des »Wiener Werkl« in der Liliengasse. Hufnagel war einige Jahre älter als ich, wirkte seriös und gesetzt. Wir paßten als Gegenpole sehr gut zusammen.

In den folgenden zwei Jahren waren wir dann noch in drei weiteren Revuen, von denen ich eine mit Peter Wehle und zwei mit Hugo Wiener schrieb, ein ideales Gespann. Der vielseitige Charly Niessen verstärkte unser Team als Komponist durch eine große Reihe musikalischer Beiträge und auch als Orchesterleiter und Dirigent. Gegen Ende meiner Zeit im »Casanova« schied Willi Hufnagel aus, er wurde Leiter der Unterhaltungsabteilung im Hörfunk, und ich bekam einen neuen Partner, Raoul Retzer, den ich dann zum Film nachzog, wo er Dutzende von markanten Charakterrollen spielte.

Diese nebenberufliche Tätigkeit begann größere Dimensionen anzunehmen. Was ursprünglich zum Überleben gedacht war, geriet jetzt fast außer Kontrolle. Die Wochenendsendungen im Hörfunk zweier verschiedener Anstalten, die ich mit eigenen Texten bewältigen mußte, nahmen mich ordentlich in Anspruch. Von den beiden Rundfunkstationen war die eine, der Sender Rot-Weiß-Rot, rein amerikanisch, die RAVAG hingegen stand unter strenger sowjetischer Kontrolle. Da ich nun als Conférencier im Sendesaal der RAVAG meine monatliche Liveveranstaltung nach den Richtlinien der sowjetischen Zensur gestalten mußte, aber auch andererseits zu bedenken hatte, was in einem US-Sender erlaubt ist, wurde Textschreiberei zu einem gefährlichen Slalom-lauf.

Diese heikle Situation verschärfte sich noch, als ich von der Schallplattenfirma »Austrophon« (ein Schwesterunternehmen der »Deutschen Grammophon«) einen Vertrag für 27 Gala-Matineen im großen Wiener Konzerthaussaal bekam. Vor mehr als 2000 Zuschauern conférierte ich dort jeden zweiten Sonntag-vormittag eine bunte Veranstaltung mit verschiedenen Tanz- und Jazzorchestern. Die ganze Sache wurde sowohl vom amerikani-schen wie auch vom russischen Sender übertragen. Es gehört wenig Phantasie dazu, sich vorzustellen, was es bedeutet, das Publikum im Saal und die Hörer zuhause zum Lachen zu bringen, ohne sich einen Aufenthalt in der Arrestzelle der US-Army oder in einem Straflager in Sibirien einzuhandeln. Da ich mit meinem Manuskript meistens erst am Morgen der Veranstaltung fertig wurde, brachte ich den österreichischen Zensurbeamten, Herrn Fuchs, immer in größte Aufregung. Eigentlich hätte ihm das Manuskript schon ein paar Tage früher vorgelegt werden müs-sen. Deshalb saß er auch schwitzend in der ersten Reihe, blickte flehentlich zu mir hinauf, und jedesmal, wenn ich mit einem neuen brisanten Thema begann, hob er beschwörend beide Hände, gekreuzt, wie in Handschellen, um mir zu zeigen, welche Folgen ein falsches Wort haben könnte.

Mit einer einzigen Ausnahme bin ich niemals so richtig angeeckt. Es war bei einer Conférence aus dem Sendesaal der RAVAG.

Ziemlich am Beginn, kurz nach der Begrüßung des Publikums im Saal und zuhause, sprach ich über meine Probleme mit der Zensur: »Meine Damen und Herren, glücklicherweise haben wir ja jetzt durch die Befreiung unseres Landes ausgesprochene Pressefreiheit, daher wird das Wort Freiheit noch etwas gepreßt ausgesprochen. Und natürlich haben wir auch Redefreiheit, solange man nichts redet, ist man in Freiheit! Und hier ist mein kontrolliertes Manuskript für den heutigen Abend!«

Dabei zog ich ein DIN-A4-Blatt hervor, bei dem ich mehrere längere Zeilen herausgeschnitten hatte. Das war schon der erste große Lacher. Ich blickte verschmitzt durch die schmalen Schlitze des Manuskripts ins Publikum.

Dann fuhr ich fort: »Sie sehen, ich habe den absoluten Durchblick, denn wenn ich das aussprechen würde, was hier weggeschnitten ist, hätte ich einiges zu erwarten.«

Bei diesem Satz drehte ich das Blatt um 90 Grad, so daß es nun wie das Gitter einer Gefängniszelle aussah. Jetzt setzte tosender Beifall ein, der den Hörern zuhause sicherlich rätselhaft vorkam.

Als ich nach der Veranstaltung, nichts Böses ahnend, den Schauplatz verlassen wollte, drängten mich zwei Saaldiener ins Abseits und flüsterten mir zu, daß vor dem Gebäude der RAVAG zwei sowjetische Soldaten und ein Militärfahrzeug auf mich warteten. Im Gedränge der Zuschauer, die hinausströmten, dirigierte man mich in einen Nebenraum, und ich konnte über den Hinterhof das Gelände unbehelligt verlassen. Es war also offenbar entweder ein Beauftragter der sowjetischen Zensurstelle im Saal, oder ein Zuschauer hatte mich in aller Eile denunziert. Das hätte mich allerdings sehr gewundert, denn wie alle Welt weiß, hat es in Österreich niemals Denunzianten gegeben.

Schon am nächsten Morgen erreichte mich ein Telefongespräch, in dem mich eine tiefe, barsche Stimme aufforderte, in die Standortkommandantur der Sowjet-Armee zu kommen. Der Mann sprach mit starkem russischen Akzent und hatte etwas

Drohendes im Ton: »Cherr Oberrst mechte Sie sprechen, wegen Radio!«

Stotternd lehnte ich ab und sagte, daß ich nicht kommen könnte, ich sei mir keiner Schuld bewußt.

»Wenn du nix Beses gemacht, warum nicht kommst du? Du chaben Angst?«

Das stellte ich mit zitternder Stimme in Abrede: »Ich werde darüber nachdenken!«

Selbstverständlich habe ich sehr lange nachgedacht, und die Sache geriet glücklicherweise in Vergessenheit. Meine Wohnung in der sowjetischen Zone wagte ich trotzdem tagelang nicht zu betreten, weil ich eben doch »Angst gechabt chabe«.

1948 wendete sich meine Geldsituation ein wenig zum Besseren. Wir waren im vierten Jahr nach dem Ende des Zweiten Weltkrieges, und ich hatte endlich ein paar Schilling in der Tasche. War ich nun glücklich? Nein!

Die Basis meiner ersten Ehe war durch meinen ungewöhnlichen zweigleisigen Lebensweg erschüttert. Das Kontrastprogramm, Neurologie kontra Revue und Film, belastete alle, die davon betroffen waren. Als ich Friedl heiratete, war sie kaum 18 Jahre alt, praktisch ein Kind und nicht einmal ein besonders reifes. Mit etwas mehr als 18 Jahren wurde sie Mutter. Dazu kamen die Bomben der letzten drei Kriegsjahre. Ihren eigenen Beruf als hoffnungsvolle Schauspielerin hatte sie, unserem Sohn Peter zuliebe, aufgegeben. Dann kam die Evakuierung aus Wien und das Kriegsende mit all seinen Wirrungen. Die Durststrecke, die ich nach Aufgabe meiner Landpraxis bis zum Antritt meiner Tätigkeit an der Neurologie zurückgelegt hatte, war auch mit Opfern und Einschränkungen verbunden.

Wieder zurück in Wien, hatte Friedl nach Wiedereröffnung unserer Theater vergeblich versucht, ein Engagement zu bekommen. Mein eigener Existenzkampf, die Not und der Hunger taten das übrige. Und nun machte plötzlich der Mann, den sie als Medizinstudenten geheiratet hatte, Karriere auf der Bühne und beim Film. Sie selbst stand im Schatten. Dazu kamen ihre Pflichten als Hausfrau und Mutter. Das war für diese zarte Person zuviel. Unsere Ehe war am Ende. Die Scheidung kam prompt.

Kurz danach heiratete sie ihren Anwalt. Es war für alle besser so!

Als sich durch die neue Bindung die Situation in ihrem Leben veränderte, nahmen meine Eltern unseren nunmehr schulpflichtigen Sohn Peter zu sich nach Linz, wo er vor allem durch den Einfluß meines Vaters eine prächtige geistige Entwicklung nahm. Besonders wichtig für sein späteres Leben war die hervorragende intensive Musikerziehung, die ihm sein Großvater angedeihen ließ. Mit dem Enkel hatte er mehr Erfolg als mit dem Sohn. Neben seinem Medizinstudium entwickelte sich Peter zu einem konzertreifen Flötisten und übt heute seine musikalische Nebentätigkeit als Vorstand eines akademischen philharmonischen Orchesters mit Erfolg aus.

Nach seiner Kindheit in Linz kam Peter wieder zurück nach Wien, besuchte dasselbe humanistische Gymnasium in der Kundmanngasse wie ich und machte dort Matura mit Auszeichnung. Sein Medizinstudium wurde mit einer seltenen Form der Promotion feierlich beendet: »sub auspiciis«, wobei dem Doktoranden vom Bundespräsidenten der Ehrenring der Republik Österreich überreicht wird. Danach widmete sich mein Sohn Peter der pharmakologischen Grundlagenforschung, wurde Facharzt und Dozent und ist heute Universitätsprofessor.

Durch die Scheidung fühlte ich mich völlig entwurzelt, jetzt hatte ich einen Verdienst, aber keine Familie mehr. Zunächst mußte ich den Schock, den ich durch das Scheitern meiner Ehe erlitten hatte, überwinden. Die Arbeit half mir.

Die Zusammenarbeit Kraus–Wehle–Philipp machte uns enormen Spaß, wir waren ein festgefügtes Team geworden. Fred kam mit einem neuen Vorschlag, auf den wir freudig eingingen. Er wollte, vertrauend auf seine Salzburger Kabaretterfolge im Vorjahr, zu den Festspielen wieder Kabarett machen. Für mich war dieser Termin günstig, ich opferte meinen kurzen Sommerur-laub von der Klinik. Nach Freds Idee gründeten wir ein Ensemble mit dem Namen »Die Kleinen Vier«, schrieben uns ein zünftiges, abendfüllendes Programm, engagierten als weibliches Viertel einen berühmten Filmstar, Maria Holst. Was die Großen Vier den Menschen an Problemen bescherten, ließen Die Kleinen Vier sie vergessen. Unser Start wurde ein schöner Festspielerfolg.

Zurück in Wien, schrieb der Herr Doktor von B 18 eine weitere Revue mit Peter Wehle und spielte sie auch, wieder mit Fred Kraus. Das neue »Werk« hieß *Liebesuniversität*. Die Überleitung von einem zum anderen Revuebild machten Wilhelm Hufnagel und ich. Wir traten als Magnifizenzen in Talaren auf und ver-sprühten akademische Weisheiten. Angeregt durch die Erfahrun-gen mit den Selbstversuchen an der Klinik, brachten wir auch eine Sequenz, in der ein typischer Bla-bla-Dialog, nach Einnahme des Wahrheitsmittels »Veritin«, in absolute Wahrheitstreue um-kippte. Die beiden Gesprächspartner sagten sich plötzlich, ganz von der gesellschaftsüblichen Verlogenheit abweichend, die fürchterlichsten Wahrheiten ins Gesicht. Darüber konnte man unbefangen lachen, denn die Sache hatte ja mit der Wirklichkeit nichts zu tun. Was wäre unsere Gesellschaft ohne Lügen?

Anfang 1949 folgte die dritte Revue, täglich spielten wir: *Casa-nova-Melodie*.

Die Angebote häuften sich, und wir wußten uns nicht anders zu helfen, als mit den Kleinen Vier in ein Mitternachtskabarett namens »Alraune« einzusteigen, und dort monatlich ein neues neunzigminütiges Programm zu bringen.

Unsere Partnerinnen wechselten jetzt, da Maria Holst leider nicht mehr zur Verfügung stand. Mal spielte Hedy Fassler, die, von der Volksoper kommend, schon im »Casanova« unsere Partnerin gewesen war, mal traten wir mit Eva Leiter auf. Sie ging am Ende des Jahres mit uns nach München.

Aber noch war dieses entscheidende Jahr nicht zu Ende.

Hallo, wie kommt man zum Film?

Kleine Filmkunde für Außenseiter – Mein erster Film –
Franz Antel und unser »Kleiner Schwindel am
Wolfgangsee« – O. W. Fischer, Curd Jürgens und
Siegfried Breuer

Auf die obige Frage gibt es eine Reihe von Antworten, jedoch muß gleich gesagt werden, daß nicht jede Antwort für jeden und vor allem nicht für *jede* gilt. Daraus ersieht man schon: Das Problem ist geschlechtsspezifisch. Für weibliche Personen gelten (wenn überhaupt) andere Gesetze als für männliche Aspiranten. Der Weg zum Film ist eine Art Hindernislauf und führt über eine beträchtliche Anzahl von Hürden, die mit Bravour genommen werden wollen. Von den Grundbedingungen, die den Einstieg ins Filmgeschäft erleichtern, will ich nur einige nennen, aber auch diese sind nicht unabdingbar, sondern von Fall zu Fall verschieden.

Als begünstigende Gegebenheiten wären zu nennen: erstens die Ausbildung zum Beruf des Schauspielers. Auf sie kann gelegentlich verzichtet werden, wenn, zweitens, Talent vorhanden ist. Aber auch dieses ist nicht vonnöten, wenn die Person, die es zum Film drängt, zu einigen Kompromissen bereit ist. Hier kann eine positive Einstellung zu den Kommunikationsvorschlägen maßgebender Leute des Produktionsvorhabens recht förderliche Wirkungen haben. Die Behauptung, daß so manche Karriere einer Senkrechtstarterin in der Waagerechten beginnt, ist nicht so unrichtig. Als letztes muß noch das Glück hinzukommen – ohne Glück läuft beim Film gar nichts, weder für die Produktion noch für die mitwirkenden Darsteller.

Mein Einstieg in den Film war ungewöhnlich, weil ich als Außenseiter dazukam: Ich wollte nur ein wenig verdienen, um mir meinen ärztlichen Beruf leisten zu können. Zwar hatte ich meine Ausbildung als Schauspieler und verfügte über eine gute Anpassungsfähigkeit, außerdem über einen unzerstörbaren Optimismus und den festen Willen, als Arzt nicht zu verhungern.

Meine bilaterale Tätigkeit lief nun gut eingespielt und daher relativ reibungslos. Tagsüber war ich an der Klinik als Stationsarzt tätig, am Spätnachmittag der betreffenden Tage als Assistent von Prof. Hoff in seiner Hauptvorlesung für Psychiatrie, abends der komische Hauptdarsteller im Revuetheater Casanova und anschließend im Mitternachtskabarett. Jetzt sollte auch noch der Film kommen.

Hans Matula, der Ehemann unserer Maskenbildnerin und Theaterfriseuse Herta Matula, war damals bei der Wien-Film als Kameraassistent beschäftigt. Seine Firma bereitete gerade ein Filmvorhaben vor. Hans hatte wohl seine Produktion auf mich aufmerksam gemacht. Ohne mein Wissen kamen maßgebende Filmbosse in meine Vorstellung, und ein paar Tage später wurde ich zu Probeaufnahmen gerufen. Sie engagierten mich vom Fleck weg.

Der Film hieß *Märchen vom Glück*. Regie hatte ein Herr namens August de Glahs (in Wirklichkeit hieß er August Diglas). Er soll ein ausgezeichneter Verkäufer in einem bekannten Fotogeschäft in der Kärntner Straße gewesen sein. Seine Qualitäten als Filmregisseur konnte ich damals nicht richtig einschätzen – heute könnte ich es, tue es aber nicht.

Die Besetzung des Films war hochkarätig: O. W. Fischer, Nadja Tiller, Maria Holst, Gretl Schörg, Hans Olden.

Mit großer Spannung sah ich meinem ersten Drehtag entgegen. In dem uralten DKW, den ich mir in Salzburg vom Erlös des Motorrades gekauft hatte, fuhr ich hinaus zum Wien-Film-Atelier am Rosenhügel. In unmittelbarer Nähe des Filmstudios befindet sich auch die Nervenheilstätte »Rosenhügel«, dieser Umstand sollte einem eigentlich zu denken geben. Ist es der genius loci, der zwei so unterschiedliche und doch irgendwie so artverwandte Institutionen beherrscht? Möglich wäre es, vielleicht bestehen sogar geheime, unterirdische Gänge, die das Filmatelier mit der Nervenanstalt verbinden. Praktisch wäre das schon, man könnte im Bedarfsfall unauffällig Personen von dem einen Gebäudekomplex in den anderen (und auch umgekehrt) transferieren.

Der Pförtner musterte mein gebrechliches Fahrzeug skeptisch – vermutlich glaubte er, hier würde ein Oldtimer für nostalgische Aufnahmen angeliefert –, und öffnete die Schranke zur Einfahrt in das geheiligte Filmgelände. An der gegenüberliegenden Außenwand des Studios blinkte ein großes Rotlicht mit dem Wort RUHE. Der Pförtner stürzte zu meinem Wagen und brüllte durchs Fenster: »Stellen S' den Motor ab von dem schiachen Kübel, Sie Sandler, da drinnen wird gedreht!«

Erschrocken gehorchte ich, denn der Mann hatte ja recht, ein Zweitakter mit durchgerostetem Auspuff klingt recht häßlich und kann die schönste Tonaufnahme zunichte machen. Ich nahm diesen Anschiß gelassen hin und meldete mich in der Produktionsleitung. Der schwerhörige Aufnahmeleiter, Herr Bayer, dessen Hörgerät überwiegend leere Batterien hatte, führte mich hinauf in den ersten Stock zu meiner Garderobe. Es ging über einen langen Korridor, vorbei an Türen, an denen die Namen der Stars standen, ehrfurchtgebietende populäre Namen, die jeder kannte. Jetzt waren wir vor meiner Sologarderobe angelangt, in großen Lettern stand da: GUNTHER PHILIPP.

Diesen Namen kannte zwar keiner, aber nun war ich einer von ihnen. Ein unbegründeter Stolz überkam mich. Herr Bayer geleitete mich zum Maskenbildner, der mich sofort drannahm und meinte, daß er bei mir nicht viel zaubern müsse, meine Visage sei schon von Natur aus so, wie sie das Drehbuch verlange. Ob das anerkennend oder beleidigend gemeint war, wußte ich nicht, jedenfalls nahm ich ersteres an und ging zu meinem Garderober.

Ich wurde in ein Phantasiekostüm gesteckt, betrachtete mich im Spiegel und gefiel mir gar nicht. Es war eine Aufmachung zwischen Harlekin und Till Eulenspiegel.

Etwas verschämt betrat ich das Studio, kein Mensch kümmerte sich um mich, offenbar war ich noch nicht an der Reihe. Ich ließ die neuen Eindrücke auf mich wirken. Die Atmosphäre in einem Filmatelier hat etwas Faszinierendes. Zunächst dominiert die Technik. Die riesige Halle, in der die Dekorationen aufgebaut sind, ist überflutet vom grellen Licht der Scheinwerfer. Es herrscht ein fürchterliches Gewimmel von emsigen Mitarbeitern, die hektisch durcheinanderrennen: Dekorateure, Maler, Beleuchter, Bühnenarbeiter, Garderober, Friseusen, Maskenbildner, Kameramänner, Regieassistenten, das Skriptgirl und vor allem der ewig zur Arbeit antreibende Aufnahmeleiter. Mittendrin auch ein paar sogenannte »Adabeis« (österreichisch für »auch dabei«), von denen niemand weiß, was sie hier eigentlich wollen, meistens wissen sie es selbst nicht. Im ersten Moment wirkt das alles völlig sinnlos, aber der Schein trügt. Es steckt eine wohldurchdachte Systematik dahinter, das einzige, was beim Film zum Erfolg führt.

Endlich wurde ich dem Regisseur und einigen anderen Stabmitgliedern vorgestellt: »Das ist der Herr Philipp vom Casanova, der Partner von Herrn O. W. Fischer, er spielt seinen Adjutanten.«

Herr de Glahs sah mich scharf an: »Ham S' das Drehbuch g'lesen?«

Ich wollte antworten, aber der Regisseur war schneller: »Na ja, falls nicht, ist es eh besser, dann sind Sie wenigstens nicht befangen. Also bitte, gehen wir's an!«

Meine erste Szene spielte in einem Spiegellabyrinth, in dem ich verzweifelt den Ausgang suchen sollte. Ich tat mein Bestes, polterte, dem Drehbuch entsprechend, mit dem Kopf gegen die Spiegel, einmal da, einmal dort, grimassierte und fuchtelte laut Regieanweisung wie ein Besessener mit den Armen.

»Danke, aus, das war sehr gut!« rief der Regisseur, die Crew war

1 Meine Mutter Therese Placheta

2 Im Alter von 2½ Jahren beim Morgenritt

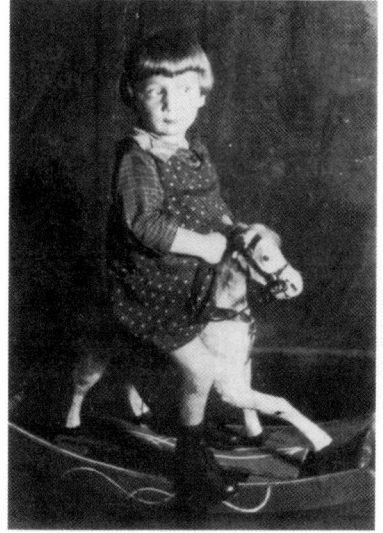

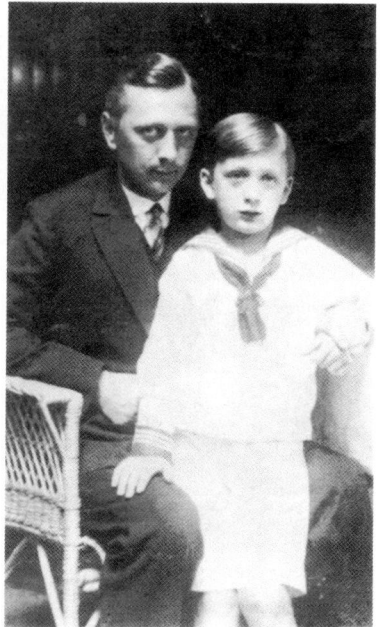

3 Mein Vater Dr. Hugo Placheta mit seinem neun-
jährigen Sohn Gunther

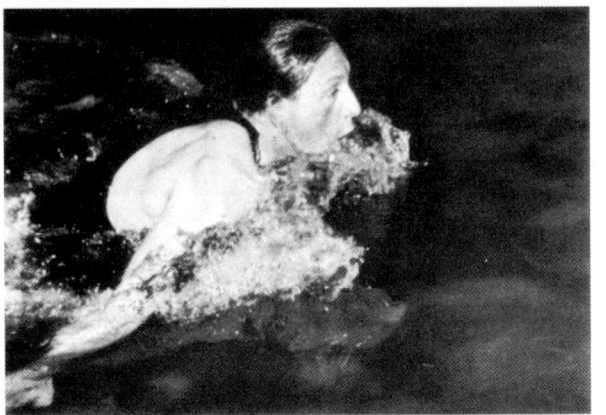

4–7 Links oben:
Wettkampffoto 1935:
Normalbruststil. –
Mitte: Trainingsfoto
1936: der neue
Schmetterlingsstil. –
Unten: Rekordver-
such über 100 m
Brust, Graz 1937. –
Rechts oben: Als Mit-
glied der Österreichi-
schen Nationalmann-
schaft beim Länder-
kampf Österreich –
ČSR, Bad Pištian
1937, vorn links
Franz Hölzl

8/9 Vater Dr. Hugo und Sohn Dr. Gunther Placheta
als Oberstleutnant bzw. Unterarzt im Zweiten
Weltkrieg

10–12 Links: Mit meiner ersten Frau Friedl und dem einjährigen Sohn Peter. – Oben: Mit meiner zweiten Frau Anna-Maria (Hochzeitsfoto). – Rechts: Mit meiner dritten Frau Monika und unserem Sohn Alexander

13 Vier Generationen Placheta: Großvater (90), Vater (65), Gunther (40) und Sohn Peter (15)

14 Schüleraufführungen des
Max-Reinhardt-Seminars, das
1941 »Reichsschule für Musik
und darstellende Kunst« hieß:
Als Herr von Lips in »Der Zerrissene« von Johann Nestroy mit
Herbert Fleischmann, Kurt Wilhelm und N. Fröhlich (v.l.n.r.) ...

Folgende Seite ▷ ▷
16–18 Links oben: Unterernährt
als Solokabarettist beim Sender
Rot-Weiß-Rot, 1946. – Rechts
oben: »Die Kleinen Vier« Eva Leiter, Fred Kraus und rechts neben
mir Peter Wehle in einer traditionellen Schulbubenszene, 1949. –
Mitte: »Die Kleinen Vier« mit ihrer neuen Partnerin Hilde
Berndt, 1951

15 ... und in »Bekenntnisse«
von Eduard von Bauernfeld, 1942
aus gegebenem Anlaß noch mit
künstlichem Bauch (wäre heute
überflüssig!)

20–22 Gegenüberliegende Seite
v.o.n.u.: Das war die erste Szene
meines ersten Films »Märchen
vom Glück«, 1949; in »Der Vetter
aus Dingsda«, 1953, mit Ina Halley und Grethe Weiser; mit Ida
Wüst in »Tante Jutta aus
Kalkutta«, 1953   ▷

19 Mein erstes Drehbuch
schrieb ich 1949 gemeinsam mit
Franz Antel zu »Kleiner Schwindel am Wolfgangsee«.

23–25 V.o.n.u.: Mit Rudolf Prack in »Kaiserwalzer«, 1953; mit Rudolf Schock in »Der fröhliche Wanderer«, 1955; mit Gerhard Riedmann in »Ja, ja, die Liebe in Tirol«, 1955

26 »Ja, ja, die Liebe in Tirol«, 1955, war eine Neuverfilmung von »Kohlhiesels Töchter«. Hier zwei der zahlreichen heiteren Verwechslungsszenen, einmal mit Elfie Pertramer ...

27 ... und diesmal mit Carla Hagen

28 Mit Susi Nicoletti ...

29 ... und Hans Moser in
»Die Deutschmeister«, 1955

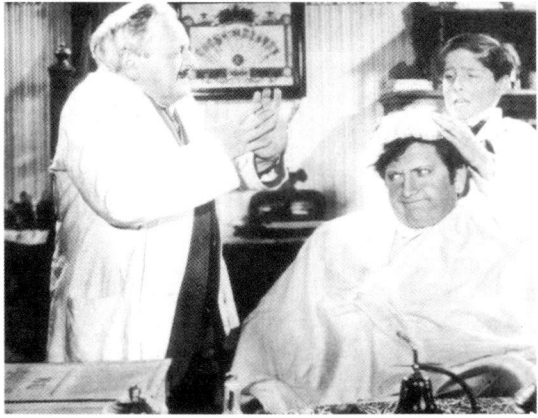

30 Mit Johanna Matz in Franz
Antels Neuverfilmung
von Erik Charells »Der Kongreß
tanzt«, 1955

31/32 Oben: Daß ich mir für die Rolle des Schneiders Zwirn in Franz Antels Verfilmung von Nestroys »Lumpazivagabundus« (1956, mit Paul Hörbiger und Joachim Fuchsberger) die Haare rot färben lassen mußte, hatte Folgen für mich. – Mitte: Ein Verkleidungsspaß für mich war »IA in Oberbayern«, 1956, mit Beppo Brem.

33 Eine der vielen Antel-Hochzeiten: hier mit Hannelore Bollmann, 1953. Ich war Trauzeuge.

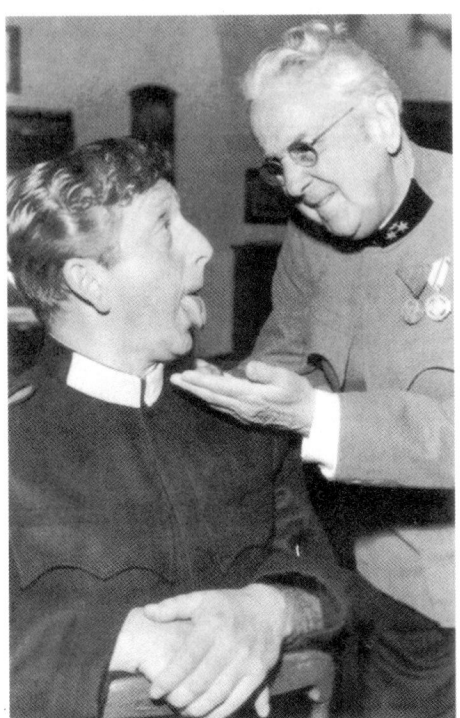

34–36 »Wenn Poldi ins Manöver zieht«, 1956, hatte wieder ein Nestroy-Stück zur Vorlage. Ich habe mir die Doppelrolle des Poldi und seines Bruders Franz auf den Leib geschrieben. Links: Mit Richard Romanowsky. – Rechts: Als einfältiger Poldi komme ich mit den militärischen Gepflogenheiten nicht zurecht. – Unten: Mit Louise Martini

37 Mit Elma Karlowa bei den Dreharbeiten zu
»Der Bettelstudent«, 1956

38 Mein erster Film mit Peter Alexander war »Das
haut hin«, 1957.

39 Mit Walter Giller in dem Revuefilm »Der schräge Otto«, 1957

◁ 40–42 Gegenüberliegende Seite v.o.n.u.: Mit Margot Hielscher in »Hoch droben auf dem Berg«, 1957. – Mit Ernst Waldbrunn und Adrian Hoven in Ernst Marischkas Neuverfilmung seines großen Erfolges »Sieben Jahre Pech«, 1957. – Mit Kurt Großkurth und Walter Gross in »Mikosch, der Stolz der Kompanie«, 1958

43 Alle Register der Komik konnte ich unter Rudolf Schündlers Regie in »Mikosch, der Stolz der Kompanie«, 1958, ziehen

44 In »Mein Mädchen ist ein Postillon«, 1958, war ich, neben Alice und Ellen Kessler, der Hofdichter Dr. Richard Hebele an einer kleinen badischen Residenz.

45 Bei den Dreharbeiten zu »Münchhausen in Afrika«, 1958, hatte ich mit Franz Muxeneder ein Abenteuer zu bestehen: Die Filmcrew hatte uns im afrikanischen Busch vergessen.

beeindruckt und der Grundstein zu meiner Karriere als Klamottenheini und T. v. D. (Trottel vom Dienst) im deutschen Film gelegt.

Zum Glück wußte ich das zu diesem Zeitpunkt noch nicht. Noch glaubte ich mich auf einem interessanten und vergnüglichen Seitensprung in eine fremde Welt (wohlgemerkt: immer noch ganz unverbindlich!). Noch stand ich ja, wenn man von meiner Revuetätigkeit absah, mit beiden Beinen in der Medizin.

Die Story des Films, dessen Drehbuch man mir nie zu lesen gab (ich hatte nur den Text meiner Rolle bekommen), war wohl im Reich der märchenhaften Phantasie angesiedelt, es wurde viel mit optischen Tricks gearbeitet. Der Film spielte sozusagen in der Unwirklichkeit, wahrscheinlich war das auch der Grund, warum er in der Wirklichkeit des beinharten Filmgeschäftes nicht bestehen konnte, das »Werk« war unaufführbar. Daher fand sich auch, als der Film fertig war, meines Wissens im ganzen deutschsprachigen Raum kein Verleiher, der ihn in die Kinos bringen wollte, vom Weltvertrieb ganz zu schweigen.

Meine Enttäuschung war groß, wie gerne hätte ich mich auf der Leinwand eines großen Lichtspieltheaters oder auf einem Kinoplakat gesehen. Der Film muß ein riesiger Flop gewesen sein, keiner von den Mitwirkenden hat ihn je gesehen. Lange Zeit später hörte ich, daß die sowjetische Filmverleihfirma »Sowexport« das Produkt gekauft und in die Sowjetunion importiert habe. Weiß der Himmel, wie das russische Kinopublikum darauf reagiert haben mag.

Jahre später bekam man eine Erklärung für das Mißlingen des *Märchens vom Glück*, die mir plausibel erschien.

Der Regisseur August de Glahs wollte offenbar in einer Aufwallung avantgardistischen Kunststrebens nur die Bilder seines Films sprechen lassen, nicht die Darsteller. Und das so viele Jahre nach Erfindung des Tonfilms! Nur durch Mimik und Gesten sollten die dramatischen Vorgänge der menschlichen Interaktion dem Publikum nahegebracht werden.

Das Resultat war ein unverständliches Machwerk. Augenrollende, grimassierende und gestikulierende Schauspieler bevölkerten die Leinwand. Aber kein Zuschauer wußte, was es bedeuten sollte. Es war zum Weinen!

Besonders laut weinte der Geldgeber des Films, ein Herr Deisinger, ein Gipsfabrikant. Gegen Ende der Produktionszeit zeichneten sich die ersten Geldschwierigkeiten ab. Schon witzelten am Auszahlungstag die Kollegen, die Gage würde diesmal in Gipstüten (nicht etwa Säcken!) ausgezahlt. Was mich betraf, hatte ich keinen Verlust zu beklagen, ich bekam mein Geld – allerdings handelte es sich um keine nennenswerte Summe.

Ein paar Jahre später war Matula die Leiter des Erfolges nach oben gefallen, er war jetzt ein gesuchter Kameramann. Wir drehten gerade wieder ein Lustspiel, da erschien er mit einer jener typischen Blechbüchsen, in denen Filmrollen steckten. Es war ein Akt von *Märchen vom Glück*. Wie üblich gab es nach Drehschluß die Mustervorführung, bei der die Aufnahmen des vergangenen Drehtages aussortiert wurden, aber an diesem Tag spannte uns der Vorführer die erwähnte Filmrolle ein – »eine kleine Kostprobe zur Erheiterung«, wie Hans verkündete.

Es war einer der größten Lacherfolge, die jemals ein Vorführraum in einem Filmstudio erlebt hat. Man hatte zu einer Notlösung gegriffen – und die sah so aus: Sobald sich eine Person von der Kamera abwendete, erklang ein nachsynchronisierter Dialogton, mit dem der gedankliche Inhalt der Szene klargemacht werden sollte. Das bedeutete, daß zum Beispiel eine Person, die mit dem Rücken zur Optik abging, in rasendem Tempo ihren Text heraussprudelte. Die Wirkung war verheerend, der Film endgültig verpatzt.

Meine Mitwirkung an dem mißglückten *Märchen vom Glück* war die erste und leider auch die einzige gemeinsame Arbeit mit O. W. Fischer. Ich erinnere mich noch heute daran, wie ich ihm in seiner Garderobe vorgestellt wurde. Natürlich hatte ich Lampenfieber. Dann stellte sich heraus, daß auch er der Begegnung zwiespältig entgegenfieberte. Man hatte ihm nämlich erzählt, daß sein »Adjutant« normalerweise an der psychiatrischen Klinik tätig sei. Deswegen sorgte er sich, ich könnte sein kompliziertes Seelenleben durchleuchten und mehr erkennen, als ihm lieb war.

Beim Händeschütteln sagte er: »Lieber Doktor, also ehrlich gesagt, Sie sind mir ein bißchen unheimlich. Ich glaube, Sie wissen zuviel von den Menschen.«

Ich beruhigte ihn, daß ich keinerlei Absichten hätte, ihn zu analysieren.

Wir fanden einen sehr netten Kontakt. Seine Vorliebe für Philosophie, seine Belesenheit und Sensibilität waren eine gute Basis für erbauliche Gespräche. Wenn wir uns später begegneten, begrüßte er mich stets mit den Worten: »Meine Verehrung, Herr Doktor.«

O. W. Fischer war damals der große Film-Liebhaber und bildete zunächst mit Maria Schell, dann mit Ruth Leuwerik das ideale Film-Liebespaar.

Auch privat war seine Wirkung auf Frauen enorm. Er hatte unendlich viele Verehrerinnen. Das Feinsinnige, Feingliedrige an ihm hat den Frauen wohl gefallen. Aber er machte offenbar von seinem Charisma keinen Gebrauch, ich habe nie von Affären gehört.

Einmal war ich bei ihm zuhause und lernte seine Frau Nani kennen, mit der er ein Leben lang, bis zu ihrem Tod, verheiratet war. Mir gefiel die angenehme und ausgeglichene Atmosphäre in diesem Haus.

Bei den Dreharbeiten zu *Märchen vom Glück* waren auch Ballettmitglieder des Raimundtheaters beschäftigt. Wie man weiß, ist jede Betriebskantine ein Ort der Begegnung, dies gilt im besonderen Maße für Filmstudios. Dort trifft sich ein buntes, lustiges Völkchen, man nascht, trinkt, raucht und plaudert. Das ist eine nette Gelegenheit, neue Menschen kennenzulernen.

Unter den Ballettmädchen fiel mir eine hübsche, dunkelhaarige Person mit blauen Augen besonders auf. Wie sich später herausstellte, war sie die Tochter des Direktors einer Schokoladenfabrik in Wien XIV. Das war aber nicht der einzige Grund, warum ich sie so süß fand. Sie hatte etwas Quirliges, Freches – und sie brachte neuen Schwung in mein Leben.

Wir freundeten uns schrittweise miteinander an, zunächst ohne den väterlichen Segen. Eine der ersten Etappen dieses behutsamen Vorgehens war ein etwas ausgedehnterer Bummel durch das nächtliche Wien. Nach meiner Vorstellung im »Casanova« mußte ich ja noch mit den Kleinen Vier in der »Alraune« unser 90-Minuten-Mitternachtskabarett spielen. Das bedeutete, daß wir erst gegen ein Uhr früh losziehen konnten, das aber mit verstärkten Impulsen.

Wien bot auch damals schon eine große Anzahl von Lokalen, in denen das neuerblühte Nachtleben fröhliche Urständ feierte. Vom »Maxim«, wo es bis vier Uhr früh noch eine Floorshow gab, gingen die Nachtschwärmer in den »Spatz« oder in die »Gulaschhütte«. Diese Lokale öffneten um vier Uhr früh und boten ihren Gästen alle jene deftigen kulinarischen Spezialitäten, die ein zünftiges Wiener Beisel so führt. Schon eine gute halbe Stunde vor Einlaß standen Leute lachend, plaudernd und hungrig vor den Türen. Dort sammelte sich nicht nur die Crème, sondern auch der Bodensatz der Wiener Gesellschaft an. Bei Würstl mit Saft oder beim panierten Schnitzel saß die emsige und daher ermüdete Nutte mit ihrem Zuhälter neben dem Herrn Generaldirektor, der mit seiner Sekretärin nach einer Zwischenstation im gegenüberliegenden Hotel noch etwas zu besprechen hatte, am selben Tisch. Das Publikum dieser Nachtrestaurants war eine bunte Mischung von fröhlichen Leutchen aus allen Schichten, die Luft ein Gemenge von Gulaschduft, Zigarettenrauch und Parfüm. Eine Atmosphäre, die man erlebt haben muß.

Es war schon gegen sechs Uhr früh, als Susi und ich uns auf den Heimweg machten. Hand in Hand bummelten wir verträumt durch die erwachende Wienerstadt. Nach der Trennung von meiner Frau wohnte ich damals in der Künstlerpension Aclon, die sich im Hause unseres Revuetheaters Casanova befand. Als ich mit Susi dort ankam, empfing mich das Zimmermädchen etwas verstört und warnte mich: »Auf Sie wartet ein Herr, er will seine Tochter abholen!«

Diese Mitteilung schockte uns überhaupt nicht, wir hatten ja ein reines Gewissen, noch war glücklicherweise (oder leider) nichts passiert. Also konnten wir dem strengen Herrn unbefangen begegnen. Angesichts der Harmlosigkeit der Situation beruhigte sich Susis Vater bald wieder und nahm sie mit. Man konnte also feststellen, daß ein braves Wiener Mäderl immer genau sagt, wo sie abends mit wem hingeht und was sie da macht. Für einen jungen Mann hat dieser Gedanke allerdings etwas Beklemmendes.

Nach angemessener Zeit wurden Susi und ich ein Paar. Sie gab ihr Engagement als Ballettmädchen am Raimundtheater auf und widmete sich ganz der Zweisamkeit mit mir. Wenn man den Beurteilungen aus unserer Umgebung glauben darf, waren Susi und ich ein recht vitales Gespann, es soll eine Reihe deftiger Eifersuchtsszenen gegeben haben, wir erlebten beide unsere Sturm- und Drangzeit. Unsere Situation intensivierte und vertiefte sich, und Susi war nun meine »ständige Begleiterin«.

Meinem Wegbereiter, Hans Matula, dem ich diesen ersten Film verdankte, war es eine Zeitlang sehr peinlich, daß er mich zu einem Pleitefilm gebracht hatte. Übrigens zu Unrecht, denn während der Produktion dieses Flops erschien der Regisseur Franz Antel bei mir und schlug mir vor, mit ihm das Drehbuch für ein Lustspiel zu schreiben, das im bevorstehenden Sommer gedreht werden sollte. Von ihm wußte ich, daß er im Vorjahr den erfolgreichen Film *Das singende Haus* mit Hans Moser, Curd Jürgens und Susi Nicoletti gedreht hatte.

Mit Freuden sagte ich zu, zumal ich vom ersten Moment an einen guten Kontakt mit ihm hatte. Das war der Beginn einer langjährigen Freundschaft und intensiven Zusammenarbeit, in deren Verlauf wir über zwei Dutzend Filme miteinander drehten und teilweise auch die Drehbücher dazu schrieben.

Kaum war *Märchen vom Glück* abgedreht, sollte ich mich mit Franz Antel an die Arbeit zu unserem Drehbuch machen. Antel hatte die Verfilmungsrechte eines Romans von Gabriele von Satzenhofen erworben. Der Titel lautete *Kleiner Schwindel am Wolfgangsee* und versprach eine recht nette Sache zu werden – besonders im Hinblick auf die Besetzung mit Hans Holt, Waltraut Haas, Nadja Tiller, Susi Nicoletti und einigen anderen Stars. Allerdings gab es da noch eine kleine Schwierigkeit, ich hatte nämlich bisher weder ein Drehbuch gesehen noch eines geschrieben.

Also was tun? Ich ging in die Nationalbibliothek, holte mir ein paar Manuskripte von berühmten Filmen hervor und begann, mich kundig zu machen. Ziemlich bald wußte ich Bescheid, worauf es ankam: Links die Optik, rechts der Text. Das schien ganz einfach zu sein. Die Handlung des Romans war tragfähig, es ging nun um ihre Umsetzung in spielbare Szenen mit pointierten Dialogen. Jetzt galt es, komische Situationen zu erfinden. Damit war ich wieder in jenen Gefilden, in denen ich mich auskannte. Wenn man als Kabarettist, Alleinunterhalter oder Conférencier darauf angewiesen ist, mit eigenen Texten komische Wirkungen zu erzielen, geht man durch eine Art Fegefeuer, bis man erlernt hat, wo es langgeht. Meine Art von Humor gefiel Franz Antel.

Doch nur am Drehbuch mitarbeiten – das erschien mir zu wenig. War da nicht vielleicht auch eine Rolle für mich drin? Ich erfand eine zusätzliche komische Figur, als Partner für die Hauptfigur, die Hans Holt verkörpern sollte. Um meinem Anliegen Antel gegenüber Nachdruck zu verleihen, spielte ich ihm gleich ein paar Szenen aus dem Stegreif vor.

Antel runzelte die damals schon recht hohe Stirn und versprach, sich für mich bei Produktion und Verleih einzusetzen. Es muß nicht ganz leicht gewesen sein, denn die großen Bosse sind nicht besonders risikofreudig, sie verlassen sich lieber auf erprobte Kräfte, von Neulingen wollen sie meist nichts wissen. Aber Franz schaffte es, und dafür bin ich ihm auch heute noch dankbar. Der *Kleine Schwindel*, ein Sommerfilm mit Laune und Humor, wurde für mich zum Senkrechtstart. Kaum war der Film heraus, kamen schon weitere Angebote.

Franz Antel war zwar mein wohlwollender Steigbügelhalter, doch reiten mußte ich selbst.

In den nun folgenden Jahren haben wir miteinander an die fünfundzwanzig Filme gedreht, viele richtige Renner waren dabei.

Auch meine Arbeit als Drehbuchautor kam ordentlich in Schwung. Schon im Laufe der ersten Filmjahre brachte ich es auf ingesamt einundzwanzig Drehbücher, zwanzig davon mit guten Rollen für mich selbst. Als Autor war ich natürlich mein Lieblingsschauspieler und als Darsteller mein Lieblingsautor. Ein beglückender Dualismus, von dem ich Jahrzehnte später als Lustspielautor und gleichzeitiger Interpret profitierte.

Der *Kleine Schwindel* wurde, wie der Titel es verlangte, am Wolfgangsee gedreht. Wieder opferte ich meinen Urlaub von der Klinik. Jetzt war ich der »Herr Filmschauspieler« und hatte auch schon eine statusgerechte »ständige Begleiterin«: Susi.

Unsere Produktion hatte eine ganze Fremdenpension gemietet, das »Försterheim«. Wir waren dort völlig unter uns, und das war gut so. Ich glaube nämlich nicht, daß normale Feriengäste ausgehalten hätten, was wir in unserem Übermut so alles veranstalteten. Wir waren eine fröhliche, aber recht laute Narrengruppe in einer unbeschwerten, unvergeßlichen Zeit. Ich machte eine Fülle von wertvollen Erfahrungen für mein ganzes Filmleben, das nun beginnen sollte.

Die damaligen Umstände kann man mit den heutigen nicht vergleichen. Man nahm sich zwar Zeit für Sorgfalt und Perfektion, doch trotzdem gab es noch Spaß am Rande der Arbeit. In diesen

Jahren durfte die Produktion eines Spielfilmes noch satte sechs bis sieben Wochen dauern. Die Herstellung war noch nicht so teuer wie später, und diese leichten Filme spielten über ihre Produktionskosten hinaus beträchtliche Summen ein. Noch lastete nicht der muffige, miesepetrige Profiernst, wie er sich allmählich in unserer Branche etablierte, auf den Gemütern der Filmschaffenden. Noch gab es nicht das ewige Antreiben zu schnellerem Arbeitstempo, noch regierte nicht die lächerliche Pfennigfuchserei, wie sie bald gang und gäbe wurde.

Franz Antel war bei all seinen Filmen die große treibende Kraft. Er verstand es, eine überhaupt nicht existierende Story beim Verleih von Anfang bis Ende so bestechend zusammenzufabulieren, daß sie meist sofort angenommen wurde. Hinterher geriet er in Schwierigkeiten sich zu erinnern, was er da erzählt hatte und was man von ihm erwartete.

Einige dieser Bücher, die so entstanden sind, habe ich mitgeschrieben, sie wurden immer ein Erfolg.

Der *Kleine Schwindel am Wolfgangsee* war abgedreht, die Uraufführung stand bevor, da gab es noch für alle Beteiligten ein schönes Ereignis zum Abschluß: Die ganze Schauspielerschar fuhr zum Bayerischen Rundfunk. Wir waren für eine Hörfunk-Live-Sendung im großen Sendesaal engagiert. Ein schlagkräftiges Team von routinierten Vollprofis kreuzte auf. Zu unserer Gruppe gehörten Susi Nicoletti, Hans Holt, Rolf Olsen, der berühmte Komiker Rudolf Carl sowie der Komponist unseres Films, Ludwig Schmidseder (»I hab' die schönen Maderln net erfunden«). Zur Verstärkung dieser Gala kamen noch meine Kabarettpartner Fred Kraus und Peter Wehle.

Aus dem Repertoire der Kleinen Vier hatten wir ein paar Rosinen herausgelesen, um sie in das bunte Programm dieser Veranstaltung einzustreuen. Die Conférence machte Publikumsliebling Willy Reichert. Es war ein schöner Erfolg, denn Filmschauspieler, die auf der Bühne bestehen können, sind eher eine Seltenheit, wohl mit ein Grund für die herzliche und positive Reaktion des Publikums im Sendesaal. Wahrscheinlich kam noch hinzu, daß wir alle unseren österreichischen Tonfall hatten, damals eine Rarität und in München nicht so unbeliebt wie heute. Anschließend gingen wir alle zusammen auf eine kurze Premierentournee durch Deutschland.

Unter den Austragungsorten des bayerischen Humors (wie zum Beispiel der berühmte »Simpl«) gab es vor dem Krieg noch ein Kabarett im Hofgartencafé »Annast«. Die Bomben hatten diesem traditionsreichen Unterhaltungsbetrieb ein Ende gesetzt, aber jetzt war das Gebäude am Tor zum Hofgarten in seiner ursprünglichen Form wieder aufgebaut, und zu Silvester 1949 sollte es wiedereröffnet werden.

Der Chef dieses Hauses, Gustl Annast, engagierte uns zur feierlichen Eröffnung am 31. Dezember 1949. Ein mehrmonatiges Gastspiel der Kleinen Vier sollte sich daran anschließen. Davon hatte uns der gute Fred Kraus allerdings nichts gesagt, vermutlich wollte er in unsere Terminkalender keine Unruhe bringen.

Zunächst ging es zurück nach Wien. Fred kehrte in ein Engagement an der Revuebühne Casanova zurück, Peter Wehle setzte sich wieder an sein Klavier und an die Schreibmaschine, um zu komponieren und zu texten. Ich selbst ging zurück an die Uniklinik auf Station B 18, Neurologie, Männer. Ein Stationsarzt kehrte heim in den Schoß der klinischen Familie, und alle waren sie noch da: die despotische Oberschwester Edith, vor der besonders die Jungärzte zitterten, die gütige Schwester Christl. Natürlich auch mein Spezi Dr. Walter Spiel, der sich damals schon in der psychiatrischen Abteilung nach vorne gekämpft hatte. Heute ist er Universitätsprofessor, immer noch an derselben Klinik und Chef der Kinderpsychiatrie.

Rasch fügte ich mich wieder in den klinischen Betrieb: Morgenvisite, Therapie, Injektionen, Lumbalpunktionen, Chefvisite, Anschiß, Ärztekasino, Krankengeschichten schreiben, dreimal wöchentlich Hauptvorlesung, Abendvisite. So ging das bis zum Spätherbst.

Da kam wieder ein Filmangebot, diesmal von einer Firma in Graz mit dem klangvollen Namen Patria-Film. Der Produzent war wieder ein Fabrikant, dieser stellte keinen Gips, sondern Öfen her. Man konnte davon ausgehen, daß nun die Schlote rauchen würden. Doch dem war leider nicht so beim *Schuß durchs Fenster*.

Schon bei meinem ersten Film *Märchen vom Glück* hatte ich Gelegenheit, gewisse Zahlungsgewohnheiten im Filmgeschäft kennenzulernen. Bei meinem dritten Film, *Schuß durchs Fenster*, wurden diese Kenntnisse erweitert, denn auch da gab es einige Schwierigkeiten. Ich muß allerdings ausdrücklich betonen, daß bei fast 150 Filmen, die ich im Laufe der folgenden Jahrzehnte drehen sollte, höchstens drei- bis viermal ernsthafte Probleme auftauchten, die bemerkenswertesten bei einem italienischen Western, in dem ich eine Hauptrolle zu spielen hatte. Davon später.

Am letzten Drehtag zu *Schuß durchs Fenster* zeigte sich das Wetter nicht ausgesprochen filmfreundlich. So etwas verursacht bei Außenaufnahmen immer eine gewisse Nervosität. Bei mir kam zu diesem Zustand noch ein weiterer Faktor hinzu: Ich sollte noch Gage bekommen. Der Regisseur Siegfried Breuer, mit dem ich mich während der Dreharbeiten angefreundet hatte, wußte davon und sagte mir seine Unterstützung zu. Von der Produktion war, wie in solchen Fällen üblich, niemand zu sehen.

Die allerletzten Einstellungen standen bevor. Wir drehten in einer belebten Hauptstraße von Graz vor dem Eingang eines Kinos. Auf meine bohrenden Fragen, wo denn die Leute mit der Endabrechnung blieben, bekam ich vom Aufnahmeleiter nur ausweichende Antworten. Obwohl der Geldgeber der Patria-Film ein Ofenfabrikant war, hatte ich wenig Lust, durch die Röhre zu gucken, was meine Gage betraf. Ich mußte also handeln!

Gleich neben dem Motiv befand sich ein gemütliches Kaffeehaus, und während die Techniker das Set einrichteten, saß ich mit Sigi Breuer und unserem Kameramann Hellmuth Fischer-Ashley bei »großen Braunen« und Cola an einem der nostalgischen Marmortische. Wie drei Mafiosi berieten wir die Strategie, die mir zu meinem Geld verhelfen sollte. Da erschien der Produktionsleiter und verwies nachdrücklich auf die heikle Wetterlage, es müsse gedreht werden, bevor die Sonne für den Rest des Tages verschwunden sei. Ich blieb hart: »Geld her oder ich drehe nicht, ich will das ganze Restgeld in barer Münze, bis auf den letzten Groschen!« Laut Strafgesetzbuch ist das zwar der Tatbestand der Nötigung, aber daran stieß ich mich nicht.

Sigi solidarisierte sich mit mir: »Mit einem unbezahlten Darsteller kann ich nicht arbeiten, da kommt nichts Gescheites heraus, auch nicht bei einem Krimi!«

Der Herr Produktionsleiter knirschte mit den Zähnen, versprach die Restgage in bar heranzuschaffen und stapfte wutschnaubend davon.

Es verging fast eine Stunde, in der wir überlegten, ob er nicht vielleicht mit dem Rechtsanwalt der Produktion zurückkehren würde, der mir vermutlich etwas über den Nötigungsparagraphen erzählt hätte. Endlich erschienen der Produktionsleiter und sein Aufnahmeassistent mit ein paar plombierten Geldsäcken. Nebenan im Spielzimmer entleerte er sie auf einem Billardtisch. Er hatte wohl meine Forderung »In barer Münze« wörtlich genommen. Die gesamte Restgage kullerte also in kleinen Münzen auf das grüne Filztuch.

Ironisch fragte der Produktionsleiter: »So, san S' jetzt z'frieden, Herr Philipp?«

Ehe ich noch antworten konnte, sagte Sigi, der diese Rache der Produktion richtig eingeschätzt hatte: »Nein, noch nicht, jetzt muß er ja erst nachzählen, ob es stimmt!«

Der Produktionsleiter beherrschte mühsam seine Wut: »Gut, dann zähle ich mit, damit es schneller geht. Wir müssen nämlich drehen, die Sonne geht uns sonst weg!«

»Nein«, sagte Sigi, »Sie zählen nicht mit, Sie sind befangen!«

Dann machten wir uns ans Zählen, und als wir damit fertig waren (es stimmte übrigens bis auf den letzten Groschen), gingen wir mit einem triumphalen Siegerlächeln an die Arbeit. Glücklicherweise schien die Sonne noch, und die restlichen Einstellungen waren rasch abgedreht. Ich verabschiedete mich von allen und zog mit den Geldsäcken ab.

Gegenüber von unserem Drehort befand sich eine Bankfiliale. Als ich den Schalterraum betrat, erklang der Aufschrei eines Angestellten: »Herr Vorstand, da sind sie wieder, unsere Sakkeln!« Natürlich sah er sofort, daß die Plomben von den Geldsäcken entfernt waren. »Ja, da müssen wir jetzt leider nachzählen, a bisserl Geduld, bittschön!«

Jetzt mußte zur Abwechslung ich warten, eine klassische Bumerangsituation. Die Bankleute zählten die Münzen, und als ich den Schauplatz verließ, waren das Set abgebaut und die Produktion verschwunden. Gott sei Dank! Ich hätte die Schadenfreude nicht verkraftet.

Der *Schuß durchs Fenster* war für mich deswegen besonders interessant, weil es sich um einen Krimi handelte und ich die Hauptrolle des coolen, gelassenen Kommissars spielte. Krimis waren damals noch lange nicht so brutal und realistisch wie heute. Wenn ein Mord passierte, sah man allenfalls eine behandschuhte Hand mit einer Pistole durch einen Türspalt schlüpfen, hörte einen Knall – und im nächsten Bild sah man die Beteiligten bei der Beerdigung wieder.

In einer Nebenrolle war Curd Jürgens engagiert. Später wendete sich das Blatt, er spielte die großen Rollen, machte Weltkarriere.

Jeden Abend nach Drehschluß fuhren wir mit seinem DKW vom Drehort Graz nach Wien. Er spielte am Burgtheater, ich in meinem Kabarett. Eines Abends sagte er zu mir: »Du, Gunther, ich möchte unbedingt aufs Gschnasfest.« Das war ein sehr populäres Kostümfest im Wiener Fasching, zu dem die Leute stark kostümiert erschienen. »Ich will aber, daß mich niemand erkennt, wie soll ich gehen?«

Ich sagte zu Curd: »Ganz einfach, geh nüchtern hin, da erkennt dich keiner...«

Er hat sehr gelacht, denn er stand zu seiner Vorliebe für alkoholische Getränke, und man erzählt sich, daß er bis ans Ende seines Lebens von allem anderen, nur nicht von seinem geliebten Whisky lassen wollte. –

Der *Schuß durchs Fenster* kam erst im darauffolgenden Jahr heraus, es war kein großer Treffer. Doch für mich persönlich hatte dieser Film positive Konsequenzen: Die Freundschaft mit Siegfried Breuer. Seine Frau, Eva Leiter, übernahm den weiblichen Part im Ensemble der Kleinen Vier, als wir unsere Deutschlandtournee mit der Wiedereröffnung der »Hofgartenspiele Annast« in München starteten.

Meinen ärztlichen Dienst an der Uni-Neurologie in Wien führte ich bis zum Ende des Jahres 1949 ordnungsgemäß aus.

»Das ist eine Frau und kein Kanarienvogel!«

Abschied von der Medizin – Kabarett in München
und eine große Tournee mit Schweizer Erfahrungen –
Eine neue Liebe – Hotelfilme und andere Lustspiele
als Drehbuchautor und Schauspieler – Löwinnen/Agentinnen:
Eine Analogie? – Eva Leiter, Thea Weis, Franz Antel,
Wolf Albach-Retty und Cornelia Froboess

Seit unserem Gastspiel beim Bayerischen Rundfunk im Sommer des Jahres 1949 hatte Fred Kraus einen Vertrag für die feierliche Wiedereröffnung des »Annast« zu Silvester 1949/50 in der Tasche. Die vorläufige Dauer unserer Verpflichtung als Kleine Vier war für einen Monat vorgesehen, Prolongation möglich. Das erschien mir machbar, das war noch nichts Endgültiges. Wir hatten einen neuen Klinikchef bekommen. Professor Kauders war ausgeschieden, und sein Nachfolger Professor Hans Hoff übernahm Klinik und Lehrstuhl. Zu ihm ging ich also und bat um eine vorläufige Beurlaubung nach München für ein Vierteljahr. Zunächst glaubte der Herr Professor, der von meiner Nebentätigkeit, die mich ernährte, keine Ahnung hatte, ich ginge an eine neurologische Klinik in München. Schon wollte er mir empfehlen, an wen ich mich dort wenden sollte.

Als ich ihm nun sagen mußte, daß ich mich als Kabarettist betätigen wollte, reagierte er in einer Weise, die mich verunsicherte. Sein Blick bekam plötzlich etwas klinisch Diagnostizierendes, er wurde irgendwie bohrend. Ich fühlte ganz deutlich, wie der große Psychiater schon versuchte, das, was ich gesagt hatte, in die Kategorien der geistigen Erkrankungen einzuordnen. Vorsichtig stellte er einige jener Fragen, die ich selbst meinen Patienten Hunderte Male bei der Anamnese gestellt hatte, offenbar um herauszufinden, ob ich wohl »zeitlich, örtlich und zur Situation orientiert« sei, wie das in den Befunden ausgedrückt wird. Ich nahm mich sehr zusammen, um bloß nichts Verfängliches zu sagen, ich wollte seinen Verdacht nicht verstärken. In »geordnetem Gedankenablauf und unauffälliger sprachlicher Äußerung« teilte ich ihm mit, daß ich nun Gelegenheit hätte, in einem anderen Beruf ein wenig zu verdienen und meine heikle Finanzlage zu verbessern. Das leuchtete ihm ein. Ich konnte aufatmen. Der Herr Professor bedauerte jedoch meinen Fortgang. Dies wiederum schmeichelte mir und stärkte meine Hoffnung auf baldige Rückkehr an die Klinik.

Zum Abschied gab mir der Herr Professor die Hand und sagte: »Mein lieber Kollege Placheta, ich bin überzeugt, Sie werden wieder an unsere Klinik zurückkommen!«

Das hatte etwas von einem mehrdeutigen Orakelspruch der Pythia, er sagte nämlich nicht, in welcher Funktion diese Rückkehr gedacht sei. Als Arzt oder als Patient? Die Frage blieb offen. Heute steht die Antwort fest: Wenn jemals, als Arzt leider bestimmt nicht!

Am 29. Dezember 1949 machte ich meinen letzten Dienst auf B 18 und verabschiedete mich von allen, wie einer, der in Urlaub geht. Die Kollegen, die Patienten und die Schwestern ahnten nicht im entferntesten, was ich vorhatte. Was Professor Hoff über meine Rückkehr gesagt hatte, ging mir noch lange im Kopf herum, es gab meinem Berufswechsel etwas Unverbindliches, Vorläufiges. Das brauchte ich, es half mir, meine Bedenken zu zerstreuen. Ich beruhigte mich selbst: Natürlich werde ich wiederkehren! Gleich nach dem Engagement bei Annast, nach der Sanierung meiner Finanzlage. Daß ich so fest an diese Rückkehr glaubte, hat mir überhaupt erst den Abschied erträglich gemacht. Vier Jahre Neurologie sind eine lange Zeit – und eine sehr schöne Zeit! Das wirft man nicht so einfach hin für immer.

Zum Glück ahnte ich nicht, wie es kommen sollte. Wenn ich

damals gewußt hätte, daß es ein Abschied von der Medizin für immer war, ich hätte, ohne zu zögern, den Vertrag mit München gebrochen – ohne Rücksicht auf die juristischen Konsequenzen.

Ich sah in meiner Arglosigkeit nur das Neue, das Unbekannte, das vor mir lag.

Schon am nächsten Tag war ich in einer anderen, einer neuen Welt, in einem fremden Land, der jungen Bundesrepublik Deutschland.

30. Dezember 1949, Generalprobe für die Silvesterpremiere im Münchner Hofgartencafé Annast, vierundzwanzig Stunden vor einem neuen Beginn.

Wir hatten unser Repertoire sehr sorgfältig zusammengestellt, die besten Nummern aus einem guten Dutzend selbst geschriebener Programme der Kleinen Vier ausgesucht, eine Anhäufung erprobter Hits. Es mußte ein Erfolg werden, und das wurde es auch. Doch die Höhepunkte folgten so dicht aufeinander, daß eine Supernummer die andere kaputtmachte. Das Publikum war schon nach dem ersten Teil k. o.

Wir mußten das Programm neu aufbauen, sanfte Zwischennummern zur Erholung einflechten. Nun liefen unsere Vorstellungen wie am Schnürchen, ausverkauft bis zum glücklichen Ende des Vertrages.

Die Serie bei Annast erstreckte sich durch Verlängerungen und Wiederaufnahmen über mehrere Monate. Repertoiresorgen hatten wir keine, aber wir kamen manchmal in Besetzungsschwierigkeiten. Ein Künstlerensemble ist ja bekanntlich wie ein Sack voller Flöhe. Durch den extremen Individualismus streben die einzelnen Mitglieder in die verschiedensten Richtungen auseinander.

Natürlich war es auch bei uns, den Kleinen Vier, nicht anders. Mal mußte Peter Wehle wieder nach Wien, um dort die Bearbeitung irgendeines musikalischen Bühnenwerkes zu übernehmen, oder er mußte ein Wienerlieder-Album komponieren. Wir haben seine geniale Vielseitigkeit immer respektiert, und er kam ja auch immer wieder zurück zu uns.

Gelegentlich fiel auch der gute Fred aus, weil er andere Verpflichtungen hatte. Die größte Ausfallquote aber gab es bei unseren Partnerinnen, das zeigte sich schon bei unserem Mitternachtskabarett in der »Alraune«. Andererseits belebte diese Abwechslung unsere Szenerie. Mit uns spielten: Ursula Herking, Ruth Stephan, Viktoria Naelin und Bibi Bülow.

Manchmal mußten wir die Kleinen Vier auf drei reduzieren, es gab die verschiedensten Personenkombinationen, mal spielte die eine oder andere Dame mit Fred Kraus und Rolf Olsen, oder Olsen spielte mit einer Partnerin und mit mir, eben je nach Maßgabe der disponiblen Leute.

Einmal mußten wir auch eine Partnerin freigeben, weil sie eine private Konfliktsituation zu bewältigen hatte. Das war Eva Leiter, eine besonders vielseitige Kollegin mit Ausbildung in klassischem Ballett und Klavierspiel. Von der Wiener Bühne weg hatte sie den »Ladykiller« Siegfried Breuer geheiratet, trotzdem war sie mit uns nach München gekommen, und Sigi saß jeden Abend während der Vorstellung am Stammtisch von Gustl Annast.

Hinter Sigis Rücken, auch von uns unbemerkt, muß sich etwas entwickelt haben, das nun einer brisanten Situation zustrebte. Ein bekannter Filmproduzent war aufgetaucht, mit dem ich übrigens später bei seiner Sascha-Film als Partner von Peter Alexander Dutzende von Filmen gedreht habe. Der gute Dr. Herbert Gruber, so hieß der gewaltige Filmboß, schien an unserer Eva sehr großes Interesse zu haben. Das wurde Fred, Peter und mir auch langsam klar, aber wir hielten uns diskret außerhalb der Konfliktzone.

Die Lage eskalierte, und eines Tages verloren wir wieder einmal eine Partnerin. Eva Leiters Ehe mit Sigi Breuer ging auseinander, und sie heiratete den Chef der Sascha-Film. Die tiefe Trauer, die nun unseren Freund Sigi überkam, wurde in Gustl Annasts ausgezeichnetem Tiroler Rotwein ertränkt.

Seit dem Ausscheiden Evas aus unserem Ensemble hatte ich in den darauffolgenden Jahrzehnten leider nur eine einzige Begegnung mit ihr. Eine wesentliche Filmkarriere hat sie trotz ihrer Ehe mit dem »großen Boß« meines Wissens nicht gemacht. Schade, denn sie war bildhübsch und sehr begabt. Ihr Abgang von unserer Bühne war ein schmerzlicher Verlust, aber wir hatten Glück und fanden mit Hilde Berndt eine reizende Kollegin, die uns jahrelang als Partnerin erhalten blieb.

Allmählich war ich in München zu einer Art Wohlstand gekommen, wobei man diesen Begriff relativieren muß, denn ich hatte ja bis jetzt so gut wie gar nichts.

Der erste Wunsch eines Mannes, sobald er glaubt, finanziell einigermaßen gesund zu sein, ist der nach einem Auto. Nach meinen Abenteuern mit dem Ford vom Schrottplatz und dem Pappe-DKW aus Salzburg schielte ich jetzt nach einem etwas respektableren Fahrzeug, selbstverständlich gebraucht. Ungeklärt war nur die Finanzierung. Bei einem Gebrauchtwagenhändler in der Leopoldstraße entdeckte ich ein passendes Gefährt und wollte von dem offiziellen Teilzahlungsangebot Gebrauch machen, wurde jedoch brutal abgeschmettert. Der Händler sagte, Ratenzahlungen bei Schauspielern kämen für ihn nicht mehr in Frage, er hätte eine einschlägige Erfahrung. Er nannte mir den Namen eines prominenten Kollegen, der am Beginn seines unaufhaltsamen Aufstieges zum Weltruhm stand und ihm trotzdem immer noch einen ansehnlichen Betrag schuldete.

Ich mußte also diese pauschale Diskriminierung meines neuen Berufes hinnehmen und überlegte intensiv, wie ich auf andere Art zu einem Auto kommen könnte. Ich hatte einen mittelgroßen amerikanischen Wagen im Visier, einen Studebaker. Der Lohnbuchhalter von Gustl Annast, Herr Völker, erbarmte sich. Ich bekam einen ausreichenden Vorschuß und konnte einem US-Diplomaten seinen Schlitten abkaufen. Bei der Auszahlung meines Vorschusses ermahnte mich Herr Völker nachdrücklich, möglichst vorsichtig zu fahren, schließlich müßte ich ja das Geld noch abarbeiten. Seine Besorgtheit um meine Gesundheit und damit um meine Zahlungsfähigkeit erschien mir verständlich. Sie war aber überflüssig, denn beim Ankauf dieses Wagens hatte ich total vergessen, daß man für Automobile Benzin benötigt, um damit fahren zu können, das gilt besonders für amerikanische Autos. Meine Kilometerleistungen hielten sich deshalb innerhalb der Grenzen meiner finanziellen Möglichkeiten, und die waren ziemlich eng gezogen, weil ich ja zunächst den Vorschuß abarbeiten mußte.

Noch spielten wir in München und konnten die Schönheit der herrlichen Umgebung in vollen Zügen genießen, denn es war Sommer. Fred hatte am Starnberger See eine Badegelegenheit aufgetan, und so oft es ging, fielen wir dort vollzählig ein. Wir waren ein munteres Völkchen. Fred Kraus hatte seinen damals etwa achtjährigen Sohn Peter mit und selbstverständlich auch seine hübsche Gattin Fini. Ferner war da Peter Wehle mit Frau Fritzi und dem Bedlington-Terrier.

Als wir Hilde Berndt einmal kurzfristig beurlauben mußten, sprang eine Kollegin, die ich aus meiner Zeit im Reinhardt-Seminar kannte, ein. Nach dem Abschluß ihres Schauspielstudiums hatte Thea Weis schon während des Krieges ein paar Filme, darunter den Mozart-Film *Wen die Götter lieben* als Partnerin von Hans Holt, gedreht. Nun trat sie freudig in unser Ensemble ein. Gelegentlich gesellte auch sie sich zu uns, aber nur wenn es ihr Privatleben zuließ. Zu dieser Zeit hatte sie nämlich die massiven Angriffe eines besonders hartnäckigen Verehrers zu verkraften. In München gab es einen Playboy, der als Platzhirsch der bayerischen Metropole das »Sexlife« Münchens dynamisierte und monopolistisch beherrschte. Einige Zeit sah man ihn als ständigen Begleiter von Thea.

Jeder aus unserer buntgemischten Vierergruppe hatte also etwas fürs Herz – nur ich nicht. Meine Susi war völlig unerwartet von ihrem strengen Vater abgeholt worden, ein Vorgang ohne Beispiel.

Normalerweise hat der Dialog zwischen dem Vater eines Mädchens und einem Herrn, der diesem Mädchen nahesteht, einen ganz typischen Verlauf. Da fallen meist deutliche Worte wie: »Wann gedenken Sie eigentlich meine Tochter zu heiraten?« oder so ähnlich. Ich habe diesen Text des öfteren zu hören bekommen. Aber hier war die Sache ganz anders, paradox, könnte man fast sagen. Susis Vater flehte mich an, von seiner einzigen Tochter abzulassen, das Aufgebot, das auf dem Standesamt in Wien-Penzing schon am Schwarzen Brett hing, zurückzuziehen und auf die Heirat zu verzichten. Ich müsse das verstehen, seine Frau könne es seelisch nicht verkraften, wenn die einzige Tochter für immer aus dem Haus ginge. Ein einmaliger, ein absurder Fall!

Ich kenne eine beträchtliche Anzahl von Männern, die sich so etwas sehnlichst gewünscht hätten. Mich jedoch hat es schwer getroffen, Susi auch. Wir wurden gewaltsam getrennt. Ich war nun vereinsamt. In diesem traurigen Seelenzustand befand ich mich, als unsere Deutschland-Tournee beginnen sollte.

Für die bevorstehende Kleine-Vier-Tournee waren wir gut motorisiert. Peter Wehle besaß einen alten dunkelblauen Adler Triumph junior, den er Aldo von Pinelli abgekauft hatte, Fred Kraus sein elegantes schwarzes Opel Cabrio, und ich mußte sehen, wie ich mit dem enormen Benzindurst meines Studebakers fertig wurde.

Der Tourneeplan, den Fred zusammengestellt hatte, las sich recht ansprechend: Stuttgart – »Mausefalle« bei Werner Finck; Karlsruhe – Passage-Palast; Würzburg; Hannover – Georgspalast und Hamburg-Altona – Café Hirte. In diesen Städten waren wir jeweils für einen Monat engagiert, überall mit fester Abendgage, mit einer Ausnahme: Karlsruhe – Passage-Palast.

Auf diesen Abschluß war Fred als unser Manager ganz besonders stolz. Es war ihm nämlich gelungen, von der üblichen Fixgage endlich einmal loszukommen und mit dem Unternehmer auf Teilung abzuschließen. Da wir fast immer vor ausverkauften Häusern zu einer fixen Gage auf der Bühne standen, war der Wunsch, auch mal an einem Kassenerfolg mitzunaschen, begreiflich, aber fast nirgends durchzusetzen, außer in Karlsruhe.

Dem arbeitnehmerfreundlichen Hausbrauch zufolge bekamen wir im Gebäude des Passage-Palastes ein »Künstlerquartier«. Beim Anblick des Zimmers, das mir zugedacht war, wurden alle Erinnerungen an meine Wehrmachtszeit wieder wach. Der Komfort in der Moltkekaserne in Lundenburg war wesentlich größer. Das hätte uns eigentlich schon zu denken geben sollen. Aber zunächst tat uns die Freundlichkeit des Chefs sehr wohl und half uns, wenigstens vor Beginn unserer Vorstellungsserie, über die kleinen Unzulänglichkeiten des Künstlerquartiers hinweg. Unser Arbeitgeber betonte ausdrücklich, wie sehr er sich über den gerechten Abschluß mit Gewinnbeteiligung freue, schließlich müßte jeder seinem Erfolg entsprechend bezahlt werden.

In den ersten fünf Minuten unseres ersten Auftritts wußten wir, warum er so freundlich war. Der Passage-Palast war damals ein ausgesprochener Ami-Bumsladen und außerdem noch schlecht besucht. Deutsche Zuschauer gab es, wenn überhaupt, immer nur zu Beginn der Vorstellungen. Dann verließen sie fluchtartig den Schauplatz, sie waren wohl für die Fraternisierung noch nicht reif. Kein Wunder, denn die wenigen GI's, die dort mit ihren »Fräuleins« saßen, waren recht rauhe Knaben und fühlten sich durch unsere Darbietungen empfindlich gestört. Es gab laute Zwischenrufe, die ich mit meinem Wortschatz aus den Gangsterfilmen über die Rampe hinweg lautstark erwiderte. Daraufhin flogen Bierflaschen auf die Bühne. Zum Glück wurden wir niemals getroffen, denn die Zielsicherheit des Publikums war durch billigen Bourbon stark reduziert.

Was sich der Boß vom Passage-Palast eigentlich gedacht hatte, als er uns für seinen Ami-Laden engagierte, war uns ein Rätsel. Dazu kam noch, daß wir eine Schlußnummer im Programm hatten, die als scharfe Parodie auf die damals noch gar nicht existierende Waffenbrüderschaft mit den USA ausgelegt war. So wenig auch unser amerikanisches Publikum von dem verstand, was wir ihnen da vorsetzten, die paar englischen Reizworte genügten ihnen: Hier wurden sie als Befreier von den Befreiten veräppelt.

Soweit das Arbeitsmilieu, und nun zum geschäftlichen Teil dieses Engagements. Ich weiß heute nicht mehr, nach welchem Teilungsschlüssel unser »Gewinn« gesplittet wurde, fest stand, er war gerecht! Fred, Peter und ich bekamen mehr als unsere Partnerin, aber nicht, weil sie eine Frau war, sondern weil Fred für das Management, Peter und mir für Musik und Text ein Aufschlag zur Spielgage zustand. Es wurde also, wie gesagt, »geteilt«.

Bei diesem Gastspiel in Karlsruhe erzielte ich eine Gage, die eigentlich ins Guinness-Buch der Rekorde gehörte; es war die absolut niedrigste Summe, die ich jemals für eine Abendvorstellung bekam: DM 1,45! Diesen Betrag in Relation zu dem damaligen Benzinpreis von fast 2 Mark pro Liter gesetzt, charakterisiert unsere Stimmungs- und Finanzlage. Den Vertrag zu lösen, der weder dem Hause noch uns (außer Beflegelungen durch die Amis) etwas einbrachte, war unmöglich. Der Chef vom Passage-Palast bestand auf Erfüllung, vermutlich seinen US-Gästen zuliebe, die ja sonst nicht gewußt hätten, nach wem sie ihre Bierflaschen werfen sollten.

Durch das plötzliche Ende der Verlobung mit meiner Susi aus Wien klaffte an meiner Seite eine Lücke, ich fühlte mich irgendwie vom Leben benachteiligt und seelisch vereinsamt. An einem unserer spielfreien Abende bei unserer nächsten Station im Café Hirte, Hamburg-Altona, beschloß ich, ins Theater zu gehen. Im Schauspielhaus war ein Gastspiel der Münchner Kammerspiele mit *Frauen in New York* von Clare Boothe angesetzt. Das war ein Stück mit 26 Frauenrollen. Auf der Besetzungsliste fand ich auch den vertrauten Namen Hilli Wildenhayns, einer Kollegin, mit der ich in der Münchner Zeit Kabarett beim Bayerischen Rundfunk gemacht hatte. Ich besuchte meine ehemalige Partnerin in ihrer Garderobe. Großes Hallo, Bussi, Freudentaumel, wie das bei uns so üblich ist. Dann natürlich die routinemäßige gegenseitige Befragung: »Was machst du Schönes? Wie geht es dir?«

»Schlecht«, sagte ich.

Sie horchte auf. Ich erzählte ihr von der totalen Verödung meines Privatlebens. Mit der Empfehlung, ich sollte mir doch den prächtigen Reigen der Weiblichkeit, der in diesem Stück aufgeboten war, näher ansehen, entließ sie mich in den zweiten Teil der Vorstellung. Der künstlerische Gehalt dieses bekannten Stückes interessierte mich jetzt überhaupt nicht mehr, so sehr hatte ich damit zu tun, die Damen da oben auf der Bühne nach verschiedenen Gesichtspunkten in mein Wertsystem einzuordnen.

Gleich nach der Vorstellung traf ich mit meiner alten Kollegin im Theaterrestaurant wieder zusammen. Eine der vielen schönen Frauen hatte ich bereits im Fadenkreuz und teilte der lieben Hilli mit, wer mir besonders aufgefallen war. Sie nahm meine Wahl zur Kenntnis, mehr sachlich als begeistert, aber widerspruchslos und sagte nur: »Na ja, wenn du glaubst!«

Also wurden wir miteinander bekannt gemacht, die Dame mit dem interessanten kurzen Haarschnitt und ich. Sie hieß Anna-Maria Huber und war die Tochter eines wohlhabenden Mannes, der sich nach einem wechselvollen Leben auf allen Kontinenten dieser Erde im badischen Achern niedergelassen hatte, um den Herbst seines Lebens in Ruhe zu genießen. Dieser Genuß war allerdings manchmal ein wenig getrübt, denn die Beziehung seiner temperamentvollen Tochter mit mir brachte mehr Dynamik in sein Haus, als er eigentlich wollte.

Bei einem unserer Auftritte in Deutschland besuchte uns ein Schweizer Manager namens Max Ernst. Fred Kraus machte mit ihm einen für uns sehr ehrenvollen Vertrag für das damals berühmte Kabarett im »Hirschen« in Zürich-Niederndorf.

Zu dieser Zeit gab es in Zürich noch das »Embassy«, ebenfalls ein renommiertes Forum für zeitbezogene literarische Kleinkunst. Die Schweizer Autoren, an der Spitze Werner Wollenberger, glossierten das Weltgeschehen in kaum zu übertreffender Manier. Es war also eine große Herausforderung, uns hier mit unserem »Lachkabarett« als Gegengewicht zu profilieren. Daß unser Impresario Max Ernst, der später in Zürich bei Rundfunk und Fernsehen eine führende Position erlangte, den Mut hatte, uns dem kritischen Zürcher Publikum, das eine ganz andere Stilart der Kleinkunst gewohnt war, zu präsentieren, kann gar nicht hoch genug angerechnet werden.

Nach ein paar Verständigungsproben hatten wir unser Repertoire so weit modifiziert, daß wir uns mutig ins Abenteuer stürzten. Das Premierezittern war diesmal intensiver als sonst: Ein Publikum mit einer fremden Mentalität, einem ganz anderen Humor saß vor uns. Vielleicht war es die Andersartigkeit unseres Programms, vielleicht auch das Unproblematische unserer Themen, jedenfalls wurde es ein stolzer Erfolg, und wir verbrachten ein paar schöne Wochen unter den paradiesischen Lebensumständen, die die Schweiz damals zu bieten hatte.

Eine einzige Nummer in unserem ausgewogenen Repertoire eckte allerdings bei den Kritikern an. Das war eine musikalische Ensemblenummer zum Thema Europa-Armee. Da hatten wir zu damals gängigen und allseits bekannten Melodien aktuelle glossierende Texte gemacht und die Wiederbewaffnung auf die Schippe genommen. Mit dieser Nummer waren wir übrigens schon in München, als wir sie bei Annast brachten, den Amerikanern unangenehm aufgefallen. Dort nahm man uns die Veräppelung des saloppen Militarismus der US-Army übel. In der Schweiz kam die Ablehnung aus einer anderen Ecke. Die Nummer von der Europa-Armee glossierte mit ihren ironischen Texten die legere Zackigkeit, die diese fiktive Schutztruppe vermutlich haben würde. Wir sparten nicht an sarkastischem Humor, wenn wir das Szenario eines Konfliktfalles beleuchteten. Auch die östliche

Supermacht blieb in dieser Parodie nicht verschont, die Welt wußte ja, daß mit dem Einmarsch östlicher Truppen meistens auch das Absammeln von Uhren verbunden war. Auf diese Art wußten die Befreiten auch ohne ihre Armband- und Taschenuhren, wieviel es geschlagen hatte. So manchem klang noch der charakteristische »Uhrschrei« (»Urra, Urra«) der Sowjet-Soldaten in den Ohren.

Die Schweizer Kritiker nahmen gerade noch hin, daß in unserer Parodie behauptet wurde, die östlichen Truppen würden auf eidgenössischem Territorium sicherlich zwei bis drei Tage länger aufgehalten werden, weil ja das Einsammeln von Uhren seine Zeit brauche. Aber die letzten Zeilen, am Schluß unseres Songs, die in der Aussage gipfelten, daß im Eventualfall eines nächsten Krieges Österreich auch neutral bleiben wollte (der Staatsvertrag von 1955, welcher später die Neutralität Österreichs garantierte, bestand zu dieser Zeit noch nicht, wir schrieben das Jahr 1952), war dem Publikum und den Kritikern wohl zuviel. Von ihrem Standpunkt aus gesehen hatten sie recht. Wo kämen wir denn hin, wenn plötzlich niemand mehr Kriege führen wollte, wenn plötzlich eine Nation mehr sich das Privileg der Neutralität aneignete? Wir strichen die Nummer.

Trotzdem genossen wir unseren Auftritt jeden Abend und tagsüber die faszinierende Atmosphäre Zürichs, den Überfluß, die Sauberkeit und die Korrektheit der Menschen. Diese sympathische Eigenschaft ist bei den Schweizer Behörden besonders ausgeprägt und zwar in einem Maße, daß es manchmal schwerfällt, herauszufinden, wo die Korrektheit aufhört und die Sturheit anfängt.

Ein kleines Beispiel konnte ich damals am eigenen (mangelhaft bekleideten) Leib selbst erleben. Ich lag in meinem Bett im Hirschen, dem kleinen Hotel, in dem unsere Spielstätte, das »Cornichon«, untergebracht war. Anna-Maria leistete mir Gesellschaft. Gegen halb sechs Uhr früh klopfte es energisch an der Tür: »Sittenpolizei, Detektiv Neumeier!«

Zuerst dachte ich an einen Kollegenscherz, aber das Schwyzer-dütsch klang mir doch zu echt. Ich öffnete.

»Darf ich innercho?« Das sollte wohl heißen: »Darf ich hineinkommen?«

Er durfte, was sollte ich machen. Anna-Maria hatte sich unter der Decke versteckt, und ich sah mit Schrecken, wie sie sich bei jeder der unfreiwilligen Pointen bei dem Palaver, das sich nun entwikkelte, vor Lachen schüttelte. Detektiv Neumeier hatte offenbar einen Fingerzeig aus der Bevölkerung bekommen, daß in diesem ehrenwerten Schweizer Quartier zwei unverheiratete Menschen verschiedenen Geschlechts zusammen wohnten. Das Auge des Schweizer Gesetzes hatte natürlich in Kürze den strafbaren Sachverhalt erkannt, und es entwickelte sich ein kabarettistischer Dialog, den ich im folgenden wiedergeben möchte.

Detektiv: »Ich habe Ihren Meldeschein, da steht drauf ›Mit Frau‹.«

Philipp: »Ja natürlich, das ist ja eine Frau!«

Detektiv: »Ist das *Ihre* Frau?«

Philipp: »Nein.«

Detektiv: »Ja, warum schreiben Sie denn dann ›Mit Frau‹?«

Philipp: »Weil das eine Frau ist und kein Kanarienvogel!«

Detektiv: »Ihre Witze können Sie da unten machen, im Cornichon, da lachen die vielleicht drüber, ich nicht! Also ist das nicht Ihre Frau?«

Philipp: »Nein, das ist nicht meine Frau!«

Detektiv: »Ja, warum haben Sie dann geschrieben ›Mit Frau‹, wenn das gar nicht Ihre Frau ist?«

Philipp: »Ich habe geschrieben ›Mit Frau‹, nicht ›Mit *meiner* Frau‹!«

Detektiv: »Dann sind Sie also gar nüt verhürat?«

Philipp: »Nein, noch nüt.« (Will durch Anwendung der Landessprache Sympathie gewinnen, funktioniert aber nicht.)

Detektiv: »Ja wissen Sie denn nicht, daß das verboten ist in der Schwyz, daß Sie da... Wo Sie ein verschiedenes Geschlecht haben, in einem Zimmer...«

Philipp: »...ach, wenn zwei das gleiche Geschlecht hätten, dann wäre es nicht verboten?«

Detektiv: »Nein, dann nicht!«

Philipp: »Interessant, aber die könnten doch dann auch...«

Detektiv: »Ja sicher, aber das ist eine andere Abteilung, das macht der Kollege Schmucki!«

Philipp: »Also bei verschiedenem Geschlecht ist es verboten?«

Detektiv: »Jawohl, so sind wir in der Schwyz. Das kostet Buße, sind Sie bereit, das zu bezahlen?«

Philipp: »Ja, wieviel kostet das, wenn man ein verschiedenes Geschlecht hat in der Schwyz?«

Detektiv: »Das koscht drüßig Franken!«

Philipp: (kramt aus der wackeligen Lade des Nachttischchens 30 SFR heraus) »Hier bitte!«

Detektiv: »Merci vielmal!«

Philipp: (beeilt sich abschließend sittliches Wohlverhalten zu versprechen) »Wir werden natürlich ab heute abend in getrennten Zimmern... wegen dem verschiedenen Geschlecht!«

Detektiv: »Nein, das brauchen Sie jetzt nicht mehr, Sie haben ja Buße bezahlt. Also auf Wiederluaga!«

Detektiv Neumeier entfernt sich zufrieden mit dem Erfolg seiner Amtshandlung.

Aus dieser kleinen Begebenheit kann man einiges lernen. Zum Beispiel: Nach Schweizerischer Rechtsauffassung darf nach Bezahlung eines Bußgeldes für eine verbotene Handlung der strafwürdige Tatbestand weiterhin aufrechterhalten werden. So manche Justiz in anderen Ländern könnte sich davon eine Scheibe abschneiden.

Das Gastspiel im Cornichon im Niederndorfer Hirschen dauerte zwei Wochen, und anschließend hatte ich bis zum Drehbeginn des Films *Eva erbt das Paradies* bei Franz Antel vier Wochen Zeit. Das Drehbuch zu diesem Film hatten wir schon vor meinem Schweizer Gastspiel fertiggestellt. Die Grundidee: Jemand erbt ein Hotel an irgendeinem See, das sich als verfallener Schuppen herausstellt. Junge Leute renovieren den Laden und bringen mit Musik und Humor so richtig Schwung hinein.

Dieser Einfall und das Milieu Hotel zieht sich wie ein roter Faden durch das Leben von Franz Antel, übrigens nicht der einzige Faden, der sich bei ihm hindurchzieht (wir kommen darauf noch zurück). Wenn man Antels Schaffen genauer betrachtet, erscheint er stets als Wiederholungstäter. Bei einem Teil seiner Filme kann man das schon den Titeln entnehmen: *Im schwarzen Rößl* (1961), *Im singenden (!) Rößl am Königsee* (1963), *00-Sex am Wolfgangsee* (1966), *Love Hotel in Tirol* (1978).

Das ist dramaturgische Konsequenz, unbeirrbares Festhalten an der Marschrichtung! Was können wir also daraus lernen? Ein tragfähiger Einfall läßt sich mehrmals verwerten, das ist eine beglückende Erfahrungstatsache. Ein Reiter steigt ja auch nicht von seinem erfolgreichen Turnierpferd, solange es ihm Siege bringt. Und diese Idee mit dem Hotel hat ihm Siege gebracht, schöne sogar! Recht hat er gehabt, der Antel.

Als ich mich nach Abschluß unserer gemeinsamen Arbeit am Drehbuch für diesen ersten Hotelfilm bei Franz verabschiedete, bemerkte ich, wie er mich kritischer als sonst betrachtete. Irgend etwas mißfiel ihm an meiner Figur, ich brachte damals nämlich 93 Kilo Lebendgewicht auf die Waage. In seinem Kommentar dazu sparte er nicht mit Deutlichkeiten, einen so »wamperten Hund« könne man nicht auf die Leinwand bringen. Er machte mir zur Auflage, bis zum Beginn der Dreharbeiten in Salzburg und am Wallersee 13 Kilo abzuspecken, ansonsten sei meine Rolle in Gefahr. Ein hartes Wort, aber es tat seine Wirkung. Ich war jetzt grimmig entschlossen, den nun bevorstehenden Italien-Urlaub mit Anna-Maria für eine Hungerkur zu nutzen.

Das Jahr 1951 war ausgefüllt mit der Arbeit an drei Filmen. Außer *Eva erbt das Paradies* spielte ich noch in *Der Mann in der Wanne*, dabei freundete ich mich mit Wolf Albach-Retty, dem

Vater von Romy Schneider, an. Für den gleich darauffolgenden dritten Film, *Ideale Frau gesucht*, schrieb ich wieder mit Antel das Drehbuch, und die gute Partnerschaft mit »Wolferl« Retty konnte fortgesetzt werden, wir waren wieder ein Gespann.

Auf der Besetzungsliste stand auch der Name einer entzückenden Berliner Göre von etwa sieben Jahren, die mit ihrem Lied »Pack die Badehose ein« zum singenden Kinderstar geworden war: die kleine Conny. Ihre große musikalische und schauspielerische Begabung kam damals schon voll zum Ausdruck. Sie spielte in unserem Film einen süßen kleinen Racker mit einer Gesangsnummer.

Wie zu dieser Zeit üblich, bestand der »Text«, den ich für sie geschrieben hatte, aus unartikulierten Wortfetzen. Die Musik dazu stammte von Band-Leader Johannes Fehring, der später Peter Alexander auf seinen Tourneen begleitete. Ich erinnere mich noch, als ob es gestern gewesen wäre, wie ich die kleine Conny in der Aufnahme auf das Klavier hob, wo sie ihre Nummer, live, ohne Playback (!), sang. Heute würde ich mir mit der großen Schauspielerin Cornelia Froboess so etwas nicht erlauben. Nicht etwa, daß sie zu schwer oder ich zu schwach wäre, aber mein Respekt vor ihr stünde mir im Wege.

Immer wieder werde ich von jungen Leuten gefragt, ob ich ein gutes Management kenne. Dabei komme ich mit meiner Antwort manchmal ins Schwimmen. Natürlich kenne ich einige Leute, die sich mit diesem schweren Job abmühen, und sie sind alle gut (oder fast alle). Aber das Thema Management ist ein recht komplexes und delikates.

Bevor wir uns nun darein vertiefen, möchte ich zur Vermeidung von Mißverständnissen eine Sache klarstellen: Alles, was nachfolgend über Management gesagt wird, ist eine pauschale Beurteilung, wobei diejenigen, die sich getroffen fühlen, natürlich nicht gemeint sind, sondern die anderen. Sollten sich die anderen getroffen fühlen, sind die einen gemeint.

Besonderen Wert lege ich aber auf die Feststellung, daß auf meine Agentin, Ruth Killer, deren Schützling ich seit nunmehr zwei Jahrzehnten bin, nichts von dem zutrifft, was man negativ beurteilen könnte. An ihr schätze ich ihre jahrzehntelange Zugehörigkeit zu unserer Branche. Sie kennt unseren Beruf auch aus der Sicht der Schauspielerin, das ist ihr großes Plus. Ich schätze ihren Gerechtigkeitssinn (der mich manchmal zur Weißglut bringt), ihre Gabe, in Konfliktsituationen mit dem Vertragspartner im Trommelfeuer der Argumente und Gegenargumente unerschüttert zwischen den Fronten zu stehen und dabei friedenstiftend und ausgleichend zu wirken. Das macht ihr nicht so schnell jemand nach.

Wer die Absicht hat, sich in unserem Beruf zu etablieren, um sich am Busen der leichten Muse (mehr oder weniger redlich) zu ernähren, wird bestimmt ziemlich bald merken, daß es mit fremder Hilfe besser ginge als im Alleingang.

Hier taucht automatisch die Frage auf: »Wer könnte mich managen?«

Die Antwort darauf ist einfach: »Kaum jemand!«

Was man in unserem Lande unter Management zu verstehen hat, muß man, um sich unangenehme Überraschungen und Enttäuschungen zu ersparen, sorgfältig ergründen. Sollte ein Einsteiger der Meinung sein, es gäbe ein Management, das seine Aufgabe im Aufbau einer Karriere sieht, wird er sich bald eines anderen belehrt sehen. Das liegt aber nicht etwa am mangelnden guten Willen des Managements, schuld sind die Gegebenheiten.

Das Management müßte viel Mühe und Zeit in Kauf nehmen, um irgendeine Anfängerin (einen Anfänger), mag sie (er) noch so begabt sein, einer Produktion als Besetzung einzureden. Leute, die interessante Rollen zu vergeben haben, sind kaum bereit, den Lobpreisungen eines Managements zu glauben und wollen auch einem Neuling zuliebe kein Risiko eingehen. Eine große Hürde ist die Ignoranz der Produzenten, sie haben sehr häufig kein Interesse (und natürlich keine Zeit), sich über Newcomer zu erkundigen.

Gehen wir einmal davon aus, in der Stadt A brilliert mit einer herausragenden Leistung an den Städtischen Bühnen der Anwärter auf irgendeine Rolle, die ein Besetzungschef oder Produzent in der Stadt B zu vergeben hätte. Erstes Hindernis: die Geographie. Der maßgebende Boß klebt in B auf seinem Chefsessel, genau mit jenem Hintern, in den der junge Schauspieler aus A hineinzukriechen nicht bereit ist.

Wenn man nun eingesehen hat, wie fruchtlos Bemühungen des Managements sein können, jungen Talenten auf die Sprünge zu helfen, muß man dem Management auch ein Mindestmaß an kaufmännischem Denken zubilligen. Um es im Klartext zu formulieren: Was nützt es, einem sturen Bock von Produzenten ein junges Talent einzureden, wenn die für die Vermittlung fällige Provision nicht einmal die Telefonspesen deckt?

Wenn ich an meine Erfahrungen mit dem Management in meiner Anfangszeit zurückdenke, fällt mir das Jahr 1949 ein. Ab Silvester spielten ja Fred Kraus, Peter Wehle, Eva Leiter und ich bei Gustl Annast in München. Im »Bratwurstglöckerl« hatten wir unseren Stammtisch, der zu dieser Zeit ein Treffpunkt der Prominenz war. Unsere Freunde Siegfried Breuer, Oskar Sima, Rolf Olsen und viele andere pflegten dort bei leckeren Schmankerln kollegiale Geselligkeit.

Unser Spezi Rolf Olsen, ein hervorragender Komödiant, Autor und später erfolgreicher Film- und Fernsehregisseur, war zu dieser Zeit mit der damaligen Agentin von Curd Jürgens, Steffi Jovanovic, kameradschaftlich befreundet. Sie nahm öfters an unseren bayerischen Brotzeitorgien teil.

So wagte ich eines Tages die Steffi zu fragen, ob sie nicht vielleicht in einem ihrer Filme eine Rolle für mich hätte. Ein schüchterner Anfang wäre ja mit meinen beiden ersten Filmen gemacht. Natürlich versäumte ich nicht, auf unsere Lacherfolge bei Annast hinzuweisen.

Das rührte die gute Steffi überhaupt nicht, sie sah mich mitleidig an und sagte dann mit ihrem beinharten jugoslawischen Akzent: »Was willst du mit deinem miesen Ponem (Gesicht) beim Film?«

Zu jener Zeit, als mir die Jovanovic diese Abfuhr erteilte, gab es noch ein paar andere Agentinnen, die im Filmgeschäft kräftig mitmischten: Ilse Alexander, die Witwe des beliebten Vorkriegsstars Georg Alexander, Elli Silman und Erna Baumbauer, die Mutter von Frank Baumbauer, dem bekannten Theatermann.

Zu keiner der genannten Damen, die bei meinen Anfangsschwierigkeiten so nützlich gewesen wären, hatte ich Verbindung. Zwar hat mir Elli Silman 1950 meinen ersten deutschen Film, *Liebe auf Eis*, mit Margot Hielscher, Regie Kurt Meisel, vermittelt, aber ich war bei ihr nicht unter Vertrag.

Die Frage nach einem Management stellte sich also auch mir. Die Antwort kam unerwartet.

Anfang der fünfziger Jahre ging es mit dem Filmen bei mir so richtig los. Zur Eröffnung eines neuen Lichtspieltheaters in Ulm fand die Premiere meines neuesten Films statt. Nach der festlichen Uraufführung traten die Schauspieler und auch der Regisseur im Rahmen einer großen Gala vor das Publikum, um sich zu zeigen und zu bedanken. Mir persönlich kamen bei diesem Soloauftritt die Bühnenroutine als Kabarettist und mein Repertoire aus den Programmen der Kleinen Vier sehr zugute. Das Publikum, aufgekratzt durch den vorher aufgeführten Film, reagierte, wie man es sich als Entertainer nur erträumen konnte. Ich war glücklich, stolz und verschwitzt.

Im Anschluß an diese Gala gab es, wie immer zu Premieren, ein üppiges Bankett. Vollgefressen und geschafft wankte ich in das nahegelegene Hotel. Dort waren alle zur Premiere geladenen Leute untergebracht: Darsteller, Regisseur, Pressechefs, Verleiher, Produzenten, Kritiker und natürlich auch alle maßgebenden Agentinnen. Es fällt auf, daß es überwiegend Agentinnen und nur ganz selten Agenten gibt. Das dürfte ein atavistisches Relikt aus der Frühzeit des Menschen sein. Wenn man unsere Stammesgeschichte bis zur Spezies der Raubkatzen zurückverfolgt, stößt man auf eine bemerkenswerte Analogie. Dort sind es nämlich auch die Löwinnen, die die Beute einholen, weil sie den wirkungsvolleren Biß haben.

In jener Nacht nach der Uraufführung lag ich nun kalorisch stark belastet, aber friedlich, weil allein in meinem Bett. Viermal hintereinander klingelte das Telefon. Trotz der späten Stunde, es war bestimmt schon nach 2 Uhr, war jedesmal am anderen Ende der Leitung eine Agentin, die plötzlich und dringend geschäftlich mit mir sprechen und einen Vertrag machen wollte.

Am nächsten Morgen entschied ich mich für eine vitale, rothaarige Frau. Es war Erna Baumbauer, die mich dann 17 Jahre lang betreuen sollte. In ihrer Agentur war ich gut aufgehoben und befand mich in bester Gesellschaft: Ingrid Andree, Waltraut Haas, Joachim Fuchsberger, Adrian Hoven, Peter Weck und noch viele andere. Die beiden Damen liebe ich heute noch wie damals (in allen Ehren versteht sich), mein Freund Adrian Hoven, mit dem ich die Liebe zum Automobil teilte, ist früh verstorben. Peter Weck, der zum Generaldirektor von drei Wiener Musical-Theatern und zum beliebten Fernsehserienstar wurde, ist heute noch mein Spezi.

Nun hatte ich eine Agentin und fühlte mich gleich ganz anders. Da ist plötzlich jemand, der die Spielregeln der Branche kennt, der zu allen wichtigen Schaltstellen den richtigen Draht hat, der mit jedem Produzenten in seiner Sprache redet. Da hat man jemanden, der einem nicht nur alles Lästige, sondern auch eine Provision abnimmt. Die steht dem Management entschieden zu, da gibt es keinen Zweifel.

In der Folgezeit zeigten sich die Früchte: Zehn Jahre nach meinem ersten Film, auf den Tag genau, am 21. Februar 1959, stand ich in meinem fünfzigsten Film, *Zwölf Mädchen und ein Mann* (Toni Sailer), auf dem Arlberg vor der Kamera.

Das war neun Jahre nach der Abfuhr von der Jovanovic!

Filmleben

Bis zu zehn Filme im Jahr, aber zwei gescheiterte Ehen –
Elma Karlowa und das Glühwürmchen – Im Wechselbad der
Gefühle mit Evi Kent – Grethe Weiser,
Hans Moser und Waltraut Haas

Der Begriff »Filmleben« läßt schon auf den ersten Blick einen inneren Widerspruch erkennen. Entweder man filmt oder man lebt. Das eine schließt das andere aus. Leider ist mir diese Tatsache erst im nachhinein und viel zu spät klargeworden. Ich habe gefilmt – gelebt habe ich nicht.

Meine Filmzeit umfaßt die Spanne eines Vierteljahrhunderts, in dem ich fast ausschließlich Lustspiele drehte. Wenn der Film einen seiner Schaffenden liebevoll vereinnahmt, sozusagen ans Herz drückt, dann tut er das mit solcher Wucht, daß einem im wahrsten Sinne des Wortes jene Luft wegbleibt, die man eigentlich zum Leben benötigt. Erbarmungslos tritt das Alles-oder-Nichts-Gesetz in Kraft. Man bekommt entweder alles an Angeboten, Chancen und Aufstiegsmöglichkeiten, oder eben nichts. Wer nun alles bekommt, fragt sich, wie er mit dem, was an Zeit und Kraft noch übrigbleibt, leben kann. Rückblickend auf mein Filmleben muß ich sagen: Eigentlich habe ich versäumt zu leben. Diese Feststellung mache ich ohne traurige Emotionen, ich sehe mein Versäumnis sachlich und nüchtern. Vermutlich würde ich es unter gleichen Umständen heute genauso machen wie damals.

Fünfundzwanzig Jahre Film sind eine lange Zeit, und die vom dreißigsten bis zum fünfundfünfzigsten Lebensjahr eine wichtige Epoche im Leben eines Mannes, in der sich Schicksalhaftes und Entscheidendes abzuspielen pflegt. So war es auch bei mir.

Der Film breitet sich im Lebensbereich des Filmmenschen rücksichtslos aus, nimmt ihn fast ausschließlich in Anspruch. Er muß mit Abstrichen, Einschränkungen und Kompromissen zu leben lernen. Vor allem, was sich auf dem privaten Sektor seines Lebens abspielt.

Die ersten drei Filme fielen noch in mein letztes Klinikjahr (1949), die nächsten zwei waren unbedeutend, wurden so nebenbei während des ersten Kabarettgastspiels in München gedreht. Dann ging es auf Tournee, und es kamen vier weitere Lustspiele hinzu. Bei jeder dieser Produktionen lernte ich berühmte und populäre Leute kennen, Menschen, die schon jahrzehntelang dabei waren, aber auch vielversprechende Aufsteiger, die sich bald durchsetzten. Mit einigen von ihnen habe ich Freundschaften geschlossen, die zum Teil heute noch bestehen. Viele sind nicht mehr unter uns, aber in meiner Erinnerung leben sie weiter.

Grethe Weiser war ein Elementarereignis. Besonders gefiel mir ihre typische »Berliner Schnauze«.

Wir drehten in Berlin, die Grethe und ich, da erfuhr sie plötzlich, daß der vor kurzem verstorbene Kurt J. Schulz, der Kompagnon des großen Berolina-Chefs Kurt Ulrich, der eigentlich Maßgebende in der Firma gewesen war.

Grethes Kommentar: »Siehste, Gunther, da ham wa jahrelang am falschen Arsch geleckt!«

Grethe Weiser ging mit mir nach Drehschluß essen. »Was ham Se zu bieten, Herr Oba?«

»Frau Weiser, heute hätten wir Austern, Hummer, Krebse und Schnecken.«

Darauf die Grethe: »Hör'n Se mal, mein Gutester, ich will nich Ihr Ungeziefa vatilgen, ich will speisen!«

Jedes Zusammensein mit Grethe war köstlich und herzerfrischend. Es war für mich leicht, ihr Filmrollen zu schreiben.

Das gilt auch für Hans Moser, den ich in meinen Parodien als Paradenummer im Repertoire hatte.

Wenn ich eine Filmrolle für ihn schreiben sollte, ging ich mit meinem Konzept zu ihm in seine Hietzinger Villa und fertigte ihm seinen Part wie einen Maßanzug an. Dabei achtete ich auf die charakteristischen Ausdrücke unseres gemeinsamen Wiener Dialektes. Vor allem modellierte ich die grantige Geschäftigkeit, die Herzlichkeit und seine Originalität heraus.

Neben seinen sprachlichen Eigenheiten hatte Hans Moser noch ein paar andere liebenswerte Schrullen. Die reizendste war seine Sparsamkeit. Um mich für die Drehbucharbeit zu belohnen, fragte er mich jedesmal: »Was is, magst ein Schligo (Sliwowitz)?«

»Ja, gern.«

Dann kramte er umständlich aus seiner Hosentasche einen großen Schlüsselbund heraus, sperrte ein Wandkästchen auf, in dem der Slivowitz aufbewahrt wurde, und goß mir ein winziges, fingerhutgroßes Likörgläschen ein.

Beim ersten Mal muß ich wohl etwas erstaunt dreingeschaut haben, als ich diese homöopathische Schnapsmenge sah. Er rechtfertigte sich: »Weißt, i kann dös net leiden, wenn die Leut a Glaserl bis zum Rand vollmachen.«

Wir drehten irgendwo an einem Außenmotiv und saßen jeden Morgen im Kollegenkreis beim Frühstück beisammen. Täglich um die gleiche Zeit kam Hans von seinem Zimmer im ersten Stock im Morgenrock, ein Handtuch über der Schulter, die Treppe herab und verschwand in der Toilette.

Tagelang rätselten wir, ob er, um die Hotelspesen niedrig zu halten, ein Zimmer ohne Waschgelegenheit habe. Diese Auslegung wurde verworfen, die Zimmer zahlte ja die Produktion. Also was tat er auf der Toilette?

Eines Tages ging ich ihm nach und stellte fest, daß er, offenbar um seine private Seife zu schonen, die öffentliche Hotelseife zur Morgenwäsche benutzte. So manch anderer hätte an seiner Stelle die Hotelseife aufs Zimmer mitgenommen und sich dadurch den Weg ins Parterre und zurück erspart. Nicht so der Hans, bei ihm hörte die Sparsamkeit dort auf, wo die Unredlichkeit begann.

Eine Sache war Hans Moser ganz besonders zuwider: seine eigenen Szenen nachzusynchronisieren. Nun ist im allgemeinen der sogenannte Primärton bei Außenaufnahmen wegen der Störgeräusche unbrauchbar, so daß ein Studioton angelegt werden muß. So war es auch bei *Lumpazivagabundus*. Aber die Synchronisation schaffte der gute Hans einfach nicht, sein Individualismus und der Hang zum Improvisieren waren ihm im Weg. Mal war er zu schnell, mal wieder zu langsam. Der Regisseur Franz Antel behielt die Ruhe. Nach einem der unbrauchbaren Takes sagte er: »Das war okay, Hans, geh in die Kantin und trink dir a Viertel, ich laß dich rufen, wenn ich dich brauch!«

Jetzt war ich als Stimmimitator gefordert. Ich synchronisierte die Szene mit der Stimme von Hans Moser, und die Sache war erledigt.

Bei der Galapremiere saß Waltraut Haas in der Ehrenloge neben dem Hans. Als sich die Handlung jener Szene näherte, die ich synchronisiert hatte, wurde »Haasi« zunehmend nervös. Die betreffende Szene flimmerte über die Leinwand, Waltraut schloß die Augen, wartete auf ein Donnerwetter von Hans. Aber nichts dergleichen geschah, leise sagte er zu Waltraut: »Sixtas, und da sagen die Leut, i kann net synchronisieren.«

Waltraut Haas hat diese Episode in ihr Schnurrenrepertoire aufgenommen.

Meine ersten Filme waren durchwegs österreichische Produktionen, die allerdings mit deutschen Verleihgarantien finanziert wurden. Den ersten »echt deutschen Film« hätte ich um ein Haar nicht bekommen. Eine kleine Intrige war im Spiel.

In der Wiener Filmfirma, bei der ich gerade drehte, traf aus Berlin ein Telegramm mit einem interessanten Angebot für mich ein. Leider gelangte es zunächst nicht in meine Hände, sondern in die eines maßgebenden Mannes, der sich krampfhaft bemühte, hinter meinem Rücken einen Exklusivvertrag zustande zu bringen, ehe ich auf das telegrafische Angebot eingehen konnte.

Illustrierte
Film-Bühne
Nr. 2679

Ja, so ist das mit der Liebe

Filmprogramm zu »Ja, so ist das mit
der Liebe«, 1955, mit Maria Emo,
Adrian Hoven und Margit Saad

Es verstrichen ein paar kritische Tage, da erzählte mir eine seiner Büroangestellten beim Heurigen von dem Telegramm, das der »Herr Chef« immer noch mit sich herumtrug. Am nächsten Morgen sprach ich ihn darauf an, er händigte es mir mit verlegenem Gestammel aus. Ich machte den Vertrag mit der Berliner Firma perfekt und war, sehr zum Leidwesen einiger Wiener Filmbosse, in einen neuen Wirkungskreis gelangt.

Mein erster deutscher Film hieß *Die Rose von Stambul*. Der damalige Produktionsleiter der Central-Europa-Film, Horst Wendlandt, ist mir in besonders angenehmer Erinnerung geblieben, weil er nach dem Erfolg des ersten Films meine Gage für den nächsten, *Der Vetter aus Dingsda*, spontan verdoppelte. So etwas ist mir in all den Jahren beim Film kein zweites Mal passiert. Bei meiner ersten Revue im »Casanova« hatte sich ein paar Jahre zuvor allerdings etwas Ähnliches ereignet. Kurz nach der Premiere von *Casanovitäten* sagte mein Chef, Herr Wittner: »Hören Se zu, Se sind doch a braver Bursch, Se dürfen sich was wünschen!«

Ich überlegte, und mir fiel ein, daß die Gastronomie des Hauses für zahlungskräftige Gäste Wiener Schnitzel ohne Fleischmarken servierte. Der köstliche Duft dieser Götterspeise hatte mich oft nervös gemacht, wenn er von den Tischen im Parkett zur Bühne emporstieg. »Vielleicht könnte ich hie und da in der Pause ein Schnitzel haben?«

Herr Wittner war erstaunt: »A Schnitzel? Sind Se mewulwe? Wenn Ihnen a Jud was schenken will, da wünscht ma sich a Geld! Doppelte Gage können Se haben und a paar Schnitzel kriegen Se, nebbich, auch dazu!«

Eine Reise durch Kalabrien und Sizilien mit Anna-Maria wurde zur vorgezogenen Hochzeitsreise. 1952 heirateten wir in Baden-Baden.

Meine neue Frau war aus ihrer vorehelichen Zeit das Schwabinger Künstlerleben als Muse des surrealistischen Malers Mac

Zimmermann und als Freundin der Bele Bachem so gewöhnt, daß ihr die Zweisamkeit der Ehe schon bald nicht mehr behagte. Sie hatte einen ausgeprägten Freiheitsdrang, und ich war mit meinen fast pausenlosen Dreharbeiten bestimmt kein »idealer Gatte«. Außerdem fand sie die Filmleute überwiegend doof.

Ich gab ihr zu bedenken, daß man unter Mitarbeit von Nobelpreisträgern keine Klamottenfilme machen könne. Das leuchtete ihr zwar ein, sie wollte aber trotzdem mit meiner beruflichen Umgebung nichts zu tun haben und mied diese Kontakte, so oft es ging. Daß sich ihre schauspielerische Tätigkeit als ehemaliges Ensemblemitglied der Münchner Kammerspiele durch ihre Ehe auf nur gelegentliche Auftritte als meine Sketchpartnerin reduziert hatte, machte sie auch nicht glücklich.

Eines Tages teilte sie mir mit, sie wisse jetzt, daß sie für eine Ehe nicht geeignet sei. Ich pflichtete ihr bei, und wir ließen uns nach drei Jahren in aller Freundschaft scheiden.

Weil sie wußte, daß meine erste Frau ihren Scheidungsanwalt geheiratet hatte, nahm sie taktvollerweise eine Anwältin.

Ich war nun ein freier Mann, und es mußte einige Zeit verstreichen, ehe ich wieder partnertauglich war. Aber die viele Arbeit ließ mich sowieso kaum auf irgendwelche Gedanken kommen, ich war ein Single, machte aber von diesem Status keinen nennenswerten Gebrauch, bis eines schönen Tages . . .

Neben Willy Fritsch, Waltraut Haas, Helen Vita und Edith Schollwer spielte ich an der Seite von Rudolf Schock als Partner der jugoslawischen Schauspielerin Elma Karlowa, die damals schon in Branchenkreisen einen guten Namen hatte. Der Film hieß *Der fröhliche Wanderer*.

Opernsänger sind nicht immer zugleich gute Schauspieler. Doch Schock war eine erfreuliche Ausnahme und die Zusammenarbeit mit ihm ein Vergnügen. Wir haben so manche klassische Operette miteinander gedreht und sind uns auch noch Jahre später mit Freuden begegnet.

Wir blieben Freunde, nicht etwa obwohl, sondern weil er mir ein Auto verkauft hatte, das seiner Frau zu groß war. Dieses Fahrzeug blieb zwanzig volle Jahre im Besitz unserer Familie. Der silberne Mercedes 220 diente zuerst, mit meinem bewährten Fahrer Achim Berlin, den ich von der »Berolina« geerbt hatte, zu Stadtfahrten mit meinen Eltern, dann als Zugwagen für den Rennanhänger und zuletzt als Firmenwagen im Betrieb meiner Tante Poldi, der Wiener Wach- und Schließgesellschaft.

In meinem Filmleben gab es wenig private Kommunikationen mit Partnerinnen. Allerdings muß ich zugeben, daß der Verzicht nicht immer leicht war, aber ich hatte meine Prinzipien. Ich war (und bin bis heute noch immer) der Meinung, daß man in unserem Beruf das Private ausgrenzen sollte. Die Vorteile überwiegen die Nachteile bei weitem. Andererseits kann nicht geleugnet werden: Die schönsten Prinzipien sind die, an die man sich nicht hält. Vorsätze sind auch dazu da, daß man mit ihnen bricht.

Wir drehten eine Nachtaufnahme. Die Natur hatte sich für uns herausgeputzt. Alles war da, was man als Romantiker erwartet: silberne Abendwolken, Mondenschein. Der See spiegelte das Mondlicht wider und die Sterne funkelten.

Der Außenrequisiteur bewegte mit einem großen Paddel vom Ufer aus das stille Wasser, damit munter gekräuselte Wellen die Planken des Ruderbootes liebevoll umspülen konnten.

Im Hintergrund raste der Pyrotechniker mit der Rauchpfanne quer durch das Motiv, einmal hin und wieder zurück. Jetzt war der abendliche Dunst perfekt, langgezogene Schwaden zogen sich wie vergessene Brautschleier über die saftige Wiese hin. Romantische Liebesnacht! So etwas kann eben nur der Film.

Eine Pause war angesagt. Raschelnd wurden die Freßpakete geöffnet: Buletten mit Düsseldorfer Senf, mittelscharf, und Kartoffelsalat in transparenten Plastiknäpfen. Die Flasche mit dem Steinwein kreiste, halbblau wurde geplaudert.

Der Regisseur blätterte beim Schein einer Taschenlampe im Fahrplan der Bundesbahn, um herauszufinden, wann die Freun-

din abfahren und die Ehefrau ankommen würde – oder umge-
kehrt. Es herrschte eine samtene Stille. Plötzlich ein Schrei, eine
Suada von jugoslawischen Worten, dann Deutsch: »Hilfe, ein
Lichtwurm!«

Elma Karlowa war in hellster Verzweiflung aufgesprungen und
wies auf ein grünliches, phosphoreszierendes Etwas in ihrer
Bluse. Genau dazwischen saß es, das Glühwürmchen, im Dekol-
leté, und tat seine Pflicht, es glühte.

Die Künstlerin wurde beruhigt, diese leuchtenden Tierchen
seien nicht giftig, sie stechen nicht, sie leuchten nur, und das ist
schön, denn mit diesen Lichtzeichen wird Paarungswilligkeit
signalisiert (von seiten des Glühwürmchens, versteht sich).

Unvermittelt erklang der übliche Ruf: »Kinder, wir müssen!«

Der Aufnahmeleiter, im folgenden AL genannt, brüllte zurück:
»Ja, ja, Moment mal, Frau Karlowa hat was in der Bluse.«

Zwischenruf: »Wissen wir, deswegen hamwa se ja engagiert.«

AL: »Ein bißchen Benimmdich, Helmut, wenn ich bitten darf.
Frau Karlowa ist eine Dame.«

Zwischenruf: »…drum hat se ja auch wat in der Bluse!«

AL: »Jetzt reicht's aber, Helmut.«

Zwischenruf: »'tschuljung!«

AL: »Jedenfalls müssen wir das Ding jetzt rausholen!«

Zwischenruf: »Dufte, das schau ich mir an!«

AL: »Bleib weg von hier, du Flasche!«

Elma war immer noch ein wenig nervös und irritiert durch das
leuchtende Tierchen in ihrem Ausschnitt. Ich näherte mich ihr als
Kavalier. Plötzlich trug sie jene entzückende weibliche Hilflosig-
keit zur Schau, die uns Männer über die Durchschnittlichkeit
hinaus zu Heroen aufblühen läßt.

Gunther: »Darf ich, Elma?«

Elma: »Ja bitte, aber nicht weh tun!«

Gunther: »Ich tu dir schon nicht weh, Elma.«

Elma: »Nicht mir, die Wurm.«

Gunther: »Keine Sorge, ich mache das ganz sanft.«

NEUES
Film-PROGRAMM
Nr. 367
DAS
Mädchen
ohne
PYJAMA
Constantin-Filmverleih

Filmprogramm zu »Das Mädchen ohne Pyjama«, 1957, mit Elma Karlowa

Elma: »Oh, jetzt hat er das Licht ausgemacht.«

Zwischenruf: »Hätte ich auch, wenn ich da drin wär!«

Gunther: (faßt vorsichtig in den Ausschnitt, dann triumphierend) »So, Elma, ich hab ihn schon!«

Zwischenruf: »Welchen, den rechten oder den linken?«

AL: »Schnauze, Helmut!«

Elma: (dankbar erleichtert) »Vielen Dank, Gunther!«

Gunther: »Aber ich bitte dich, Elma, es war mir ein Vergnügen.«

Zwischenruf: »Glaub ich ihm, wär mir auch eins jewesen.«

Gunther: »Na siehste, Elma, er glüht schon wieder.«

Der Glühwurm entfernte sich zügig, wie das Darsteller so machen, wenn sie einen Auftritt brillant hingelegt haben.

Italien. Dreißig Jahre später. Mein damals dreijähriger Sohn Gero ruft aus dem Halbdunkel unseres Gartens: »Guck mal, Papa, ein Glühwürmchen, hast du schon mal eins gesehn?«

»O ja!«

»Papa, sind die Glühwürmchen gefährlich?«

»Und ob, Gero, aber nur gelegentlich.«

Mein »Eingriff« brachte mich Elma näher. Es entwickelte sich, über einen selbstverständlichen Kavaliersdienst hinaus, zwischen der schönen Jugoslawin und dem Österreicher eine mehr als gutnachbarliche Beziehung.

In München, in der Paul-Heyse-Straße 19, hatten wir zwei Wohnungen nebeneinander, und als zwei Schwestern Elmas aufkreuzten, zwangsläufig noch eine dritte. Die serbisch-österreichische Liaison mit ihren temperamentvollen Affektentladungen hielt drei volle Jahre. In der Regenbogenpresse wurden wir als Liebespaar gehandelt, und als wir eines Tages auseinandergingen, schlossen wir ein Gentleman-Agreement: Keine Informationen über den Grund unserer endgültigen Trennung. Die Yellow-Press war ratlos, aber was eine Serbin verspricht, das hält sie auch.

Ich selbst zeigte mich zur Irreführung der Klatschkolumnisten in der Öffentlichkeit abwechselnd mit den verschiedensten Damen. Daraufhin flaute das Interesse der Presse an unserem Privatleben ab.

Die Episode mit Elma Karlowa war zu Ende gegangen. Im Wiener Künstlerclub, der damals in der Jasomirgottstraße residierte, begegnete mir bei einem Arbeitsessen mit Franz Antel eine junge Schlagersängerin, die damals noch unter dem Schutz des Kremels stand. Der Chef der Plattenfirma »Capitol« hieß nämlich Kremel, bei ihm war sie exklusiv, auch zum Singen. Sie hieß Evi Kent, war jung, hatte eine dünne Figur und eine ebensolche Stimme. Sie gefiel mir auf den ersten Blick, zugleich aber wußte ich, daß diese Sache keinen ewigen Bestand haben würde, falls sie überhaupt zustande käme. Sie kam, der Einfluß des Kremel wurde reduziert, das Dasein von Fräulein Kent monogamisiert und das meine auch.

Eine neue Paarung war entstanden. Wir spielten miteinander Show, Kabarett und Fernsehen, drehten ein paar Filme und machten eine Verbeugungstournee durch die USA, wo wir uns dem deutschsprachigen Kinopublikum zu einem meiner Filme persönlich vorstellten. Unsere Wienerlieder und Sketche bewirkten bei den Landsleuten in den Staaten einmal Tränen der Rührung, dann wieder Tränen vor Lachen. Es war ein erfrischendes Wechselbad der Gefühle. Wieder zurück in der alten Welt, spielten wir 1957 in Berlin Kabarett (*Wien grüßt Berlin*) und in Wien ein Musical. Was wollte man mehr? Es war eine schöne Zeit, privat und beruflich eine abwechslungsreiche, wenn auch anstrengende.

Talentierte Menschen müssen ihre eigenen Wege gehen, wenn sie Karriere machen wollen. Evi hatte Talent und sie ging. Diese Affäre brachte einmal mehr jene Erfahrung, die mein Prinzip festigten, Partnerinnen nicht zu lieben und mit Geliebten nicht zu spielen. In den ersten Tagen des Jahres 1961 gingen wir auseinander, nachdem wir noch Weihnachten und Silvester mit unseren

Zweiter, grosser DEUTSCHER FILMBALL in Cleveland

Samstag, den 3. Dezember 1960

8 Uhr abends

in den grossen Ballsälen des

"Statler-Hilton Hotel"

(Euclid Avenue und 12. Strasse Ost)

der

"DEUTSCHE FILMBALL"

Als Gast aus Deutschland wird der bekannte und beliebte Filmschauspieler

GUNTHER
PHILIPP

und
seine
Partnerin

EVI
KENT

persönlich anwesend sein.

Die Tanzkapelle HERBERT KUSBER — in grosser Besetzung — wird für 1000 Freunde des deutschen Films zum Tanz aufspielen.

Amerikanische Tanzgirls werden das Programm bereichern.

Unvergesslich schöne Stunden — beim schönsten Ball des Jahres.

Der Veranstalter dieses Balles, das "Deutsche Kino" Cleveland teilt allen Interessenten mit, dass Eintrittskarten zum Preise von $3.50 nur im "Deutschen Kino" erhältlich sind.

Tel. No.: OL 1-0833 & AT 1-5526

Beginn: 8 Uhr abends   Ende: 2 Uhr morgens

Ankündigungsblatt des Deutschen
Filmballs in Cleveland,
3. Dezember 1960

Eltern gefeiert hatten. Die Vernunft hatte über das Herz gesiegt, aus Respekt vor der Karriere des anderen.

Nach unserer Trennung hatte Evi Erfolge beim Fernsehen, beim Film und spielte am Boulevardtheater ein paar schöne Titelrollen, *Irma la Douce, Meine dicke Freundin*.

Mit großem Schwung stürzte ich mich nun in das neue Filmjahr. Der erste Film der beginnenden Saison hieß *Türkische Gurken*. Rolf Olsen, ein alter Mitkämpfer aus der Kabarettzeit, hatte den Film mit mir geschrieben und führte Regie. In einem Münchner Filmatelier war eine orientalische Dekoration aufgebaut, ein Harem, schwül, stimmungsvoll, ein betörendes Interieur! Jetzt kamen, vom Aufnahmeleiter angeführt, die Haremsdamen aus Giesing und anderen Teilen der schönen Stadt München ins Studio. Malerisch plazierten sie sich nach Anweisung des Regisseurs auf den schwellenden Kissen, und wenn das bayerische Stimmengewirr nicht gewesen wäre, hätte man wirklich glauben können, man sei in der Türkei.

Eine von den Haremsdamen, geheimnisvoll in Tüll gehüllt, fiel mir auf: Monika S. Was mir nicht auffiel, war die Tatsache, daß ich schon wieder im Begriffe war, meinen Grundsätzen untreu zu werden. Sie war aber auch zu schön, diese Odaliske, mit ihrem langen schwarzen Haar und den aquamarinfarbenen Augen. Sie stammte übrigens aus Niederbayern, lebte aber schon seit langem in Rom.

Ich erkundigte mich sofort nach ihr. Sie war zu diesem Film von ihrer Managerin vermittelt worden, die ich noch aus meiner Wiener Jugendzeit kannte. Damals hieß sie als Rückenschwimmerin vom W. A. C. (Wiener Athletic Club) Anni Eck, jetzt Anna Ottavi-Cheli und war als Impresaria tätig. Als sie bemerkte, wie sehr mir ihr Schützling gefiel, legte sie mir die introvertierte und (anscheinend) etwas gehemmte Monika ans Herz. Sie blieb dort elf Jahre lang. 1966 heirateten wir in Schottland. Im September 1967 bekamen wir einen Sohn, Alexander, liebevoll Xandi genannt.

Im fünften Jahr unserer Ehe kam die Krise. Im Juli 1972 gab mir Monika zu verstehen, daß ich von jetzt an tun und lassen könnte, was ich wollte. Die eheliche Liebe war aufgekündigt.

Wieder einmal war ich frei, entlassen in eine Freiheit, die ich gar nicht wollte. Was sollte ich nun anfangen mit dieser Freiheit, die in Wirklichkeit gar keine war? Die Ehe bestand ja noch, allerdings unter einem anderen Aspekt. Vielleicht war dieses plötzliche »Aus« gar nicht so endgültig, vielleicht sollte man noch abwarten, einen vorläufigen emotionsfreien Zustand aufrechterhalten, eine Scheinehe, dem Kind zuliebe.

Aber wie sollte das gehen? Schon in der Zeit unseres Zusammenlebens, bevor wir heirateten, drifteten wir auseinander, ohne es zu merken. Das Nomadenleben eines Schauspielers hat für seine Frau wenig Reizvolles, und ein gestreßter Ehemann, der von einer Verpflichtung zur anderen hetzt, ist kein erfreulicher Lebenspartner.

War ich das unschuldige Opfer meiner Lebenssituation? Oder sollte ich mich nicht lieber fragen, was ich falsch gemacht habe? Vermutlich vieles, nicht nur in der dritten Ehe, auch in den beiden anderen. Wahrscheinlich hätte ich überhaupt nicht heiraten sollen! Jetzt war zum drittenmal eine Ehe zerbrochen, gescheitert an den Belastungen durch meinen Beruf.

Meiner ersten Frau Friedl mußte man zubilligen, daß sie meinen Berufswechsel nicht verkraften konnte, sie war zu jung. Aber meine zweite Frau, Anna-Maria, und die dritte, Monika, wußten wenigstens, wen sie heirateten. Die Probleme waren voraussehbar, aber beide hatten wohl die Hoffnung, sie würden schon fertig werden mit den Schwierigkeiten, die die Ehe mit einem Schauspieler mit sich bringt. Ich selbst war auch optimistisch und arglos. Nun war ich um eine Erkenntnis reicher. Die Lösung unserer Eheprobleme zog sich fast neun Jahre lang hin. 1981 wurden wir geschieden.

Mein Hellseher, der geheimnisvolle Conci-Lincoln, jener Patient aus der Ambulanz des Reservelazaretts XIa, der mich damals mit seinen Prophezeiungen geschockt hatte, wird auch gewußt haben, warum er mir drei Scheidungen voraussagte. Offenbar wußte er auf den ersten Blick von mir mehr als ich selbst. Gegenseitig hatten wir uns damals Untauglichkeit bescheinigt: ich ihm für den Krieg und er mir für die Ehe.

Bei den letzten Aufnahmen zu einem jener Militär-Lustspiele, von denen ich eine größere Anzahl gedreht habe, stand im Mittelpunkt eine Gruppe von drei unfreiwilligen Soldaten, die alle mit jenen Eigenschaften ausgestattet waren, die man bei den Hauptfiguren von Militärklamotten erwartet. Walter Gross, Kurt Großkurth und ich waren diese *Drei Voll-Idioten*.

Das Kalenderjahr 1958 ging seinem Ende entgegen, und wie das beim Film so üblich war, hatte man die Außenaufnahmen an den Schluß der Dreharbeiten gelegt. Das wäre an sich nicht schlimm gewesen, Uniformen sind ja bekanntlich eine wärmende Bekleidung, solange das Drehbuch nichts Außergewöhnliches vorschreibt. Da stand aber im Manuskript eine Szene, in der die Unbeirrbarkeit der drei Soldaten gezeigt werden sollte, wie sie einen einmal gegebenen Befehl stur ausführten.

Auf das Kommando »Im Gleichschritt marsch« setzten wir uns im Gänsemarsch in Bewegung und waren nicht mehr aufzuhalten. Wir stapften, den Blick geradeaus gerichtet, über einen Obstmarkt, die Stände niedertrampelnd, durch schlammige Pfützen und anschließend natürlich über die auf einer Wiese zum Trocknen ausgelegte Bettwäsche, über eine Hühnerleiter, das Dach eines Bauernhauses und kamen schließlich am Ufer der schönen blauen Donau an.

An diesem 22. Dezember war die Donau nicht blau, dafür aber zugefroren. Mühsam hackten unsere Leute das Eis auf und schafften die Schollen beiseite, damit wir unseren beharrlichen Marsch in das kalte Wasser hinein fortsetzen konnten.

Zur Sicherheit hatte man uns Taucheranzüge aus Gummi als Unterwäsche verpaßt, in der irrigen Annahme, sie würden uns

DAS NEUE Film-PROGRAMM

PRISMA

Mikosch, der Stolz der Kompanie

Filmprogramm zu »Mikosch, der Stolz
der Kompanie«, 1958, mit Renate Ewert,
Walter Gross und Rolf Olsen

vor der eisigen Kälte ausreichend schützen. Wir drei sollten nun in die Donau hineinmarschieren, bis die Mündungen unserer geschulterten Gewehre zur Gänze im Wasser verschwunden waren.

Die deutsche Sprache ist zu arm an Worten, mit denen man unsere Empfindungen hätte schildern können. Kaum waren wir mit den Beinen bis zu den halben Waden im Wasser, umfing uns schon die mörderische Kälte, die Taucheranzüge reichten nämlich nur bis knapp über die Fußknöchel. Überflüssig zu erwähnen, daß die Aufnahme wegen irgendeines belanglosen Fehlers noch zweimal wiederholt werden mußte. Zu diesem Zeitpunkt waren unsere Gesichter schon nicht mehr fotografierbar. Sie waren violett verfärbt und durch die eisige Kälte auf das Format von australischen Schrumpfköpfen reduziert. Der Regisseur mußte sich also entschließen, uns mehr von hinten aufzunehmen.

Unter diesen Umständen hätten uns auch drei kälteresistente Stuntmen doubeln können. Leider kam diese Erkenntnis zu spät. Nur noch mit fremder Hilfe gelangten wir an Land und wurden in die Kombiwagen der Produktion verfrachtet. Damit war dieser Drehtag beendet, ich wurde nach Hause gebracht und hatte einen Schüttelfrost, der noch gute drei Stunden anhielt. Zu meinem Unglück konnte ich den heißen Glühwein, den man mir einflößen wollte, nicht zu mir nehmen, da ich an diesem Tag gerade unter Sodbrennen litt. Nachdem durch den Schüttelfrost auch mein Gehirn in entsprechende Bewegung geraten war, begann ich recht intensiv über Menschlichkeit bei Außenaufnahmen im Winter nachzudenken und faßte den Entschluß, mir ähnliches für den Rest meines filmischen Lebens nicht mehr gefallen zu lassen.

Damit war ich einen weiteren Schritt näher auf dem Wege zu jener Intoleranz, die man unsereinem so gerne übel nimmt, obwohl sie nur durch wiederholte Unzumutbarkeiten erzeugt wird.

»Einem G'schwollenen schadet nix!«

Auf gleicher Wellenlänge mit Geza von Cziffra –
Der Schnorrerkönig – Erna Baumbauer verhandelt mit
Artur Brauner – Rhapsodie in Rot –
Mein afrikanisches Abenteuer – Iwo Bulanda, Oskar Sima,
Hugo Lindinger und Peter Alexander

Zu meinen Lieblingsregisseuren, mit denen ich im Laufe der Jahrzehnte gearbeitet habe, gehörte Geza von Cziffra. Er hatte, völlig abweichend von allen anderen Leuten, die meine Lustspiele inszenierten, einen ganz speziellen Humor. Kenner der Sketch- und Komödienliteratur wissen, daß unsere Nachbarn, die Ungarn, da besonders herausragen. Man denke nur an die köstlichen Kabarettszenen von Emmerich Kadar, Ladislaus Bekeffi und all die anderen, von denen heute noch so manche Fernsehshow lebt.

Geza von Cziffra war mit dieser Art von Humor in besonders reichlichem Maße gesegnet. Deshalb waren auch seine Drehbücher und seine Inszenierungen immer große Erfolge. Im privaten Umgang hatte er etwas Trocken-Ironisches, Provokantes, ohne jedoch verletzend zu werden. Seine scharfen Bonmots waren gefürchtet.

Im Jahre 1957 stand ich bei der Berolina-Film im Jahresvertrag. Unter der Regie von Geza sollte ich, als Partner von Peter Alexander, den Film *Das haut hin* drehen.

Der Produktionschef, Heinz Willeg, kam zu mir in die Garderobe und bereitete mich auf die erste Begegnung mit Geza von Cziffra vor. Sehr schonend brachte er mir bei, daß schon in den ersten Minuten die Entscheidung über die ganze kommende Zeit fallen würde. Bei Cziffra stoße man entweder sofort auf Sympathie, dann habe man es in der Zusammenarbeit leicht, falls jedoch nicht, dann sei das die Hölle auf Erden.

Willeg führte mich zu Geza ins Atelier, stellte mich ihm vor. Er musterte mich kritisch, stellte ein paar Fragen zur Person, dann huschte ein kurzes Lächeln über seine Züge, er gab mir die Hand, und die Sache war für die vielen Jahre unserer Zusammenarbeit in Ordnung. Vielleicht war es auch von seiner Seite ein Gefühl landsmännischer Verbundenheit, er wußte ja, daß ich im ungarischen Teil Rumäniens geboren war. Sicherlich war es aber auch die Übereinstimmung unserer Wellenlängen. Jahrelang hatte ich außer meinen eigenen Sketchen auch viele von ungarischen Autoren gespielt, was meinen Humor wohl mitprägte.

Jedenfalls gingen wir am Abend desselben Tages mit seiner Frau »Schnecki« in ein chinesisches Restaurant am Ku'damm und verbrüderten uns. Das war eine ausgesprochene Seltenheit, denn Geza hielt seine Leute eher auf Distanz.

Was Geza und mich verband, war nicht nur die langjährige gemeinsame Arbeit und deren Erfolg, sondern auch die humorige, private Atmosphäre. Immer wieder warf er mir Stichworte zu und erwartete, daß ich blitzartig eine pointierte Antwort fand. Wenn ich morgens geschminkt und wohlgelaunt in die Dekoration kam, saß er schon erwartungsvoll da und testete meine Schlagfertigkeit.

Ich erinnere mich an die Aufnahmen zur *Fledermaus*. Wir drehten mit einer guten Hundertschaft von Komparsen eine jener Gesellschaftsszenen, die das Prächtige dieser klassischen Operette ausmachen. Ich kam ins Studio, und Geza sprach mich sofort an, wobei die gesamte Komparserie ehrfurchtsvoll verstummte, als der Meister mit ungarischem Akzent begann: »Servus Gunther! Hast du heute schon Zeitung gelesen? Was in ›Äxpress‹ steht?«

»Nein, Geza, hab ich nicht, was steht denn?«

»Also bitte, da steht: Neuer Lebensmittelgäsätz, alle Eier werden gestämpelt. Ich bin ganz nervös.«

»Da brauchst du nicht nervös zu sein, Geza, die stempeln nur die frischen!«

Das schlug ein wie eine Bombe, besonders bei Geza. Die Komparserie reagierte mit einem anhaltenden homerischen Gelächter, und für diesen Drehtag war wieder einmal für gute, typische Cziffra-Lustspielstimmung gesorgt.

Die Leute beim Film waren ein eigenwilliger Haufen von Individualisten. Es wimmelte von grenzwertigen Persönlichkeiten, die sich trotz ihrer Gegensätzlichkeiten durch die gemeinsame Arbeit irgendwie homogenisierten.

Eine der herausragenden Figuren war ein Mann namens Poldi Waraschitz, der schon zu Lebzeiten zur Legende wurde. Den Namen »Schnorrerkönig« verdiente er zu Recht, denn er hatte es geschafft, jahrzehntelang von anderen zu leben. Er war immer ohne Geld, arbeitete nur ausnahmsweise, und auch das nur kurzfristig. Man sah ihn als Barmixer, Conférencier, Revuemanager in Großstädten und in Urlaubsorten. Gelegentlich sogar als Kammerdiener bei Prominenten. Mit allen war er per Du, er kannte die große weite Welt, verkehrte mit Billy Wilder ebenso freundschaftlich wie mit der Begum. Seine Verbindungen reichten bis nach Hollywood. Als seine besonderen Gönner galten Curd Jürgens, Franz Antel, Paul Hörbiger und viele andere, darunter auch ich.

Eines Tages lief ich ihm in München ahnungslos über den Weg und lud ihn zum Mittagessen ins »Spatenhaus« ein. Wenn man mit Poldi zum Essen ausging, war es eine Selbstverständlichkeit, daß man für ihn bezahlen mußte. Was ihn aber von allen anderen Schnorrern so wohltuend unterschied, war seine Bescheidenheit. Immer wartete er, bis der Einladende sich entschieden hatte, was er essen wollte, dann erst bestellte Poldi etwas für sich, wobei er streng darauf achtete, daß seine Bestellung nicht teurer war als die des Gastgebers.

Während dieses Essens wurde ich innerhalb einer Stunde das

Opfer seiner Suggestivkraft. Er verstand es, mir klarzumachen, daß ein Mann wie ich einen Butler brauchte. Ich nahm ihn auf, und von diesem Moment an hatte ich in meinem Haus nichts mehr zu sagen. In schnarrendem Ton kommandierte er meine Haushälterin Franziska und das Faktotum Achim Berlin, der meinen Eltern als Chauffeur zur Verfügung stand. Andererseits war er recht nützlich. Wenn wir Gäste hatten, betreute und unterhielt er sie, erzählte Schnurren und Abenteuer. Im Laufe der Zeit entwickelte er sich jedoch aufgrund seiner Vorliebe für Flascheninhalte vom Butler zum »Bottler«.

Eines Tages kam ich unerwartet nach Hause und wollte zur Begrüßung mit ihm ein Glas Wein trinken. Ich ging in den Keller, um eine möglichst edle Flasche heraufzuholen, und stand vor völlig leeren Regalen, nicht eine einzige Flasche war mehr da.

»Du, Poldi, das ist ein starkes Stück von dir, wo ist der ganze Wein hingekommen?«

»Hör zu, please, du warst drei Monate weg, glaubst du, nur du hast an Durst? Ich bin auch a Mensch, please!«

»Na gut, aber für achtzehnhundert Mark Wein aussaufen, das ist ein bisserl unverschämt.«

»Hör zu, please, die Bomben im Krieg waren ärger.«

Damit entwaffnete er mich. Und doch war mir seine Allgegenwart auf die Dauer zuviel, so erheiternd sie auch sein konnte.

Ich überlegte, wie ich ihn elegant loswerden könnte. »Paß auf, Poldi, wir fliegen auf ein paar Tage nach Paris, nimm alle deine Sachen mit.«

»Hör zu, please, in Paris brauch ich nicht alle meine Sachen.«

»Das kann man nie wissen, Poldi!«

»Na gut, please, dann fahr ich von Paris an die Côte d'Azur, vielleicht ist der Jürgens da.«

»Na siehste, Poldi, der Curd wird sich freuen.«

»Auf jeden Fall wohn ich im Hotel Martinez, wie immer, und nicht beim Curd.«

»Da wird er traurig sein, der Curd, aber das Hotel Martinez ist kein billiger Laden.«

»Hör zu, please, kommt Zeit, kommt Geld!«

Es hat sich immer wieder herausgestellt, daß er damit recht hatte, sein ganzes Leben lang!

Unser Aufenthalt in Paris war kurz, wir gingen ins »Lido«, ins »Crazy Horse«, saßen stundenlang bei »Fouquet's« und ließen die Welt Revue passieren. Wir schlenderten über die Boulevards, kamen an einer Litfaßsäule vorbei, wo das Plakat eines Reisebüros zu sehen war, auf dem zum Großen Preis von Monte Carlo eingeladen wurde. Der Start von Juan Manuel Fangio war angekündigt.

»Das soll man eigentlich gesehen haben, Poldi, den Fangio in Monaco, das würde mich auch interessieren.«

»Ja? Na gut, hör zu, please, gib her a Geld, ich fahr hin, schau mir den Fangio an und erzähl dir dann alles.«

Ich atmete auf, gab ihm Geld und flog zurück nach München.

Ein paar Tage vergingen, dann läutete nachts das Telefon: ein R-Gespräch aus Cannes, ein Herr Waraschitz (»Gebühr zahlt der Angerufene«). Ich nahm das Gespräch an.

»Was ist los, Poldi?«

»Hör zu, please, ich hab mir den Arm gebrochen. Du bist schuld, jetzt hab ich an Gips, schick mir a Geld.«

»Wieso bin ich schuld, wenn du dir einen Arm brichst?«

»Hör zu, please, versteh was ich mein, du hast in Paris gesagt, den Fangio muß man gesehen haben.«

»Na und? Den Fangio kann man sich auch ohne Gips anschauen, ich versteh den Zusammenhang nicht.«

»Das schaut dir ähnlich, hör zu, please, die Sache war so: Ich geh baden, in Monte Carlo, am Sonntag, auf einmal fällt mir ein, was du gesagt hast, daß man Fangio gesehen haben muß. Ich spring auf, renn zur Kabine, flieg hin und brech mir den Arm!«

»Aha, und daran bin ich schuld.«

»Natürlich, wer denn sonst? Der Fangio bestimmt nicht.«

»Na schön, ich seh ein, daß ich schuld bin. Also gut, ich schick dir was ins Hotel Martinez.«

»Hör zu, please, versteh was ich mein, das ist schlecht. Die werden mir das Geld nicht geben, ich bin schon eine Woche das Zimmer schuldig! Schick mir das Geld zu American Express.«

Am nächsten Tag ging ich zur Post und schickte ihm telegraphisch Geld nach Cannes, Herrn Poldi Waraschitz c/o American Express. Kurze Zeit darauf traf ich Curd Jürgens am Flughafen München Riem.

»Hallo, Gunther, wohin so eilig?«

»Ich muß nach Berlin! Und was machst du Schönes, Curd?«

»Ich geh auf ein paar Tage in mein Haus nach Rottach, in Cannes war's mir zu heiß. Übrigens, den Poldi hab ich getroffen, stell dir vor, der hat sich den Arm gebrochen, jetzt hat er einen Gips.«

»Aber geh, der arme Poldi.«

»Ich habe ihm Geld gegeben, das ist eine teure Sache, so ein Gips.«

»Wem sagst du das, Curd!«

Iwo Bulanda ist ein weiteres bemerkenswertes Exemplar aus den Reihen der buntschillernden Persönlichkeiten beim Film. Heute ist er zum Fernsehproduzenten avanciert, dreht *Zeugen des Jahrhunderts, ZAK,* Personality specials und ähnliches.

In mein Leben trat Iwo Bulanda Anfang der fünfziger Jahre. Seine Spezialität waren damals Werbefotos für ein zweirädriges Leichtfahrzeug, das NSU-Quickly. Was Rang und Namen hatte, wurde von ihm auf dieses Ding gesetzt, fotografiert und werbewirksam vermarktet. Iwos Talent, auch fremdsprachige, weltberühmte Leute dranzukriegen, zeugt von seiner unentrinnbaren Überredungskunst. Ich habe, auf dem Quickly sitzend, von Iwo fotografiert, Henry Ford II, Vittorio de Sica und Winston Churchill gesehen.

Sein größter Wunsch, Königin Elizabeth II. mit einer Packung Filterzigaretten abzulichten, ging allerdings nicht in Erfüllung.

Immerhin führte er Korrespondenz mit den zuständigen hohen Beamten am Hof der Monarchin. Viel hätte nicht gefehlt und Ihre Majestät wäre zur Werbeträgerin für Gloria-Filterzigaretten geworden.

Mit meiner Popularität war werbemäßig damals nicht viel anzufangen, aber ich besaß ein rotes Auto, den 190 SL. Kaum war der neue Wagen geliefert, arrangierte Iwo Bulanda eine Promotion-Tour nach Rom. Die neue Wagentype war in der Modellreihe von Daimler Benz seit vielen Jahren der erste zweisitzige Sportwagen, den zu dieser Zeit in Italien noch niemand in natura gesehen hatte, also ein Schauobjekt ersten Ranges. Für Iwo war es daher eine Kleinigkeit, zu mir in den Wagen Sophia Loren, Marcello Mastroianni, Elsa Martinelli (im Nachthemd!) und Vittorio de Sica zu setzen und abzulichten.

Eine besondere Chance ist dem guten Iwo allerdings entgangen. Am unteren Ende der Via Ludovisi, zirka 500 Meter von der Via Veneto entfernt, hatten wir einen Beinahe-Zusammenstoß mit einem riesigen schwarzen Rolls-Royce. Aus dem Wagen stürzten drei oder vier Hünen heraus, offenbar Leibwächter, die sofort auf uns losgingen, um uns präventiv k. o. zu schlagen. Im letzten Moment kam ein beleibter Mann hinzu, der uns durch einen scharfen Kommandoruf vor dem Schlimmsten bewahrte: Exkönig Faruk von Ägypten.

Seine Majestät, von der man sich erzählte, daß er vor seiner Abdankung zweiundfünfzig Autos besaß, hatte großes Interesse an unserem roten Wagen. Unterwürfig öffnete ich die Motorhaube, erklärte den Einspritzmotor und redete den Exmonarchen mit Majestät an, was ihm sichtlich wohltat. Inzwischen hampelte Iwo nach hinten, um aus dem Kofferraum seine Kamera herauszuholen, aber der Deckel ging nicht auf, irgend etwas klemmte. Krampfhaft versuchte ich, das technische Gespräch in die Länge zu ziehen, damit Iwo ein paar Schnappschüsse machen konnte – vergebens!

Nachdem König Faruk das Auto ausgiebig besichtigt hatte, dankte er huldvoll und fuhr mit seinen Gorillas davon. Kaum war der Rolls-Royce um die Ecke gebogen, ging der Kofferraum wieder auf. Ob König Faruk durch meine Präsentation zum Ankauf eines 190 SL motiviert wurde, ist mir nicht bekannt, jedenfalls hätte ich moralisch eine Provision verdient.

Die Ausbeute dieser Fotokampagne war sehr positiv, und bis zum heutigen Tage ist es für mich immer ein großes Vergnügen, mit Iwo zusammenzukommen und irgend etwas Ausgefallenes anzustellen.

Allerdings muß ich zugeben, daß ich der Schlitzohrigkeit Iwo Bulandas mehr als einmal aufgesessen bin.

Eines Tages rückte er mit ein paar Kleidungsstücken einer bekannten Strickwarenfirma an und machte mit mir Werbefotos. Er verpaßte mir eine kleidsame Weste und gab mir eine Schmalfilmkamera in die Hand, damit die Sache nicht so gestellt aussähe. Einige Zeit danach erschien ich nicht nur im Strickmodenkatalog, sondern auch auf der Frontseite eines Prospektes für 8-mm-Kameras. Aber, was soll's, einem Iwo Bulanda kann man nicht böse sein!

Zu den Glanzlichtern seiner Tätigkeit als TV-Produzent gehört eine ausführliche, brillant gemachte Dokumentation über einen gemeinsamen verstorbenen Freund, den Rennfahrer Rolf Stommelen.

Für seinen unverwechselbaren Humor hätte er einen Oscar verdient: Ich weiß nicht mehr genau, wie viele Filme ich mit Oskar Sima gedreht habe, aber es waren viele. Auch seine Rollen habe ich, da er ja in meinen Parodien einen Ehrenplatz einnahm, ganz auf ihn zugeschnitten. Das wußte er, und wenn wir in der Vorbereitungszeit zu einem Film zusammentrafen, waren seine ersten Worte: »Servas Burli, wos is, hast ma a scheene Roll'n g'schrieben?«

Natürlich hatte ich, ich war ja, wie man in Wien so sagt, »ein Kren auf ihn« (ein Fan von ihm).

Schon in der Münchner Kabarettzeit, als wir im »Bratwurstglök-kerl« unseren Stammtisch hatten, war Oskar unter uns Gourmets der Protagonist. Die Speisekarte eines traditionellen bayerischen Lokals mit den landesüblichen verführerischen Schmankerln ist eigentlich ein diätetisches Sündenregister. Oskar war einer der genüßlichsten Sünder. Wie kein anderer konnte er die Karte rauf und runter essen, nur Rolf Olsen war in der Lage, mit ihm Schritt zu halten.

Wenn Oskar seine Lieblingsspeisen bestellte, merkte man, daß ihm nicht nur an Qualität, sondern auch an angemessener Quantität gelegen war. Abwartend stand die wohlbeleibte Kellnerin neben ihm. »Hören Sie zu, schöne Frau, ich möchte ein Wiener-schnitzel so groß wie das Hosentürl vom Andreas Hofer. Die Knopflöcher könnt's weglassen.«

Was mir an seinem Humor so gefiel, war das Trockene, das Sarkastische, das manchmal sogar Makabre.

Beim Einleuchten einer Operettenszene saßen wir zusammen. Am Nebentisch Komparserie. Auch Statisten haben gelegentlich die Tendenz, ein wenig auf sich aufmerksam zu machen. Nebenan fing eine ältere Dame, offenbar eine ehemalige Sängerin, völlig unvermittelt an, Koloraturtöne von sich zu geben: »Lalala-lalaa!« Wahrscheinlich wollte sie zeigen, daß die Hauptdarstelle-rin des Films nicht die einzige im Raum ist, die über edles Stimmaterial verfügt.

Oskar drehte sich zu ihr um: »Sie haben eine sehr beachtliche Stimme.«

Darauf die Dame: »Aber, Herr Sima, Sie sind ein Schmeichler! So arg ist es auch wieder nicht!«

Sima, trocken: »So? Na, dann halten S' die Goschen, gnä' Frau!«

Charakteristisch für Oskar war auch folgender Dialog mit mir.

»Oskar, weißt du schon, welcher Kollege von uns gestorben ist?«

»Naa, aber mir is a jeder recht! Also wer?«

»Der Pepi Nessler!«

»Na ja, viel ist das nicht, aber ein Anfang wäre gemacht!«

Der Sarkasmus, mit dem sich Oskar Sima manchmal umgab, führte dazu, daß ihn Leute, die ihn nicht näher kannten, völlig falsch einschätzten. Außerdem glaubte so mancher, völlig zu Unrecht, er sei geizig. Er war sparsam, aber aus einem ganz speziellen Grund. Seine Eltern, reiche Weinbauern in der Gegend von Hohenau, wo der berühmte Brünnerstraßler wächst, hatten nach dem Ersten Weltkrieg Hab und Gut eingebüßt. Oskar wollte nun, wo er viele Jahre im Filmgeschäft so dick drin war, alles zurückkaufen, was seine Eltern verloren hatten. Das ist ihm zum größten Teil auch gelungen.

Eines Tages trafen wir wieder bei einem Film zusammen.

»Hast du schon das Drehbuch gelesen, Oskar?«

»Ja, leider.«

»Und, was sagst?«

»I möcht net schmeicheln, aber meine Rolle is ein Schaß!«

»Warum spielst du sie dann, Oskar?«

»Dös varstehst du net, dös is wieder a neuer Traktor.«

Das war Oskar Simas kaufmännisches Denken zum Thema Investment in der Landwirtschaft.

Was Oskars sogenannten Geiz betraf, kann ich aus meiner persönlichen Erfahrung nur sagen, er hat bei den Aufnahmen nicht mit Geld um sich geschmissen oder sich von Nassauern ausnützen lassen. Wenn man aber bei ihm auf seinem Weingut zu einer Kellerpartie eingeladen war, bogen sich die Tische unter den Köstlichkeiten, wie sie zum Heurigen gehören.

Eines Tages flatterte meine damalige Agentin, Erna Baumbauer, wie ein aufgescheuchtes Huhn herbei und gackerte, wie das so ihre Art war, eine frohe Botschaft heraus: »Gunther, uns steht wieder einmal ein Vertrag mit Artur Brauner bei der CCC ins Haus. Wir gehen zum Filmball in den Bayerischen Hof, das ist eine günstige Gelegenheit, mit Atze Tacheles zu reden.«

Ich zweifelte daran, daß es bei einem Ball im Gewühl zwischen Dinner, Show, Musik, Tanz und Wohlfahrtstombola zu einer vernünftigen Abmachung kommen könnte. Aber Erna hatte, schlau wie sie war, einen Termin für den Nachmittag vor dem Ball bekommen.

In allen Räumen des Hotels wimmelte es schon von Prominenten, die von überallher nach München gekommen waren. Nirgends gab es ein einigermaßen stilles Plätzchen, wo man ungestört hätte verhandeln können. Also setzten wir uns mit Atze Brauner in eine Ecke des großen Festsaales und gingen ans Feilschen. Die befrackten Kellner waren eben dabei, den Tischen das letzte Outfit für den »Ball der Bälle« zu geben.

Brauner bestellte für uns eine Flasche Campari. Das ließ uns aufhorchen. Nur vorsichtig nippten wir an unseren Gläsern, um nicht die Kontrolle zu verlieren. In unbewachten Augenblicken kippte ich meine Drinks in den neben mir stehenden Eiskübel. Es ging um drei Filme, der dritte sollte eine Operette werden, Lehárs *Zarewitsch*, mit dem französischen Sänger Luis Mariano, der mit seinem androgynen Diskant das Lied »Mexico« an die Spitze der Hitlisten gebracht hatte.

Erna war eine gute Taktikerin, eine Mischung aus rustikaler Direktheit des bayerischen Alpencharmes und einer brillant gespielten, entwaffnenden weiblichen Naivität. Sie ging gleich mit dem Holzhammer aufs Ganze und verlangte für die drei Filme das Dreifache meiner üblichen Gage. Natürlich stieß das auf totale Ablehnung.

Brauner goß wieder Campari nach, wir schütteten ihn unbemerkt weg, das Eis im Kühleimer wurde immer röter. Lang ging das Feilschen hin und her, schon gaben uns die Kellner höflich zu verstehen, wir sollten allmählich das Feld räumen, weil die Saaleröffnung für den Filmball kurz bevorstand. Schließlich einigte sich Erna seufzend mit Atze auf das fast Doppelte der normalen Gage, und der große Boß war hoch zufrieden, seine Verhandlungspartnerin so enorm heruntergedrückt zu haben. Mit Handschlag ging man auseinander, Atze mit stolz erhobener Glatze und Erna mit hektischer Hautrötung ihres Dekolletés.

Vor den Saaltüren wartete ungeduldig die Hautevolée auf Einlaß, ich verließ daher durch einen Nebenausgang den Schauplatz. Dort draußen saß Brauners Gattin Maria schon in vollem Ornat, einem hinreißenden Abendkleid. Ich hatte ein schlechtes Gewissen, weil wir ihren Mann so lange aufgehalten hatten und wollte mich entschuldigen. Aber Frau Brauner sah die Sache ganz anders: »Das macht überhaupt nichts, verhandeln ist sein einziges Vergnügen, der Filmball ist ihm völlig egal.«

Nebenbei sei bemerkt, den *Zarewitsch* drehte ich dann gar nicht, Atze disponierte um.

Für den Film *Lumpazivagabundus*, in dem ich mit Paul Hörbiger und Joachim Fuchsberger das »liederliche Kleeblatt« bildete, hatte sich Antel als Regisseur etwas Besonderes ausgedacht, was unsere Haarfarben betraf. Hörbiger behielt sein schneeweißes, Fuchsberger sein ebenfalls natürliches, damals noch dunkles Haar, nur ich mußte mich feuerrot färben lassen.

Ich sah grauenvoll aus, die Leute wichen bei meinem Anblick entsetzt zurück, selbst gutmütige Hunde knurrten, wenn ich mich ihnen näherte. Jedes Auftreten in der Öffentlichkeit gestaltete sich zu einem von bedauernden und höhnischen Blicken begleiteten Spießrutenlauf. Ich hoffte, gleich nach Ende dieser Produktion würde man mich zurückfärben. Leider ging das nicht, denn ehe *Lumpazivagabundus* abgedreht war, hatte ich schon den nächsten Film begonnen. Nur zähneknirschend akzeptierte man dort meine fürchterliche Haarfarbe, wahrscheinlich, weil es bei einem Klamottenheini wie mir auch nicht mehr darauf ankam. Zu diesem Thema gibt es in Österreich ein volkstümliches Sprichwort: »Einem G'schwollenen schadet nix.«

So schleppte ich also meine schockfarbene Haarpracht durch einen weiteren Film. Ich war verzweifelt, denn schon zeichnete sich am Horizont eine weitere Produktion ab. Nur mühsam entging ich bei diesem Film dem Schicksal, nochmals als »Titus Feuerfuchs« über die Leinwand zu flimmern.

Nach Schluß des zweiten Films kam ich mit der Abendmaschine nach Berlin, es war Sonntag. In aufopfernder Nachtarbeit rettete mich der Star-Coiffeur L'Aqua und färbte mich zurück.

Erleichtert und stolz betrat ich am nächsten Morgen das Atelier. Große Enttäuschung: »Wieso sind Sie nicht mehr rot, Herr Philipp? Wir haben Ihren Haaren zuliebe das ganze Buch geändert.«

Ich reagierte energisch: »Noch mal Färben kommt überhaupt nicht in Frage.«

Der Regisseur war um die Antwort nicht verlegen: »Na schön, dann kriegen Sie eine rote Meckiperücke. Gehen Sie zu Fredy Arnold, er soll Ihnen Maß nehmen!«

»Ich will aber keine Perücke«, versuchte ich mich zu wehren.

»Stellen Sie sich nicht so an, Herr Philipp«, sagte der Regisseur, »Sie hätten sowieso zwei präparierte Perücken gebraucht, eine, bei der ein Haarbüschel rotiert, und eine, aus der ein Wasserstrahl spritzt.«

Jetzt wußte ich Bescheid, dagegen konnte ich nicht aufkommen, schließlich war das ja mein Fach als TvD (Trottel vom Dienst).

Als ich, noch mit meiner grellroten Haartracht behaftet, in Artur Brauners Spandauer CCC-Büro zu einer Besprechung kam, empfing er mich, wie öfter, mit einer seiner witzigen Provokationen. Neben Brauner saß der Regisseur, der den berühmten Stauffenberg-Film inszeniert hatte.

»Darf ich die Herren miteinander bekannt machen, das ist Herr Doktor Falk Harnack und das ist der liebe Herr Philipp. Jetzt ist er rothaarig, aber in Wirklichkeit sind seine Haare dunkel wie sein Charakter.«

Das konnte ich nicht unerwidert lassen: »Herr Brauner, wenn man den Charakter eines Menschen nach seinen Haaren beurteilt, haben Sie fast gar keinen.«

Der größte Teil meiner Filme wurde in Österreich, in der Bundesrepublik und in Berlin produziert. Zwar drehte ich auch

Co-Produktionen in Italien, Spanien, Jugoslawien, Frankreich, Griechenland, Ungarn, der Türkei und in der DDR, das waren aber Ausnahmen.

Eine besonders interessante Expedition zu Außenmotiven in Kenia unternahmen wir 1957. Mit 41 Personen ging es zunächst nach Nairobi, um in Kenia und Tanganjika (heute Tansania) am Fuße des Kilimandscharo mit Peter Alexander den Film *Münchhausen in Afrika* zu drehen. Auf der Besetzungsliste standen außer Peter Alexander und mir noch als männliche Darsteller Franz Muxeneder und Hugo Lindinger. Regie führte mein alter Freund Werner Jacobs, mit dem ich schon viele Filme gemacht hatte.

Im Drehbuch kamen als Gegenspieler des modernen Münchhausen, den Peter Alexander darstellen sollte, zwei wüste Gangster vor. Auf dem Wege nach Ostafrika hatten wir in Athen eine Zwischenlandung. Im Flughafen-Restaurant saßen Muxi und ich mit Hugo zusammen, der erzählte, er hätte einen Vertrag für die Rolle eines Gangsters. Im Drehbuch gab es jedoch nur zwei solcher Figuren. Muxi und ich schauten uns verwundert an, aber Hugo bestand auf seinem Status: »I hab an Vertrag für an Gangster!«

Ich stellte vorsichtig anheim: »Vielleicht hast du einen Vertrag *von* einem Gangster und nicht *für* einen Gangster?«

Das Problem war zunächst nicht zu lösen.

Der Flug ging weiter, und erschöpft landeten wir in Nairobi, der Hauptstadt von Kenia. Es war so um den 20. Dezember herum. Wir hatten einige Tannenbäume mitgenommen, da wir Weihnachten in einem Lande feiern sollten, in dem es diese Art von Vegetation nicht gibt. Diese sentimentalen Requisiten wurden gleich nach der Landung von den Behörden beschlagnahmt, weil die Einfuhr von Pflanzen grundsätzlich verboten ist. Ein kleines, etwas kümmerliches Bäumchen schmuggelten wir aber doch durch. Am Heiligabend wanderte es nadelnd nach einem genauen Zeitplan von Zimmer zu Zimmer.

In Kenia herrschten damals rassenpolitisch unruhige Zeiten, die Mau-Mau-Bewegung war erst im Vorjahr gewaltsam niederge-schlagen worden, aber es gab immer noch Überfälle und Atten-tate, denn das Kampfziel dieses Geheimbundes war, die Englän-der und weißen Siedler aus dem Lande zu vertreiben. Demzu-folge saßen im New Stanley Hotel, wo wir zunächst wohnten, weiße Farmer und britische Kolonialoffiziere im Speisesaal grundsätzlich mit dem Rücken zur Wand, den wachsamen Blick auf den Eingang gerichtet. Neben dem Dessertlöffel lag die Pistole. Da bei unserer Ankunft die maßgebenden Personen unserer Produktion sofort an Lungenentzündung erkrankten, wurde das Problem zunächst verschoben, welcher von uns Dreien zugunsten der beiden übrigen ohne Rolle ausscheiden müsse. Gültige Verträge hatten alle drei, und so waren wir fest entschlossen, auf Erfüllung zu bestehen.

Nach qualvollem Warten kam nach einigen Tagen die Entschei-dung: Muxi und ich sollten die beiden Gangster spielen. Hugo Lindinger ging leer aus, eine für ihn geeignete Rolle gab es in dem Drehbuch nicht. Das war eine sehr peinliche Situation für alle Beteiligten. Wolf Brauner, der Bruder von Atze, und der Produktionsleiter Ludwig redeten auf den Salzburger Dickschä-del Hugo Lindinger mit allen dialektischen Tricks ein, aber da war nichts zu machen. Er hätte einen Vertrag und eine Flugkarte, er würde hierbleiben und außerdem selbstverständlich auf sei-ner Gage bestehen. Eine Ersatzrolle in einem anderen Film anzunehmen war er nicht bereit.

Nach einiger Zeit übersiedelten wir etwas weiter ins Landesin-nere, in die Gegend von Arusha. Dort wohnten wir zunächst in einem riesigen Safarilager mit 52 Zelten mitten im Busch. Die Angehörigen unseres Teams schliefen zu zweit in kleineren Zelten. Dazu hatten wir noch größere (so ähnlich wie Bierzelte) für die Geräte und Kameras, Büros, eine Kraftzentrale mit den Lichtmaschinen und ein »Meßzelt« für die gemeinsamen Mahl-zeiten.

Die Dreharbeiten hatten schon begonnen, Hugo Lindinger schlenderte, da er keine Rolle hatte, ziellos in der Gegend herum, knüpfte Kontakte zu den Eingeborenenstämmen, den Massais, den Wamerus und auch zu deutschen Siedlern und Farmern. Dieses Dasein befriedigte ihn aber nicht, gelegentlich fuhr er mit uns zum Motiv, lehnte gelangweilt mit verschränkten Armen an einem Dschungelbaum und sah uns neiderfüllt beim Drehen zu.

Eines Tages glaubte die Produktion, eine geniale Lösung gefunden zu haben. Im Drehbuch gab es noch die Rolle eines dicken Negerhäuptlings. Vielleicht wäre das etwas für den Hugo, damit sein Ehrgeiz befriedigt und die Gage nicht fürs Nichtstun bezahlt würde. Teilweise eignete sich Hugo ja für diese Rolle, er war wohlgenährt. Nur, ein Schwarzer war er nicht.

Probeweise wurde er mit einem landesüblichen Lendenschurz bekleidet und sein gesamter Körper schwarz geschminkt. Wir alle beobachteten gespannt, wie der Maskenbildner versuchte, mit Wasserschminke aus dem dicken Salzburger mit der Mecki-frisur einen Negerfürsten zu machen. Aus einiger Entfernung schauten auch unsere dunkelhäutigen ostafrikanischen Mitarbeiter zu und schüttelten verständnislos die Köpfe, denn im engeren Umfeld gab es mindestens ein halbes Dutzend dicker Eingeborener, die man nicht erst hätte schminken müssen.

Hugos voluminöser Körper war noch nicht zur Gänze geschwärzt, da brach ihm schon der Schweiß aus und schwemmte auf Brust und Rücken die ganze schöne Malerei weg. Dazu kam noch, daß er mit seinen leuchtend-hellblauen Augen in dem tiefschwarzen Gesicht einen recht eigenartigen Negerhäuptling abgab.

Dieser Plan, dem armen Hugo doch noch durch die Kunst der Maske zu einer Rolle zu verhelfen, scheiterte also, und er blieb bis zum Ende der Dreharbeiten als fürstlich bezahlter Tourist in Kenia.

Seine reichliche Freizeit nutzte er zur Erkundung der Landessitten und schwang sich auch eines Tages dazu auf, in einem

Eingeborenendorf Waffen zu kaufen. Er bat mich, mit unserem Landrover in ein am Fuße des Mount Meru liegendes Dorf der Wamerus zu fahren, wo er vorher schon Verhandlungen geführt hatte.

Wir kamen an, Hugo begab sich in eine der Hütten, ich wartete gespannt im Wagen. Nach einiger Zeit kam er mit einem Schild, einem riesigen Buschmesser, einem Speer und einem eigenartigen Gerät zum Schlangentöten heraus. Das war ein zirka 80 cm langer Stock, der an einem Ende eine faustgroße Verdickung hatte. Mit diesem Gerät rückte man den speienden Kobras und anderen gefährlichen Reptilien zu Leibe.

Glückstrahlend kam er auf den Wagen zu, da eilte ihm die ganze Negerfamilie nach und bat ihn kniefällig, den Schlangenknüppel wieder zurückzugeben, ohne den sie verloren seien.

Mit seinem guten österreichischen Herzen konnte er den flehentlichen Bitten natürlich nicht widerstehen und gab das Ding zurück, obwohl es schon bezahlt war. Dann sprang er ins Auto, und wir beeilten uns, das Weite zu suchen, bevor die guten Leutchen noch weitere Gegenstände zurückverlangen konnten.

Stolz betrachtete Hugo auf der Rückfahrt in unser Camp die prächtigen Sachen, die er da für teures Geld erstanden hatte. Und dann entdeckte er auf dem Buschmesser die Gravierung »Made in West Germany«.

Als wir in das Zeltlager zurückkamen, trafen wir mit Tommy Brown, einem waschechten Berliner, zusammen, der uns als Angehöriger der sogenannten »White Hunters« organisatorisch unterstützte. Er war es auch, der bei der Planung dieses Filmvorhabens der Berliner Produktion eingeredet hatte, Dezember und Januar seien die günstigsten Monate, um auf der südlichen Halbkugel zu drehen. Unter günstig meinte er natürlich: günstig im Sinne der White Hunters, denn zur Regenzeit herrschte im Safari-Tourismus Flaute.

Stolz zeigte Hugo Tommy Brown, was er da an Kostbarkeiten so günstig erstanden hatte: 300 afrikanische Schilling für ein komplettes Set, das war doch ein Schnäppchen. Da konnte Tommy Brown nur lachen, wenn in Ostafrika jemand ein Schnäppchen macht, dann er. Die Bewaffnung der schwarzen Komparserie habe pro Neger nur 250 Schilling gekostet, da könne man mal wieder sehen, wie Hugo von den Wamerus beschissen wurde.

Kurz nachdem ich Zeuge dieses Gespräches geworden war, kam ich zufällig am Souvenir-Shop des Arusha Hotels vorbei (keineswegs ein Billigladen mit Schnupperpreisen) und entdeckte, daß ein komplettes Waffenset für 125 Schilling zu haben war!

Unsere 25 Mann starke Komparserie, die sich aus den Reihen des gutmütigen und freundlichen Wameru-Stammes rekrutierte, wurde prächtig, wenn auch teuer, bewaffnet und ausgestattet. So prächtig, daß amerikanische und englische Touristen, die uns bei den Dreharbeiten zusahen, daran Gefallen fanden und unseren schwarzen Kollegen das Zeug zu Wucherpreisen abkauften. Daher hatten nach ein paar Tagen nur noch vier Mann die volle Ausrüstung. Aus optischen Gründen mußte man sie nun beim Aufmarsch vor der Kamera in der ersten Reihe postieren, damit man die blamable Waffenlosigkeit der übrigen Buschneger nicht sah. Hier zeigte es sich wieder einmal, mit welchen Schwierigkeiten eine ausländische Filmproduktion in solchen Ländern zu kämpfen hatte.

Das Leben im Safaricamp war nicht gerade paradiesisch, der ewige Kampf mit dem dortigen Getier, besonders mit Insekten und riesigen Ameisen zermürbte uns. Ganz zu schweigen von den Giftspinnen, die man vor dem Anziehen aus den Schuhen erst herausschütteln mußte. Dazu kam, daß wir unter Moskitonetzen schliefen und die instinktbegabten Tsetsefliegen, die Überträgerinnen der Schlafkrankheit, die kleinsten Löcher in den Netzen ausfindig machten, um uns zu quälen. Wenn einen nachts ein gewisser Drang überkam, war das Aufsuchen des chemischen Örtchens (übrigens der einzige insektenfreie Ort) ein unangenehmer Gang durch das dunkle Gelände.

Eines Tages entdeckte Peter Alexander, daß unser Lager in der

Nähe einer nach Arusha führenden Landstraße lag. Kurzerhand zog er, die Romantik des Zeltlebens verlassend, in das New Arusha Hotel. Ich folgte ihm bald darauf.

An einem der Drehtage lag das Motiv etwa 300 km von unserem Hotel entfernt. Als wir dort ankamen, schleppten unsere Helfer die Getränkekisten zu einem Flüßchen, um sie zu kühlen. Mir fiel auf, daß sie vor dem Abstellen der Kisten im Wasser mit Knüppeln auf Baumstämme und Büsche schlugen. Auf meine Frage, was das zu bedeuten habe, wurde mir erklärt, durch diesen Lärm würden die Krokodile verscheucht. Für diese Information war ich dankbar, denn ich wollte dort in der Mittagspause ein Erfrischungsbad nehmen. Obwohl die Krokodile nur etwas über einen Meter groß waren, verlegte ich meine Badefreuden vorsichtshalber ins Hotel.

Im Busch gestaltete sich das Mittagessen zu einem unappetitlichen Abenteuer. Wenn nämlich die ganzen Leckerbissen auf dem improvisierten Büfett ausgelegt wurden, waren die Insekten jedesmal schneller als wir und machten sich zu Tausenden über die Speisen her. Als ich unser Dschungelbüfett zum ersten Mal sah, wunderte ich mich über die Großzügigkeit der Produktion. Kaviarbrötchen sind bei einem Produktions-Lunch etwas Seltenes. Näher betrachtet stellte sich heraus: Kein Kaviar, sondern Fliegen!

Ein Drehplan kennt keine Rücksicht auf Festtage im Kalender. Am 31. Dezember brannte die Sonne wieder besonders rücksichtslos, wir sollten im freien Gelände drehen, hatten die riesigen Sonnenblenden und das ganze Gerät weiträumig in der Gegend aufgebaut. Plötzlich erschien ein einmotoriges Flugzeug und zog über unserem Motiv im Tiefflug Kreise und Schleifen. Wir fühlten uns durch den Motorlärm in unserer Arbeit gestört. Schließlich soll ja auch der sogenannte »Primärton«, der dann bei der Synchronisation durch einen störungsfreien Dialogton ersetzt wird, halbwegs verständlich klingen.

Auf einmal wurde in unserer Nähe aus dem Flugzeug ein runder

Gegenstand abgeworfen. Vorsichtig näherten wir uns und sahen jetzt, daß es ein in Papier gewickelter Stein war. Auf dem Papier stand: »Euch allen ein gutes Neues Jahr, Bernhard und Michael!« Jetzt erkannten wir an der typischen scheckigen Schwarzweißbemalung, daß es sich um die Grzimeks handelte, die zu dieser Zeit auch in Ostafrika einen ihrer Filme drehten.

Wir waren gerührt und grüßten durch Schwenken der Sonnenblenden und durch Winken. Dann wackelte das Flugzeug mit den Tragflächen und verschwand in der unendlichen Weite der ostafrikanischen Landschaft.

Eine der aufregendsten Szenen unseres Films mußte Peter Alexander mit einem Krokodil in einem Urwaldsee drehen. Der unheimliche dunkle See lag tief eingebettet am Grund einer ausgedehnten Mulde, umgeben von haushohen Urwaldbäumen. Dort angekommen, ließen sich von den Bäumen, wie auf Kommando, Hunderte von riesigen Spinnen auf uns herab. Unser Krokodil war natürlich eine Attrappe. Für die Verfolgung von Peter wurde es an Seilen gezogen. Peter Alexander war im allgemeinen ein ziemlich unerschrockener Knabe. Ich erinnere mich, daß wir einmal einen Zirkusfilm in Ostberlin drehten, wo er in der Manege, auf einem ausgewachsenen Löwen (keine Attrappe) sitzend, einen Schlager sang und sich selbst auf der Gitarre begleitete.

Für die Wasserszene mit dem Krokodil mußte man ein anderes Risiko einkalkulieren. In Ostafrika gibt es eine gefährliche Parasitenkrankheit, die Bilharziose. In vielen Gewässern scheidet eine bestimmte Art von verseuchten Wasserschnecken Larven aus, die in den menschlichen Körper durch die Haut eindringen und in verschiedenen wichtigen Organen eine tödliche Wirkung entfalten. Deshalb wurde bei den Siedlern, die an den beiden Enden dieses Sees ihre Häuser hatten, nachgefragt, wie es hier mit der Bilharziose stünde. Uns wurde gesagt, an jenem Ufer, das einer gewissen Mrs. Ryden gehörte, sei das Wasser absolut unverseucht, dort könnte man ruhig hineingehen. Der Kampf Peter gegen das Krokodil wurde somit hier gedreht. Nach Abschluß dieser Aufnahmen waren wir alle von den netten Leuten am gegenüberliegenden Ufer zum Aperitif eingeladen. Die behaupteten nun steif und fest, ihr Ufer sei bilharziafrei, das drüben von Mrs. Reyden hingegen total verseucht. Das war natürlich ein Schock für uns alle, aber zum Glück ist Peter nichts passiert, anscheinend war der ganze See parasitenfrei.

Was uns bei diesen Außenaufnahmen in Kenia besonders belastete, war die fürchterliche Hitze. Deshalb tranken die meisten von uns vernünftigerweise tagsüber kaum etwas. Wir lebten von der Vorfreude auf das köstliche City-Beer, das es auf einem Zwischenstop in einer Buschkneipe in 1½-Liter-Flaschen gab. Nach Drehschluß beeilten sich daher alle, das Set so schnell wie möglich zu räumen, in Fahrzeuge zu springen und zu verschwinden.

Diesmal hatten wir eine besonders unangenehme Aufnahme hinter uns. Laut Drehbuch mußten Muxi und ich, als Gangster in Gefangenschaft geraten, mit den Köpfen nach unten aufgehängt werden. Dabei kam dem Regisseur der grausame Einfall, uns so baumeln zu lassen, daß wir mit unseren Birnen zusammenprallen sollten. Als man uns aus der qualvollen Hängelage befreite, brauchten wir noch einige Zeit, um unsere Blutverteilung zu normalisieren. Inzwischen waren die lieben Kameraden mit sämtlichen Fahrzeugen spurlos verschwunden. Wir saßen verlassen im Busch. Zuerst glaubten wir noch an einen Scherz, aber bald merkten wir, daß wir wirklich allein gelassen waren.

Fluchend schlugen wir uns zu einer Straße durch. Es begann bereits zu dunkeln, uns wurde unheimlich, endlich kam ein Jeep daher, der uns als Anhalter zum Arusha Hotel mitnahm. Während der Fahrer uns immer genauer betrachtete, wurde er zusehends nervöser. Dann sagte er plötzlich: »Ich habe euch erkannt, euch zwei, ich weiß genau, wer ihr seid!«

Wir wußten nicht, ob wir uns geschmeichelt fühlen sollten, daß man uns so fern der Heimat, mitten im ostafrikanischen Busch, als Filmstars erkannt hatte. Der Tonfall des Mannes war nämlich nicht der eines bewundernden Fans: »Haut bloß so rasch wie möglich ab von hier, bevor sie euch schnappen!« fuhr er fort.

Uns war nicht klar, was der Mann meinte. »Wir fliegen erst in drei Wochen«, sagte ich ziemlich kleinlaut.

»Da kann es schon zu spät sein.«

Darauf konnten wir nichts antworten.

Schweigend ging die Fahrt weiter. Als wir vor dem Hotel in Arusha ankamen, sagte der Mann zum Abschied: »Also Jungs, nehmt euch in acht. Ich habe euch jedenfalls nicht gesehen! Good luck und bye-bye!«

Dann fuhr er auffallend schnell davon. Wir sahen uns fragend an. Plötzlich entdeckte ich, daß an einem Baum, vor dem wir vor einigen Tagen eine Szene gedreht hatten, noch immer ein Filmsteckbrief mit unseren Visagen als gesuchte Mörder klebte. Lachend atmeten wir auf und malten uns aus, was wohl passiert wäre, wenn uns der Jeepfahrer der Polizei übergeben hätte.

An der Hotelbar genehmigten wir uns ein paar stramme Drinks und nahmen die Entschuldigungen der Produktion für die Aussetzung huldvoll entgegen. Am nächsten Tag bekamen Muxi und ich einen eigenen Wagen.

Ich hatte ein paar drehfreie Tage, die ich dazu nutzte, mit dem Wagen, der mir nun zur Verfügung stand, bis nach Dar es-Salam zu fahren. Ich wollte mir das gegenüberliegende Sansibar, das damals noch ein Sultanat war, als Tourist ansehen. Ich ging in die Luftreederei »Camplin-Brothers« und erkundigte mich nach einer kleinen Chartermaschine mit Pilot. Die freundliche Dame sagte mir, man würde mich hinüberfliegen, aber nur dann, wenn ich dem Piloten gefiele.

Nach einiger Zeit erschien ein griesgrämiger Exoffizier der Royal Airforce namens Chris Treen. Er betrachtete mich eingehend, sehr sympathisch war ich ihm wohl nicht, aber auch nicht unsympathisch genug. Also starteten wir und flogen über den

Indischen Ozean Richtung Sansibar. Unter uns das tiefblaue Wasser mit den Korallenriffen und wohl auch, wie man weiß, mit einer Menge hungriger Haifische.

Einige Zeit nach dem Start fragte ich Chris, warum er seine Flüge von Sympathiegefühlen abhängig mache.

»Ich habe zur Zeit einen Malariaanfall, und Sie werden verstehen, daß ich da nicht gerne fliege, es kann mich ja jederzeit umhauen«, sagte er.

Entgeistert sah ich den Piloten an und bemerkte dicke Schweißperlen auf seiner Stirn. Es gab keinen zweiten Steuerknüppel, als Ersatzpilot kam ich also nicht in Frage. Während des ganzen Fluges beobachtete ich meinen Nebenmann mit dem kritischen Blick des Arztes.

Nach einer qualvollen Zeit landeten wir sicher auf Sansibar. Ich machte eine Sightseeing-Tour durch das bunte Gewühl der Stadt und ihrer Basare und ging dann in einer haifischfreien Bucht zum Baden.

Zur vereinbarten Zeit kehrte ich in das Hotel zurück, in dem Captain Treen wartete. Ich fand ihn an einem Tisch lümmelnd neben sechs bis sieben leeren Bierflaschen.

»Oh, Sie hatten Gäste?« fragte ich.

»Überhaupt nicht, aber Bier ist das einzige, womit ich meine Malariaanfälle unterdrücken kann.« Schwerfällig erhob er sich und wankte mit mir zum Flugzeug. Diesmal startete er besonders schneidig, und ich begann zu ahnen, wie sich »Trunkenheit am Knüppel« auswirken könnte.

Abermals verging im Flugzeug eine bange Zeitspanne, und als wir endlich wieder über dem Festland waren, leistete sich der gutgelaunte Pilot noch ein paar fliegerische Eskapaden. In dieser Gegend befindet sich nämlich ein riesiger Krater, in dem ein Tierreservat angelegt ist. Als Schelm am Knüppel jagte Chris mit seiner Cessna die Tierherden im Tiefflug durch das Gelände. Mir wurde übel, und als wir endlich unversehrt landeten, ging ich in das nächste Hotel und ließ mich meinerseits mit ebensoviel Bier vollaufen wie vorher mein Charterpilot. Die Rückfahrt durch ausgetrocknete Flußbetten, durch Sand und Busch verschob ich auf den nächsten Morgen.

Die Dreharbeiten gingen zu Ende, nun hieß es Abschied nehmen von Kenia und Tanganjika: »Addio Afrika!«
Im direkten Anschluß an die Aufnahmen in Ostafrika hatte ich in Wien Proben für ein Theatergastspiel. Mein Heimflug nach Europa ging über Entebbe in Uganda, Khartum im Sudan und Bengasi in Libyen zunächst nach Rom. Als ich dort landete, herrschte tiefster Winter, wie er jahrelang nicht vorgekommen war. Ich stand in Safarikleidung schlotternd auf dem Flughafen. Die Fluggesellschaft mußte mich, weil mein Gepäck versehentlich im Sudan ausgeladen worden war, dem Winterwetter entsprechend einkleiden. Ein Vertreter der BOAC machte mit mir einen kostspieligen Einkaufsbummel durch die eleganten Herrenmodengeschäfte Roms, und kurz darauf landete in Wien der römisch-dandyhaft gekleidete und von der afrikanischen Sonne gebräunte Gunther Philipp.

»... der traut sich was, wo er noch nicht abgedreht ist!«

Eine Bombenrolle neben Eddie Constantine –
Tuskulum gesucht – Römische Impressionen und
drei Watschen am Brunnen – Ein Italo-Western und
ein Film mit Bud Spencer – Reminiszenzen,
Reflexionen, Fantasien – Erkennungszeichen A...

Mein erster Film 1960 war *Eine Nacht in Monte Carlo*, eine Wiederverfilmung von *Bomben auf Monte Carlo*. Er wurde an der französischen und italienischen Riviera gedreht, die Atelieraufnahmen fanden in Paris statt. Eddie Constantine spielte die Albers-Rolle nach und ich die von Heinz Rühmann.

Mit Eddie und seinem Clan freundete ich mich sehr schnell an, wir hatten eine schöne Zeit mit viel Spaß an der Arbeit. Besonders beeindruckt war ich von der weltmännischen Art Eddies, seiner Vielsprachigkeit und der ungeheuren Großzügigkeit seinen Freunden gegenüber. Ständig war er von einer Menschengruppe umgeben, wobei ich nie wußte, wer welche Funktion in seinem Leben hatte. Ein wichtiger Mann an seiner Seite war der Dialogregisseur Pierre, der für die französische Version verantwortlich war.

Als ich einmal ein paar Drehtage frei hatte, flog ich nach München und sollte von dort über Zürich nach Nizza zurück. Nach einer Konfrontation mit der Fluggesellschaft, die mich trotz O. K. im Ticket nicht mitnahm, weil die Maschine überbucht war, kam ich verspätet ins Außenmotiv Nizza. Zum Glück waren die Dreharbeiten nicht meinetwegen abgebrochen, sondern weil die Hauptdarstellerin Marion Michael *(Liane, das Mädchen aus dem Urwald)* einen Straßenkreuzer an eine Laterne gesetzt und sich

Verletzungen zugezogen hatte. Wir wurden auf unbestimmte Zeit beurlaubt, niemand wußte, wie es weitergehen sollte. Bezahlt wurde natürlich nicht.

Mein Versuch, die Filmfirma zur Kasse zu bitten, wurde in Berlin bei Gericht abgeschmettert. Der Anwalt der ARCA-Film behauptete plötzlich, sein Klient sei für Zahlungen nicht zuständig, sondern die Windsor-Film, eine Schwesterfirma, mit Sitz und Briefkasten im Fürstentum Liechtenstein. Also war nichts mit der Gage, ich mußte warten, bis man wieder auf mich zukam, um den Film fertig zu drehen. Eine Playbackaufnahme mit Eddie stand noch aus. Und obwohl der Film keineswegs fertig war, veranstaltete der Verleih eine Werbekampagne mit Eddie Constantine.

Als Eddie zu diesem Zweck nach Wien kam, holte ich ihn unter großem Presse- und Publikumsrummel vom Flughafen ab. Direkt an der Gangway stieg er in ein Mercedes-Cabrio und ließ sich auf dem Wege zur City von einem Spalier begeisterter Lemmy-Caution-Fans frenetisch feiern. Nach unseren offiziellen Verpflichtungen fuhr ich ihn durch die Josefstadt, wo er seine Studienzeit verbracht hatte. Er zeigte mir das Haus und die Fenster seiner Studentenbude, und wie mir schien, hätte nicht viel gefehlt, und eine Träne wäre ihm über das narbige Antlitz gekullert.

Eine große Gala in der ausverkauften Wiener Stadthalle bildete den Abschluß seiner Promotion-Tour, ich übernahm die Conférence. Das Publikum raste, als er die beliebten Chansons mit seinem typischen französischen Akzent und der Whisky-Stimme sang. Eddie reiste wieder ab, und keiner wußte, wie es mit der *Nacht in Monte Carlo* weitergehen sollte.

Mein Arbeitsleben ging jedoch unaufhaltsam weiter. Mit Peter Alexander und Ingeborg Schöner entstand der Film *Ich zähle täglich meine Sorgen*. Gleich darauf drehten Peter und ich am Wolfgangsee *Im weißen Rößl*.

Da kam es zur ersten kritischen Terminkollision zwischen Film und Motorsport, meiner neuen Liebe. Während das schöne Wetter für die Außenaufnahmen genutzt wurde, stand ich für Montag früh als erster auf der Dispo, was ich allerdings reichlich spät, in der Nacht davor, erfuhr. Ich befand mich in Klagenfurt, wo ich zum Wochenende ein Flugplatzrennen fuhr und mit meinem 300 SL einen Klassensieg erhaschte.

Auf glühenden Kohlen saß ich nun im Zug, und meine Nervosität steigerte sich von Minute zu Minute, wir hatten schon eine riesige Verspätung. An einer der Stationen spurtete ich nach vorne zum Lokführer, stieg auf seinen Führerstand und fuhr bis zum nächsten Stop bei ihm mit. Ich bearbeitete ihn, schneller zu fahren, wollte ihn bestechen, was natürlich nicht gelang. Aber er versprach, sein Bestes zu tun. Einigermaßen beruhigt ging ich in mein Abteil zurück und kam gerade noch rechtzeitig am Motiv an. Ob der freundliche Lokführer mir zuliebe wirklich schneller gefahren ist, wird sich wohl nie feststellen lassen.

Nachdem ein weiterer Film, *O sole mio*, mit Senta Berger, Rex Gildo und Vico Torriani, an der ligurischen Küste bei La Spezia abgedreht war, spielte ich täglich im Wiener Renaissance-Theater- den Schwank *Hurra, ein Junge* unter der Regie meines alten Freundes Peter Loos.

Eines Abends erschien ein Mann von Wagon-Lits in der traditionellen Uniform eines Schlafwagenschaffners und brachte mir, mit den besten Grüßen der ARCA-Film, eine Bettkarte für den Mitternachtszug nach München, ich sollte am nächsten Morgen mit Eddie Constantine die fehlende Playbackaufnahme machen. Von dem offenen Gagenrest wußte der gute Mann natürlich nichts.

Jetzt hängte sich meine Agentin an den Draht und erzwang die Nachzahlung. Nach der Vorstellung regelte ein Anwalt der Produktion das Problem, und ich begab mich zum Bahnhof.

Am nächsten Tag saß ich mit Eddie vor der Rückpro-Wand, auf der die Côte d'Azur abgespult wurde. In einer Cabrio-Attrappe sangen wir das Duett »Voilà, regarde la marine« zur Melodie »Das ist die Liebe der Matrosen«.

Um einige Erfahrungen im Bereiche »Zahlungsgewohnheiten« reicher, stieg ich in das Flugzeug nach Wien. Es war tiefer Winter, ungünstiges Flugwetter, mir wurde mulmig, denn es war schon verdammt spät. Ich saß im Cockpit, der Kapitän hatte Kontakt mit meinem Theaterproduzenten Carl Spiehs, der schon mit einem Wagen der Polizei am Flughafen Schwechat wartete. Die Maschine mußte ein paar quälende Warteschleifen ziehen, im Nebel entgingen wir einer Kollision mit einer Maschine der Middle East Airlines, und nach einer Höllenfahrt auf Glatteis brachte mich die Polizei – dein Freund und Helfer! – mit Blaulicht gerade noch rechtzeitig zu meinem Auftritt ins Theater.

Irgendwo wollte ich ein Plätzchen haben, wo ich entspannen und neue Kräfte sammeln konnte. Zuerst dachte ich, heimatliebend, an eine kleine Hütte in Wien am Donaukanal Ost III. Als ich jedoch die endlose Reihe der uniformen Buden sah und zusätzlich hörte, welche individuellen Veränderungen an diesem Einheitsfabrikat verboten seien, verzichtete ich auf einen Pachtvertrag von Magistratsgnaden. Die Verwirklichung des Wunsches nach einem Tuskulum, einem behaglichen Landsitz, verschob ich auf einen späteren Zeitpunkt.

Eines Tages rief mich Anna Ottavi-Cheli nach Cinecittà in das De-Laurentiis-Studio zu Probeaufnahmen mit Prinzessin Soraya. Der Regisseur dieses Projektes, Signore Alberto Lattuada, wollte mich in einer Rolle als Sorayas Vater sehen. Das schien mir zunächst etwas abwegig, weil ich mir mit meinem blauäugigen Habitus nicht wie ein echter Esfandiari vorkam. Als ich erfuhr, ich sollte einen Schauspieler spielen, der den Vater von Soraya nur spielt, hatte ich keine dramaturgischen Bedenken mehr.

Aus irgendwelchen Gründen fanden die Probeaufnahmen erst einige Tage später statt. In drei Sprachen, Deutsch, Englisch und Italienisch, mußte ich den Text des Drehbuchs abliefern. Die

Dialogszenen mit der Prinzessin wurden getrennt aufgenommen, sie allein und dann ich allein. Kaiserliche Hoheit wollten das so. Lattuada meinte, das wären Hemmungen, weil ich ein alter Profi sei. Glücklicherweise wurde der Film nie gedreht.

Drei Tage bis zum Kameratest hatte ich frei, und Frau Ottavi schickte mich auf Abruf in die Toskana. Ich kam in eine reizende Gegend an der tyrrhenischen Küste. Sanfte grüne Hügel mit silbrigen Olivenbäumen, hohe schlanke Zypressen, ausgedehnte Pinienhaine und zwanglos verstreut alte Bauernhöfe aus Naturstein: toskanische Bilderbuchlandschaft, wie sie im Reiseführer steht.

Der Wunsch nach etwas Eigenem tauchte wieder auf. Der Besitzer des Hotels, in dem ich die Zeit überbrückte, machte mich darauf aufmerksam, daß man jetzt günstig kaufen könne, der Fürst Sowieso brauche dringend Geld. Man zeigte mir vier verschiedene Grundstücke, und ich entschied mich für eines direkt am Meer.

Ein Grundstück hatte ich jetzt, nun wollte ich ein Haus bauen. Frau Ottavi brachte einen Architekten an, Giorgio. Er entwarf, erledigte die Formalitäten mit den Behörden, und der Bau konnte beginnen.

Das Haus hatte schon eine Höhe von 20 Zentimetern erreicht, als die Baugenehmigung widerrufen wurde. Machtwechsel nach den Kommunalwahlen. Das Grundstück wäre zu klein, Baustopp, »Mauern« schleifen. Zum Glück war das Nachbargrundstück frei, ich kaufte es dazu. Neue Planung, zweiter Baubeginn.

Was es heißt, ein Haus zu bauen, weiß jeder, der eines gebaut hat. Und ganz besonders in Italien. Für die Schilderung dieses Abenteuers reichen die Superlative der deutschen Sprache nicht aus. Ich durchlitt alle Abteilungen der Bauherrenhölle.

Zunächst gab der Architekt, der als Treuhänder das Geld für den Bau verwalten sollte, eine fünfstellige DM-Summe nicht an die Baufirma weiter, sie verschwand spurlos. Um zu meinem Recht zu kommen, mußte ich den Anwalt der österreichischen Botschaft bemühen. Als wir versuchten, den verschwundenen Betrag zurückzubekommen, ging das Architektur-Treuhandbüro in Konkurs, und Giorgio war beleidigt.

Die Kränkung, die ein Architekt dadurch erleidet, daß der Bauherr sich nicht beklauen lassen will, ist, zugegeben, eine tiefe. Nach seiner Auslegung des jus romanum ist »die Eigentumsübertragung ohne Einwilligung und Wissen des Besitzers« legitim. Dann muß man auch verstehen, wenn dem Architekten aus emotionalen Gründen mal ein kleines Pflichtversäumnis unterläuft. Auch ein italienischer Architekt ist nur ein Mensch, oder?

Jedenfalls überschritt Giorgio an einem Teil des Hauses die zulässige Höhe von 5,80 Metern um ein paar Zentimeter. Das Haus stand am Meer. Ein Bauwerk von mehr als 5,80 Metern Höhe ist nach amtlicher Definition ein Turm, das Errichten von Türmen am Meer muß vom Marineministerium genehmigt werden. Da Giorgio beleidigt war, lag diese Genehmigung nicht vor. Also schaltete sich die Hafenkommandantur als Exekutivbehörde ein, und im Nu war ich Angeklagter vor dem Marinegericht. Nur dem glücklichen Umstand, daß der Hafenkommandant, der die Marinegerichtsbarkeit ausübte, versetzt wurde und ein Cancelliere für die Interimszeit bis zum Dienstantritt des Nachfolgers entscheiden durfte, verdanke ich es, daß ich heute in Freiheit lebe.

Diese Konfrontation mit der italienischen Bürokratie war relativ harmlos. Sie treibt noch ganz andere, bedenkliche Blüten. Am auffälligsten wird die Bürokratie durch die Polizei repräsentiert. Diese geht nach einem eigenartigen Rechtsempfinden vor. Die Personenentführungen, Lösegelderpressungen und die in die Hunderte gehenden Morde der Mafia und Camorra sind da wohl nicht gravierend, absolut strafwürdig hingegen ist zum Beispiel das unabsichtliche Überfahren eines verwaschenen durchgezogenen Mittelstreifens mit dem linken Vorderrad. Da wird mit Härte vorgegangen, da wird der Tourist, hauptsächlich der deutsche, zur Kasse gebeten.

Zum Thema Italo-Bürokratie gibt es eine Episode, die in ein anderes Jahrhundert zurückreicht.

Im September 1786 unternahm Goethe mit der Postkutsche seine legendäre Reise nach Italien und erlebte eine heitere Begebenheit in der Nähe von Malcesine am Gardasee. Damals verlief dort die delikate Grenze zwischen der österreichischen Lombardei und der venezianischen Serenissima. Der Meister, auch der graphischen Kunst talentvoll zugetan, war eben dabei, den halb verfallenen Turm einer alten Festung zu zeichnen, als er von eilfertigen Häschern, der Spionage dringend verdächtig, zum Podestà geschleppt wurde. Das verräterische Dokument wurde von einem der Schergen demonstrativ zerrissen.

Erst nach wortreichem Hin und Her löste sich die Sache in Wohlgefallen auf. Wahrscheinlich hätte sich Goethe aus gegebenem Anlaß mit seinem berühmten Zitat geäußert, wenn er es nicht schon im *Götz von Berlichingen* verbraucht hätte.

Eine Menge Humor mußte auch ich aufbringen, um alles zu bewältigen, was sich im Laufe des Hausbaues so ergab. Zum Glück regelte mein Anwalt letztendlich alles. Seit mehr als zwanzig Jahren wohne ich nun in dem schönen Land Italien und versuche den Dingen, die das Leben dort mit sich bringt, mit Heiterkeit zu begegnen.

Von meinem Haus benötige ich mit dem Auto nach Rom zirka eineinhalb Stunden. Ein Einkaufsbummel durch die eleganten Geschäftsstraßen gehört zum obligaten römischen Ritual. Ebenso erlebnisreich sind auch Abstecher an die Brennpunkte des Tourismus, wo sich allerdings in den letzten Jahren einiges geändert hat.

Damals spielte sich das elegante Leben auf der Via Veneto so ab: Eine blonde, langbeinige Schwedin sitzt im Café de Paris und schlürft ihren Milchshake. Ein roter Ferrari hält an, ein Mann mit schwarzen Haaren steigt aus und überreicht der Schwedin im weißen Kleid einen Strauß gelber Rosen. In gepflegtem Englisch lädt er die Dame zum Abendessen ein, eine Affäre nimmt ihren Anfang, die damit endet: Latin lovers sind die besten.

Heutzutage sieht die Sache ganz anders aus. Es ist besser, sich nach Einbruch der Dunkelheit aus der Innenstadt in Sicherheit zu bringen.

Wieder sitzt eine junge Dame im Café de Paris. Eine verrostete Vespa stoppt am Gehsteigrand, der Fahrer springt herunter, gibt der Dame einen Stoß, reißt ihr die Handtasche mit all ihren Dokumenten und Kreditkarten von der Schulter, springt wieder auf sein Fahrzeug und braust davon in Richtung Trastevere. Tempora mutantur. Aber was soll's, Rom ist immer noch eine faszinierende Stadt.

Eine besondere Sehenswürdigkeit ist der Trevi-Brunnen (Fontana di Trevi), der durch den amerikanischen Film *Drei Münzen im Brunnen* sentimental gewürdigt wurde. Der Aberglaube, daß die Rückkehr in die ewige Stadt gesichert sei, wenn man über seine linke Schulter drei Geldstücke in das Brunnenbecken wirft, besteht heute noch. Täglich gehen daher Tausende von Touristen, im Vertrauen auf die magische Kraft des Brunnens, diesem Kult nach. So sammelt sich im kristallklaren Wasser eine beträchtliche Menge von Münzen an. In gewissen Abständen wird das Thema aktuell, wem dieses Geld eigentlich gehöre. Ein römischer Prätor hat neulich eine juristische Definition gegeben, nach der es sich bei jenen Münzen um eine »res nullius«, also um »niemandes Sache«, handele.

Diese amtliche Feststellung führt immer wieder zu erbitterten Kämpfen um das »Freigut«. Es bilden sich jugendliche Interessengruppen, die einander schon wahre Schlachten geliefert haben. Zur Zeit besteht glücklicherweise eine friedliche Vereinbarung, die nach einem alternierenden Turnus die »Fischereirechte« regelt. Gefischt wird überwiegend nachts oder im Morgengrauen von kleinen Schlauchbooten aus mit Hilfe von Magneten und Greifzangen. An geraden Tagen erntet die eine, an ungeraden die andere Gruppe. Wilderer werden mit brachialer Gewalt ferngehalten. Laut Auskunft von Kennern der Szene beträgt die tägliche Ausbeute immerhin etwa 400 DM. Da auch heute noch in Italien ein empfindlicher Mangel an Kleingeld besteht, wechseln die Geschäftsleute an der Piazza Trevi Metall – in Papiergeld zu erstaunlich hohem Kurs, nämlich 100:140. Die Sache lohnt sich also für alle Beteiligten.

Vor kurzem kam es am hellichten Tage am Trevi-Brunnen zu einem internationalen Zwischenfall. Ein amerikanischer Tourist protestierte energisch dagegen, daß seine eben hineingeworfenen Münzen sofort herausgefischt wurden. Der Oberfischer verpaßte ihm drei echte Trevi-Watschen. Selbstverständlich schritt die Polizei sofort ein, der noch nicht strafmündige Täter wurde nach Hause geschickt. Der magischen Kraft des Brunnens zufolge wird jener Italoknabe bestimmt wieder zurückkehren. Bei dem geohrfeigten Amerikaner ist dies hingegen nicht so sicher.

In den Jahrzehnten, die seit meinem ersten Film im Jahre 1949 vergangen sind, habe ich nur zweimal ernste Rollen gespielt, und zwar im dritten Film, *Schuß durchs Fenster,* und viele Jahre später in einem italienischen Western, der ganz in der bewährten amerikanischen Manier dieser Filme angelegt war. Das Konzept des Films gefiel mir schon vom Milieu her, einen richtigen Western hatte ich noch nie gedreht. Ich sah eine Möglichkeit, mich ein wenig beim italienischen Film umzusehen, die dortige Arbeitsweise und neue Menschen kennenzulernen.

Der Film spielte in der klassischen Zeit des Goldenen Westens, in der Kommunalpolitik noch mit dem Colt gemacht wurde. Es war ein historischer Film. Mit dem, was man mir an Kleidung verpaßte, wäre ich im Karneval bei jedem Maskenfest als Sieger im Kostümwettbewerb hervorgegangen.

Als ich mich zum ersten Mal im Spiegel sah, war ich enorm von mir beeindruckt. Da stand er, der korrupte Dorfrichter, ganz in Schwarz, aus der Westentasche hing in schwungvollem Bogen die dicke silberne Uhrkette, enge Röhrenhosen, die klassischen Westernstiefel mit den schrägen Absätzen, mit denen man immer das Gefühl hat, bergab zu gehen, dazu der breitkrempige Westernhut, ebenfalls in Schwarz. Das war eines jener Filmkostüme, die schon ohne Zutun ihres Trägers die Rolle spielen, da brauchte man nur reinzusteigen und die Sache lief.

Das Drehbuch hatte ich schon lange vorher bekommen, und so konnte ich mich ganz auf die Rolle, vor allem auf meinen italienischen Text, vorbereiten. Das ganze Vorhaben imponierte mir, schon der Arbeitstitel hatte es in sich: *Su i boia non si spara (Auf Henker schießt man nicht)*. Das klang verheißungsvoll – mal etwas ganz anderes, keine Klamotte, kein Lustspiel, endlich eine ernste Charakterrolle mit dramatischen Szenen.

Die Hauptrolle spielte Marina Berti, ein italienischer Filmstar, ihr Mann, Claudio Gora, führte Regie, und beider Sohn, Tony Kendall, war mein direkter Partner. Als Verfechter des Guten, als gnadenloser Rächer, ging er über die Leichen der Bösewichte. Eine dieser Leichen sollte ich sein.

Um meine äußere Erscheinung dem Stil der Zeit anzupassen, war ich schon monatelang vorher nicht mehr zum Friseur gegangen, hatte das lockige Silberhaar wachsen und wuchern lassen, ein Einfall, den ich an jedem Drehtag im glühendheißen, steinigen Gelände und in der drückenden Schwüle des römischen Studios tief bereute.

Die Produzentin, Frau Dr. Liliana Biancini, Inhaberin der »L. B. Film Rom«, war eine betriebsame Karrierefrau, deren Erfolgsrezept mir leider erst am letzten Drehtag klar wurde, als die Schlußabrechnung fällig war. Da es sich um eine italienisch-deutsche Co-Produktion handelte, gab es auch einen quotenmäßig festgelegten Anteil an deutschen Schauspielern, darunter mein lieber Kollege aus der Wiener Seminarzeit, Herbert Fleischmann, sowie Herbert Fux, der sich später in seiner Heimat Salzburg als ambitionierter Politiker engagierte. Für ihn war übrigens die Rolle eines Henkers vorgesehen, worin man keineswegs einen Zusammenhang mit seiner späteren politischen Aktivität erblicken darf. In der Zeit unseres gemeinsamen Films verlegte er das Schwergewicht seiner Tätigkeit, wenn er gerade nicht zu drehen hatte, auf den privaten Sektor seines Lebens.

Unser Drehplan war so gut wie undurchschaubar, es gab viele drehfreie Tage, besonders für Fux. Ein Mann wie er, in der Blüte seiner Jahre, voller Tatendrang und mit einem sehr speziellen Charme ausgestattet, hat es ja bekanntlich im Leben immer leicht. Von diesem Umstand machte er reichlich Gebrauch und stellte täglich unter Beweis, daß ein Mann nicht immer schön sein muß, um Erfolg zu haben. Also erwies sich die Via Veneto als geeigneter Austragungsort seines Kommunikationsdranges.

Rom quoll über von Fremden, das Café de Paris, gegenüber dem berühmten Hotel Excelsior, war ein beliebter Ort der Begegnung, hier konnte man als aktiver Mann unter den nichtitalienischen Touristinnen wählen, zwischen Oslo und Wuppertal, Kopenhagen und Ruhpolding. Mit einem Wort: ein Dorado des zwischengeschlechtlichen Pluralismus, ein sexuelles Jagdrevier ohne Schonzeit. Herbert Fux machte von seinem Talent auf dem Gebiete der nonverbalen Kommunikation ausgiebig Gebrauch. Mit ein paar Brocken Englisch, die er mit echtem Salzburgerisch vermischte, und mit einer klaren Zeichensprache kam er sehr häufig zum Zug.

Herbert Fux sollte in unserem Western einen von jenen Henkern spielen, auf die man laut Titel nicht schießen durfte. Als er einmal eines Tages, nach langem drehfreien Herumlungern auf den römischen Boulevards, unvorhergesehen plötzlich dran gewesen wäre, um mit seiner charakteristischen Physiognomie der Figur des Scharfrichters Gestalt zu verleihen, war er unauffindbar, weil ihn die Produktion nicht rechtzeitig informiert hatte. Der Regisseur, Claudio Gora, war um einen Ausweg nicht verlegen. Kurzerhand wurde von der Straße weg ein Passant als Henker engagiert, ein Rückfall in den Neo-Verismo? Statt den Drehbuchtext zu sprechen, der ja für einen Profi gedacht war, hatte der Laiendarsteller mit der Scharfrichtervisage nichts anderes zu tun, als in seiner Muttersprache von »eins« an zu zählen, bis der Regisseur »Aus« rief. Der Film wurde dann sowieso nachsynchronisiert, womit das Problem gelöst war.

Wie sich der Ausfall von Herbert Fux später auswirkte, konnte ich nie genau feststellen. Jedenfalls erschien viel später in den deutschen Kinos eine synchronisierte Version unter dem Titel *Il Nero – Haß war sein Gebet*. Der Film war völlig zusammengeschnitten, meine schöne Hauptrolle, mit der ich dem deutschen Kinopublikum meine Fähigkeiten als ernster Charakterdarsteller beweisen wollte, war bis zur Unkenntlichkeit verstümmelt. Außerdem hatte man mich mit einer ganz und gar unpassenden Stimme synchronisiert, das gab der Sache den Rest.

Ich trauerte den vielen ergreifenden Szenen dieses Films noch lange nach. Da stand zum Beispiel schon am ersten Drehtag meine Ermordung auf der Dispo, eine Szene, die eigentlich an den Schluß gehörte, sie wurde jedoch vorgezogen. Ich hatte ja den zwielichtigen, bestechlichen Richter zu spielen, der in seinem Amtszimmer durch einen gezielten Messerwurf den verdienten Tod erleiden sollte. Mit Spannung sah ich den Ereignissen entgegen, weil ich nicht wußte, wie man diese Sache technisch darstellen würde.

Als ich bemerkte, was man sich zur Visualisierung des tödlichen Messerwurfes ausgedacht hatte, wußte ich, warum man diese Szene an meinem ersten Drehtag angesetzt hatte. Es war eine riskante Angelegenheit, und im Falle eines Falles wäre durch meinen Ausfall kein großer Schaden für die Produktion entstanden, es hätte sich für mich bestimmt ein Ersatz gefunden.

Laut Drehbuch betrat also Nero, der Hüter der Gerechtigkeit, mit Schwung und Gepolter mein Arbeitszimmer. Ich saß mit grimmiger Miene am Schreibtisch, auf alles gefaßt, den Colt griffbereit neben mir, und da stand er plötzlich drohend und breitbeinig vor mir, der edle Rächer.

Nun wurde der technische Ablauf des tödlichen Messerwurfes vorbereitet. Unter meiner schwarzen Weste hatte man ein dickes Brett aus weichem Holz über der Herzgegend eingebaut. Eindrucksvoll probierte der Requisiteur aus, mit welcher Wucht das lange Wurfmesser ankommen mußte, um in meiner »Brust« steckenzubleiben. Mir wurde allmählich mulmig. Aber der Regisseur beruhigte mich, alles sei bis aufs kleinste ausgetüftelt, es könne gar nichts passieren.

Von dem Brett über meinem Herzen führte ein dünner, stark gespannter Stahldraht zum Standort des Rächers neben der Kamera. Auf diesen Draht war mit zwei kleinen Ösen das Todesmesser aufgefädelt, die Spitze auf mich gerichtet. Am anderen Ende des Drahtes befand sich eine kräftige Gummischleuder, die das Messer abschießen sollte. Mit dem Brett wurden vorher ein paar Versuche gemacht, da ging alles glatt. Allerdings fiel mir auf, daß das Messer den Draht entlang mit der Spitze nach vorne wie ein Pfeil dahinflog und nicht rotierte, wie ein Wurfmesser das normalerweise tut. Der Regisseur meinte, diese Abweichung von der Realität hätte nichts zu sagen, das würde sich »verspielen«. Aus humaner Rücksichtnahme auf mich hatte man von gefährlichen Proben mit der nunmehr installierten Schleudervorrichtung Abstand genommen. Es mußte eben auf Anhieb klappen.

Endlich war es soweit, wir konnten drehen. Im Atelier hatte sich eine merkwürdige Spannung ausgebreitet, etwa wie vor einer großen artistischen Nummer in der Zirkuskuppel, nur der Trommelwirbel fehlte. Ich fühlte mich wie der Kontrahent in einem russischen Roulette. Die Kamera war auf mich gerichtet, der untere Bildrand am vorletzten Knopf der Weste, die Herzregion deutlich im Bild. Jetzt erklangen die üblichen Rufe: »Pronti – motore – azione!«

»Zang!« Das Messer war abgeschleudert, die Öse an der Spitze gebrochen. Nur noch an der Öse des Griffes befestigt, flog es mit der Schneide nach vorne senkrecht aufgerichtet auf mich zu. Die Klinge flog haarscharf an meinem Hals vorbei.

»Scusi!« sagte der Regisseur ganz beiläufig. Ich war ein paar Schattierungen bleicher, ließ mir jedoch nichts anmerken. Gekonnt überspielte die Produktion ihre Betretenheit. Also: »Noch einmal! Ancora una volta, per favore!«

Beim zweiten Schleuderwurf brach die andere Öse, jetzt drohte der Messergriff in meinen teuren Schneidezähnen zu landen. Wieder nichts! Nach einigen weiteren vergeblichen Versuchen gab man es auf und fand eine andere Lösung. In einer Großaufnahme wurde meine Weste auf einer Styroporbrust gezeigt, und ein eigens engagierter professioneller Messerwerfer vom Zirkus Orfei vollzog meine »Hinrichtung«.

Abgesehen von diesem aufregenden ersten Drehtag waren die Arbeiten an diesem Film zwar anstrengend, aber interessant. Unweit von der Autobahn Rom–Civitavecchia gab es ein Motiv, das öfter als Schauplatz für Westernfilme diente, weil die Landschaft den entsprechenden Charakter hatte. Dort drehten wir also ein paar spektakuläre Außenaufnahmen, rasende Kutschenfahrten auf holprigem Gelände, wilde Schießereien und Faustkämpfe auf offener Straße.

Auf eine Szene am Ende des Films freute ich mich besonders. Als Leiche sollte ich, von meiner tieftrauernden Filmtochter, die von einer bildhübschen Italienerin dargestellt wurde, im offenen Sarg liegend zum Abschied für immer liebkost werden.

»Sie bedeckt das Antlitz ihres Vaters mit zärtlichen Küssen«, stand auf der linken Seite des Drehbuches. Dieser Aufnahme sah ich schon den ganzen Film hindurch mit Erwartung entgegen, sie wurde aber immer weiter hinausgeschoben. Überhaupt fiel mir auf, daß die ganzen administrativen Abläufe etwas Zögerliches an sich hatten, je mehr sich die Produktion ihrem Ende näherte. Noch dachte ich an nichts Böses.

Je weiter mein letzter Drehtag nach hinten verlegt wurde, um so näher rückte nämlich das Vertragsende und damit gegebenenfalls eine zusätzliche Tagesgage. Der gewinnbringende Zeitpunkt war nun schon überschritten, da bestellte man mich in ein Maskenstudio. Von meinem Gesicht wurde ein Plastikabguß gemacht, der mich bei der Anfertigung an den Rand des Erstikkungstodes brachte, weil ich nur durch zwei dünne Nasenröhrchen atmen durfte.

Zunächst wußte ich gar nicht, was es mit diesem Abdruck auf sich hatte, dann dämmerte mir, daß man sich die Gage für meinen überzähligen Drehtag ersparen wollte. Die Schlußszene wurde nun gedreht, im Sarg lag eine Puppe mit meiner Plastikvisage, mit meinem prächtigen Kostüm bekleidet, und die schöne Tochter bedeckte »mein« Gesicht mit Küssen. Ihre Tränen flossen in Strömen, ich sah zu und mußte auch weinen, vor Rührung und weil es der letzte Drehtag des Films war.

Wenn ich zu diesem Zeitpunkt gewußt hätte, daß der Scheck (Gesamtgage und Diäten), den man mir eben übergeben hatte, ungedeckt war, wäre mein Weinen noch bitterlicher ausgefallen. Am folgenden Montag konnte ich mit diesem »Schüttelscheck« auf der Bank natürlich nichts ausrichten. Frau Dr. Biancini, die Firmenchefin, war verschwunden, und die L. B. Film hatte schon Konkurs angemeldet. Drehschluß auf italienisch! Mein Rechtsanwalt bemühte sich noch, wenigstens einen Teil der Gage herauszuholen, aber da war nichts zu machen. Ich bezahlte die beträchtliche Hotelrechnung aus eigener Tasche und reiste grollend ab.

Bald darauf machte ein italienischer Anwalt von meinem Recht als Hauptdarsteller Gebrauch, er blockierte den Export des Films. Der Leistungsbeitrag eines Schauspielers mit einer großen Rolle gilt als urheberrechtlich geschützter Kreativanteil an dem Zustandekommen des Produktes. Seine Auswertung kann daher durch richterliche Verfügung verhindert und erst wieder mit ausdrücklicher Zustimmung des Darstellers ermöglicht werden.

Einige Zeit verstrich, dann erschien ein deutsch-italienischer Anwalt und bat mich, durch meine Unterschrift die Exportsperre aufzuheben und die Aufführung des Films in der Bundesrepublik zu ermöglichen. Seinen Vorschlag untermauerte er mit dem einzig annehmbaren Argument, es gäbe jetzt einen Mann in Deutschland, der bereit wäre, die Gagenschuld der L. B. Film Rom zu tilgen. Er nannte mir den Namen dieses Mannes, es war ein wohlklingender Name, der Betreffende war mir gut bekannt, ein Ehrenmann vom Scheitel bis zur Sohle, Filmproduzent und außerdem verheiratet mit einer sehr populären Schauspielerin, mit der ich oft gedreht hatte und der ich mein Haus in Geiselgasteig zum Nulltarif überließ, wenn sie in München drehte. Die Basis war also vertrauenerweckend, und ich unterschrieb die Freigabe für den Export.

Kurze Zeit darauf erschien in den Tageszeitungen eine erschütternde Nachricht: »Grauenvoller Verkehrsunfall, LKW rammt PKW, vier Tote, Grethe Weiser und ihr Ehemann Dr. Schwerin sowie zwei weitere Insassen ihres Wagens getötet.«

Ich war durch den Tod meiner geliebten Kollegin Grethe Weiser so erschüttert, daß ich dem Nachlaßverwalter des Dr. Schwerin gegenüber meine Ansprüche nicht mehr geltend machen wollte.

Nach *Nero* bekam ich ein paar interessante Angebote von römischen Produktionen, die ich wegen meiner Theaterverpflichtungen nicht annehmen konnte, darunter waren zwei Filme mit Vittorio Gassman, einer unter Vittorio de Sica, weitere mit Monica Vitti und Adriano Celentano sowie eine TV-Serie als »Co« von Paolo Villaggio. Ich glaube zwar nicht, daß der Erfolg dieser Produkte die Welt verändert hätte, auch meine nicht, aber Spaß hätte ich daran gehabt.

Einmal hatte ich allerdings Glück. Ugo Tognazzi drehte für die RAI als Hauptdarsteller und Regisseur die komische Kriminalserie *F.B.I. (Francesco Bertolucci Investigatore)*. In der Folge »Una notta americana« bekam ich die Hauptrolle eines etwas abgetakelten, seit Jahren in Rom lebenden amerikanischen Journalisten. Die Außenaufnahmen wurden auf einer riesigen Terrasse, die zur Wohnung der Schauspielerin Catherine Spaak gehörte, über dem nächtlichen Rom gedreht. Als Edelkomparsen fungierten die zahlreichen Mitarbeiter der US-Botschaft. Diese Nacht war, über die Dramaturgie des Drehbuches hinausgehend, in Wirklichkeit kriminell und turbulent.

Bevor ich zu den Aufnahmen aus dem Hotel in der Via Veneto losgehen wollte, bemerkte ich zu meinem größten Schrecken, daß aus meinem Aktenkoffer ein größerer Scheck fehlte. Blitzartig wurden Kripo und Carabinieri mobilisiert, die sofort zu ermitteln begannen und das ganze Personal verhörten. Als ich in der Drehpause, um Mitternacht, kurz in das Hotel zurückkam, war erstaunlicherweise der Scheck wieder da. Offenbar war dem »Eigentumsüberträger« die Sache doch zu heiß.

Das Angebot für *Banana Joe* kam sehr knapp vor dem für mich vorgesehenen Drehbeginn. Es war Hochsommer, und da verlasse ich mein Haus in der Toskana nicht sehr gern. Ich sagte aber spontan zu, denn ein Film mit Bud Spencer reizte mich, obwohl die Rolle nicht groß war. Sie bestand aus ganzen zwei Szenen. Ich sollte einen Provinzschneider spielen. Der »Plantagen-Rambo« Banana Joe sollte durch meine Schneiderkunst in einen zivilisierten, großstadttauglichen Herrn verwandelt werden.

Der italienische Regisseur war zwar ein kleines Männchen aber trotzdem ein großer Mann. Er hieß Steno und hatte fast alle Filme mit dem legendären Komiker Totò inszeniert. Unsere Handlung spielte in irgendeiner nicht näher bezeichneten südamerikanischen Stadt, und was mich betraf im Atelier eines Herrenausstatters, wie es in einem solchen Land auszusehen hat. Die Dekoration stand in Cinecittà, der Filmstadt von Rom.

Man gab mir die Drehbuchseiten für meine Szenen. Der Text bestand zwar aus deutschen Worten, daran bestand kein Zweifel, den Sinn konnte man gerade noch verstehen, aber sprechbar war dieser Dialog nicht. Der Übersetzer hatte wohl die Worte der italienischen Version aus dem Langenscheidt einzeln herausgesucht und dann aneinandergereiht.

Ich war einigermaßen erschüttert, denn mein Drehbeginn stand unmittelbar bevor, also sagte ich Signore Steno, daß dieser Text unbrauchbar sei. Er ließ sich überzeugen und meinte, ich könnte mir doch die Szene selber schreiben, als Drehbuchautor dürfte mir das keine Schwierigkeiten machen. Der Inhalt der Szene sei ja klar. Als schwuler Provinzschneider sollte ich dem wuchtigen Kunden Banana Joe auf die Schnelle einen eleganten Anzug verpassen, Stoffe zur Wahl anbieten und Maß nehmen, besonders für die Hose und zwar im Schritt. Das war sicherlich eine freche dramaturgische Idee. Also setzte ich mich in meine Garderobe und schrieb mit der Hand ein paar Drehbuchseiten.

Nach der Mittagspause ging es an die Aufnahmen. Zunächst spielte ich Bud und dem Regisseur vor, was ich geschrieben hatte. Die Drehbelegschaft, Techniker und Kameraleute waren auch dabei, sozusagen als kritisches Publikum. Obwohl niemand von meinem deutschen Text ein einziges Wort verstand, wurde gelacht und die Sache von Steno genehmigt. Die Szenen drehten wir zügig ab, und ich war froh, daß für das Publikum im deutschen Sprachraum nun eine Fassung mit richtigen Lippenbewegungen für die spätere Nachsynchronisation existierte. Sicherheitshalber verwahrte ich meinen handgeschriebenen Text für die Synchronisation.

Wochen später traf ich in München, beim Filmball 1982, den Generaldirektor der »Columbia«, die den *Banana Joe* in ihrer Verleihstaffel hatte. Da ich den großen Filmboß aus meiner Kabarettzeit bei Annast recht gut kannte, bat ich ihn, mich meine Rolle unbedingt selbst synchronisieren zu lassen. Das sagte er mir zu, denn wir waren uns darüber einig, daß meine Stimme beim Kinopublikum zu bekannt sei und daher eine fremde nicht in Frage käme.

Wieder verging einige Zeit, da rief mich eine Synchronfirma nach Berlin. Schon der Name meiner Verhandlungspartnerin im Produktionsbüro ließ mich zusammenzucken, es war eine Frau Ü. – Ü wie Übel. Den gleichen Namen hatte ein Fernsehregisseur (vermutlich war sie seine geschiedene Frau), mit dem ich schon früher zwei massive Katastrophen erleben mußte. Meine üblen Erinnerungen wurden wach.

Eine Eurovisionssendung, die 1974 live aus der Halle am Berliner Funkturm gesendet wurde, kam mir wieder in den Sinn: Peter Wehle und ich sollten als Vertreter der österreichischen Kleinkunst unsere Playback-Aufnahmen machen. Schon sechs Wochen vorher waren dem Regisseur unsere Texte vorgelegt worden. Offenbar hatte Ü. sie gar nicht gelesen, denn nun fiel ihm plötzlich ein, Wortpointen kämen für eine Eurovisionssendung nicht in Frage, weil ja nicht alle Zuschauer deutsch verstünden.

Nun machten Peter und ich einen gravierenden Fehler: Wir waren kompromißbereit. Anstatt auf unserem Recht zu bestehen, brachten wir ersatzweise eine Nummer aus dem Repertoire unserer Zwei-Mann-Show. Die Strafe für unterwürfige Flexibilität, die man in unserer Branche strikt vermeiden sollte, folgte auf dem Fuße: Beim österreichischen Fernsehpublikum fielen wir kräftig auf die Nase, die Nummer war in unserer Heimat schon zu bekannt.

Die zweite Katastrophe: Herr Ü. inszenierte eine Folge aus der Serie *Erkennen Sie die Melodie?* mit Ernst Stankowski. Ich war wieder einmal holterdipolter engagiert worden und sollte mitten hinein springen in eine gesungene und getanzte Szene aus einer Operette von Nico Dostal. Die Damen des Balletts waren gut vorbereitet, vermutlich hatten sie tagelang geprobt.

Nun wollte Herr Ü., daß ich als Nichttänzer, ohne geprobt zu haben, mittanzen und dabei auch noch singen sollte. Ich weigerte mich selbstverständlich, also gab es Zoff und einen faulen Kompromiß.

Das alles fiel mir ein, als mir die Produktionsleiterin, Frau Ü., gegenüber saß. Ich sollte also meine Rolle in *Banana Joe* nachsynchronisieren, bekam den Text und fiel aus allen Wolken: Das war nicht der Dialog, den ich damals geschrieben und gespielt hatte.

Ich vermutete, was passiert war: Man hatte meinen Text aus dem Deutschen ins Italienische und darauf vom Italienischen ins Deutsche rückübersetzt und ihn dadurch total verstümmelt. Der

Humor war dabei unter den Schreibtisch des Übersetzers gefallen.

Um die Situation zu retten, zog ich nun das vorsorglich verwahrte Manuskript mit dem lippensynchronen Originaltext heraus und wollte ihn sprechen. Ich scheiterte an einer Wand von Sturheit, man zwang mich, den völlig untauglichen Dialog aufzunehmen.

Im Hinblick auf den Titel meiner Erinnerungen erhebt sich natürlich die Frage: Was hat mir in diesem Falle Spaß gemacht?

Die Antwort liegt auf der Hand: die gelungene Beweisführung für die Tatsache, daß die Blödheit beim Film grenzenlos sein kann.

Von den fast 150 Filmen, in denen ich spielte, wurde eine große Anzahl in Wien und Berlin gedreht. Das gewisse Etwas einer Stadt erlebt man als Schauspieler, der den größten Teil des Tages (und manchmal auch der Nacht) im Studio zubringt, ganz anders als der Tourist, der im Urlaub oder zum Wochenende eintrudelt. Ja selbst derjenige, der als Nichteinheimischer in diesen Metropolen längere Zeit wohnt, hat einen anderen Aspekt. Er sucht sich seine Erlebniswelt nach eigenem Gutdünken aus, genießt, was ihm behagt und meidet, was ihm widerstrebt. Das ist ein beglückender Zustand individueller Freiheit!

Wer jedoch in einer Stadt wie Wien oder Berlin arbeitet, befindet sich in einer eher passiven Situation. Das klingt nach Unfreiheit und wehrlosem Ausgeliefertsein. So absurd es erscheinen mag: Gerade das ist das Schöne an dieser Situation. Man hat Gelegenheit, das Typische konzentriert auf sich einwirken zu lassen, sich damit auseinanderzusetzen.

Ein Tag in einem Berliner Filmstudio, egal ob Tempelhof, Spandau oder Pichelsberg, war zu meiner Zeit eine Konfrontation mit der Mentalität des Berliners schlechthin. Was Beleuchter, Bühnenarbeiter und andere Stabmitglieder einer Filmproduktion so von sich geben, ist wie eine antidepressive Droge aus dem Labor der Psychopharmakologie, hochgradig wirksam mit einem Gewohnheitseffekt, der abhängig macht – und mit den Ausfallserscheinungen nach dem Absetzen der Droge.

Schon am Morgen des ersten Drehtages, auf der Fahrt ins Atelier, im Produktionswagen, fängt sie an, die Euphorie, mit den flotten Sprüchen des Fahrers. Nach der Schlußfeier in der Kantine endet die Dauerberieselung mit dem Mutterwitz, der Schlagfertigkeit, der verbalen Originalität der Berliner Schnauze. Spontan setzen die Entzugserscheinungen mit totalem Stimmungsabfall ein. Zum Glück tröstet die Vorfreude auf eine neuerliche Begegnung mit Berlin über die Durststrecke der »drogenfreien« Phase hinweg.

Ähnlich wie mit Berlin geht es mir auch mit anderen Städten: München mit seiner krachledernen Alpendialektik, Hamburg mit seiner kühlen hanseatischen Souveränität, die schunkelnde Fröhlichkeit Kölns und vor allem die vertraute Mentalität meiner Heimatstadt Wien.

Wien stellt sich dem Nichtwiener anders dar als dem Wiener. Für den, der als »Zuagraster« mit Wien direkt zu tun hat, ist Wien etwas Besonderes. In Wien wurde bekanntlich der Charme geboren, von hier aus trat er seinen Siegeszug rund um die Welt an und kehrte – wie mancher Ironiker behauptet – nicht mehr zurück.

Trotzdem, der Wiener ist charmant, höflich und entgegenkommend: »Kiß d'Hand, Gnädigste schauen heut wieder fabelhaft aus.«

Vor allem ist der Wiener dem Ausländer gegenüber zu sprachlichen Kompromissen bereit: »Du schon Riesenrad gesehen, ich dir zeigen!«

In seiner Fremdenfreundlichkeit reduziert der Wiener seine Muttersprache auf das Niveau einer grammatiklosen Primitivsprache: »Was soll i machen, sonst vasteht er mi ja net!«

Aber in Wien ist es nicht die Sprache allein, egal wo man sie hört, in den Nobelbezirken das nasale Schönbrunnerisch oder in den

46 Mit Eddie Constantine in »Eine Nacht in Monte Carlo«, 1960, der Wiederverfilmung von »Bomben auf Monte Carlo« ...

47 ... und mit Harald Juhnke in »Zauber der Montur«, 1958. In Deutschland lief der Film unter dem Titel »Wenn Mädchen ins Manöver zieh'n«.

48 »Ich zähle täglich meine Sorgen« hieß dieser Lustspielfilm aus dem Jahre 1960 mit Ingeborg Schöner und Peter Alexander, meinem Freund und Partner in sechzehn Filmen.

49 »O sole mio« mit Senta Berger entstand 1960.

50 Mit Cornelia Froboess in »Mariandl«, 1961

51 »Mariandl« war das Remake von »Der Hofrat Geiger« aus dem Jahre 1947. Damals hatte Waltraut Haas die Tochter gespielt, 1961 übernahm sie die Mutterrolle.

52 Unser erster gemeinsamer Graf-Bobby-Film: Mit Peter Alexander in »Die Abenteuer des Grafen Bobby«, 1961

53 In »Das ist die Liebe der Matrosen«, 1962

54–56 Drei Filme unter der Regie von Geza von Cziffra, mit dem ich besonders gern, oft und erfolgreich zusammenarbeitete: »Kauf dir einen bunten Luftballon«, 1961, mit Walter Gross und Heinz Erhardt (oben); »Nachts ging das Telefon«, 1962, mit Ingrid Andree (Mitte); »Ein Stern fällt vom Himmel«, 1961, mit Oskar Sima (unten)

57 Zwei Filme nach beliebten Operetten, einmal klas-
sisch, einmal modern, beide
1962: Mit Marika Rökk und
Peter Alexander in »Die Fledermaus« ...

58 ... und mit Waltraut Haas
sowie Peter Alexander in
»Hochzeitsnacht im Para-
dies«

59–61 Obere Reihe: Als Adam und Eva mit Ruth Stephan in »Türkische Gurken«, 1962 (links); mit Theo Lingen in »Der Musterknabe«, 1963 (Mitte); mit meiner geliebten Grethe Weiser in »Liebesgrüße aus Tirol«, 1962 (rechts)

62/63 Untere Reihe: Mit Evi Kent und Johanna Matz in »Die ganze Welt ist himmelblau«, 1964; mit (v.l.n.r.) Udo Jürgens, Gus Backus, Kurt Großkurth und Wolfgang Jansen in »Unsere tollen Tanten in der Südsee«, 1964

64 Mit Rudi Carrell in
»Wenn die tollen Tan-
ten kommen«, 1970 ...

65 ... und in einem
meiner letzten Filme:
»Ein dicker Hund«,
1982

66 Peter Loos gibt Regieanweisungen, Kammerspiele Wien, 1970

67 Mit Christiane Rücker in dem Boulevardstück »Versuch's einmal mit kleinen Mädchen« von Jacques Deval, Kammerspiele Wien, 1971

68–78 Rollenfotos aus zwei Jahrzehnten Film und Theater

Linke Seite v.l.o.n.r.u.: »Die Deutschmeister«, 1955;
»Symphonie in Gold«, 1956; »Zauber der Montur –
Wenn Mädchen ins Manöver zieh'n«, 1958; »Ja, ja,
die Liebe in Tirol«, 1955; »Das haut hin«, 1957; als
Schöner Sigismund in »Im weißen Rößl«, 1960

Rechte Seite v.l.o.n.r.u.: »Verrückt und zugenäht«,
1962; »Lumpazivagabundus«, 1956; »Otto ist auf
Frauen scharf«, 1967; »Ein Mädchen in der Suppe«,
1960; »Schlafwagen Paris–Marseille«, 1973

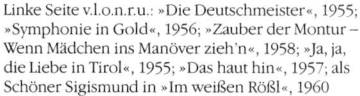

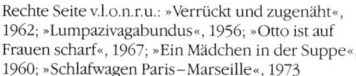

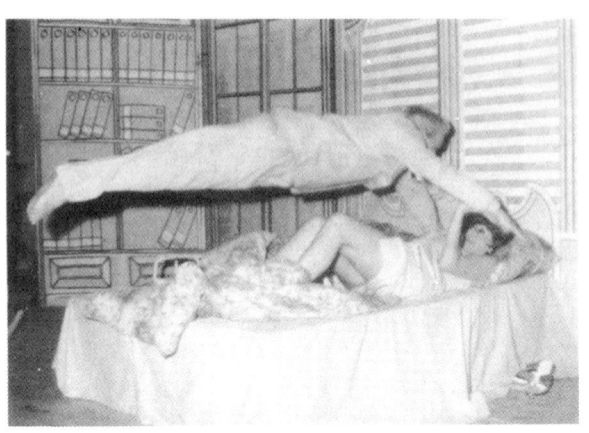

79 Startsprung in die Ehe: Mit Eike Konold in »Der Mann, der sich nicht traut« von Curth Flatow, Tournee des Scala-Theaters Basel, 1976

80 »Das Haus in Montevideo« von Curt Goetz: Mit Bruni Löbel, Tracy Schönbach, Wilfried Blasberg und der Kinderschar, Kleine Komödie am Max-II-Denkmal München, 1981

81/82 Oben: Zum Abschluß der Dreharbeiten »Graf Bobby, der Schrecken des Wilden Westens« entstand 1965 in Jugoslawien dieses Juxfoto zur damaligen Situation des Deutschen Films. – Rechts: Mit Bud Spencer in »Banana Joe«, 1982

83/84 Mitte: Gartenparty 1979 mit meinen Kölner und Düsseldorfer Doppel-Direktorien: Zwischen Paul Hubschmid (links) und mir feiern (v.l.n.r.) Inge Durek, Hanns Friedrichs, Ingrid Braut, Alfons Höckmann und Barbara Heinersdorff. – Unten: Mit dem Kölner Ehrenbürger Willy Millowitsch an seinem 80. Geburtstag

85–87 Oben: Der stolzeste Augenblick für einen Rennstallbesitzer: beide Ferraris in der ersten Startreihe. Links vorne Berlinetta, rechts außen GTO in Pole-Position, Preis von Wien 1963. – Mitte links: Shakehands mit Grand-Prix-Driver Stirling Moss, Preis von Wien 1962. – Unten: Die traditionelle Freundesrunde in Böblingen mit Hans Hermann, Karl Kling und Huschke von Hanstein (v.l.n.r.)

88 Mit Adolf Wollmarker, Generalkonsul von Panama (links), und Franz Marischka, 1987

89 Meine Familie: Ehefrau Gisi und unser Sohn Gero, mein Dritter, 1988

90 Mit meinen drei Söhnen Peter, Gero und Alexander (v.l.n.r.)

91–93 Oben: Mit Karin Dor in »Urlaub vom Ich« von Allen Fielding, Kleine Komödie im Bayerischen Hof München, 1986. – Mitte: Mit Eugen May und Ricci Hohlt in meinem Stück »Wer mit wem?«, Düsseldorf / Bonn / Köln 1985/87. – Unten: Mit Marion Hilgers, Susanne Altweger, Sibylle Kuhne und Hannelore Schoenfeld (v.l.n.r.) in meinem Stück »Damenroulette«, St. Pauli Theater Hamburg, 1989

aristokratischen, adelstitelberaubten Regionen das »Galloschi«. Nicht zu vergessen der Slang in Ottakring, Hernals, Simmering und Brigittenau.

Im Atelier Rosenhügel oder Sievering erlebt man die besondere Mentalität des Durchschnittswieners. Es war schon eine kühne Tat der Wien-Film, das Studio inmitten der Weinberge anzusiedeln, dort wo die »Musi« klingt und das »Weinderl im Glaserl blinkt«. Aber warum nicht? An den Hängen des Ätna und des Vesuvs wohnen ja auch Menschen, die an ihrer Scholle festhalten und die Gefahren der Gegend nicht sehen wollen. Warum sollte man sich ausgerechnet in Sievering, wo der Wein schon »aus der Pipen an der Bassena« (aus dem Hahn an der Wasserleitung) kommt, dem verschließen, was die Natur dem Filmmenschen bietet? Der heurige Wein, das »Stehachterl« vor Drehbeginn dynamisiert die körperliche Arbeit der Technik, fördert die Kreativität der Regie und löst den Künstlern die Zunge für einen flüssigen Dialog.

Das ist aber noch nicht alles, was in der tiefen Seele des Wieners wohnt. Das Bipolare, das Gegensätzliche macht seinen Reiz aus! Lyrische Verträumtheit, gepaart mit makabrem nekrophilen Humor. Der Weinbeißer, zu dem »heut die Engerl auf Urlaub kommen«, ist im nächsten Augenblick schon »beim Taubenvergiften im Park«, oder er sitzt als Leichenfettfischer an der Donau und liest dabei Gedichte von H. C. Artmann. Auf der einen Seite ist es »A klans Laterndl und a klane Bank... draußen am Beethovengang«, auf der anderen droht ein »Streithansel« seinem Gegner: »I sauf dir a Aug aus, das andere laß ich dir zum Wana (weinen).«

Diesem Kontrastprogramm der Wiener Psyche begegnete man im Filmatelier auf Schritt und Tritt. Hauptsächlich auf Tritt! Und das war schön für mich und wird es immer bleiben. Die Operetten-, Militär- und Kaiserfilme, die in Wien gedreht wurden, sind in dieser Atmosphäre entstanden und haben in meiner Erinnerung einen nostalgischen Stellenwert.

Wenn vom Film gesprochen wird, ist der Film von damals gemeint, der Film, mit dem ich seit 1949 zu tun hatte. Wie es heute ist? Ich fürchte: nicht viel anders. Meine Erfahrungen basieren ausschließlich auf persönlichen Erlebnissen, Einschätzungen und Werturteilen. Auch meine Phantasien, das lineare Fortspinnen eines Gedankens, wurzeln in einer erlebten Wirklichkeit. Die Logik, wie ich sie beim Film in der Realität erfahren habe, wird in der Fiktion zur makabren Unlogik. Die Bilder, die bei diesem Gedankenspiel ablaufen, sollen nichts anderes sein als ein fantastisches Feuilleton des Schwarzen Humors.

Nennen wir diese Szene »Der tote Star«.
Letzter Drehtag. Wien-Film-Atelier, Sievering. Es herrscht jene typische Stimmung, die sich aller bemächtigt, wenn eine Produktion zu Ende geht. Hier Hektik, Aufbruch und Flucht, dort Wehmut und Abschiedsschmerz. Alles bricht jetzt auseinander, ein paar Wochen der Kommunikation auf allen Ebenen des Menschlichen sind nun vorbei. So mancher, der die ganze Produktionszeit hindurch am Schlappseil hing, legt plötzlich ein forciertes Arbeitstempo vor, in der Hoffnung, daß dadurch die früheren Eindrücke verblassen würden. Selbst prinzipielle Gegensätze werden verdrängt, Feinde fallen sich, vom Trennungsschmerz geschüttelt, schluchzend in die Arme. Es war ja alles gar nicht so gemeint.
Ein Teil der Kollegen ist schon abgereist, neuen Aufgaben entgegen. Noch ist der eine Film nicht beendet, schon hat der nächste begonnen.
Letzter Drehtag! Allgemeines Bangen. Die einen zittern, es könnte noch etwas dazwischen kommen, das den Drehschluß hinauszögert und sie nicht rechtzeitig zu ihrer nächsten Produktion kommen läßt. Die anderen beben aus gegenteiligem Grund: Wenn heute wirklich Schluß ist, fällt ein zusätzlicher Drehtag und damit eine Zusatzgage aus. Spannung knistert,

jeden Moment kann das Unvorhersehbare geschehen, es fehlt nur der Zündfunke.

Filmstudio. Früher Morgen. Man wartet auf *ihn*, den großen Meister aller Klassen, den Liebling aller Fans, den unentbehrlichen und unersetzlichen Feind der Produzenten. Der Produktionswagen, mit dem *er* abgeholt wird, müßte eigentlich schon da sein. Schmasal ist ein verläßlicher Fahrer.

Der Produktionsleiter (PL) sieht nervös auf seine Rolex-Imitation und faucht den Aufnahmeleiter (AL) an.

PL: »Wo ist *er*?«

AL: »Unterwegs.« (Beim Film die gebräuchlichste stereotype Antwort, die praktisch auf jede Frage paßt, wenn etwas Wichtiges nicht da ist. – Beleidigt fügt er hinzu:) »Es ist erst fünf nach halb, und um dreiviertel hat er Maske.«

PL: (sauer) Na gut, aber wenn *er* an der Verspätung selber schuld ist und wir müssen morgen noch einen Tag dranhängen, ist Mucki mit seiner Übergage. Ich werde den Schmasal fragen, wie das gelaufen ist, wenn er jetzt kommt.«

AL: (abwiegelnd) »Vielleicht stecken s' im Stau!«

PL: »Lenken S' nicht ab, Swoboda. Sie hätten *ihn* a halbe Stund früher auf die Dispo setzen müssen. Zeigen S' mir a mal die Dispo.«

AL: (reicht ihm ein hektographiertes Blatt) »Da, bitte!«

PL: »Da kann man ja die Uhrzeit net lesen, Sie Sandler, die Zahlen san ja ganz verwischt.«

AL: »Unser Kopierer ist kaputt, ich hab's Ihnen gestern schon g'sagt und ...«

PL: »Was und? I waß von nix!«

AL: ... und Sie haben g'sagt, das ist Wurscht.«

PL: »Das hab i nie g'sagt! Vielleicht war auf seiner Dispo die Uhrzeit a verwischt, dann sind Sie dran!« (geht ab in das Produktionsbüro)

AL: (will etwas erwidern) »Herr Hartmann!«

Die Tür fliegt auf, Schmasal stürzt herein, atemlos und bleich.

Schmasal: »Wo ist der Alte?«

AL: »Da drinnen, er is sauer, wo waren Se solang?«

Schmasal: (eilt ohne zu antworten ins Produktionsbüro)

AL: (folgt ihm nach)

Im Büro des Produktionsleiters.

PL: »Was is, Schmasal, Se san so abg'hetzt, setzen Ihna, was is los, wo is *er*?«

Schmasal: »Unten im Auto.«

AL: (sehr laut) »Na, dann soll *er* raufkommen, wir müssen...«

PL: »Schreien S' net, Swoboda, wann hier aner schreit, dann bin dös i. (schreit:) Na dann soll *er* raufkommen!«

Schmasal: »Das wird net gehen.«

PL und AL: (gleichzeitig) »Warum net?«

Schmasal: »*Er* kann net.«

PL: »Warum kann *er* net?«

Schmasal: »Weil... *er* is nämlich... (stockt) *er* is...«

PL: (ungeduldig) »Was is *er*, zum Teifi?«

Schmasal: »*Er* is...«

PL: »Is *er* krank?«

Schmasal: »...ärger!«

PL: »Was heißt ärger als krank? Is *er* tot?«

Schmasal: (kleinlaut, als ob er schuld wäre) »Entschuldigung, ja!«

PL: »Ach so.« (jetzt hat er es erfaßt und brüllt:) »*Tot???*«

Schmasal: (dumpf) »Tot.«

AL: »Tot.«

PL: »Na, das is a schöne G'schicht! Is *er* abgedreht, Swoboda?«

AL: »Aber wo, heute is sein letzter Drehtag, die Szene mit der Frau des Ministers muß *er* noch drehen, beim Empfang in der Botschaft. Der Hansi leuchtet schon ein. Apropos, er sagt, er braucht neue Scheinwerfer.«

PL: »Neue Scheinwerfer! Grablaternen kann er ham, der Hansi, unter diesen Umständen. Also was mach ma jetzt, Swoboda, denken Sie nach!« (Er läßt sich verzweifelt in seinen Chefsessel fallen, vergräbt seinen Kopf in den Händen und schlägt ver-

zweifelt weinend mit der Stirn gegen die Schreibtischplatte.)
»Das halt i net aus!«

AL: »Jetzt wanen Se net, Herr Hartmann, für Trauer ham wir jetzt
ka Zeit!«

PL: »I wan ja nicht aus Trauer, Se Trottel, i wan, weil i Idiot die
Ausfallversicherung net b'zahlt hab. Das wird uns ein Vermögen kosten.«

Schmasal: (wartet unterwürfig den Weinkrampf des PL ab) »Und
bitte, was soll jetzt g'schehen?«

PL: (mit tränenerstickter Stimme) »Ich weiß es nicht!«

AL: »Auf jeden Fall soll *er* sofort raufkommen! Gehen S' hinunter
und...«

Schmasal: »Entschuldigung, Herr Swoboda, der Herr hat über 80
Kilo, da muß mir schon jemand helfen, kommen Se mit!«

AL: »Wo steht denn der Wagen?«

Schmasal: »Unten, bei der Portierloge.«

AL: »Seien Se deppert, Schmasal? Se lassen das Auto mit an Toten
öffentlich herumstehen, direkt vor der Portierlog'?«

Schmasal: »Das is ja der Nachtportier, der is noch b'soffen von
gestern, von der Schlußfeier, außerdem is er kurzsichtig.«

PL: (besorgt) »Hat er *ihn* schon gesehen?«

Schmasal: »Ja, er hat ein Autogramm wollen von *ihm,* aber weil *er*
nicht geantwortet hat, habe ich g'sagt, nächste Woche, da hat *er*
Autogrammstunde.«

PL: »Sie haben Nerven! Also passen Se auf, Schmasal, Se fahren
jetzt zum das Atelier herum, nach hinten, zum Kulissentor, und
ihr schleppt *ihn* durch die Requisite in die Maske. Der Hawranek soll alle in die Kantine schicken. I komm gleich rüber!«

Schmasal und AL eilig ab. Das Telefon klingelt.

PL: »Iris-Film, Hartmann...Ja, gnä Frau...Ja, der Herr Gemahl ist
schon eingetroffen...Vor ein paar Minuten, er war im Stau...
Wo er jetzt is?...Äh,...Äh...in der Maske, beim Schminken...
zum Apparat kommen,...das wird schwer sein, wir sind sehr
im Druck, gnä Frau....Ja, das ist in Ordnung...Sie sind beim

Friseur, ich schreib's mir auf. Küß die Hand, gnädige Frau (legt auf). Die hat mir noch g'fehlt, den sei Alte. I bin neugierig, wer ihr das beibringen wird. (schadenfroh:) Ha, ha, das soll der Herr Direktor machen, der is ja so genial. Das gönn ich ihm!« (geht in den Maskenbilderraum)

Die Korridore sind von allen Wimmlern leergefegt, der Hilfs-AL hat die Komparserie in die Garderoben und in die Kantine gescheucht. Der PL betritt die »Maske«. Im Schminkstuhl: der *Star*. Aufrecht sitzend, die Gesichtszüge etwas blaß, aber entspannt, so entspannt, wie sie zu seinen Lebzeiten nie waren. Der AL steht neben dem Maskenbildner Hawranek, der den Verblichenen emotionslos mit dem Auge eines Fachmannes mustert. Auch er hat gelernt, mit der rauhen Wirklichkeit des Films zu leben.

Die nonverbale Kommunikation zwischen den drei maßgebenden Männern hat ganz automatisch die einzige tragbare Lösung ergeben: Der Film wird abgedreht, und zwar mit *ihm*, auch wenn *er* tot ist. Daran kann nicht gerüttelt werden. Die Szene, die noch fehlt, ist kurz, aber wichtig, unentbehrlich, dramaturgisch gesehen. In dieser Szene mit der Frau des Ministers vollzieht sich nämlich der entscheidende Wandel. Da geht es um den Aufhänger, um die Glaubwürdigkeit der Handlung! Dumpfe Stille erfüllt den Raum.

Hawranek: (bricht nach fachmännischem Nachdenken das Schweigen) »Da werd i viel Farb brauchen, meine Herren, vielleicht hab i gar net soviel Rouge! (gedankenlos) Der is ja blaß wie a Leich.«

PL: (trocken) »*Er* is ja a Leich, Se Weh.«

Hawranek: »A ja, drum! Also i werd mein Bestes tun, Herr Hartmann, Se kennen mich ja.«

PL: »Ja, ja. Wo ist eigentlich unser lieber Regisseur, der Klausi?«

AL: »Der Klausi muß jeden Augenblick da sein...«

PL: »Na, der wird staunen über die Bescherung, da wird er sich was einfallen lassen müssen.«

In diesem Augenblick fliegt die Tür auf, mit dynamischem Schwung, den manche Regisseure so an sich haben, fegt Klausi herein.

Klausi: »Hallo boys, schöner Tag heute, was? (Jovial schlägt er dem dasitzenden *Star* auf die Schultern.) Hello, old champ, hast wieder deinen stillen Tag heute? (Die Leiche kippt vornüber, mit dem Kopf in die Puderschale, eine Wolke entsteht.) Was ist?«

PL: »*Er* ist tot.«

Klausi: »Tot? Wieso?«

Schmasal: »*Er* ist im Auto gestorben, auf der Herfahrt.«

Klausi: »Eine Frechheit, der traut sich was, wo *er* nicht abgedreht ist. Na, was machen wir jetzt?«

PL: »Das mußt du wissen, du bist der Regisseur!«

Klausi: »*Er* hat doch noch eine Menge Text, da müssen wir das Buch ändern, wo ist der Autor? Soll sofort ins Atelier kommen.«

AL: »Der wird nicht kommen.«

PL: »Was soll das heißen? Er ist noch unter Vertrag.«

AL: »Ja, aber er hat noch nicht die letzte Rate fürs Drehbuch gekriegt, der wird uns was schei..., der pfeift uns was.«

Klausi: »Das macht nichts, auch wenn er nicht kommt, der Kurti, von einem neuen Text hätten wir sowieso nichts. Wie ich die Lage sehe, wird der wohl kaum einen Dialog bringen.«

PL: »Willst du die Szene trotzdem drehen?«

Klausi: »Natürlich, ich geh mit der Kamera auf die Frau Minister, *ihn* schneide ich von hinten an, wi a Salami, ihr müßt's *ihn* halt schön stabil in der Deko aufbauen.«

AL: »Stehend? Das wird nicht gehen.«

Klausi: »Sitzend natürlich, lieber Herr Swoboda!«

AL: »Was mach ma mit der Komparserie? Die werden schön schauen, wenn der Herr Hauptdarsteller so dasitzt, sich net rührt und nix sagt.«

PL: »Dann sagen S', der Star muß sich konzentrieren, und sie soll'n g'fälligst die Goschen halten! An die Sensibilität erinnern, Swoboda. Das ist Menschenführung, Fingerspitzengefühl im Umgang, dös müssen S' noch lernen, Sie Trottel!«

Für die feinfühligen Herrn von der Produktion war das Problem gelöst, die Szene wurde gedreht, und als der Film fertig war und mit sechzig Farbkopien in den namhaften Lichtspielhäusern zum Einsatz kam, merkte kein Mensch, welch makabrer Kompromiß das Zustandekommen dieses Kunstwerks ermöglicht hatte.

Im Gegenteil, die PR-Leute nutzten das plötzliche Ableben des Hauptdarstellers in werbewirksamer Weise genial aus. Die Witwe des Verstorbenen prämierte im Gloria-Palast den hunderttausendsten Besucher und überreichte ihm ein kostbares Geschenk der Iris-Film.

Die Hinterbliebene hatte ihr seelisches Gleichgewicht bald wiedergefunden. Ihr Weinkrampf, den die Todesnachricht ausgelöst hatte, ließ sofort nach, als sie erfuhr, daß sie trotz des verfrühten Ablebens ihres Gatten die letzte Rate der Gagenpauschale von der großzügigen Iris-Film selbstverständlich bekommen würde.

Nicht immer traten beim Film die Kraftausdrücke so gehäuft auf wie in der eben geschilderten Szene. Aber gelegentlich mußte man doch aus Gründen der Deutlichkeit klare Töne anschlagen.

Eines Tages kehrte ich zu Dreharbeiten nach Wien zurück und fand beim Eintreffen in meiner Wohnung keine Dispo für den nächsten Morgen vor. Um zu erfahren, wann man mich auf den Drehplan gesetzt hatte, rief ich trotz der späten Stunde den Nachtportier des Studios an. Er meldete sich: »Wien-Film Rosenhügel, Bordier, gunamend!«

»Guten Abend, ich brauche den Drehplan von der Sascha-Film für morgen.«

»Wer spricht?«

»Philipp!«

»Wer?«

»Gunther Philipp!!«

»Wos??«

»*Gunther Philipp*, kennen Sie mich nicht?«

»*Naaa*!!!«

»So, dann lecken Sie mich am Arsch!«

»Aha, jetzt hab ich Ihnen erkannt, Herr Doktor!«

Je mehr der Film mich beruflich ausfüllte, um so mehr kam der Wunsch nach einem Ausgleich, einem Gegengewicht auf. Ich mußte nicht lange suchen, ich hatte schon eines.

Es fing so harmlos an...

Ein 190 SL aus Sindelfingen – Eisrennen in St. Moritz –
Ein 300 SL und ein eigener Rennstall –
Staatsmeister von Österreich – Enzo Ferrari und
Jochen Rindt – Auf Kollisionskurs mit dem Film –
Abschied vom Motorsport – »Motorama« und als
Motorjournalist bei der »Kronen-Zeitung«

Eigentlich fing es ganz harmlos an. Kurz nach dem Abitur
erfüllte sich mir ein lang gehegter Wunsch: Ich bekam von
meinen Eltern ein Motorrad. Die Führerscheinprüfung für Solo-
maschinen hatte ich bereits abgelegt. Übrigens eine abenteuerli-
che Sache, weil die Prüfer in ihrem sprichwörtlichen Sadismus
verlangten, daß man das Anfahren auf einer Steigung vorführen
sollte. Der Prüfling hatte drei Möglichkeiten: entweder die Kupp-
lung zu verbrennen oder den Motor abzuwürgen und seitlich
umzukippen – mir gelang die dritte, der Start. Nun war ich stolzer
Besitzer eines Führerscheins und eines Traums auf zwei Rädern:
einer 350er A. J. S., ein Zylinder, obenliegende kettengesteuerte
Nockenwelle, schwarz, goldverziert.
Mein Freund Johannes Eibl, der jahrelang in der Schulbank
hinter mir gesessen hatte und trotzdem Vorzugsschüler geworden war, hatte ebenfalls ein Motorrad: eine DKW N. Z. 250 – ein
Zweitakter, was ich nie verstehen konnte. Damit war die Basis für
spannende Privatrennen gegeben, auf der Höhenstraße, die zum
Kahlenberg hinaufführt, oder in der Rustenschacherallee im
Prater.
Schon nach kurzer Zeit waren uns diese Öfen nicht mehr heiß
genug. Vom Motor-Tuning hatten wir keine Ahnung und das
nötige Geld auch nicht. Also gingen wir das Problem von der

Treibstoffseite her an. Hannes hatte schon Chemie inskribiert, und aufgrund seiner Vorkenntnisse gingen wir ans Mischen verschiedener hochpotenter Flüssigkeiten, um die Maschinen schneller und »bissiger« zu machen.

Wir begannen mit Äther. Das Gesicht des Apothekers, dem wir dieses Betäubungsmittel literweise abkauften, ist schwer zu beschreiben. Wahrscheinlich glaubte er, wir wollten eine Gruppennarkose durchführen oder irgendein größeres Gebäude in die Luft jagen.

Die ersten chemisch-physikalischen Probleme traten sofort auf. Wegen der unterschiedlichen spezifischen Gewichte mischten sich Benzin und Äther nicht. Im Reagenzglas ist das kein Problem: »Vor Gebrauch kräftig schütteln!« Aber im Benzintank? Dem Gemenge mußte eine Substanz zugefügt werden, welche die beiden Komponenten sozusagen homogenisierte. Wir versuchten es mit Benzol, dann mit Aceton und mit Äthyl- und Methylalkohol. Doch was immer wir zusammenmixten, die Entdeckung des Jahrhunderts kam dabei nicht heraus.

Wenn wir im Ordinationszimmer meines Vaters diese geruchsintensiven Stoffe mischten, hatte das etwas von mittelalterlicher Alchimie, war geheimnisvoll schön. Andererseits bescherte der narkotisierende Mief meiner Mutter gelegentlich Schwindelanfälle, die sie sich nicht erklären konnte. Als uns eines Tages eine Mischung ganz besonders daneben gelungen war, gossen wir sie ganz einfach in die Toilette. Kurz darauf warf mein Vater eine glimmende Zigarette hinein. Eine riesige Stichflamme fauchte ihm entgegen. Damit war die Episode Heimchemie beendet.

Selbstverständlich gaben wir nicht auf, im Keller ging die Versuchsreihe weiter. Ganz ergebnislos waren unsere Anstrengungen allerdings nicht, immerhin wurde das Spurtvermögen unserer Maschinen beträchtlich gesteigert, wenn auch nur für Sekunden. Mit imposanten Levaden, wie die edlen Lipizzaner-Pferde in der Spanischen Hofreitschule, bäumten sich unsere Feuerstühle beim Start auf. Aber es war ein kurzes Glück. Die Motoren überhitzten sich, denn der Äther hatte den Ölfilm von den Zylinderlaufflächen abgewaschen. Die Folgen waren Kolbenreiber und massive elterliche Schelte. Als Fußgänger konnten wir einige Zeit über das Thema »Treibstoffchemie für Amateure« nachdenken.

Im Laufe der Jahre vor Kriegsbeginn steigerte ich meine Fahrkunst bis zur Akrobatik. Kavalierstarts auf Sand mit 180gradiger Pirouette, freihändig auf dem Sattel stehend, in Bauchlage auf der Maschine liegend, Achter fahren, mit den Füßen lenkend durch die Gegend rauschen. Und dann vor allem: hohe und weite Sprünge im Gelände, wie man sie heutzutage beim Moto-Cross sehen kann, das war das gängige Repertoire, mit dem wir uns vor der staunenden Öffentlichkeit produzierten. Diese Eskapaden leisteten wir uns in unserem Übermut, ungeachtet der spektakulären Stürze, die sie manchmal zur Folge hatten. Es war eine stürmische und sorglose Zeit.

Als der Zweite Weltkrieg ausbrach, versetzte uns das Geschehen in eine andere Wirklichkeit. Schon wurden die ersten Privatfahrzeuge zur Wehrmacht eingezogen. Ich hatte Glück, mein englisches Motorrad war für militärische Zwecke nicht geeignet.

Eine Leidenschaft mußte begraben werden, aber der Keim zu meiner späteren motorsportlichen Aktivität war gelegt. Der gefährliche Virus schlummerte. So wie Bakterien oft viele Jahre überdauern und, irgendwann zu neuem Leben erweckt, wieder ihre Virulenz entfalten, so ruhte das Thema Motorsport und wartete nur auf den Zeitpunkt seiner Revitalisierung. Bei der ersten Gelegenheit, die sich bot, war sie wieder da, meine heiße Liebe zu den Motoren.

Die Fahrzeuge, die ich unmittelbar nach dem Kriege besessen hatte, waren für den Motorsport nicht geeignet. Weder das Auto, das ich vom Schrottplatz der Amerikaner für meine Krankenbesuche bekommen hatte, noch jenes kleine DKW-Cabrio der Reichsklasse, das ich mir nach dem Verkauf meines Motorrades leisten konnte. Dieses Fahrzeug stammte vermutlich aus fünfter

Hand, seine Karosserie bestand aus einem undefinierbaren, nichtmetallischen Material, zum überwiegenden Teil jedoch aus Holz. Und dort war nicht der einzige Wurm drin. Was den Motorsport betraf, blieb es zunächst bei der Sehnsucht.

Erst im Jahre 1955, nachdem ich einige »brave« Fahrzeuge gefahren hatte, wollte ich – angesichts meiner nun etwas verbesserten Finanzlage – ein wenig in die vollen gehen. Einer meiner Freunde verschaffte mir einen der ersten Mercedes 190 SL.

Durch meine Filme war ich inzwischen schon so weit bekannt, daß man mich einlud, das Auto in Sindelfingen selbst abzuholen. Es gab eine kleine publicityträchtige Übergabezeremonie mit Fotos, dann verließ ich das Werksgelände von Daimler Benz. Die Glückwünsche meines Landsmannes Karl Wilfert, damals Chefdesigner, und ein herzliches Toi, toi, toi von Artur Käser, dem Pressechef von Mercedes, begleiteten mich bis zum Horizont.

Es gibt kaum ein schöneres Gefühl, als am Steuer eines neuen Wagens zu sitzen, besonders wenn es sich um einen brandneuen Typ handelt, wie der 190 SL damals einer war. Mit großem Stolz erfüllte mich auch die Tatsache, daß ich eine ganz niedrige Auslieferungsnummer hatte (das erste Exemplar soll Axel Springer erhalten haben). Natürlich fuhr ich mit offenem Verdeck, obwohl das Wetter dazu keineswegs herausforderte. Nach wenigen Kilometern mußte ich an einer geschlossenen Bahnschranke halten. Dort standen zwei kleine Jungen, und der eine sagte zum anderen: »Guck mal, der neue Porsche!« So etwas tut weh!

Der neue Wagen bereitete mir viel Freude, und ich genoß jenes Fahrvergnügen, das man damals noch haben konnte, in vollen Zügen. Ziemlich rasch entwickelte sich etwas, was ich für höhere Fahrkunst hielt, und ich war glücklich damit.

In dieser Zeit schrieb ich gerade für die CCC-Film im Auftrag ihres Chefs, Atze Brauner, in St. Moritz ein Drehbuch. Selbstverständlich ging ich auch gelegentlich in das luxuriöse Palace Hotel. Dort erfuhr ich eines Tages, daß auf dem See, hinter dem Hotel, ein Eisrennen für Automobile vorgesehen war. Überflüssig zu erwähnen, daß ich mich daran beteiligte. Eine Rennfahrer-lizenz wurde nicht verlangt, das Spektakel war für Amateure gedacht.

Der zweite Platz in diesem Amateurrennen hat mein Selbstwert-gefühl als Autofahrer ungebührlich, aber beträchtlich angeho-ben, was sich, als logische Folge, gleich auf der Heimfahrt zu meinem Quartier, hoch droben im Maloja-Hospiz, in Form eines saftigen Ausrutschers auswirkte. In einer Linkskurve untersteu-erte mein roter Renner, gehorchte nicht mehr der Lenkung, schlitterte geradeaus und bohrte sich in die zirka 3 Meter hohe Schneewand, welche diese kurvenreiche Bergstraße säumte. Bis zur Windschutzscheibe steckte die vordere Partie des Wagens im kompakten Schnee und war natürlich nicht mehr herauszukrie-gen. Jetzt fiel mir auf, daß ich nur Sakko und Hose anhatte und dazu leichte Slipper trug. Keinen Pulli, keinen Mantel, keine Mütze, keine Handschuhe.

Da stand ich also in der eisigen Bergkälte in einer sternenklaren Nacht im Engadin.

Der etwa einstündige Fußmarsch zum Maloja-Hospiz war eine frostige Tortur. Vor Kälte zitternd kroch ich bergauf, endlich kam ich zu einem SOS-Telefon des Schweizerischen Automobilclubs. Mit klammen Fingern hob ich den Hörer ab und flehte um Hilfe. Eine verschlafene Stimme mit Schweizer Akzent sagte nur lako-nisch: »Ihren Wagen holen wir morgen, so gegen nüni, schlafet Sie guet!«

Ich schleppte mich weiter in Richtung Hospiz, die grimmige Kälte griff mich durch die dünnen Schuhsohlen an. Ich wußte nicht, ob ich meine Hände in den Taschen vergraben oder mir lieber die Ohren warm reiben sollte. Die Empfindungen, die ich in dieser Nacht hatte, sind schuld daran, daß ich später kein Antarktisforscher geworden bin.

Unterkühlt und schlotternd kam ich im Hospiz an, meine Ohren waren glashart gefroren und leuchteten blutrot wie Dunkelkam-merlampen in einem Fotolabor. Mit diesen Ohren konnte ich nicht einmal mehr wackeln. Jedem, der mich kennt, sagt das alles.

Nach einer gewissen Zeit genügte mir mein 190 SL nicht mehr, ich liebäugelte mit seinem großen Bruder, dem 300 SL mit den Flügeltüren, der sechs Zylinder und 215 PS hatte.

Als eines Tages zu diesem Wagen eine offene Version, der 300 SL Roadster, angekündigt wurde, war ich als Käufer sturmreif. Es bedurfte nur noch eines kleines Anstoßes zum Kaufentschluß. In diesem fruchtbaren Moment kam ich zu einem Kundendienst in die Münchner Mercedesfiliale. Dort traf ich einen prominenten Rennfahrer, den Exweltmeister der Formel 1 Rudolf Caracciola. Wir kamen miteinander über den neuen 300 SL ins Gespräch. Im Werkshof stand ein prächtiges Exemplar, und Caracciola nahm mich zu einer atemberaubenden Probefahrt auf der Autobahn nach Stuttgart mit. Weich in den Knien stieg ich nachher aus und unterschrieb den Kaufvertrag.

Nun soll aber niemand glauben, daß ich dieses Prachtstück sofort bekam, so schnell schießen die Schwaben auch wieder nicht. Es gab eine Lieferfrist. Diese Zeitspanne mußte irgendwie über-brückt werden.

Ich drehte gerade in Wien und entdeckte auf einem Spaziergang im Schaufenster eines Autohändlers einen 300 SL Flügeltürer, gebraucht. Wie aus den Papieren hervorging, war der Vorbesitzer ein Radiofabrikant namens Becker aus Karlsruhe. Wieso sein Wagen ausgerechnet in Wien angeboten wurde, weiß ich nicht, jedenfalls war die Karosserie aus Glasfiber und einige hundert Kilo leichter. Aus diesem Grunde hatte er auch wesentlich bes-sere Beschleunigungswerte als die Serienmodelle aus Stahl. Ich griff zu.

Dieser Wagen hat mir große Dienste geleistet. Ich war dick drin im Filmgeschäft, drehte gerade zwei Filme gleichzeitig und mußte deshalb zwischen Wien und Berlin pendeln. Beides waren übrigens Wiederverfilmungen, und zwar *Das haut hin* mit Peter Alexander in Berlin und *Sieben Jahre Pech* mit Adrian Hoven in

Wien. Beide Filme hatte Hubert Marischka geschrieben, und in jedem spielte ich die Dienerrolle von Theo Lingen nach. Eigentlich hätte ich bei meinem Pendelverkehr zwischen den beiden Ateliers mein Dienerkostüm anbehalten können. Die beiden Produktionen mußten sich in ihren Drehplänen aufeinander abstimmen. Das ging einige Zeit ganz gut. Aber eines Tages waren die zwei Firmen unterschiedlicher Meinung, wem ich zur Verfügung zu stehen hätte, Wien oder Berlin. Ein Konflikt lag in der Luft. Ich hielt mich heraus.

Wir waren gerade bei den Aufnahmen zu *Sieben Jahre Pech,* und zwar im Theater an der Wien. Regie führte Ernst Marischka. Plötzlich erschienen drei dunkel gekleidete Herren mit strengen Mienen und Aktentaschen: zwei Rechtsanwälte und ein Gerichtsvollzieher! Letzterer präsentierte Ernst Marischka, der auch der Produzent des Films war, eine einstweilige Verfügung, die besagte, daß der Schauspieler Gunther Philipp ab sofort der Berliner Produktion zur Verfügung stehen müsse. Drehschluß! Die Herren eskortierten mich zum Flughafen und steckten mich dort in die Maschine. Der Gerichtsvollzieher soll gewartet haben, bis ich in den Wolken verschwunden war.

Nach Ablauf der Lieferzeit bekam ich endlich den neuen SL Roadster und verkaufte den roten Glasfiberwagen, was mich heute noch ärgert. Ich hätte ihn behalten sollen, er wäre jetzt ein Vermögen wert. Nun war ich im Besitze eines Wagens, mit dem man motorsportlich schon etwas anfangen konnte.

In meinem Streben nach Perfektion war ich schon lange zu der Erkenntnis gekommen, daß man alles, was man anfängt, erst mal erlernen soll, wenn man Wert darauf legt, Erfolge zu haben.

In Hamburg gab es eine »Scuderia Hanseat«. Ihr Präsident, der Motorjournalist Günter Isenbügel, veranstaltete alljährlich auf dem Nürburgring Rennfahrerkurse für Anfänger. Die Instruktoren waren bekannte ehemalige und auch noch aktive Berufsrennfahrer, wie Hans Stuck senior, Richard von Frankenberg,

Graf Berghe von Trips und einige andere internationale Fahrer. Das Kursprogramm war umfangreich, es wurde eine Menge Theorie gelehrt: die Geometrie des Kurvenfahrens, der Antagonismus von Zentrifugalkraft und Haftvermögen. Man lernte, wie man durch die Kurven die sogenannte Ideallinie legt und wurde mit den Wettkampfregeln bekannt gemacht. Der wichtigste Teil dieses Kurses bestand in praktischen Übungen mit dem eigenen Wagen. Abschnittweise wurde auf markanten Streckenteilen des Nürburgringes in Gruppen zu zehn bis zwölf Schülern geübt.

Nach einigen Tagen wurde der Lehrgang durch eine Prüfungsfahrt mit Zeitnehmung abgeschlossen. Dabei wurden die Prüflinge ihrem Fahrstil nach und wie sie die Ideallinie fuhren einem Punktesystem entsprechend beurteilt. Zum Abschluß gab es eine zünftige Feier. Mit geschwellter Brust ließ man Adenau und den Nürburgring hinter sich.

Ganz von selbst gelangte ich nun in Wien und Zürich in Sportfahrerkreise. Ich trat dem führenden österreichischen Club »Ö. A. S. C.« bei, der auch die Staatsmeisterschaften veranstaltete. Zunächst begnügte ich mich damit, das Renngeschehen bei den Meisterschaften oder bei den Läufen zur Europa-Berg-Meisterschaft als Zuschauer zu verfolgen. Zwischendurch absolvierte ich immer wieder einige Rennfahrerkurse. Einer davon wurde unter der Gesamtleitung des ehemaligen Rennleiters von Mercedes, Alfred Neubauer, abgehalten. Er war damals schon eine legendäre Figur, der große Magier der Rennstrategie, der den Silberpfeilen Weltgeltung verschafft hatte. Übrigens fuhr ich in einem dieser Kurse vor Neubauers Augen meinen Wagen fast auf einen Klumpen.

Eines Tages liefen mir zwei Motorfans über den Weg: Kurt Bardi-Barry und Rolf Markl. Sie hatten ebenfalls motorsportliche Ambitionen. Beide waren schon das eine oder andere Mal in Tourenwagenrennen und in der Kategorie Grand Tourismo gefahren. Wir drei faßten den Entschluß, einen Rennstall zu gründen. Wir nannten ihn »Ecurie Vienne«. Absichtlich wählten wir einen französischen Namen, weil wir fürchteten, mit einem italienischen Namen, z. B. »Scuderia Vienna«, österreichische Gefühle zu verletzen. Zu dieser Zeit gab es nach dem damals geltenden Reglement die Formel J, die für Anfänger besonders geeignet schien. Das waren kleine Formelwagen mit Motoren bis zu 1400 ccm. In Italien und in England existierte eine Reihe von Herstellern, und so fanden schon im Rahmenprogramm der großen Rennveranstaltungen immer die beliebten Formel-J-Rennen mit beträchtlichen Teilnehmerzahlen statt.

Meine beiden Stallgefährten und ich legten unser Geld zusammen, es reichte leider nur zur Anschaffung von zwei Rennwagen, mit verheißungsvoll klingenden Namen: Massimino-Poggi. Das weckte Hoffnungen, aber keine erfüllte sich.

Es fing schon damit an, daß wir drei ehrgeizige Fahrer waren mit nur zwei Rennwagen. Durch Leistungsvergleich mußte einer ausscheiden. Das bewirkte zwar vor jedem Rennen, beim Training, eine gesunde Konkurrenzsituation, für unsere Motoren erwies sie sich jedoch als ungesund und führte zu massiven Ausfällen im Rennen. Ich kann mich an kein berauschendes Rennergebnis erinnern.

Daraus ergab sich mein Einstieg in den Rennsport, und zwar in jene Kategorie, der mein Privatwagen, der 300 SL, angehörte. Und das kam so: Auf dem Programm stand außerdem der erste Staatsmeisterschaftslauf der Saison 1960, für die Kategorie GT. Da ich jedoch die Qualifikationsläufe nicht absolviert hatte, mußte ich als letzter starten und schaffte einen ersten Platz in meiner Klasse. Das war ein ganz unverhoffter Sieg. Plötzlich hatte ich neun Staatsmeisterschaftspunkte, woran ich zwei Stunden zuvor nicht zu denken gewagt hätte.

Jetzt blieb mir nichts anderes übrig, als weiterzumachen, zumal mich die Teamkollegen der Ecurie Vienne dazu drängten. Mich selbst hat es natürlich auch gereizt, ich hatte jetzt Blut geleckt, noch gab es keine Terminkollision zwischen Film und Motorsport. Vier Lustspiele liefen reibungslos ab, und in der Produktionsfirma merkte keiner etwas von meiner motorsportlichen Tätigkeit.

Im Laufe der Saison 1960 war man bei Mercedes in der Rennabteilung darauf aufmerksam geworden, daß ein normaler Kundenwagen in den Siegerlisten der Grand-Tourismo-Bewerbe stand, und man entschloß sich, mir für das letzte Rennen des Jahres einen Werkswagen zu geben.

Gleich zu Beginn des Rennens fiel mir auf, daß mein eigener Wagen, mit dem Teamkollegen Rolf Markl am Steuer, nicht mithalten konnte. Rolf war ein ausgezeichneter Fahrer, daß ich ihm soweit davonziehen konnte, lag sicherlich nicht an ihm, so viel besser war ich nicht. Es mußte die größere Leistung des Werkswagens gewesen sein, die mir dann zum Sieg und zu meiner Meisterschaft verhalf.

Nach Abschluß der Saison gab es im Werk eine kleine Siegesfeier. Ich sprach den enormen Leistungsunterschied zwischen den beiden Fahrzeugen an. Man erklärte mir, das läge an den speziellen Nockenwellen des Werkswagens. Da ich in der nächsten Saison wieder Meisterschaftsläufe fahren wollte, fragte ich, ob man diese Nockenwellen nicht auch in meinen Wagen einbauen könnte. Das wurde abgelehnt, und ich war ziemlich deprimiert.

Bevor der Rennbetrieb im neuen Jahr losging, nahm ich am Nürburgring wieder an einem Fahrerkurs teil. Einer der Instruktoren war Graf Berghe von Trips. Ihm erzählte ich von meiner Nockenwellen-Enttäuschung. Spontan erklärte er sich bereit, mir von Ferrari, wo er als Formel-1-Fahrer verpflichtet war, einen Wettbewerbswagen aus Aluminium zu verschaffen.

Wegen Lieferschwierigkeiten gab man mir zunächst eine alte Berlinetta 250 GT, angeblich ein Siegerwagen von der Targa Florio (Sizilien). Das Ding war leider unbrauchbar, und nachdem ich das Haselgrabenrennen (Linz a. d. Donau) bei Regen ohne Bremsen gefahren und verdientermaßen verloren hatte, schickte ich das Vehikel zurück nach Modena, wobei es schon auf halbem Weg seinen Geist aufgab.

Der richtige Rennwagen wurde erst im Herbst geliefert, und ich konnte nur ein Rennen, den Großen Preis von Österreich, in Zeltweg fahren: erster Platz, 9 Punkte. Das zweite Rennen dieser Saison war ein Lauf zur Europa-Bergmeisterschaft auf dem Gaisberg bei Salzburg. Das wäre zugleich ein Pflichtlauf für die österreichische Meisterschaft gewesen. Genau in diesen Tagen drehten wir unterhalb der Bergrennstrecke mit Peter Alexander und Peter Vogel *Saison in Salzburg*. Natürlich ließ mich mein Produktionsleiter Karl Schwetter nicht starten. Ich mußte mir, während wir im Gelände filmten, das Dröhnen der Motoren anhören. Mein Rennwagen dröhnte nicht mit, er stand in einer Garage, und ich war traurig, denn die Saison '61 war nun für mich gelaufen und ein Meistertitel nicht mehr in Reichweite.

Aus Kollegialität zu dem Jaguarfahrer Maxi Kraus, der als Titelanwärter in Frage kam, fuhr ich noch ein paar Rennen mit, um die für Meisterschaftsläufe nötige Teilnehmerzahl zu gewährleisten und damit er die nötigen Punkte sammeln konnte. Maxi wurde in diesem Jahr Österreichischer Staatsmeister und schenkte mir als Anerkennung ein kleines Jaguar-E-Modell, das ich bis zum heutigen Tage in meiner Sammlung aufbewahre.

Schrittweise baute ich meinen Ferrari-Rennstall auf, und die Ecurie brachte es auf insgesamt fünf 12-Zylinder-Wagen. Die Übergabe eines neuen Modells wurde in Maranello immer in besonders netter Weise durchgeführt. Zuerst gab es einen Empfang in Enzo Ferraris Büro, das eine spezielle Atmosphäre hatte. Über der Eingangstür, genau im Blick des Commendatore, befand sich ein Bild seines jung verstorbenen Sohnes Dino mit einem rot flackernden »ewigen Licht« darunter.

Nach einem Gespräch über die bevorstehende österreichische Rennsaison machte der Exportdirektor eine Führung durch das Werk, die Rennabteilung, vorbei an den Prüfständen für die

Formel-I-Motoren. Im Auslieferungslager erfolgte dann die feierliche Übergabe der Wagenschlüssel.

Das Erhebendste war jedesmal das traditionelle Mittagessen mit Enzo Ferrari im »Cavallino bianco«, jenem kleinen, stimmungsvollen Restaurant genau gegenüber vom großen Tor des Werkes. Zum Abschied gab es einen Austausch von Geschenken. Vom Commendatore erhielt ich immer eines seiner Bücher und er

Oben: Eine stolze Zeitungs-Titelzeile. – Unten: Internationale Rennfahrer-Lizenz des Österreichischen Automobil-, Motorrad- und Touring-Clubs, Wien 1965

von mir eine Langspielplatte mit österreichischen Operettenmelodien und einer üppigen Blondine auf dem Cover.

In den ersten sechziger Jahren gewann ich noch eine weitere österreichische Automobilmeisterschaft, die in acht Läufen, vier Rundstrecken und vier Bergrennen, ausgetragen wurde. Ein paar Rennen konnte ich, von meinen Produktionen unbemerkt, fahren, aber allmählich verdichteten sich die Probleme.

Es wurde immer schwieriger, vor den Filmleuten meine Rennfahrerei zu verheimlichen. Ich legte mir verschiedene Pseudonyme zu. Mal war ich der rätselhafte Fahrer Constantine (zu Ehren meines Freundes Eddie), dann wieder der Herr Terramonte (nach dem Wohnbezirk Erdberg benannt, in dem ich aufgewachsen bin), oder ich erschien in den Nennungslisten als Giulio Pavesi.

Dazu mußte ich der Produktion gegenüber zu den Rennterminen jedesmal einen triftigen Grund für einen Sonderurlaub an den betreffenden Freitagen erfinden, um am Training teilnehmen zu können. Zu diesem Zweck ließ ich ganze Serien von Verwandten, die ich gar nicht hatte, plötzlich schwer erkranken. Das Wochenende mit der Rennveranstaltung war dann »Krankenbesuchen« und sorgenvollen Gesprächen mit einem nicht existierenden Facharzt vorbehalten. Wenn ich zu irgendeinem Rennen loszog, verabschiedete ich mich von meiner Produktion mit tiefer Sorge im Gesicht und einem Blumenstrauß für den armen Patienten in der Hand.

Diese Taktik praktizierte ich bis zu dem Zeitpunkt, an dem ich den Rennsport endgültig aufgab.

Aus dem Freundeskreis erhielt ich den Hinweis, in England gäbe es im Rennstall von Alfred Moss, dem Vater des berühmten Rennfahrers Stirling Moss, einen Ferrari GTO, der möglicherweise zu verkaufen sei. Ich führte ein Telefongespräch mit dem Ferrari-Repräsentanten für Großbritannien, Colonel Hoar, und vereinbarte einen Besuch in Bournemouth, wo das Fahrzeug stand.

Ich flog nach London, fuhr dann von dort mit einer nostalgischen Eisenbahn nach Südengland und sah mir den Wagen an. Ursprünglich sollte Stirling Moss damit Grand-Tourismo-Rennen fahren. Dazu kam es wegen seines schweren Unfalls mit einem Formel-1-Wagen leider nicht mehr. Moss hatte sich eine Gehirnverletzung zugezogen, und an seiner Stelle wurde Innes Irland verpflichtet. Von ihm wurde dieser GTO nur einmal im Rennen gefahren, und zwar bei einer Tourist-Trophy, die er gewann. Es handelte sich somit um ein »race-winning car«, wie die Insider sagen, also um einen Siegerwagen, womit man seinen hohen Preis rechtfertigte. Der GTO imponierte auch durch die enorme Leistung seines Motors: 300 PS auf 3 Liter Hubraum waren in den sechziger Jahren für einen Vergasermotor ausgesprochene Spitze. Ein Blick unter die Motorhaube auf den gewaltigen 12-Zylinder-V-Motor mit zwölf Vergasern und den vier obenliegenden Nockenwellen ließ das Herz jedes Rennsportfans höher schlagen.

Mit diesem Prachtmodell rechnete ich mir für die kommende Saison gute Chancen aus. Unser Rennstall, die Ecurie Vienne, bestand jetzt aus der Berlinetta 250 GT, dem Trainingswagen aus Stahl (California 250 GT) mit nicht frisiertem Motor, und dazu kam nun der kostbare GTO. Mit meinem Teamkollegen Ule Oberhammer konnte ich hoffnungsvoll in die Zukunft sehen.

Der Ankauf des GTO spielte sich ganz nach jenen Regeln ab, wie sie unter britischen Gentlemen üblich sind. Finanziell waren wir uns bald einig, da gab es kein Feilschen, mit einem Shakehands wurde die Sache besiegelt. Der Unterhändler, Ken Gregory, der Bevollmächtigte von Alfred Moss, und Colonel Hoar luden mich in ihren Club ein, wo ich wunschgemäß eine Anzahlung von zwanzig Prozent in Form eines Schecks in Schweizer Franken übergab. Schriftlich wurde nichts vereinbart. Hier stand Vertrauen gegen Vertrauen. Das der Briten war so groß, daß der

Scheck monatelang nicht eingelöst wurde, was mich zunächst in Unruhe versetzte, ich dachte schon, man würde vielleicht nicht zu der mündlichen Abmachung stehen. Aber meine Besorgnis war unbegründet: Gentleman bleibt Gentleman!

Zur Zeit des Abschlusses war Winter, man konnte wegen der Witterungsverhältnisse den Wagen nicht auf den Kontinent schaffen. Wir einigten uns auf einen Termin im Frühjahr, wo wir immer, zur Vorbereitung auf die kommende Saison, unser Training im Rennfahrerlehrgang des »S. A. R.« in Montlhery bei Paris abhielten.

Als es soweit war, fuhr ich wieder nach Bournemouth, um das Prachtstück abzuholen, das heißt, ich sah gerade noch, wie mein neuer Renner in der Ladeluke eines Flugzeugs verschwand. Ich begab mich an Bord. Der Flug ging nach Cherbourg.

Gleich nach dem Ausladen auf französischem Boden gab es die ersten Schwierigkeiten mit den dortigen Behörden, einen Rennwagen dürfe man nicht auf öffentlichen Straßen fahren! Nach ein paar Stunden bangen Wartens und verschiedenen Telefonaten mit dem Verkehrsministerium in Paris ließ man mich in Gnaden ziehen, schließlich hatte das Fahrzeug eine gültige Zulassung und ein italienisches Kennzeichen.

Die Fahrt von Cherbourg zum Autodrom von Montlhery wurde zu einer qualvollen Zerreißprobe für meine Nerven. Das Fahrverhalten eines Rennwagens im Straßenverkehr ist äußerst unerfreulich. Die hochfrisierte Maschine nimmt nämlich erst bei 4300 Umdrehungen/min Gas an. Da ist man, selbst im ersten Gang, schon über 100 km/h. Dazu kommt, daß bei niedrigen Geschwindigkeiten der Staudruck der Luft auf den Kühler zu gering ist, so daß das Wasser immer wieder zu kochen beginnt. Im erhitzten Zustand springt der Motor überhaupt nicht mehr an, man muß Geduld haben, bis er sich wieder abgekühlt hat.

Ich wartete die Nacht ab, da war weniger Verkehr. In einem Zuge fuhr ich dann nach Montlhery durch. Nun war unser

Rennstall mit zwei Aluminium-Ferraris im Lehrgang vertreten, darauf waren wir mächtig stolz.

Den ganzen Tag über wurde trainiert, dazu gab es Vorträge über Taktik und Reglement. Im Gelände des Autodroms befand sich ein psychologisches Institut, in dem die Kursteilnehmer getestet wurden. Besonders aufschlußreich waren die Tests der Reaktionsgeschwindigkeit. Bemerkenswerterweise hatte unser Chefinstruktor, Hans von Stuck, der Vater von Hans-Joachim Stuck, trotz seines damals schon fortgeschrittenen Alters immer die kürzesten Reaktionszeiten.

Die Tage, die ich als Kursteilnehmer in Montlhery und nach dem Training in Paris verbrachte, waren für mich immer die schönsten des Jahres. Es war die Atmosphäre, die durch das Zusammentreffen von Gleichgesinnten zustande kam. Wir hatten ja alle die gleiche Macke, die gleiche Leidenschaft, den Motorsport. Da gab es nur ein Thema, und das wurde in allen Sprachen lebhaft diskutiert. Mittags begab man sich in eines jener Bistros, wie es sie in der Umgebung des Autodroms gab, genoß die französische Landküche und ging nach Tisch neu gestärkt auf die Piste. Die Kursteilnehmer mußten ihre eigenen Fahrzeuge mitbringen, daher gab es Rennwagen aller Kategorien und Klassen zu sehen. Da konnte man Erfahrungen austauschen, Tips bekommen und auch gelegentlich ein interessantes Modell testen. Das Kursprogramm war auf die Bedürfnisse von Lizenzfahrern abgestimmt, ohne Rennerfahrung war man dort fehl am Platz. Zu allen Rennfahrerkursen nahm ich meinen halbwüchsigen Sohn Peter mit, was natürlich dazu führte, daß bei ihm die gleiche Leidenschaft erwachte, unter der ich schon jahrelang litt. Einmal bekam er am Schluß einer Rennsaison von mir den Siegerwagen der kleinsten Tourenklasse geschenkt. Mit diesem temperamentvollen Floh beendete er so manches Rennen als Sieger. Ein Höhepunkt in seinem Rennfahrerleben war der Sieg mit einem Formel-Baby-Werkswagen beim Bergrennen in der Axamer Lizum (bei Innsbruck). Als sein Motorfanatismus überhand zu nehmen drohte, besann er sich wieder auf sein Studium und gab den Rennsport auf.

Die meisten von uns ließen nach dem Training ihre Wagen in den Boxen unter der Steilwandkurve des Autodroms, und auf ging es nach Paris. Meine Teamkollegen von der Ecurie Vienne und ich wohnten immer in einem der kleinen, eleganten Hotels in unmittelbarer Nähe der Champs-Elysées, im »Lord Byron« oder im »May Flower« in der Rue Chateaubriand.

Nach dem harten Training stürzten wir uns dorthin, wo das Pariser Leben in einer Weise pulsierte, wie es in keinem Reiseführer steht, in die touristenfreien, kleinen Restaurants, in denen Manager, Geschäftsleute, Sekretärinnen, Mannequins und Revuemädchen vom Lido (gleich um die Ecke) ihre Snacks und Aperos einnahmen. Dort konnte man unerkannt eintauchen in die faszinierende Atmosphäre der Boulevards.

Am letzten Tag des Fahrerlehrgangs brach bei meinem GTO ein Ventil. Das war eine heikle Situation, denn unmittelbar nach unserer Rückkehr nach Österreich sollte das erste Rennen der Saison stattfinden. Für den GTO hatte ich inzwischen, weil er für die öffentliche Straße unbrauchbar war, einen Anhänger bei »Westfalia« anfertigen lassen. Mit diesem Gespann raste mein Teamkollege, Ule Oberhammer, ein Meister im Anhängerfahren, in unnachahmlicher Manier nach Wien. Dort angekommen, mobilisierte er unsere zwei Mechaniker von der Ferrari-Vertretung, die ein wahres Wunder an Geschicklichkeit vollbrachten. Aus einem Rohling drehten sie nachts ein Ventil, und ich konnte am nächsten Morgen für den »Preis von Wien« trainieren. Die Saison 1963 hatte begonnen, und ich schloß sie mit meiner dritten Meisterschaft ab.

Als Ferrari für das darauffolgende Jahr eine neue GT-Type ankündigte, wurden wir GTO-Besitzer nervös. Der 250 LM sollte nämlich der erste Ferrari mit Heckmotor und höherer Leistung werden. Wir fürchteten, auf seinem Vorgänger sitzenzubleiben, also verkaufte ich den GTO an einen italienischen Rennstall, und war auch noch heilfroh, daß ich dabei kaum Geld verloren hatte. Als dann der 250 LM nicht homologiert (zu Rennen zugelassen) wurde, kauften manche Fahrer ihren alten GTO wieder zurück. Bei mir war es zu spät.

Heute bereue ich diesen voreiligen Verkauf, denn jetzt steht der 250 GTO, von dem es ingesamt nur 37 Exemplare gab, mit einer Millionensumme in den Preislisten von »Auto-Kapital«.

Wenn die Zeit und mit ihr das Alter fortschreitet, gilt es Abschied zu nehmen von verschiedenen Dingen des Lebens, die einem Spaß gemacht haben, mit denen man sich intensiv beschäftigte und mit denen man deshalb identifiziert wurde. Zu meinem Glück ist es mir immer gelungen, das Schmerzliche einer Trennungssituation rasch zu überwinden. Wer es schafft, Abschied zu nehmen, ohne zu leiden, dem bleibt der ewig sentimentale Blick in die Vergangenheit erspart. Ich kann von mir sagen, ich bin meistens mit meinen Sentiments fertig geworden. Ich habe das Ende meiner Laufbahn als Schwimmer überwunden, den Abschied von der Medizin, von Lustspielfilmen und auch vom Motorsport.

Anfang Juli 1965 veranstaltete der S. A. R. auf dem eben fertig gestellten Hockenheimring ein internationales Rennen. Ich hatte mit meiner alten Berlinetta für die Klasse über 2000 ccm in der Kategorie Grand Tourismo genannt. Dem gültigen Reglement entsprach es, daß auch Fahrzeuge mit großem Hubraum starten durften, die Klasse war sozusagen nach oben offen. Demzufolge fanden sich in der Nennungsliste gefährliche Konkurrenten, zum Beispiel der damalige Schweizer Meister Pius Zünd auf einem Shelby-Mustang mit 380 PS.

Mein Ferrari Berlinetta 250 GT hatte 280 PS, ich durfte also nur auf einen vierten oder fünften Platz hoffen. Im Grunde kam es mir lediglich darauf an, auf einem neuen Kurs zu fahren, den alten Hockenheimring kannte ich ja, da war ich fünf Jahre vorher mit meinem Formel J kurz nach dem Start mit Ventilschaden ausgeschieden.

Schon beim Freitagstraining brach das Kardangelenk meines Wagens. Also: Mietwagen her, auf nach Landshut, wo der Trainingswagen stand, Gelenk ausbauen und im gestreckten Galopp zurück nach Hockenheim, um das Ersatzteil einzubauen. Das erste Training hatte ich inzwischen natürlich versäumt, aber am Sonnabend war ja noch eines für die Qualifikation und die Startaufstellung.

Zu meiner größten Freude regnete es in Strömen, Regenfahren war schon immer eine Sache, die mir als Herausforderung besonders Spaß machte. Ich fuhr mit meiner alten Berlinetta schnellste Trainingszeit und stand nun in der ersten Startreihe in der »pole-position«, neben mir Pius Zünd mit dem Mustang. Er war wohl mit seinen fast 400 PS auf der nassen Fahrbahn nicht zurechtgekommen und ein paar Sekundenbruchteile langsamer gewesen. Jetzt war die Piste trocken, mein fahrtechnischer Vorteil begann zu schwinden.

Nach der Fahrerbelehrung durch den Rennleiter befanden sich unsere Wagen in Startaufstellung. Mit meinem stärksten Gegner, der satte 100 PS mehr hatte als ich, wechselte ich noch ein paar freundliche Worte, bevor es losgehen sollte. Spaßeshalber sagte ich, in gespielt drohendem Ton: »Hör zu, Pius, dort vorne an der Rechtskurve bin ich Erster, da kann passieren was will.«

In diesem Augenblick ertönte der traditionelle Ruf des Starters: »Gentlemen, start your engines.« Wir mußten einsteigen, es war keine Gelegenheit mehr, Pius zu erklären, daß ich nur einen Scherz gemacht hatte. Ich sah, wie er etwas gedrückt in seinen Wagen stieg und noch ein paarmal scheu zu mir herüber blickte, offenbar war er durch die Ankündigung einer fahrerischen Brutalität geschockt, was ich gar nicht wollte. Ich versuchte durch ein etwas verkrampftes Lächeln die Situation zu entspannen, aber er verstand mich nicht. Jetzt tat mir die Sache leid, ich nahm mir vor, ihn beim Start vorzulassen.

Das Startsignal wurde gegeben, Pius war nervös, kam schlecht weg, schon schoben sich die beiden anderen Wagen aus unserer Startreihe vor. Da blieb mir nichts anderes übrig, als ihn seinem Pech zu überlassen, ich zog kräftig los und ging gerade noch als erster in die Startkurve.

Die ersten Runden lag ich vorne, Pius immer im Rückspiegel. Ich wollte ein paar schnelle Runden fahren, bevor es ans Überrunden der kleinen Hubraumklassen ging. Vielleicht war eine »schnellste Runde« für mich drin. Irgendwann würde mich der Shelby-Mustang wohl überholen, dann wollte ich eben auf Platz fahren. Aber es kam anders.

Plötzlich war Pius nicht mehr hinter mir, und einige Runden später bemerkte ich auf einer Böschung dicke Spuren eines Ausritts ins Gelände. Einen hinausgeflogenen Wagen konnte ich nicht ausmachen, aber bei der nächsten Passage klärte sich die Sache auf: Pius kam mit dem Sturzhelm schlenkernd den Abhang herab und ging in Richtung Fahrerlager. Wider Erwarten fuhr ich das Rennen ungefährdet durch andere Konkurrenten zu Ende und machte einen Klassensieg, den ich überhaupt nicht erwartet hatte.

Das nahm ich als Wink des Schicksals. Jetzt stand mein Entschluß fest, den Rennsport endgültig aufzugeben. Es war an der Zeit, immerhin zählte ich 47 Jahre, und mein Ferrari war auch nicht mehr der Jüngste. Sieben Jahre Motorsport ohne Unfall, drei österreichische Staatsmeisterschaften, vier erste Preise beim Grand Prix von Österreich, das sollte eigentlich genügen.

Nach dem neuen Reglement hätte ich mir für die nächste Saison einen Wagen mit mindestens doppeltem Hubraum zulegen müssen, um wieder mitmischen zu können. Bei Ferrari gab es in meiner Kategorie ein solches Modell nicht, und einen Amerikaner wollte ich nicht.

Also zog ich die Konsequenz: Bei der Preisverteilung in Hockenheim verkaufte ich meinen letzten Rennwagen an einen Wiener Fahrer, der damit noch ein paar schöne Siege holte. Telefonisch bestellte ich aus Speyer einen Mietwagen und fuhr mit einem VW-Käfer, gar nicht einmal so unglücklich, nach Hause: Tschau, Motorsport!

In den folgenden Jahren war ich dann zwar nicht mehr als Fahrer aktiv, aber meine Liebe und mein großes Interesse für den Motorsport blieben so intensiv, wie sie immer waren. Daraus ergab sich nach einiger Zeit eine neue berufliche Tätigkeit auf diesem Gebiet.

Ein paar Jahre, nachdem ich als Fahrer Schluß gemacht hatte, bot mir das Österreichische Fernsehen eine monatliche Serie mit dem Titel *Motorama* an. Zusammen mit dem damals schon an der Weltspitze stehenden Formel-I-Fahrer Jochen Rindt sollte ich jeden Monat ein neues Automodell testfahren, einen Fahrbericht geben und die Vor- und Nachteile des betreffenden Fabrikates den Zuschauern nahebringen.

Die Sendung wurde ein großer Renner und an jedem Ersten Montag des Monats, zur günstigsten Zeit nach den Nachrichten, ausgestrahlt. In dieser Zeit gab es in Wien noch Leute, die keinen Fernsehapparat besaßen und daher, um das *Motorama* sehen zu können, in das Fernsehzimmer ihres Stammcafés eilten. Wegen des großen Andrangs verzichteten manche Kaffeehausbesitzer auf ihren Ruhetag.

Die Macht des Mediums Fernsehen wurde mir schon nach der ersten Folge von *Motorama* klar. Der Wagen, den ich als neu auf dem Markt dem Fernsehpublikum zu präsentieren hatte, war ein Kleinwagen. Der Testbericht war sehr positiv ausgefallen, und der Generalimporteur dieser Marke für Österreich teilte uns mit, acht bis zehn Tage nach der Ausstrahlung sei sein ganzes Jahreskontingent ausverkauft gewesen. Man konnte sich also vorstellen, wie katastrophal sich andererseits eine negative Bewertung auf den Verkauf eines neuen Typs auswirken mußte.

Unter den fast 50 Folgen von *Motorama* gab es einige besonders erfreuliche.

Was mir schon immer großen Spaß machte, war das Fahren unter außergewöhnlichen Bedingungen, bei Regen, Tiefschnee oder Glatteis oder in möglichst unwegsamem Gelände. Als es darum ging, die vielseitige Verwendbarkeit des neuen Range Rovers zu zeigen, hatte sich der Regisseur allerhand Spektakuläres ausgedacht. Ich fuhr Steilhänge in den Abruzzen rauf und runter, durch Flüsse, über Dickicht und Sträucher hinweg, durch achstiefen Schlamm und Sand, die Camel-Werbung hätte daran ihre Freude gehabt. Zu guter Letzt mußte ich noch, um die Geländegängigkeit zu demonstrieren, die große Freitreppe des Capitols in Rom hinunterpoltern. Das Einschreiten der Polizei, die von Passanten sofort verständigt wurde, haben die ORF-Leute nicht mehr mitgefilmt, der Range Rover war schon im Verkehrsgewühl der ewigen Stadt verschwunden.

Die Aufnahmen in Modena, dem Mekka des Automobilsports, waren für die Motorfans an den Fernsehapparaten ausgesprochene Leckerbissen. Wir drehten bei Maserati mit Ingenieur Alfieri, bei De Tomaso, dem Argentinier, der es von der Handfertigung seiner Formelrennwagen in einer Hinterhofwerkstätte zur industriellen Fabrikation rasanter Edelkarossen gebracht hat. In Sant' Agata stellte uns Cavaliere Lamborghini stolz seinen 400 PS »Miura« und den Prototyp des »Uracco« vor.

Unser Traumziel war es, Enzo Ferrari vor die Kamera zu bekommen. Als wir nach Maranello (bei Modena) kamen, meinte der Pressechef, Dott. Gozzi, gleich zu Beginn, für ein Fernsehinterview seien beim Chef höchstens fünf Minuten drin. Es kam anders, der Commendatore war vor unserer ORF-Kamera so gesprächig, daß wir hinterher leider eine Menge Interessantes herausschneiden mußten, um in der Sendezeit zu bleiben. In seiner guten Laune setzte sich Signore Ferrari sogar an das Steuer seines Privatwagens und drehte auf der Formel-I-Teststrecke von Fiorano ein paar Runden im Renntempo. Der Kameramann und ich fuhren im Fond des 12-Zylinders mit. Es wurden eindrucksvolle Aufnahmen.

Ein besonderer Höhepunkt war für mich als unheilbaren Motorfan die Begegnung mit dem Weltmeisterwagen von George Follmer (USA) auf der Versuchspiste von Porsche in Weissach. Der Typ 917/10 hatte damals als schnellster und stärkster Sportwagen der Welt mit seinen 1000 PS keine Konkurrenz. Seine enormen Beschleunigungswerte muten wie ein technologisches Märchen für Erwachsene an.

Luftsprünge gehörten manchmal auch zum Repertoire unserer *Motorama*-Aufnahmen. Ein BMW aus der 5-Serie wurde dabei im Testgelände der Bayerischen Motorenwerke effektvoll auf Grund gesetzt. Einen DAF 66 brachte ich ebenfalls auf einem Moto-Cross-Kurs in Niederösterreich zum Aufsteigen bis auf eine Höhe von 1,50 Meter.

Das alles hat den Menschen am Bildschirm Spaß gemacht und uns natürlich auch.

Die große Sehbeteiligung verdankte das *Motorama* in erster Linie dem simplen Umstand, daß das Automobil des Menschen liebstes Kind ist. Alles was damit zusammenhängt, genießt größtes Interesse. Diese Tatsache war zweifelsohne der Hauptgrund für den Erfolg unserer Serie. Dazu kam allerdings noch die Objektivität der Fahrberichte. Versteckte Werbung oder gnadenvolles Übersehen von echten Mängeln gab es nicht, wir waren ja unabhängig von der Automobilindustrie, was auch gelegentlich zu Mißstimmungen führte, wenn wir die Dinge beim Namen nannten. Demgegenüber mußte so mancher Autotester einer auflagenstarken Tageszeitung mit seinem Fahrbericht auf die mächtigen Marken Rücksicht nehmen, die mit ihren kostspieligen Großanzeigen auf der Motorseite riesige Summen für das Blatt springen ließen. Wir hingegen haben es nicht bei einer sanften Tour bewenden lassen, wir bemängelten nicht nur, daß der Aschenbecher klemmt. Unsere objektive Verbraucherinformation war oft ausschlaggebend für die Kaufentscheidung.

Unter den Nachwuchstalenten des österreichischen Motorsports gab es immer wieder Leute, die Weltruf erlangten, man denke an Niki Lauda und Gerhard Berger. Jochen Rindt machte den Anfang als Tourenwagenfahrer auf Alfa Romeo. Er war ein auffallend bravouröser Fahrer und konnte bald in die Kategorie Sportwagen und Prototypen umsteigen, wo er weltweit beachtete Erfolge hatte. Es dauerte nicht lange, da fand man ihn schon auf den ersten Plätzen im Formel-I-Sport. In dieser Zeit kamen wir uns auch persönlich näher. Mein GTO interessierte ihn besonders, er wollte damit in Le Mans beim 24-Stunden-Rennen starten. Einige Abende saßen wir in meiner Wiener Wohnung beisammen und berieten, wie man das Problem der leihweisen Überlassung eines so teuren Rennwagens lösen könne. Die Hauptschwierigkeit war die Vollkaskoversicherung für den Fall eines Totalschadens. Über den Verschleiß an Motor, Kraftübertragung und Bremsen waren wir uns einig, unklar blieb jedoch, wer die Schadensversicherung übernehmen sollte. Die einzige Gesellschaft, die dafür in Betracht kam, war »Lloyd's« in London. Die Prämie war so hoch, daß wir passen mußten.

Jochen hatte damals noch keinen Sponsor, und ich besaß nur zwei Öl- und Treibstoffverträge, aus denen man eine solche Summe nicht abzweigen konnte. Wir mußten also den Gedanken, daß Jochen Rindt zusammen mit einem zweiten Fahrer bei diesem weltbekannten Langstreckenrennen auf meinem GTO startete, leider aufgeben.

Die Idee an sich gab er natürlich nicht auf, und mich beeindruckte es enorm, mit welcher Intensität er sein Ziel, in Le Mans zu fahren, verfolgte. Irgend etwas trieb ihn förmlich dazu, dabei zu sein. Kurz darauf ergab sich für ihn durch eine besondere Konstellation im internationalen Reglement doch noch eine Chance.

Ich weiß nicht wie es Jochen anstellte, jedenfalls bekam er vom N. A. R. T. (North American Racing Team) einen Wagen und siegte in Le Mans zusammen mit dem Amerikaner Masten Gregory in ganz überlegener Manier. Er muß es wohl instinktiv gefühlt haben, daß er Chancen hatte, das erklärt auch seine Beharrlichkeit, mit der er an die Sache heranging. Überhaupt war sein Sendungsbewußtsein durch nichts zu trüben, und jede Etappe seiner Laufbahn zeigte immer wieder, mit welch enormer Energie er Schwierigkeiten anging und bewältigte.

Kurz nach Beginn der gemeinsamen Arbeit für das *Motorama*, 1972, verunglückte Jochen Rindt beim Training zum »Großen Preis von Italien« in Monza. Die Nachricht von seinem Tod erreichte mich in meinem Haus in Italien. Für den darauffolgenden Montag stand wieder eine vorproduzierte Folge unserer Sendreihe auf dem Fernsehprogramm.

Unverzüglich flog ich nach Wien und kam gerade noch rechtzeitig, um auf den toten Weltmeister einen Nachruf zu bringen. Für eine Aufzeichnung war die Zeit zu kurz, und ich mußte live improvisieren. Ich weiß nicht, wie ich diese Minuten vor der Kamera bewältigt habe.

Vier Wochen darauf war die nächste Folge fällig, und ich mußte die Sendung nun allein bestreiten. Vier Jahre wurde *Motorama* noch weiter produziert. Dann endete es ziemlich plötzlich. Wie das geschah, war typisch für die Gangart des ORF.

Der damalige Generalintendant, Gerd Bacher, war gerade im Begriff, sich als umweltbewußter Automobilhasser zu profilieren. Für ihn war das Auto ein Chrom-Götze, den das Volk nicht mehr länger anbeten sollte. Daß es für den Individualverkehr keine Alternative gibt, irritierte ihn nicht, er glaubte, man könne das Automobil durch einfaches Ignorieren in den Medien aus der Welt schaffen. So beschloß er, das *Motorama* kurzerhand abzuwürgen. Das geschah in besonders feinfühliger Weise.

Wir drehten in der Umgebung von Köln im Bergischen Land. Vor der letzten Einstellung dieser Folge packte der Regisseur aus dem Kofferraum seines Wagens eine jener schmucken Uniformen aus, wie si ¬ in Österreich bei Beerdigungen die Leichenträger zieren, und motivierte mich, in dieser Aufmachung gramgebeugt zu verkünden, daß das *Motorama* gestorben sei. Daß ich meine Theaterverpflichtungen für ein ganzes Jahr im voraus auf die Drehtermine dieser Sendeserie ausgerichtet hatte, was auch mit Einbußen verbunden war, interessierte den ORF überhaupt nicht. So edel sind die Bräuche in unserem Job, und es macht mir enormen Spaß darauf hinzuweisen.

Kaum war die Fernsehserie *Motorama* angelaufen, kam ein führendes Wiener Blatt, die »Kronen-Zeitung«, auf die Idee, in ihren Motorteil eine Artikelserie mit dem gleichen Titel aufzunehmen. Zunächst beschränkte man sich darauf, daß ich die Testberichte aus dem Fernsehen in gedruckte Form brachte. Das TV-*Motorama* war eine monatliche Sendung, meine Kolumne in der Kronen-Zeitung hingegen sollte jeden Samstag erscheinen. Die Herren vom Verlag erweiterten also meinen Aufgabenkreis um drei Beiträge pro Monat.

Nun ist ja das Thema Motor, besonders in Österreich, von viel größerer Wichtigkeit als anderswo. Der Österreicher hat ein kindliches Verhältnis zum Auto, deshalb ist es auch sein liebstes Spielzeug. Außerdem hat sich in den damaligen Jahren vieles ereignet, von Ölkrise bis Geschwindigkeitsbeschränkung, so daß die Denkanstöße zum Schreiben buchstäblich auf der Straße lagen. Da war allemal Stoff für dreimal monatlich.

Als die Motorredaktion umstrukturiert wurde, bekam ich eine neue Samstagskolumne mit wechselnden Titeln. Einmal hieß sie »Meine Meinung«, da nahm ich zu aktuellen Themen Stellung und glossierte sie. Oder ich schrieb unter der Überschrift »Unterwegs«. Durch meine häufigen Fernreisen und vor allem durch den Wohnsitz in Italien wurde ich automatisch zum Reisefeuilletonisten. Vier Jahre habe ich diese journalistische Tätigkeit mit großer Freude ausgeübt.

Der Motorsport ist eine Sache, die mich nicht ausläßt, immer wieder gibt es Anlässe, die alte Liebe neu aufleben zu lassen. Sei

Ankündigung
der »Kronen-Zeitung«,
Wien 1972

es, daß ich zum Beispiel mit meinem Schulanfänger Gero zu einem Fototermin zum Nürburgring fahre, wo man uns beim Training zu einem Tourenwagenlauf mit den aufregendsten Rennern ablichtet. Der Kleine ist in einem Begeisterungstaumel, das Dröhnen der Motoren kann gar nicht laut genug sein.

Gelegentlich tummeln wir uns auch auf der Go-Kart-Bahn in Kerpen, wo ich meinem Gero behutsam die Reize des Motorsports nahebringe.

Einen großen Stellenwert hat auch eine schöne Tradition, die seit Jahren von mir gepflegt wird. Immer wenn ich auf einer meiner Theatertourneen in der Stadthalle von Böblingen gastiere, habe ich berühmte Leute aus der Welt des Motors in meiner Vorstellung: den ehemaligen Formel-I-Piloten und Ex-Rennleiter von Mercedes, Karl Kling, den Altmeister Huschke von Hanstein sowie den Grand-Prix-Fahrer und Le-Mans-Sieger Hans Herrmann. Mit den zugehörigen Damen geht es nach dem Theater zu einem zünftigen Abendessen ins »Möhnig«. Der Abend endet meist nach angeregten Fachgesprächen und ausgiebigem Erinnerungsaustausch erst, wenn den beiden Gastronomen die Augen zufallen.

Das Leben ist ein
brillanter Komödienschreiber

Zurück zum Theater – Autor aus Notwehr –
Was ist ein Star? – Boulevard auf Reisen –
TÜT: Ein Tauglichkeitstest – Kritik der Kritiker –
Peter Loos und Willy Millowitsch

Die Talfahrt des Deutschen Films begann Mitte der sechziger Jahre. Diese Abwärtsbewegung war nicht nur durch das Aufblühen des Fernsehens in Gang gekommen, es gab noch andere Gründe. Der Markt für leicht verdauliche Unterhaltungskost war allmählich gesättigt. Die Produktionen traten mit ihren Lustspielthemen auf der Stelle. Die Kreativität der Autoren war erschöpft.

Dazu kam, daß sich so mancher Produzent darauf verlegte, dem Erfolg eines Films einen zweiten, womöglich einen dritten zum selben Thema folgen zu lassen. So mancher Autor wurde zum Nachahmungstäter. Man versuchte im Kielwasser eines fremden Erfolges mitzuschwimmen. Dieser Nachahmungstrieb ging manchmal bis zum Plagiat.

Als vielbeschäftigter Filmkomiker (Spitzname: »4711 immer dabei«) hatte meine Lust, weiterhin an Drehbüchern mitzuarbeiten, stark nachgelassen. Das teils unsachliche Dreinreden in das dramaturgische Konzept und die ständige Suche nach kostengünstigen Ausweichlösungen stutzten meine Motivation als Autor auf ein Minimum zusammen. Meine Sehnsucht, wieder Theater zu spielen, wurde immer größer.

Seit dem Beginn meiner hauptberuflichen Filmerei Anfang der fünfziger Jahre blieb für Bühnengastspiele nicht viel Zeit. Wohl habe ich zwischendurch in Wien und Zürich das eine oder andere Stück gespielt, aber das reichte mir nicht. 1965 drehte ich zusammen mit Peter Alexander in Jugoslawien wieder einen Film aus der Graf-Bobby-Serie. So schön die Arbeit mit unserem Regisseur Paul Martin und die Partnerschaft mit Peter auch waren, ich mußte wieder einmal Theaterluft atmen, das Lachen der Menschen und ihren Applaus hören.

Als dieser Film, der in den Bergen der Zrna Gora gedreht wurde, zu Ende ging, stand ein Gastspiel im Zürcher Bernhard-Theater bevor. Der letzte Drehtag spielte sich in einem Westerndorf ab, das vorher schon als Motiv für die Karl-May-Filme des Regisseurs Harald Reinl gedient hatte. Auch unser Film war ein Western, allerdings eine Parodie: *Graf Bobby, der Schrecken des Wilden Westens*.

Am letzten Drehtag war Peter schon auf der Fahrt ins Motiv gut gelaunt, er hatte den Schalk im Nacken. Mit uns im Produktionswagen saß ein älterer, bärtiger jugoslawischer Kollege, der die k. u. k.-Zeit Österreichs noch erlebt hatte. Er sprach gut deutsch, und als wir so in unserem klapprigen VW-Transporter die holprigen und steinigen Straßen hinaufgerüttelt wurden, prahlte er als ehemaliger Bürger der alten österreichischen Monarchie voll Stolz: »Dieses Straße hat estreichische Kaiserhaus gebaut!«

Da sagte Peter Alexander nur trocken: »Jetzt versteh ich Sarajevo!«

Zum Abschluß unserer Arbeit leisteten wir uns einen makabren Scherz, der von unseren Kollegen fotografiert wurde. Unlängst kam mir dieses Foto in die Hände. An einem Grabhügel aus faustgroßen Gesteinsbrocken war ein Holzkreuz mit der Aufschrift: »Der Deutsche Film« zu sehen. Peter und ich, noch im historischen Westernkostüm, waren von Trauer gebeugt neben der letzten Ruhestätte unserer Existenz abgelichtet. Damals konnten wir darüber noch lachen. Einige Jahre später wurde uns bewußt, wie prophetisch dieser Insiderscherz gewesen war.

Aber zurück zu meinem Gastspiel in Zürich. Es handelte sich um die Wiederaufnahme eines Schwankes, den ich viele Jahre vorher im Wiener Renaissancetheater über hundertmal gespielt hatte. Wir hatten insgesamt nur zehn Tage Zeit, um *Hurra, ein Junge* von Arnold und Bach zu neuem Leben zu erwecken. Wieder einmal mehr zeigte es sich, wie wertvoll ein gutes Gedächtnis sein kann. Mein alter Freund Peter Loos führte Regie. Besonders vorteilhaft wirkte sich die Tatsache aus, daß einige Kollegen aus Wien wieder mit dabei waren: meine Jugendfreundin Elisabeth Stiepl aus dem Reinhardt-Seminar und mein alter Revuepartner Raoul Retzer vom Casanova. Trotz der kurzen Probenzeit wurde es ein schöner Erfolg.

Dieses Gastspiel war der Auftakt zu meiner Tätigkeit am deutschsprachigen Boulevardtheater. Nach der Resonanz von Zürich kam ich mit einigen Direktionen deutscher Boulevardbühnen in Kontakt. Der Schwerpunkt meiner Arbeit verlagerte sich jetzt auf das Theater, dort war ich von nun an fast die Hälfte jedes Jahres tätig. Begonnen hat es für mich 1966 in Düsseldorf, im Theater an der Berliner Allee. Gleich darauf folgten Köln, Stuttgart, Frankfurt, Hamburg, München und Bonn.

Die Zeit, in der ich Schwänke spielte, war endgültig vorbei, ich wandte mich nun französischen und englischen Boulevardstükken zu, wie man sie in der ganzen Welt, in Paris, London und auf dem Broadway, sehen konnte. Zunächst waren es französische Komödien und Lustspiele. Den Zugang zu dieser Bühnenliteratur verdanke ich einem meiner ersten Theaterregisseure: Peter Loos. Die Bekanntschaft und spätere Freundschaft mit ihm reicht in meine Revue- und Kabarettzeit, in das Jahr 1948, zurück. Peter Loos war damals einer der gefürchtetsten Theaterkritiker Wiens. Seine brillanten und geistreichen Rezensionen sind ein Stück Wiener Theatergeschichte geworden. Er schöpfte aus dem großen Potential seiner umfassenden Belesenheit und Literaturkenntnis, die er in den Jahren der Emigration in Paris erworben hatte. Nach der Rückkehr in die Heimatstadt Wien war Peter Loos mit seiner Zweisprachigkeit zum Übersetzer französischer Bühnenliteratur prädestiniert, gab den Beruf des Kritikers auf und wurde Regisseur. Gelegentlich hört man von Schauspielern oder Autoren, die sich von der Kritik ungerecht behandelt fühlen: »Wenn dieser Herr Kritiker alles besser weiß, soll er es doch selber machen!«

Danach hat sich Peter Loos offenbar gerichtet, er wußte es wirklich besser und hat es auch selber gemacht, und zwar gleich mit großem Erfolg.

Bei einer seiner ersten Regiearbeiten war ich sein Hauptdarsteller. Im Laufe der Jahre entstand bei einem guten Dutzend von Theaterproduktionen in Österreich und Deutschland eine intensive Zusammenarbeit und damit eine große Freundschaft. Den Anstoß dazu gab ein Gerichtsverfahren, das Peter Loos gegen mich angestrengt hatte. Eine Schadenersatzklage, weil ich wegen einer Filmproduktion ein Theatergastspiel in Wien absagen mußte. Bei der Zeugeneinvernahme wurde seine Frau Annemarie ohnmächtig, als sie ihren Namen nennen sollte, und ich mußte sozusagen als Notarzt eingreifen. Unabhängig davon kam es zu einem Vergleich, der anschließend in seinem Stammlokal »Domino« gefeiert wurde. Das war der Beginn unserer Freundschaft.

Prof. Peter Loos ist nun seit einigen Jahren als Oberspielleiter am Theater in der Josefstadt emeritiert und genießt nach seinen Erfolgen als Übersetzer, Bearbeiter und Regisseur seinen Ruhestand.

»Ich möch zu Fuß nach Kölle jon...« – und das hat seinen besonderen Grund. In keiner anderen Stadt habe ich so oft auf der Bühne gestanden wie in Köln. Durch sechzehn mehrmonatige Gastspiele wurde das Theater am Dom im Laufe von zweiundzwanzig Jahren zu meiner schauspielerischen Heimat. Ich habe dort richtig Fuß gefaßt. Ganz von selbst hat sich an dieses Theater, seine Direktion und vor allem an das Kölner Publikum eine enge Bindung entwickelt. Wir haben uns aneinander gewöhnt, und wir mögen uns, die Kölner und ich.

Das Direktorium ist weiblich. Zwei Prinzipalinnen führen das Haus mit großem künstlerischen und kaufmännischen Erfolg. Inge Durek und Barbara Heinersdorff (Reihenfolge alphabetisch!) sind ein gut eingespieltes Damendoppel, sie haben inzwischen zusätzlich in München die Komödie am Max II übernommen und damit auch die Münchner Boulevardszene in ihren Wirkungsbereich einbezogen. Für meine beiden Chefinnen, deren Temperamente sich gut ergänzen, bin ich durch den Gewöhnungseffekt zu einer Dauereinrichtung geworden. Man nennt mich bereits den »Hausheiligen«, ein Status, der mir sehr schmeichelt.

Durch die vielen Gastspiele in Köln habe ich zu dieser Stadt und ihren Menschen eine besondere Beziehung. Nicht immer entsteht Liebe auf den ersten Blick, so war es auch mit »Kölle« und mir. Köln will nämlich gelernt sein. Vielleicht sollte es eine Broschüre geben, die dem Nichtkölner, dem sogenannten »Imi«, den Weg ebnet: »Köln für Anfänger«.

Anfangs war ich etwas ratlos, als ich zum ersten Mal den Kölner Karneval erlebte. Vor allem ist es der Straßenkarneval, der den Uneingeweihten zum Staunen bringt. Am Donnerstag, der dem Karnevalssonntag vorausgeht, fängt es an: Weiberfastnacht! Ein Fest für die Frauen, entfesselter Feminismus der liebenswertesten Art, weibliche Initiativen in der offensiven Zuwendung zum anderen Geschlecht, das an diesem Tag wehrlos und entrechtet in die Ringecke gedrängt wird. Symbolhandlungen wie das Abschneiden der Krawatte sagen nicht nur dem Psychoanalytiker, was gemeint ist.

Zum Glück ereignet sich dieser Entmannungsvorgang nur einmal im Jahr. Hinzu kommt der kollektive Lustgewinn durch die Maskierung. Ernste Universitätsdozenten rennen bei Minusgraden im Bärenfell mit Holzkeulen als Neandertaler über den Ring, eine Apothekerin im weißen Nachthemd und goldenen Flügeln an den Schulterblättern fragt den Patienten mit der roten Pappnase, was für ein Mittel er gegen seine Gliederschmerzen haben wolle. Es ist ein dreitägiger Rausch der Ausgelassenheit, und die Sache gipfelt im Rosenmontagszug, der die ganze Stadt in ein fröhliches Chaos versetzt. Eigentlich kann man den Kölner Karneval gar nicht beschreiben, man muß ihn erleben, um ihn zu lieben.

Den Fasching von Wien und München kenne ich aus eigener gründlicher Erfahrung. Feten wie die Münchner »Traumkulisse« und »Qui-Qua-Quu« sind unvergeßliche Bacchanale der erotischen Ausgelassenheit: »Penthouse« und »Playboy« live.

In Wien hingegen hat der Fasching eine andere Besonderheit, dort wird er nämlich nach Branchen und Berufsgruppen gefeiert. Es gibt einen Ärzteball, Juristenball, Ball der Sodawasserfabrikanten, der Taxifahrer und noch viele andere Veranstaltungen, die weniger der Unterhaltung als der Kommunikation und ihren positiven Konsequenzen dienen. Da geht Verpflichtung vor Vergnügen. Ein Medizinstudent, der zum Ärzteball geht, hat meistens ein Marathon an Pflichttänzen zu absolvieren. In absteigender Reihenfolge: mit der Frau Professor, der Frau Dozent, der Frau Assistent und so weiter. Bis er dazu kommt, mit seiner Ballbegleiterin zu tanzen, ist die schon von einem Oberarzt angemacht, und die Sohlen seiner zu engen Lackschuhe sind reif für Mister Minit.

Der Fastelovend in Köln ist schon etwas anderes, da wird nicht getanzt, es wird gesessen. Deshalb heißt die Karnevalszeit auch Session. Und vor allem wird geschunkelt! Mit ihren prächtigen Programmen dauern die verschiedenen Sitzungen oft viele Stunden und erfordern paradoxerweise großes Stehvermögen.

Die Einführung in die Geheimnisse des Kölner Karnevals verdanke ich meinen Freunden von der »Ehrengarde der Stadt Köln«, der ich mit großem Stolz als Ehrensenator und »Oberstleutnant d. R.« angehöre. Begonnen hat es mit der Goldenen Mütze, die man als auserwählter Künstler mit feierlichem Zeremoniell verliehen bekommt.

Die Prunksitzungen, der Rosenmontagszug sind für meine Frau

Gisi und mich ein liebgewordenes Muß. Manchmal reisen wir tausend Kilometer und mehr, um an den närrischen Tagen dabei zu sein, um sie alle wiederzusehen, die Jecken von der Ehrengarde: den Friedl, den Toni, den Rolf und den Gerhard.

Außer meiner herzlichen Bindung an die Familie meiner Frau sind es diese Freundschaften, die mir Köln so vertraut gemacht haben. Mit dem wandelnden Wahrzeichen von Köln, Willy Millowitsch, besteht eine spezielle Verbindung. Schon vor Jahrzehnten haben wir etliche Filme miteinander gedreht, in Wien, am Wolfgangsee und in Griechenland. Von Anfang an verstanden wir uns als Kollegen bestens, und im Laufe meiner Theatertätigkeit in Köln kamen wir einander auch menschlich näher. Mit meiner Frau Gisi wurde ich in den reich gegliederten Millowitsch-Clan einbezogen, und als unser Söhnchen Gero ankam, übernahmen Willy und seine Frau Gerda die Taufpatenschaft.

Die Mentalitäten Wiens und Kölns sind einander irgendwie ähnlich. Vielleicht liegt es daran, daß beide Städte einmal römische Kolonien an den großen Flüssen waren, Siedlungen in sonnigen Hügellandschaften, an deren Hängen der Wein wächst und der Frohsinn gedeiht. Die Lieder, die man hier wie dort singt, haben vieles gemeinsam. Bei so manchem Lied der Bläck Fööß kann ich lachen oder weinen wie bei unseren Wienerliedern.

Das bringt mich auf die Idee, über das Wagnis und die Erfüllung, ein Österreicher zu sein, zu meditieren.

Seit mehr als vierzig Jahren lebe ich nicht mehr in meiner Heimat. In den Augen meiner Landsleute ist das ein großer Fehler: Wer Österreicher ist, hat im Land zu bleiben. Die Konsequenzen dieses unvaterländischen Verhaltens bekomme ich (allerdings nur gelegentlich) zu spüren. Sie stören mich aber nicht, im Gegenteil, meine große Liebe zu Österreich und den Österreichern ist nicht kleinzukriegen. Auf eine einfache Formel gebracht: Meine Heimatliebe wächst mit dem Quadrat der Entfernung. Hinzu kommt, daß der Faktor Zeit auch eine Rolle spielt: Je länger ich von meiner Heimat abwesend bin, um so mehr intensiviert sich meine Liebe zu Österreich.

Wo immer ich hinkomme, fällt mir auf, daß unser kleines Land sich großer Sympathien erfreut, sofern nicht gerade Ereignisse wie die Wahl eines Bundespräsidenten, ein Weinskandal oder Straßenmaut die Beziehungen zum Ausland trüben. Wenn ich bemerke, wie Österreich trotzdem in der Beliebtheitsskala der europäischen Länder in der Spitzengruppe rangiert, macht mich das stolz, und es hebt mein nationales Selbstwertgefühl.

Lediglich die politischen Verhältnisse könnten meine positiven Empfindungen für das Vaterland belasten. Da ich sie jedoch völlig ignoriere, kommt es gar nicht dazu.

Seit Österreich durch das segensreiche Wirken des Bundeskanzlers Leopold Figl einen Staatsvertrag hat, ist es neutral. Unsere Neutralität gebietet, daß wir Österreicher uns nicht in die inneren Angelegenheiten anderer Länder einzumischen haben. Es gibt aber noch eine Randgruppe von Österreichern, die so neutral sind, daß sie sich nicht einmal in die inneren Angelegenheiten des eigenen Landes einmischen – zu denen gehöre ich.

Schon vor langer Zeit kam mir eines Nachts eine Erleuchtung. Schweißgebadet erwachte ich aus unruhigem Schlaf, richtete mich im Bett auf und hatte mit einem Mal erkannt, wie man in Österreich als Österreicher dran ist. In Österreich kann man ohne Parteibuch nichts werden, daher bin ich aus Österreich weggegangen, denn ich habe nie ein Parteibuch besessen. Das soll aber nicht heißen, daß ich unbedingt etwas werden wollte, ich wollte bloß kein Parteibuch besitzen. Das hat sich 1945 als Vorteil erwiesen. Andererseits verdanke ich dem Umstand, daß ich auch nach 1945 keiner Partei angehörte, die eine oder andere Schwierigkeit.

Wenn ich zum Beispiel an irgendeine höhere Stelle ein Anliegen habe, zeigt sich besonders deutlich, wie es einem Parteilosen ergeht. Soweit ich informiert bin, sitzen auf jedem wichtigen Posten nach dem demokratischen Prinzip des Proporz drei Leute.

Einer von der einen Partei, der zweite von der anderen Partei, und in einigen Fällen ein Dritter, der etwas kann. Auf den letzteren verlasse ich mich aber nicht und begebe mich trotzdem, wenn es mir um etwas Wichtiges geht, in die neutrale Mitte des ideologischen Kraftfeldes. Dort angelangt, hält mich der Sachbearbeiter, welcher der einen Partei angehört, für einen Sympathisanten der anderen, und der andere hält mich für einen Sympathisanten der einen Partei. Das ist schlecht. Noch schlechter ist es, wenn sowohl der eine wie auch der andere drauf kommt, daß ich überhaupt kein Sympathisant bin, dann bin ich natürlich bei beiden unten durch.

Trotz dieser Gegebenheit lebe ich seit vierzig Jahren im Ausland, und das mit unverminderter Vaterlandsliebe.

Ganz leicht hat man es am Boulevardtheater nicht. Man muß schon mit einer Reihe von Problemen fertig werden, die sich da auftun. Zunächst soll man wissen, daß hierzulande der Boulevardschauspieler, Komiker oder überhaupt einer, der sein Publikum unterhalten will, ausgeprägter Mißachtung von mehreren Seiten begegnet. Wer die Menschen zum Lachen bringt, ist verdächtig, wer mit Humor Erfolg hat, zieht sich Ablehnung zu.

Eine der reizvollsten Konstellationen ist das Verhältnis der einzelnen Theaterdirektionen zueinander. Auf eine einfache Formel gebracht: Eine Direktion hält die andere für total unfähig. Ich finde das geradezu rührend und liebenswert. Man darf es aber nicht besonders ernst nehmen. Jede Theaterleitung hat ihr eigenes Wertsystem, selbstverständlich das einzig richtige. Nur sie weiß, was gut ist und was nicht. Die Erfolge der anderen beruhen auf Glück oder Zufall. Das ist zunächst das Grundsätzliche, das man zur Kenntnis nehmen muß, wenn man bestehen will.

Wer sagt, was er denkt, ist bald unbeliebt, wer sagt, was er will, gilt als schwierig. Wer sich nicht übervorteilen und manipulieren läßt, ist ein Egoist. Wer auf seinem Recht besteht, wird untragbar, »mit dem kann man eben nicht«! Das ist das System, mit dem man

Gunther Philipp:
Haupttreffer im
„Damenroulette"

Komödie im Theater am Dom schrieb er selbst

INMARK
Theater-Fibel®
März/Juli/August 1987

Gunther Philipp
mit Monica Kaufmann,
Karyn von Ostholt
in „Wer mit Wem"
Komödie am Max-II

DÜSSELDORFER
KULTUR-FÜHRER
MIT THEATERPLAN

DEZEMBER '80

EWALD SCHWARZER VERLAG

VEESCH'S   Ausgabe: Dezember '88
THEATER & KONZERT INFO
KÖLN

Szene aus „DAMEN – ROULETTE" mit Gunther Philipp. Theater am Dom

Oben: Titelzeile der Rezension »Damenroulette« im
Theater am Dom, Express Köln, 12. November 1988. –
Titelblätter der Veranstaltungskalender Düsseldorf
(»Das Haus in Montevideo« mit Ursula Bredin),
München (»Wer mit wem?« mit Monica Kaufmann und
Karyn von Ostholt) und Köln (»Damenroulette«
mit Sibylle Kuhne).

leben muß, wenn man davon leben will. Ich persönlich lebe damit gern.

Besonders kultiviert wird der Tratsch. Hinter den Kulissen, in den Garderoben, in den Maskenbildnereien, in den Kantinen blühen sie, die Gerüchte. Jeder einzelne wird gnadenlos durchgehechelt. In diesen »Informationszentren« erfährt man die sensationellsten Neuigkeiten: Wer mit wem, ohne wessen Wissen, wo und warum überhaupt. Wer sich wo was liften oder hat spritzen lassen! Silikon, Collagen, Toupets, Haftschalen, Totalprothesen, Diamantfingernägel, das sind die Themen, auf die es ankommt. Lebhafte Diskussionen: Wo ist noch Platz für den achten Brillanten am Ohr? Wer das alles nicht weiß, ist arm dran, deshalb: Nur nicht weghören, meine Damen und Herren, die Sache hat ihren Reiz.

Unter den acht oder neun Boulevardtheatern, an denen ich gastiere, ragen zwei besonders hervor: das Theater am Dom unter der Leitung der Damen Durek und Heinersdorff, und die Komödie Düsseldorf mit ihrem Direktorium Ingrid Braut und Alfons Höckmann.

Diesen beiden Direktionen bin ich vor allem deswegen dankbar, weil sie an einem großen Wendepunkt meiner Theatertätigkeit mir gegenüber großes Vertrauen bewiesen haben. Das war zu jenem Zeitpunkt, als ich mich entschloß, für mich selbst Lustspiele zu schreiben. Anfang der achtziger Jahre wurde *Wer mit wem?* in Köln uraufgeführt und 1988 mein zweites Stück *Damenroulette* in Düsseldorf.

Immer mehr wurde mir bewußt, daß die Dramaturgie jener Stücke, die man mir vorschlug, für mich nicht in Frage kam. Was mich daran störte, war die Anhäufung krampfhaft herbeigeführter Situationen der Unentrinnbarkeit, in der sich die Hauptfiguren der Handlungen befinden, das aber nur scheinbar. Ein einziges klärendes Wort, und die ganze dramaturgische Konstruktion würde zusammenbrechen, die mühsam aufgebaute

Zwangslage der handelnden Personen wäre plötzlich entrinnbar und die Wirkung der Handlung aufgehoben. So etwas kann ich nicht glaubhaft über die Rampe bringen. Man könnte mir vorwerfen, ich hätte in meinen Filmen oft weniger glaubwürdige Situationen gespielt. Das mag richtig sein, aber im Film ist das etwas anderes. Film ist eine zweidimensionale Illusion, da gelten andere Gesetze. Theater ist dreidimensional, da muß man realistisch und ehrlich sein.

Und noch etwas kommt dazu: Mich reizen nur herausragende Rollen. Ensemblestücke bieten meistens nur Rollen mit mangelhaft konturierten Persönlichkeitprofilen. Die Figuren sind unspezifisch in ihrer Funktionalität und deshalb untereinander austauschbar. Das gefällt mir nicht. Was ich mir wünsche, sind profilierte, griffige Rollen, die mich herausfordern.

Die Ideen zu meinen Stücken fische ich mir aus meinem Leben heraus. Autobiographisches Material ist immer noch am besten verwendbar. Boulevardtheater ist ja reproduziertes Leben. Zum Glück habe ich eine Menge lustspielartiger Begebenheiten hinter mir. Das Leben ist ein brillanter Komödienautor, man muß ihn nur gewähren lassen, und das tue ich.

Ich liebe es, Alltagssituationen, in die jeder von uns geraten kann, vom Boden ihrer Trivialität abzulösen und auf eine andere Wirklichkeitsebene zu stellen, auf der die Grenzen zwischen Möglichem und Absurdem fließend sind. Darum verlasse ich als Autor und auch als Interpret ganz bewußt die Realität in Richtung »heile Welt« und nehme mein Publikum dorthin mit. Aber mit Augenzwinkern. Auf diese Art werde ich sozusagen zum Fluchthelfer aus dem Alltag. Ich will den Menschen helfen, wenigstens während der zwei Abendstunden, die sie im Theater sitzen, zu vergessen, was sie tagsüber belastet.

Je mehr es auf die Premiere zugeht, um so straffer wird die Organisation, um so größer die Nervosität, das Arbeitstempo steigert sich. Allmählich fängt einer der unangenehmsten psychischen Ausnahmezustände an, sich des ganzen Ensembles zu bemächtigen: Lampenfieber.

Es gibt zwar Kollegen, die das Lampenfieber für etwas Nützliches halten. Es erzeugt einen höheren Aufmerksamkeitsgrad, heißt es, die Konzentration steigt, und man erreicht angeblich seinen Leistungshöhepunkt.

Diese Behauptung kann ich nicht bestätigen. Bei routinemäßig ablaufenden Vorstellungen, wenn alles eingespielt ist und sich gesetzt hat, habe ich überhaupt kein Lampenfieber. Mit einem Blutdruck von 145/80 und einer Pulsfrequenz unter 60 gehe ich völlig entspannt auf die Bühne. Aber ich habe etwas anderes, weitaus Unangenehmeres, nämlich: Premierenfieber!

Dieser Zustand verschlimmert sich in galoppierender Weise, je näher der Tag X heranrückt. Während der Countdown läuft, sind plötzlich längst im Gedächtnis festverankerte Textpassagen wie weggeblasen. Symptome von vegetativer Dystonie treten auf: Schweißausbrüche, Herzjagen, Hitzegefühle. Zum Glück weiß man nicht, wie hoch jetzt der Adrenalinspiegel ist.

Eine erhöhte kollektive Reizbarkeit mit Neigung zu explosiven Affektentladungen macht sich im Ensemble breit: Aus kleinsten Anlässen entwickeln sich größte Kräche! Unbegründete Nörgeleien an den Kostümen, den Requisiten und an der Dekoration. Und dann kommt, oft wenige Stunden vor der Premiere, eine Vorkatastrophe: die Generalprobe.

Eigentlich sollte diese unvermeidliche und scheußliche Veranstaltung etwas für Interessenten sein, eine Art Probelauf. De facto ist sie eine Desinteressentenvorführung. Im Parkett: schütter besetzte Sitzreihen, die Verwandten unserer Mitarbeiter und vor allem Kollegen. Schadenfroh weiden sie sich an der Unfertigkeit der Aufführung, an der nervösen Spannung der Delinquenten da oben und vielleicht sogar an einem plakativen Tobsuchtsanfall des Regisseurs oder eines Darstellers (das bin meistens ich). Sadistischer Voyeurismus in Reinkultur!

Und dann kommt die Premiere. Alles was einen bisher belastet hat, verstärkt sich jetzt. Man weiß, worum es geht, Entscheidungen können fallen. Da unten sitzen sie jetzt: das elegante Premierenpublikum, die Fachleute, die Kritiker, wichtige Direktoren von anderen Theatern und natürlich wieder die lieben Kollegen.

Und nun hat es auch mich so richtig erwischt, das große Zittern. Ich zittere nicht bloß für mich, ich zittere für die Partner, die Technik und für alle anderen, die mitarbeiten und mitleiden.

Wenn ich dann endlich auf der Bühne bin, stehe ich eigentlich neben mir, bin aus mir herausgetreten, sehe und höre diesem Gunther Philipp da nebenan erstaunt zu, was er produziert. Ein Spaltungsvorgang ist eingetreten, Depersonalisation könnte man es nennen.

Nach zwei Stunden ist der grausame Spuk vorbei, alles ist gutgegangen, den Applaus höre ich wie im Traum, die Wirklichkeit kommt zurück. Der schwingende Vorhang bringt einen kühlenden Luftzug auf die schweißbedeckte Stirn.

Nach Mitternacht sind alle Qualen, Sorgen und Ängste vergessen, und am nächsten Abend kann man zur streßfreien Routine übergehen. Im Verlauf der ersten paar Vorstellungen werden dann kleine Holprigkeiten abgeschliffen, die ganze Aufführung optimiert, und nun läuft alles wie ein Schweizer Uhrwerk mit äußerster Präzision.

Meine engsten Freunde wundern sich manchmal, daß ich sie immer davon abhalte, in eine Premiere von mir zu gehen. Mir ist es lieber, wenn Leute, auf deren Urteil ich Wert lege, eine perfekte Vorstellung sehen, die nicht von Nervosität überschattet ist.

Im Anschluß an die Premiere gibt es meist eine zünftige Feier, in manchen Theatern sogar mit einem Teil des Publikums, den Ehrengästen. Da lassen sich die Direktionen nicht lumpen, ein großes Büfett bietet Anlaß zu einer Schlacht nach Reinhard Mey. So vorübergehend der Ausnahmezustand des Premierenfiebers auch sein mag, er hat doch einen beachtlichen Stellenwert:

»Die wahre Hölle«(Feuilleton macabre)

Magnus Müller-Dellbrück, langjähriges Mitglied der Städtischen Bühnen, sitzt in der Künstlerkantine, als ihn aus dem Lautsprecher eine schnarrende Stimme zum Auftritt ruft. Nach langer Zeit ist er endlich wieder einmal dran, als zweite Besetzung des Marquis Posa. Endlich! Der Kollege, der die erste Besetzung spielt, ist erkrankt, eine Virus-Grippe A. Nicht daß Magnus ihm diese gönnte, so weit geht die Rivalität nicht, aber es ist wieder an der Zeit, sich dem Publikum zu zeigen.

Magnus Müller-Dellbrück will gerade den letzten Bissen einer im Mikrowellenherd aufgewärmten Altbulette hinunterwürgen, da ereilt ihn ein unerwarteter Tod mit gnadenvoller Plötzlichkeit.

Kurze Zeit darauf betritt er den eleganten Empfangsraum im »Postmortalium«. Etwas hilflos steht er in der repräsentativen Vorhalle und sieht sich scheu um. Noch klingen ihm die feierlichen Reden, die mit der branchenüblichen Heuchelei an seinem offenen Grab gehalten wurden, in den Ohren. Durch den dünnwandigen Deckel des preisgünstigen Sarges aus umweltfreundlichem, leicht abbaubarem, PVC-freiem Kunststoff (eine Spende des Vereins zur Förderung der darstellenden Kunst) hatte er Würdigungen seines Wirkens gehört, die ihm zeit seines Lebens nicht zuteil wurden, Lobesworte, die schon Jahrzehnte früher angebracht gewesen wären.

Tränen treten in seine toten Augen, da fliegt die Tür auf, ein Mann im schwarzen Smoking fegt mit einem wehenden, feuerroten Umhang herein, schüttelt ihm die Hand: »Los, los, mein Lieber, ziehen Sie sich Ihr Kostüm an, es hängt in Garderobe 13, es geht gleich los.«

»Was geht gleich los?«

»Die Vorstellung!«

»Was für eine Vorstellung?«

»Stellen Sie sich nicht so an, heute ist Premiere!«

»Was? Heute ist Premiere, ich dachte, ich bin in der Hölle.«

»Hier ist täglich Premiere, nicht nur heute. Das ist ja die Hölle!«

Was ist ein Star?

Nicht einmal in der Encyclopaedia Britannica findet man eine Definition, die auf diese Frage eine Antwort gibt.

Für den Fan ist der Star ein übermenschliches, in den olympischen Wolken lebendes Wesen, zu dem man mit Bewunderung aufblickt. Für ihn geht man ins Kino, ins Theater, oder man hockt sich vor die Glotze, um sie oder ihn zu sehen. Nach Ansicht der Fans muß der Star folgendes haben: ein rotes Auto, eine weiße Villa, einen blauen Swimmingpool, eine schwarze Vergangenheit und eine blonde Sekretärin. Der Star muß unnahbar, arrogant und überbeschäftigt sein. Er darf nie versagen und nie Zeit haben. Natürlich sollte er gelegentlich Großes leisten, um sein Startum zu rechtfertigen, aber das ist sekundär. Primär ist seine Publicity, die immer geschürt werden muß. Regelmäßig muß er seine Schlagzeilen haben oder mindestens Erwähnungen in den Klatschspalten der Boulevard-Gazetten.

Für die Produzenten und Direktoren hingegen ist der Star der Magnet an der Kasse, der den Laden voll macht, deshalb ist er wichtig. Aber leider ist er auch schwierig. Womit hat er sich eigentlich dieses Odium zugezogen? Anfangs war er doch ein netter Mensch, liebenswert, flexibel, mit dem konnte man. Ja, früher! Aber was ist heute? Ein richtiger Widerling ist er geworden, ein Kotzbrocken, um es mal deutlich zu sagen! Wieso eigentlich? Durch den Einfluß der branchenüblichen Zumutungen, der Enttäuschungen, Wortbrüche, bitteren Erfahrungen! Durch die ständige Wiederholung von widerwärtigen Reizen wurde er übersensibilisiert. Das führt zu überschießenden Reaktionen! Jetzt kann man ihn nicht mehr aufs Kreuz legen, er ist nicht mehr manipulierbar, läßt sich nichts mehr gefallen, schwierig ist er geworden! Jetzt ist er ein Star, vom Unternehmer nicht unbedingt geliebt, aber benötigt. Die beiden brauchen einander, sie sind aneinander gekettet.

Für die Kollegen ist der Star derjenige, dessen Name in größeren Lettern gedruckt wird, den die Presse mehr beachtet, der fotografiert wird, der mehr Privilegien und mehr Gage hat. Daß er mehr Verantwortung hat, ist doch egal. Daß sein Weg nach oben einen großen Kraftaufwand erfordert hatte und Opfer und Lernprozesse, ist doch egal! Glück hat er gehabt, nichts weiter als unverschämtes Glück und Protektion! Ach was, Talent, das haben wir doch alle! Lassen müßte man uns, dürfen sollten wir, dann würden wir's ihm schon zeigen, dem Star. Aber er sitzt eben am längeren Hebel, hoffentlich nicht mehr lange, dann sind wir dran, dann soll er uns kennenlernen.

Das Wesentliche an einem Star ist seine Popularität. Sie beginnt schleichend und entsteht schrittweise.

In der Phase I wird der »Nochnichtstar« in der Öffentlichkeit mit irgendeinem (gar nicht einmal so liebenswerten) Kollegen verwechselt und ist gekränkt.

Phase II: Er wird nicht mehr verwechselt, aber noch nicht eindeutig identifiziert, das ist schon weniger kränkend.

Phase III: Die Erfüllung! Er ist populär, er wird von weitem erkannt, jetzt gehört er seinen Fans, ist Allgemeingut.

Wenn der Star diesen Status erreicht hat, lernt er alle Formen von Sympathiezuwendungen der Fans kennen. Er bekommt Blumen, Autogrammbriefe, Bittgesuche, Geschenke, er wird auf offener Straße angelächelt, angesprochen. Beim Oktoberfest in München wird er auf eine Maß eingeladen, im Kölner Karneval mit Orden geehrt.

Wenn er im Restaurant sitzt und seine Lieblingsspeise ißt, ertönt genau in diesem Moment: »Bitte ein Autogramm für Ute, Silke und für meine Oma, die hat Sie schon als Kind immer so gern gesehen.«

Das ist die Popularität, die man sich so sehr gewünscht hat. Ob man sich die Auswirkungen auch so sehr gewünscht hat, bleibt dahingestellt.

Episode, Schauplatz Wien.
Fan: »Habe d'Ehre, Herr Philipp, bitte ein Autogramm!«

Philipp: »Ja gern, für Sie?«
Fan: »Naa, i bin ja net deppert, es is für mein Enkerl, Sie wissen ja, Herr Philipp, wie blöd die Kinder sind.«

Wien, Straßenbahn.
Edelfan: »Pardon, es ist nicht meine Art, auf der Tramway jemanden anzusprechen, aber ich hätte doch gern g'wußt, sind Sie de facto der Herr Philipp?«
Philipp: (blüht auf) »Jawohl, mein Herr, der bin ich.«
Edelfan: »Schrecklich, wieder eine Illusion weniger! Danke ergebenst.«

Auch nicht übel (erlebt in der Bahnhofsgaststätte Wien-West).
Fan: »…ich kann's gar nicht glauben, Sie sind also der Herr Philipp.«
Philipp: (selbstbewußt) »Allerdings!«
Fan: »Das is komisch, wenn man Sie so anschaut und vergleicht… ich hab Sie hundertmal im Kino g'sehen und im Fernsehen, aber privat, ehrlich g'sagt, da sind Sie noch viel häßlicher.«
Philipp: (empört) »Na hören S' amal, Schmeichler sind Sie aber keiner!«
Fan: »Das weiß ich, ich sag immer, was ich mir denk!«

Gehen wir davon aus, wir haben einen Star. Und was brauchen wir noch? Ach ja, ein Ensemble! Aber bitte, keine hervorstechenden Einzelleistungen, friedliche und dennoch individuelle Persönlichkeiten, pflegeleicht und robust.
Der Thespiskarren kann rollen.
Was motiviert einen Schauspieler, auf Tournee zu gehen? Ist es ein missionarischer Drang, ist es die Flucht aus dem Einerlei eines festen Engagements, das Ausbrechen aus dem Klischee des stationären Schauspielbetriebes? Treibt eine unbewußte Konfliktscheu die Darsteller scharenweise aus den spannungsgelade-

nen Kraftfeldern der Hausintrigen ihrer Theater in die Ferne? Problemflucht?

Es gibt viele Antworten auf diese Fragen, und jede kann richtig sein. Um das liebe Geld geht es wohl kaum, denn was man bei einer Tournee, sozusagen mit der linken Hand, mehr verdient als im festen Haus, wird erfahrungsgemäß mit der rechten wieder ausgegeben. Es kommt auf das gleiche heraus, unter dem Strich bleibt meist sogar weniger.

Man beneidet uns um die Abwechslung, die beglückende Überflutung mit neuen Eindrücken: Landschaften, Städte sehen, neue Menschen kennenlernen, die große weite Welt erleben oder die lyrische Verträumtheit der Provinz. So absurd es klingt: Das ist die Monotonie der Abwechslung.

Was treibt uns also hinaus in die Ferne? Will man vielleicht jenes Gefühl der Überlegenheit genießen, wenn man als Künstler aus der Großstadt denen in der Provinz einmal zeigen kann, was die Metropolen in Sachen Schauspiel so alles zu bieten haben? Aber was heißt hier Provinz, gibt es die überhaupt noch? Im herkömmlichen, abfälligen Sinne gibt es sie jedenfalls nicht. Die Zeiten sind vorbei, die Situation hat sich gewandelt.

Ein Blick auf das Repertoireangebot selbst einer kleinen Stadt bietet so manche Überraschung. Da findet man Größen unserer Zunft, die sich eine stationäre Bühne, egal ob staatlich, städtisch oder Landestheater, trotz hoher Subventionen gar nicht leisten könnte. Auf den Gastspielkalendern drängen sich die Stars, bekannt von Film und Fernsehen, aus den großen Serien. Sensationelle Produktionen am laufenden Band! Die Abonnements quellen über von erlesener Theaterliteratur. Die für Kultur und Unterhaltung Verantwortlichen stellen Aufführungen auf die Bretter ihrer Stadthallen, Bürgerhäuser, Kurtheater und Gymnasien, von denen man in den Großstädten nur träumen kann.

Was also ist für uns die logische Konsequenz? Wir gehen auf Tournee!

Wer die Absicht hat, als Mitglied eines Theaterensembles eine

Tournee mitzumachen, sollte sich einer so schwierigen Aufgabe nicht ohne sorgfältige Vorbereitung in Form eines Überlebenstrainings stellen.

Es ist allgemein bekannt, wie Düsenpiloten, Astronauten und Angehörige spezieller Kampfeinheiten in die Mangel genommen werden, ehe man sie mit dem konfrontiert, was ihnen später in ihrem Job zugemutet wird. Das reicht von der Riesenzentrifuge, in der die zukünftigen Piloten rotierend getestet werden, über die Schwerelosigkeits-Simulation bis zum Ausgesetztwerden in der Wüste, mit der Auflage sich von dem zu ernähren, was die Natur dort bietet.

Für Tourneeschauspieler gibt es leider keine Grundausbildung, kein Seminar, ja nicht einmal Fachliteratur mit grundsätzlichen Informationen und nützlichen Ratschlägen. Hier klafft eine Lücke, man sollte Polyglott oder Neven DuMont motivieren, sie zu schließen.

Ich kann mir allerdings sehr gut vorstellen, wie eine solche Institution aussehen müßte, in der man vor Antritt einer Gastspielreise auf Herz und Nieren geprüft und zum Überleben fit gemacht wird. Nennen wir sie: Tournee-Überlebenstraining oder: TÜT.

Die Ausbildung beginnt mit der *Steigerung der Reisefähigkeit.* Zu diesem Zweck steht ein Tourneebus-Simulator mit stufenweise verstellbarer Rüttelvorrichtung zur Verfügung. Die Busattrappe ist auf einem nach allen Seiten beweglichen Schaukel-Chassis montiert und kann Schlingerbewegungen bis zur Stärke 12 auf der nach oben offenen Philipp-Skala ausführen. Die Teilnehmer am Tourneetauglichkeitstraining nehmen in Ensemblestärke (bei Boulevardstücken sind das sieben bis acht Figuren) nach freier Wahl ihre Plätze ein. Das Ergattern eines Sitzplatzes wird vorher in einem Ken-Won-Doo- oder Karate-Seminar erlernt und bereichert den Absolventen um einige für den Gegner sehr schmerzhafte Spezialgriffe.

Haben die Darsteller Platz genommen, setzt ohne Vorwarnung

die Motorik des Tourneebus-Simulators ein und wird bis zur Erträglichkeitsgrenze gesteigert. Zugleich mit dieser Passivdynamik beginnt die Beschallung des Fahrgastraumes mit Musik in extremer Lautstärke.

An jeder Sitzreihe sind Einlaßdüsen angebracht, aus denen verschiedene Arten von luftverpestenden Miefqualitäten mit großem Druck in den Passagierraum gepreßt werden können. Begonnen wird mit einem hochtoxischen Gemenge aus billigem Zigaretten- und Zigarrenrauch. Zu diesem Zeitpunkt sind die Frischlufteinlässe und natürlich auch die Fenster geschlossen. Erst wenn mehr als 30 Prozent der Prüflinge kollabiert sind, strömt zwar frische Zuluft ein, aber alternierend kalt und heiß und zwar im Zehnminutentakt.

Nur die widerstandsfähigsten Individuen überstehen diese erste Phase der simulierten Busfahrt und dürfen nun an der darauffolgenden Härteprüfung teilnehmen, der *Hotelankunft*.

Die Ensemblemitglieder (beziehungsweise deren Überreste) treffen an einem im Originalmaßstab naturgetreu nachgebauten Scheinhotel ein. Jeder Tourneeteilnehmer hat 40 kg Künstlergepäck, verteilt auf fünf unhandliche Traglasten, die er mit eigener Kraft in die Hotelhalle schleppen muß. Gepäckträger gibt es nicht. An der Rezeption erfolgt nun die Verteilung der Zimmer an die Kollegen. Nach einer halbstündigen Debatte, wer wo mit wem und mit wem nicht Tür an Tür wohnen will, geht es im Sturmschritt auf die Zimmer.

Der Lift ist selbstverständlich gestört, die Zimmer liegen im obersten Stockwerk, und das Treppenhaus ist eng. Atemlos oben angekommen, bezieht man seine Kemenate, der Vorbewohner war Kettenraucher. Nach einer kurzen Lockerungsübung wie Türenknallen und Korridorbrüllen folgt die aus gesundheitlichen Gründen dringend gebotene Ruhephase vor der Vorstellung, der sogenannte *Fitneß-Schlaf*.

Diese Härteprüfung ist besonders wichtig, weil sie mit ihren simulierten Gegebenheiten der Tourneewirklichkeit am nächsten kommt. Es geht um die sogenannte exogene Schlafstörung, die jeder Tourneeschauspieler verkraften können muß.

Alle Zimmer verfügen über Beschallungsanlagen mit nicht regelbarer Lautstärke. Der Soundgenerator kann alle Arten von Störgeräuschen, die man als Hotelgast hierzulande zu hören bekommt, elektronisch erzeugen. Das Tonspektrum ist breitgefächert: Baustellenlärm, Eisenbahn, Hauptverkehrsstraße, Wachhundegebell, Kinderspielplatz, Disco im Keller, Demo vor dem Hause, Scheibenklirren bei LKW-Vorbeifahrt, pochende und zischende Zentralheizung, tropfende Wasserhähne, permanent rauschende Klospülung, schnarchende oder Geschlechtsverkehr ausübende Zimmernachbarn, irrtümliche Weckrufe, Staubsauger auf dem Korridor, spanische oder jugoslawische Folkloregesänge der Stubenmädchen vor der Türe.

Wohin die exzessive Schlafstörung führt, wußte man schon im Mittelalter. Wie man aus der Geschichte Böhmens entnehmen kann, wurden in jener Zeit die Gefangenen in den Kasematten des Spielberges zu Brünn so lange durch Zerren an ihren Ketten am Einschlafen gehindert, bis sie starben. Das war die damalige Form des exekutiven Strafvollzuges, wenn kein rechtskräftiges Todesurteil vorlag. Diese Tradition wird heute noch in vielen Hotels wesentlich verbessert fortgesetzt. (Listen können beim Autor angefordert werden.)

Wenn nun nach diesem Nichterholungsschlaf alle Ensemblemitglieder entsprechend geschafft sind, wird die Busfahrt ins Theater (oder dorthin, wo gespielt werden soll) simuliert. Der Busfahrer löst umständlich, aber fluchend einige schwierige Orientierungsaufgaben und findet letztendlich durch Zufall die Spielstätte, allerdings erst zehn Minuten vor Beginn der Vorstellung. Die für die Kostüme verantwortlichen Personen haben die verkrumpelten Klamotten schon ausgiebig vertauscht, es wird schnell zurechtsortiert, und jetzt könnte sie anfangen, die *Vorstellung*.

Der Bühnentechniker, am Rande des Kreislaufzusammenbruches, informiert noch schnell die Schauspieler über ein paar Normabweichungen, welche die Kompromißfreudigkeit und Flexibilität jedes einzelnen herausfordern. Wegen Platzmangels konnte nämlich nur ein Teil des Bühnenbildes aufgebaut werden, manche Möbel (vor allem das Sofa für die Liebesszene) fehlen, am vorherigen Spielort war einiges vergessen worden. Nur so nebenbei wird erwähnt, daß der Tonverstärker ausgebrannt ist und die dramaturgisch wichtige Videoeinspielung ausfällt, weil der Monitor streikt. Vorhang ist auch keiner da, es wird bei offener Bühne umgebaut. Blackout am Bildschluß ist nicht möglich, der Hausbeleuchter sitzt nämlich am anderen Ende des Saales in einem Glaskasten und hört nicht die Stichworte, weil ja die Tonanlage kaputt ist. Also werden deutliche Gesten vereinbart, und die Darsteller müssen mit eigenem pointierten Text so lange improvisieren, bis das Licht endlich ausgeht (stufenweise, versteht sich), denn ein gemeinsamer Hauptschalter existiert nicht.

Trotz solcher Widrigkeiten läuft die Vorstellung, ohne daß die lieben Zuschauer irgend etwas Abwegiges bemerkt hätten, klaglos ab. Applaus, Applaus!

Schweißtriefend wankt man in jene Räume, die von den Hausherren für Garderoben gehalten werden, setzt sich auf seinen Platz vor den halbblinden Spiegel und entdeckt trotz der unzureichenden Beleuchtung unter der verwitternden Schminke wieder ein paar Runen mehr, die das Tourneeleben ins Antlitz graviert hat.

Nach der Vorstellung sollte ein erquickender Schlaf folgen, so kurz er auch sein mag, denn am anderen Morgen wird früh abgefahren, zum nächsten Gastspielort sind es 700 Kilometer. Diese Tatsache wird zunächst verdrängt, schließlich hat man den ganzen Tag über nichts gegessen, und irgendwoher muß man ja seine Kräfte nehmen.

Nun wird die Frustrationstoleranz getestet: das Schluckvermögen für Enttäuschungen. Die Küche schloß um 22.00 Uhr, jetzt ist es 22.30 Uhr. Der Koch ist schon zu Bett und die Bedienung mißlaunig, weil müde. Also wenigstens etwas zu trinken! Prost!

Es folgt eine etwa zweistündige Debatte, zunächst über das Grundsätzliche unseres Berufes und dann eine detaillierte Analyse der eben gespielten Vorstellung. Zwischen den einzelnen individuellen Einschätzungen tun sich tiefe Klüfte auf. Zwischendurch erzählt irgendeiner ohne Zusammenhang mit der Thematik des Streitgespräches zum zweiunddreißigsten Mal denselben Witz, seine Freunde lachen deutlich, seine Feinde nicht.

Plötzlich: Sperrstunde! Innerlich befeuchtet schleppt man sich die Treppen hoch zu den Zimmern. Gute Nacht allerseits! Eine trügerische Stille tritt ein. Leise gehen Türen auf und zu, Gestalten im Pyjama oder Morgenmantel huschen die Korridore entlang einmal hin, einmal her – niemand sieht es – alle wissen es, morgen wird man darüber schweigen oder auch nicht. Im Betretungsfalle war man eben auf der Suche nach dem Örtchen. Egal, man ist ja auf Tournee, da gelten andere Gesetze.

Im Rahmen des Ausbildungsprogrammes für den perfekten Tourneeschauspieler wäre jetzt die *Nachtruhe* fällig. Sie tritt natürlich nicht ein, denn es folgen jene Störungen durch den Geräuschgenerator, den wir schon anläßlich unseres Nachmittagsschlafes kennengelernt haben. Die Lärmqualitäten sind phantasievoll abgewandelt und stecken voller kakophoner Überraschungen.

Der Wecker klingelt (der Portier hat natürlich den Weckruf vergessen), raus aus dem Bett, Sprung in die Badewanne oder in die Naßzelle, kein warmes Wasser. Anschließend per Kopf in die Klamotten. Im Laufschritt geht es hinunter in den Frühstücksraum. Und jetzt kommt eine Sonderprüfung, das *Frühstück*.

Eine ganz spezielle Disziplin soll der Mensch auf Tournee perfekt beherrschen, wenn er bestehen will. Es ist die sogenannte Büfettplünderung. Diese morgendliche Geschwindigkeitsübung muß in gezielten, blitzartigen Vorstößen auf die ausgelegten Leckerbissen ausgeführt werden und zwar möglichst unbemerkt von übrigen Hotelgästen. Es gilt, in kürzester Zeit eine große Menge von Nahrungsmitteln zunächst auf Tellern aufzuhäufen, sie zu einem Teil behende zu verschlingen und den anderen Teil als Wegzehrung unauffällig abzutransportieren.

Ob die Zusammenstellung sinnvoll ist, wird nicht gefragt, entscheidend sind nur Zeit und Menge. Geflügelleberpastete, in Einzelportionen konfektionierte Stachelbeermarmelade, Schinkencreme, Frischkäse, aromatischer Waldhonig finden sich buntgemischt in den Hand- oder Rocktaschen. Profis kommen sogar mit Plastiktüten an und räumen besonders gründlich ab. So mancher Heuschreckenschwarm könnte da von uns etwas lernen.

Die »Aktion Eichhörnchen« ist aber unabdingbar, schließlich muß man sich ja während der stundenlangen Busfahrt Kalorien zuführen, denn Aufenthalte in Autobahnraststätten kosten Zeit und Geld und bieten nur geringfügige Lustgewinne.

Wer nun das aufreibende Kursprogramm des TÜT durchgestanden hat, erhält ein Diplom im DIN-A4-Format. Bei Vorlage dieses Dokumentes sind kulante Versicherungsgesellschaften angesichts der nunmehr verbesserten Lebenserwartung bereit, die Prämien für die Lebensversicherung erheblich zu senken. Deshalb kann der erfolgreiche Absolvent dessen sicher sein, daß ihm nun jede Tournee enormen Spaß machen wird.

Wenn ein Tournee-Ensemble in bestimmte Gegenden kommt, wird es mit regionalen psychischen Eigenheiten der dortigen Population konfrontiert.

Es ist eine wissenschaftlich erwiesene Tatsache, daß gewisse Erkrankungen in bestimmten Gegenden gehäufter auftreten als anderswo. Das gilt für somatische (körperliche), aber auch psychische Abweichungen von der Normalität. Dabei sind die Ursachen dafür in regionalen Gegebenheiten zu suchen.

Denken wir doch nur an das endemische Auftreten von Schilddrüsenvergrößerungen in manchen alpinen Regionen. Der

Kropf gehört dort schon fast obligatorisch zur Landestracht, wie die Lederhose oder die Wadlstutzen. Daran soll der zu geringe Jodgehalt des Trinkwassers und der Nutzpflanzen schuld sein, der Jodstoffwechsel der dort lebenden Menschen ist gestört, es besteht ein Mangelzustand. In schweren Fällen ist die Folge der sogenannte endemische Kretinismus, ein bedauernswerter Geisteszustand. Zum Glück kommt dieser Intelligenzdefekt heutzutage nicht mehr vor, ein genialer österreichischer Psychiater, Prof. Dr. Julius Wagner-Jauregg, hat nach dem Erkennen der Ursache mit der Einführung von jodhaltigem Salz im Haushalt das Problem gelöst. Wer also vor dieser Zeit in den Alpen oder auch in den Pyrenäen mit den Auswirkungen des Jodmangels in Berührung kam, mußte sich eben darauf einstellen. So war das damals.

Gegenüber heute besteht ein nur geringfügiger Unterschied. Kurz vor 20.00 Uhr Einlaß. Freiwillig, mit frohen Erwartungen strömen Menschen mit bezahlten Karten herein.

Theaterbesucher sind in ihren Reaktionen regional verschieden, im Sauerland und in Oberbayern ist es anders als in Schleswig-Holstein oder Berlin. Das weiß man als Schauspieler und nimmt es als naturgegeben hin.

Die Rede ist vielmehr von jenen Leuten, die unfreiwillig und ohne zu bezahlen ins Theater kommen. Mit versteinerten Mienen sitzen sie (auch bei Lustspielen) in der ersten Reihe und machen auffallend unauffällig auf meist häßlichem Papier Notizen. Das sind die Kritiker!

Ich kann mich über sie nicht beklagen, ich bin von ihnen jahrzehntelang gut behandelt worden, vielleicht sogar besser, als ich es verdient hätte. Deshalb weiß ich auch: Die überwiegende Mehrheit der Kritiker ist gerecht. Ihr gebührt Sympathie und Dank.

Es gibt aber außer den eben genannten Kritikern noch eine zahlenmäßig verschwindend kleine Untergruppe, die zwar für die Existenz des Boulevardtheaters irrelevant ist, jedoch nicht außer acht gelassen werden sollte, weil sie die Harmonie zwischen Bühne und Presse gelegentlich stören kann.

Aus dem Klosterleben weiß man, daß der Wohlklang eines Chores von Mönchen zu einem starken irdischen Lustgewinn führen kann, der sich der Sündhaftigkeit bedenklich nähert. Aus diesem Grunde wurde in strengen Ordensgemeinschaften ein besonders stimmstarker Sangesbruder auserkoren und dazu angehalten, absichtlich laut und falsch zu singen. Das war der »frater falsarius«, ihm war es zu danken, daß das Anhören des Chorgesanges nicht zu einer Orgie sündiger Lust entartete. Ähnlich ist es vermutlich mit den ganz wenigen bösen Kritikern, sie haben trotzdem eine segensreiche Funktion. Durch sie wird bewirkt, daß die Bäume des Boulevards nicht in den Theaterhimmel wachsen.

Jeder, der sein Brot am Boulevardtheater verdient, weiß, daß es im deutschen Sprachraum Städte gibt, in denen sich die Kritiker trotz der inneren Zerrissenheit ihres Berufszweiges und trotz gegensätzlicher politischer Ideologie in überraschender Weise solidarisiert haben. In so einer Stadt bildet die örtliche Presse eine einheitliche Front, es herrscht eine öffentlich verkündete Verschwörung gegen alles, was sich der Unterhaltung verschrieben hat. Wer die Unverfrorenheit besitzt, Humor zu verbreiten, wird zur Zielscheibe massiver Angriffe. Das muß man eben durchstehen, was um so leichter fällt, als es (sehr zum Ärger der Kritik) keinerlei negative Auswirkungen auf die Existenz eines Schauspielers der Kategorie U (U wie Unterhaltung) hat.

Wer in solchen Gegenden gastiert, liest seine Kritiken sowieso nicht, und das Publikum hat längst aufgehört zu glauben, was da an Werturteilen geschrieben wird. Man kann sich damit beruhigen, daß in manchen Haushalten diese Druckwerke ihrer verdienten Endstation zugeführt werden. Viergeteilt und sorgfältig gebündelt hängen sie dann an einem kleinen hygienischen Ort und dienen einem bestimmten Säuberungsvorgang. Der üble Eindruck, den eine Kritik gemacht haben könnte, verwischt sich somit im wahrsten Sinne des Wortes und das im Nu. Man zieht die Spülung und die Sache ist erledigt.

Traurig stimmt allerdings die Tatsache, daß es hier keine Abhilfe gibt. Solange eine heile Welt existiert, wird es Leute geben, die sie verdammen. Aber vielleicht trägt gerade das dazu bei, daß sie überleben wird.

Abschließend sei bemerkt, daß zwischen den Geisteszuständen, die durch Jodmangel hervorgerufen werden, und jenen übelwollender Kritiker lediglich ein quantitativer Unterschied besteht.

Als ehemaliger Kliniker an einer Psychiatrie liest man Kritiken mit anderen Augen. Da wird so mancher Verriß zur selbstverfaßten Eigenanamnese des Schreibers. Dabei weiß er gar nicht, daß er seine eigene Krankengeschichte geschrieben hat.

Stellen wir uns ein Interview zum Thema Theaterkritik vor.

Reporter: »Herr Philipp, Sie haben sich recht emotionell über die ›wenigen bösen‹ Kritiker geäußert.«

Philipp: »Das ist richtig, ich bin emotionell. Die ›bösen‹ Kritiker äußern sich auch recht emotionell über mich.«

Reporter: »Worin besteht denn in Ihren Augen das Böse an einer Theaterkritik?«

Philipp: »Zum Beispiel im bewußten Anlegen von falschen Maßstäben. Wenn ich als Komiker auf der Bühne stehe, möchte ich nicht an Will Quadflieg gemessen werden.«

Reporter: »Bitte gehen Sie näher darauf ein.«

Philipp: »Wenn ich einen Schwank spiele, erwarte ich von der Kritik, daß sie mich in Relation zu artverwandten Darbietungen setzt.«

Reporter: »Und das ist nicht der Fall?«

Philipp: »Leider, nicht immer! Ich bin gelegentlich schon Zeitungsleuten begegnet, die mit dem Erfahrungspotential von zwei Semestern Theaterwissenschaft in eine Boulevardvorstellung gehen, mit dem redaktionellen Auftrag, die heile Welt in die Pfanne zu hauen. Solche Leute sind befangen, und was das

Wesentliche ist, es fehlen ihnen die Vergleichsmöglichkeiten. Manche von ihnen haben überhaupt noch nichts mit Humor oder Komik zu tun gehabt. Jugend ist ja eine todernste Sache.«

Reporter: »Wenn Sie meinen. Aber es gibt nun mal Menschen, die haben wenig Humor.«

Philipp: »Ist ihnen von Herzen gegönnt, aber dann sollen sie nicht zu mir ins Theater kommen. Bei Heiner Müller oder Herbert Achternbusch, da sind sie richtig. Mich nervt das, wenn einer mit falschen Erwartungen ins Theater geht.«

Reporter: »Was darf man denn bei Ihnen im Theater erwarten?«

Philipp: »Ich habe fast 150 Klamottenfilme gedreht, das Publikum weiß, was es erwartet. Aber auch vom Kritiker verlange ich ein richtiges Vorurteil. Die ewige Frage nach dem Zeitbezug und nach Tiefgang ist unangemessen bei der Thematik der Stücke, die ich spiele.«

Reporter: »Jetzt sind Sie so richtig in Rage gekommen, bitte motzen Sie weiter.«

Philipp: »Gerne, das können Sie haben. Da ist noch etwas, was mich auf die Palme bringt, die falsche Identifikation.«

Reporter: »Wie meinen Sie das?«

Philipp: »Sehen Sie mal, in meinem Stück *Wer mit wem?* spiele ich einen Filmproduzenten, keinen Superintellektuellen mit hohem I. Q. Dieser Mann bedient sich einer ganz bestimmten Art von Humor, das macht das Persönlichkeitsprofil seiner Figur aus, das ich mir als Autor vorstelle. Dementsprechend wirft diese Figur auch mit Kalauern um sich, das ist das dramaturgische Instrument, das muß der Kritiker erkennen. Ich will dann nicht in der Zeitung lesen: ›Herr Philipp hat mit Kalauern um sich geworfen.‹«

Reporter: »Kommen wir doch noch einmal auf die falschen Maßstäbe zurück, woran wollen Sie gemessen werden?«

Philipp: »Ich will, daß beurteilt wird, ob ich als Interpret eines Lustspieles mein Ziel erreicht habe oder nicht.«

Reporter: »Was ist denn Ihr Ziel?«

Philipp: »Daß das Publikum sich amüsiert, die Leute lachen und ihren Alltag vergessen.«

Reporter: »Und um dieses Ziel zu erreichen, ist Ihnen jedes Mittel recht?«

Philipp: »Nicht jedes! Ich wende jene Mittel an, die in meinem Fach üblich sind, das ist legitim. Das Publikum erwartet von mir jene Komik, die es kennt. Diese Erwartung will ich erfüllen, das ist alles, und so möchte ich auch beurteilt werden.«

Mein Schutzengel bleibt
mir treu

Der Schuß vor den Bug und eine längst
fällige Bilanz – Das Theaterkarussell dreht
sich wieder – Meine Frau Gisela und
mein kleiner Sohn Gero

Ein paar Tage lief schon die Wiederaufnahme der Tournee mit meinem Stück *Wer mit wem?* Das bewährte Team war wieder auf Achse. Mit von der Partie Hans-Jürgen Bäumler, der meinen Sohn spielte und aus Vertragstreue einen interessanten Film abgesagt hatte. Es war eine Produktion des Bernhard-Theaters Zürich und das Ensemble guter Dinge. Die schönsten Gastspielorte in Österreich und der Schweiz standen auf unserem Tourneeplan. Zunächst allerdings waren wir noch in Nordrhein-Westfalen. Wir spielten in Kevelaer, und es herrschte tiefer Winter mit klirrender Kälte.

Das Hotel hatte seit Weihnachten Betriebsferien, sein Besitzer keine Manieren, keine Lust zu heizen, und deshalb herrschte in meinem Zimmer eine Raumtemperatur von plus 4° Celsius. Die Nacht nach der Vorstellung verbrachte ich voll bekleidet (inklusive Wintermantel) teils im Bett und teils auf- und abgehend in meiner Eishölle. Die Folgen stellten sich prompt ein.

11. Januar 1985, 22.40 Uhr, Krankenhaus Köln-Merheim.
Der Wagen mit dem Blaulicht fährt vor. Notaufnahme. Auf dem Untersuchungstisch liegt der Patient: Schüttelfrost, starke Schmerzen im Oberbauch, Temperatur 40,8°. Name? Dr. Gunther Placheta, 67 Jahre. Beruf? Schauspieler, Künstlername Gunther Philipp.

Ach, der ist das! Der diensthabende Arzt schreibt eine vorläufige Diagnose auf den Aufnahmeschein: Fieberhafter, grippöser Zustand – Einweisung auf die 1. med. Abt. von Prof. Dr. Werner Kaufmann.

Ich bekomme eine Spritze, und ab geht's auf die Station.

Am nächsten Morgen erwache ich in einem kalkweißen Zimmer, neben dem Bett sitzt meine Frau Gisela.

Zum ersten Mal in meinem Leben befinde ich mich in einem Krankenhaus als Patient. Ich liege in einem jener Betten, vor denen ich Hunderte Male als Arzt gestanden habe. Nie gekannte Gefühle überkommen mich.

Ich erlebe jene Zeit der quälenden Ungewißheit, in der mit allen möglichen diagnostischen Methoden versucht wird, Klarheit zu schaffen. Ärzte sollen die schwierigsten Patienten sein, sagt man, sie wissen zuviel. Die größten Probleme aber hat der Arzt als Patient mit sich selbst. Er versteht die Geheimsprache der Kollegen, nichts entgeht ihm, jedes Wort, das bei der Visite gesprochen und in die Krankengeschichte geschrieben wird, hat eine überdimensionale Bedeutung, gibt Anlaß zum Grübeln.

Ich mobilisiere meine medizinischen Kenntnisse, beschaffe mir Fachliteratur, lese eifrig nach und ziehe die absurdesten potentiellen Diagnosen in Erwägung.

Die ersten Stunden und Tage bringen dann zwar einige Gewißheit, aber keineswegs Erleichterung.

Es ist also mehr als eine fieberhafte Virusgrippe, wie anfangs vermutet. Jetzt steht die Diagnose fest: Akute Entzündung der Bauchspeicheldrüse (Pankreatitis). Daher also die starken Schmerzen im Bauch.

Eine Therapie wird eingeleitet: künstliche Ernährung, wochenlange strengste Diät, der Verlust von dreizehn Kilo kam mir, der ich immer wieder Gewichtsprobleme hatte, zwar recht gelegen, war aber doch ein Gradmesser für die Schwere meiner Erkrankung.

Später fand man noch einen Stein im Gallengang. Ein wuchtiger

Chirurg wurde zugezogen. Sein Blick, scharf wie ein Skalpell, bohrte sich lüstern in meinen rechten Oberbauch. Tastbefund:

»Tut das weh?«

»Aua, ja und wie!«

»Bravo! Morgen um 7.30 im OP.«

Aber der Chirurg hatte Pech und ich Glück, der Stein war spontan abgegangen.

Mein Krankenhausaufenthalt dauerte noch zwei volle Monate.

In dieser Zeit zog ich Bilanz. Mir war plötzlich klar geworden, daß etwas Außergewöhnliches, etwas noch nie Dagewesenes passieren mußte, das mich zum Nachdenken brachte. Jahrzehntelang ließ ich mich dahintreiben, sorglos, Glück und Erfolg mit unverschämter Selbstverständlichkeit hinnehmend.

Seit meinem Abschied von der Medizin hatte ich einen anhaltenden günstigen Aufwind, der mich über alle Klippen und Hindernisse hinweghob. Allein in den letzten zwanzig Jahren am Theater hatte ich keine einzige Vorstellung durch Krankheit versäumt, keinen Mißerfolg, keinen Flop, keine Pleite. Einmal mußte kommen, was jetzt gekommen war. Ich durfte mich darüber nicht beklagen, im Gegenteil, dankbar mußte ich sein, daß es mich nicht schon früher erwischt hatte.

Jahrzehntelang begleitete mich auf allen gefährlichen Etappen meines Lebensweges ein Schutzengel in geräuschlosem Tiefflug. Wenn ich einmal zuviel riskierte, fühlte ich den Luftzug seines gewaltigen Schwingenschlages als Warnung und nahm schnell einen Zahn zurück. Jetzt war mein Schutzengel offenbar in einen unkontrollierten Flugzustand geraten, hatte den Kontakt zu mir verloren, und ich lag da, hilflos, krank, aber um die Erkenntnis reicher, was für ein kostbares Gut die Gesundheit ist ...

Ans Bett gefesselt, abgeschnitten von der gewohnten Welt meiner Arbeit, das ist für mich ein Zustand erzwungener Ruhe und körperlicher Ohnmacht. Fragen tauchen auf: Wie wird das enden, was so dramatisch begonnen hat? An die Zukunft wage ich nicht zu denken. Die Vergangenheit beschäftigt mich um so intensiver.

Wie ein Film laufen Bilder aus meinem Leben in mir ab. Gisela ist bei mir, sie hält meine Hand, und obwohl ich hohes Fieber habe, geht von ihr ein warmer Strom auf mich über, der mich beruhigt und mir ein Gefühl der Geborgenheit gibt. Es sind schöne und wichtige Bilder: Wie wir uns kennenlernten, unsere Reisen in ferne Länder, die Hochzeit in Florida. Und dann unser großes Glück, das Söhnchen Gero.

Ich war zu Theaterproben in Hamburg und erreichte gerade noch rechtzeitig den Kreißsaal im Kölner Heilig-Geist-Krankenhaus, als der Junge ankam. Ich sehe Gisis liebes Gesicht. Glücklich und erschöpft liegt sie da, neben ihr ein kleiner Mensch, der für uns einen neuen Lebensabschnitt einleitet.

Inzwischen ist Gero eineinhalb Jahre alt geworden, in seiner Unbefangenheit tobt er durch mein Zimmer in der Merheimer Klinik und bringt gesunden Schwung in die Krankenstube.

Mir wird die große Verantwortung bewußt, die ich diesem jungen Menschenkind gegenüber habe, sie lastet auf mir, und sie macht mich stark. Gisi ist noch jung, aber er braucht auch einen Vater. Ich muß einfach wieder gesund werden, da sein für ihn und für Gisi.

Zu meinen Ärzten habe ich großes Vertrauen, Professor Kaufmann ist ein großartiger Arzt, und ich merke bald, daß es allmählich wieder aufwärts geht mit mir. Wenn es mich nicht so erwischt hätte, wären wir drei eigentlich eine fast normale bürgerliche Familie. Zum ersten Mal seit vielen Jahren könnte ich die Kindheit und das Heranwachsen eines Sohnes miterleben, nur gesund müßte ich wieder sein.

Ich mobilisiere meine ganze Willenskraft, um wieder auf die Beine zu kommen. Gisi ist dabei eine große Hilfe, sie weiß mich zu nehmen. In den elf Jahren, die wir nun schon zusammen leben, geht sie ganz auf in der Anteilnahme an meinem Beruf. Sie hat großes Verständnis für alles, was mein Dasein als Schauspieler so mit sich bringt, sie ist Ratgeberin und Kritikerin zugleich, eine Art Regulativ. Probleme löst sie meist mit einem Lächeln, das ist das Beglückende, was uns aneinander bindet. Jetzt, da es mich umgehauen hat und ich im Krankenhaus liege, hat sie wieder einmal Gelegenheit, ihre Qualitäten als Lebenspartnerin zu beweisen. Eine heikle berufliche Situation tritt nämlich auf.

Für die Frühjahrspremiere im Kölner Theater am Dom steht mein neues Lustspiel *Da wird Daddy staunen* auf dem Programm. Das Ensemble ist schon engagiert. Das Stück ist so gut wie fertig, nur ein paar Retuschen und kleine Änderungen sind noch nötig. Die Zeit drängt.

Trotz meiner Bettlägerigkeit mache ich mich an die Arbeit. Die beiden Direktorinnen des Theaters, Inge Durek und Barbara Heinersdorff, kommen zu mir ins Krankenhaus, definitive Termine müssen gesetzt werden. Der Probenbeginn steht knapp bevor, der Druck auf mich wird größer.

Jetzt arbeite ich auch nachts. Gisi ist dauernd bei mir am Krankenbett und berät mich. Ihr gesundes Urteilsvermögen als Publikum ist für mich von großem Wert. Ich tue wirklich was ich kann, aber ich schaffe es nicht.

Vier Tage vor Beginn der Proben muß ich passen und komme mit dem Theater überein, daß mein Stück abgesetzt wird. Es verschwindet in der Schreibtischlade und hat zu warten, bis seine Zeit gekommen ist. Die Damen der Direktion müssen jetzt komplett umdisponieren, zum Glück finden wir rasch ein Ersatzstück, in dem leider einige schon engagierte Leute nicht untergebracht werden können. Sie müssen ausbezahlt werden oder Rollen in anderen Stücken bekommen.

Am Tag des Probenbeginns werde ich um zwölf Uhr aus dem Krankenhaus als geheilt entlassen. Eine Stunde später stehe ich etwas wackelig auf der Probe zu der englischen Komödie *Sein bester Freund* von William Douglas-Home. Helmuth Froschauer führt Regie, mein Schutzengel ist wieder da, und es wird ein

Erfolg. Ein Jahr später sind wir mit unserer Aufführung im Fernsehen.

Ich bin wieder gesund und lebe jetzt bewußter, genieße jeden Tag wie ein Geschenk und bin dankbar für alles, was mir das Leben gönnt.

Eine Menge schöner Aufgaben kommt jetzt auf mich zu. Zunächst ein Gastspiel in München in der Kleinen Komödie im Bayerischen Hof mit *Urlaub vom Ich*. Freund Horst Johanning inszeniert, und meine Kollegin Karin Dor, Bond-Partnerin und Hitchcock-Star, bringt mit ihrer unvergänglichen Schönheit einen Hauch von Hollywood auf die Bühne.

Das Münchner Leben zieht mich in seinen unentrinnbaren Bann: Modewoche, Oktoberfest und nach der Vorstellung die traditionellen Diätsünden mit bayerischen Schmankerln und Weißbier im Palais-Keller am Stammtisch meines Spezis Falk Volkhardt.

Diese Zeit in München genieße ich also in vollen Zügen und beginne mit der Arbeit an einem neuen Lustspiel, *Damenroulette*. Die intensive Beschäftigung mit meiner Vergangenheit trägt jetzt ihre Früchte, und so manche Episode von damals erweist sich als bühnenwirksam und wird in die Handlung integriert.

Während ich tagsüber schreibe, wird *Wer mit wem?*, mit einer Doppelrolle für mich, in der Komödie am Max II, die inzwischen von den Damen des Kölner Theaters am Dom übernommen wurde, zur Eröffnung der neuen Direktionsära herausgebracht. Eine Galapremiere mit an die hundert Prominenten im Publikum wird zum feierlichen Saisonbeginn.

Mit demselben Stück geht es anschließend zu Horst Johanning in den Contra-Kreis nach Bonn. Das kampferprobte Team mit Ricci Hohlt, Monica Kaufmann und Eugen May geht in seine achthundertste Aufführung.

Acht Tage nach dieser Vorstellungsserie in der Bundeshauptstadt erlebt *Damenroulette* in der Komödie Düsseldorf seine Uraufführung. Mut und Vertrauen der Direktion Alfons Höckmann und Ingrid Braut, die überlegene Ruhe unseres Regisseurs Horst

Heinze und die Flexibilität meines neuen Ensembles machen das Unmögliche möglich. Wenn nämlich der Autor in seinem Stück die Hauptrolle spielt, erfordert das von allen starke Nerven. Bis zur letzten Minute wird gefeilt und verbessert. Trotz allem geht die Generalprobe total daneben, weil die Elektronik spinnt. Aber nach einer Zangenbeburt von einer Uraufführung folgt ein erholsames Wochenbett, und *Damenroulette* wird, dank Teamwork, zum Renner: Wir ziehen weiter in mein altes Stammhaus nach Köln, anschließend nach Zürich und Hamburg ins St. Pauli-Theater.

Immer wieder tauchen die Bilder aus der Vergangenheit auf, sie werden klarer, bedrängen mich sogar. Irgendwas muß ich damit anfangen. In meiner Phantasie stelle ich mir einen medizinischen Kollegen vor, dessen Rat ich jetzt gut gebrauchen könnte. Ich nenne ihn Dr. Josef Mayer, er müßte ein Arzt sein, der Zeit hätte, auch für einen Kassenpatienten, und er müßte vor allem zuhören können.

Im Geiste sitze ich also meinem Phantomdoktor gegenüber und erzähle ihm von meinen Erinnerungsbildern, die mich immer mehr beschäftigen und sogar fast beherrschen.

Dr. med. Josef Mayer überlegt kurz und schreibt dann ein paar Zeilen an einen befreundeten Kollegen:

Dr. med. Josef Mayer
Arzt für Allgemeinmedizin
Volksgartenstr. 10
5000 Köln 1

Sehr geehrter Kollege Placheta!
Ich überweise Ihnen den Patienten Gunther Philipp. Nehmen Sie sich bitte seiner an. Der Patient berichtet über Erscheinungen, die ihn seit einiger Zeit in zunehmendem Maße ...

Der ärztliche Befund des Dr. Placheta ist auf den ersten Seiten dieses Buches nachzulesen. Wie man daraus entnimmt, hat sich mein Aufenthalt in der Klinik bei Dr. Placheta sehr positiv ausgewirkt. Das Resultat liegt hier vor. Und damit schließt sich der Bogen, ich bin wieder am Anfang meines Buches und zugleich an dessen

ANHANG

Aus meinem feuilletonistischen Schaffen

In Sachen Sacher

Es gibt ein paar Dinge im Leben, die muß man einfach getan oder erlebt haben, damit man wer ist, damit man als prominent oder vornehm gilt oder als »in« in dieser eitlen Welt.

Wer als Mann gelten will, sagt man, muß ein Haus gebaut, einen Baum gepflanzt und einen Sohn gezeugt haben. Ein echter Filmstar hingegen muß seinen Fußabdruck in der berühmten Vorhalle in Hollywood hinterlassen. Ein Muselmann muß in Mekka gewesen sein, ein gläubiger Christ in Lourdes oder Mariazell. Man soll im »Who is Who« stehen oder im Fahndungsbuch – je nachdem. Man soll auch gegen Pocken und Cholera geimpft sein. Und für den Schauplatz Wien gilt: Man muß mindestens einmal bei Sacher hinausfliegen.

Also ich zum Beispiel bin! Vor ein paar Tagen erst. Jetzt bin ich echt stolz, jetzt rangiere ich in einer Linie mit Curd Jürgens. Nicht, was seine Gage betrifft oder gar die Rosenfarm. Ich kenne auch keine Diplomatentochter, aber immerhin: Auch ich bin bei Sacher an der Krawatte gescheitert, wie er. Wenn man nämlich in Venedig in die Markuskirche geht oder in Wien ins Café Sacher, muß man eben doch ein bisserl auf seine Kleidung achten.

Der Tatbestand ist einfach. Ich war mit ZDF-Leuten verabredet, die aus dem Norden kamen, um für meine TV-Show Kostümfragen zu besprechen. Elli Schiller, eine kernige Bajuwarin, die für uns die »Fetzen« entwirft, saß schon auf der Terrasse vor der roten Bar. Ich rase heran, wie immer abgehetzt, vom Flughafen, will Platz nehmen – schwupp, schon war ich draußen – wie der Jürgens! Es war ein höflicher Weisel, das muß ich zugeben, aber ein Weisel war es: »'tschuldigen, Herr Doktor, aber leider... ohne Krawatte... Sie wissen ja!«

Natürlich weiß ich. Tradition muß sein und Noblesse auch. Gegebenenfalls um den Preis der lächerlichen Versnobtheit, um den Preis unzeitgemäßer Arroganz. Ja wo kommt man denn da hin, wenn im Hochsommer jeder Dahergelaufene öffentlich auf einer Kaffeehausterrasse ohne Bindl herumsitzt? Vom offenen Kragen zum Flitzer ist nämlich nur ein Schritt.

Ich wollte mir das Reglement offiziell erklären lassen von den Maßgebenden des Hauses Sacher – telefonisch. Mit Krawatte wartete ich am Rohr – vergeblich. Und so weiß ich es bis jetzt nicht genau, warum die Bräuche dort so streng sind.

Übrigens immer sind sie ja nicht so, die vom Sacher. Unser Produktionsmanager Uwe Tillmanns zum Beispiel hat wenige Minuten später eine halbe Stunde auf dem gleichen Schauplatz verbringen dürfen, ohne Krawatte!

Was sagen Sie? Ich stehe vor einem Rätsel, selbst Knigge und die Pappritz können mir auch nicht helfen. Man muß es selbst ergründen. Vielleicht bezieht sich diese orthodoxe Bekleidungsordnung nur auf die oberen Partien. Vielleicht sind sie, was die untere Körperhälfte betrifft, gar nicht so streng, wenn einer auf der Sacher-Terrasse einen »großen Verlängerten« oder einen »kleinen Kurzen« haben will (ich meine natürlich Kaffee). Das wäre eine Möglichkeit: Oben mit Krawatte und unten nix!

Man sollte den Versuch machen, so als Halbflitzer. Das hätte einen Vorteil, es würde nämlich die Durchführung jenes klassischen Vorschlages, den Ritter Götz von Berlichingen in den Raum stellte und den Curd Jürgens dem Hause Sacher aus begründetem Anlaß machte, wesentlich vereinfachen.

1975

Vorgestern hatte ich Premiere in Köln. Das Ei ist gelegt, unter Schmerzen, wie das so ist in unserem Beruf. Gleitend vollzieht sich jetzt der Übergang vom Streß der Proben zur Routinearbeit der täglichen Vorstellungen. Die Probenzeit, so drei bis vier Wochen vorher, das ist die Phase, in der man als Schauspieler auch abends Mensch sein kann. Diese Zeit will und soll genutzt werden.

Oft fragt man, was denn meine Ausgleichstätigkeit sei. Es ist simpel: »Mein Gegengewicht zum Theater ist das Theater.«

So war es auch vor ein paar Tagen, ich fuhr nach Düsseldorf, um mir die letzte Vorstellung von Gert Fröbes Sondergastspiel unter dem Titel *Durch Zufall frei* im Kom(m)mödchen anzusehen. Das konnte ich, denn ich war ja auch durch Zufall frei.

Das Bühnenerlebnis Fröbe hat elementaren Charakter. Der in stumpfem Schwarz gehaltene Raum des kleinen Kabarett-Theaters in der Altstadt von Düsseldorf ermöglicht die absolute Polarisation der Aufmerksamkeit auf den Interpreten.

Hier ist keine Ablenkung, keine Farbe, keine Dekoration. Ein schlichter Stuhl auf der Bühne, ein paar Spots, konzentrierte Scheinwerfer, und da ist Fröbe. Das ist alles.

Zweieinhalb Stunden überwältigt er im Alleingang mit der unerschöpflichen Vielfalt seiner Ausdrucksmittel. Im Mittelpunkt seines Repertoires steht sein Lieblingsdichter Christian Morgenstern. Hier wird das Werk eines skurrilen Poeten zu einem Leben erweckt, von dem man vordem keine Ahnung hatte.

Der bewegliche, geschmeidige 110-Kilo-Koloß Fröbe mit seiner mimischen und gestischen Wandlungskraft, mit der Urgewalt seiner Stimme, modulierfähig in allen erdenklichen Frequenzbereichen, bringt den Raum zum Erbeben. Er macht sein Publikum zittern, schaudern, schluchzen, lachen und brüllen. Die ganze Skala menschlicher Reaktionsformen wird ausgebreitet. Fröbe visualisiert einfach alles, das halbe Tierreich, die Elemente,

Feuer, Wasser, Wind. Fröbe ist ein Orkan von einem Mann, unentrinnbar und fesselnd.

Der erste Teil seines Abends gehört dem literarischen Textkonzept, der zweite Teil – nach der Pause – einer hinreißenden biografischen Plauderei: Fröbe über Fröbe. Sein Weg zum Theater über die Malerwerkstätte der Städtischen Bühnen in Dresden. Pointe auf Pointe, locker aus dem Ärmel geschüttelt. Wie eine Improvisation des Augenblicks. Selbstironisch, heiter und weise.

Gert Fröbe ist ein klassisches Beispiel für das glückliche Zusammentreffen jener Faktoren, die man fast nie gleichzeitig findet: Talent und Erfolg – Geld. Bei Fröbe ist alles da, in überreichem Maße. Und man gönnt es ihm von ganzem Herzen.

Seine internationale Popularität veranlaßte die Werbeleute eines amerikanischen Automobilkonzerns, ihn in einer Serie von Fernsehspots einzusetzen. Laut eigener Angabe für ein Mehrfaches der Gage, die er für *Goldfinger* bekam. Also Goldfinger auch auf diese Art. Fröbe ist eben mit allen günstigen Mächten dieser Erde im »Bond«. In Kürze geht er übrigens wieder nach den USA, um eine weitere Werbespotserie zu drehen.

Sehen Sie, das sind die Kollegen, die ich bewundere: die tollkühnen Männer in ihren fliegenden Kisten! Meine guten Wünsche begleiten dich, Gert Fröbe! Und guten Flug!

1977

Lukullus, schau oba!

In jedem besseren Supermarkt geben sich heutzutage die Fressalien der großen Welt ein leckeres Stelldichein. Da gibt es nichts, was es nicht gibt. Da kann man sich mühelos die Reise um die Welt in 8000 Kalorien leisten: französisches Sandwichbrot, dänische Butter, portugiesische Sardinen, japanischen Thunfisch, ungarische Salami, italienische Teigwaren, jugoslawischen Sliwowitz, österreichische Krakauer und – ich weiß nicht was noch alles. So multinational zu tafeln ist also die eine Möglichkeit. Integration des internationalen Lebensmittelhandels im eigenen Verdauungstrakt. Da hebt es einen (nicht was Sie jetzt denken!) automatisch auf kosmopolitisches Niveau.

Die andere, diametral entgegengesetzte Möglichkeit ist folgende: »Nähre dich mit dem, was deine eigene Heimat hervorbringt.«

Das machen die patriotischen Konsumenten, die die kalten Schnitzel und den Erdäpfelsalat im Gurkenglasl quer durch den Kontinent schleppen und an fremden Gestaden heimatliche Kost genießen.

Bei der letzteren Methode büßt man natürlich Flair und Originalität der Landesküche ein. Und das ist schade. Demgegenüber stellt doch der direkte Kontakt des Verbrauchers mit der Ursprungsstelle des Konsumgutes wirklich etwas Erhebendes dar.

Da steht zum Beispiel an einem kristallklaren Murmelbächlein des Attergaues eine improvisierte Holzhütte. Von weitem schon kündet eine würzige Brise von Holzkohlenrauch: Hier gibt's Steckerlfisch! Wie schön ist es doch mit anzusehen, wie der Gehilfe des Verkäufers auf dessen Wink mit einem Eimer hinter einem Gebüsch am Bachufer verschwindet, um kurz darauf mit glitschigen frischen Fischen zurückzukehren. Ein Gemälde der Naturverbundenheit!

Oder wenn ich an den romantischen Hafen von Porto Santo Stefano denke mit seinem wimmelnden Fischmarkt. Alles frisch aus dem Tyrrhenischen Meer. Da liegt der drei Meter lange Schwertfisch in rosafarbenem Querschnitt, die gallertigen Kugelaugen gegen den azurblauen Himmel gerichtet. Landeinwärts, in der südlichen Toskana hingegen, dominiert das Wildschwein: als Gulasch, Grillkotelett, Schinken oder Knoblauchwurst. Die Büchse des wackeren Waidmannes lehnt – fast noch rauchend – in der Ecke des rustikalen Gastraumes. Auch das ist eine Symbolisation der Naturnähe.

Ich bin der Sache auf den Grund gegangen. Die Fische am Steckerl aus dem Attergau sind in Wirklichkeit grüne Ostseeheringe, im Kühltransport angeliefert. Der Schwertfisch stammt nicht aus den benachbarten Gewässern um Porto Santo Stefano, sondern kommt tiefgefroren auf Kühlfrachtern aus der Meerenge von Messina. Vor dem Verkauf wird er im Schutz der Dunkelheit von einheimischen Fischerbooten zum Auftauen an einem Seil ein paar Runden in den warmen Küstenpartien herumgeschleppt. Das Wildschwein, das ach so leckere, kommt überwiegend aus Tunesien, auch tiefgefroren. Ein Trost nur für die toskanischen Borstentiere – nicht für die Konsumenten. Und wenn ich jetzt etwas schärfer nachdenke, befällt mich eine quälende Alternative: Ob nämlich das Wiener Schnitzel mit einem Salat im Glasl nicht doch etwas für sich hat.

1978

Mir san alle nur Menschen

Wer jemals als Kraftfahrer mit der Polizei irgendeines Landes Kontakt hatte, wird es wissen und hoffentlich verstehen. Da steht ein Ordnungshüter stundenlang abgasumnebelt an der toxikologischen Zerreißgrenze seiner Bleitetraäthylbelastbarkeit und muß sich die haarsträubenden Fehlleistungen der Steuerträger am Steuer mit ansehen. Wem da nicht die Geduld reißt, der ist kein Mensch.

Um nun die rüden Umgangstöne solcher Konfrontationen abzubauen, wird in psychologisch fundierten Amtsvorschriften vieler Kulturländer den Affektentladungen entgegengewirkt. Und mit Recht, denn wie sieht die kraftfahrerische Wirklichkeit aus?

»Halt, Polizei.« Der Beamte steigt von oder aus seinem Dienstfahrzeug, rückt den etwas zu engen Uniformgürtel zurecht und tönt mit Strenge: »Fahren Sie rechts ran, ich werde Sie beamtshandeln.« (Neues Zeitwort, steht noch nicht im Duden: Ich handle beamts, du handelst beamts, er handelt beamts ...)

Und das tut er auch, und daher geht der beamtshandelte Verkehrsteilnehmer hoch, weil er wie der Bluthund Tasso sowieso keine Uniform sehen kann.

Und schon eskaliert die Phonzahl des Dialogs: »Ich fordere Sie auf, sich eines gemäßigten Tones zu befleißigen. Zeigen Sie Ihren Lenkerausweis, aber a bisserl schnell. Die andren Babiere, ja!«

»Zagen Se mir zerscht Ihnare Babiere, wer waß, vielleicht san Se von der Wach und Schließ, oder Se gengan zum Gschnasfest . . .«

So ist die Praxis, die Theorie freilich sieht es anders vor. Das Vertrauensverhältnis des Staatsbürgers zur Polizei soll angehoben werden. In den Dienstvorschriften wird ruhiges und höfliches Auftreten gefordert, beherrschte Formulierungen werden empfohlen. Schulmeistereien sind zu unterlassen. Objektivität zeigen, ermahnen ist besser als anzeigen. Das ist es, was so den Amtspsychologen alles einfällt.

Schön wär's schon: »Darf ich Sie im Namen der Republik bitten, sich auszuweisen, mein Name ist P. R. I. Kratochwil, Polizeirevierinspektor. Ham wir auch Führerscheindel? Nein? Macht nix, ma kann nicht an alles denken. Aber lieber Herr Staatsbürger, regen Sie sich nicht auf, mit 80 bei Rot übern Zebrastreifen, was ist das schon, schließlich, für was hat man die teuren PS? Ah, ich seh, Sie wackeln, halten S' Ihnen an, daß net umfallen, da kann man sich weh tun. Jetzt san S' net traurig, die Fußgängerin ist eh geistesgegenwärtig in den offenen Kanäul g'hupft, damit S' Ihnen net die Stoßstangen demoliert. Also ausnahmsweise, fahren Sie weiter, und nochmals 'tschuldigen, daß ich Ihnen so lang aufg'halten hab. Aber wann S' jetzt a bisserl schneller fahren, kommen S' vielleicht doch noch zurecht. Gute Fahrt.«

Soweit also die Diskrepanz zwischen Theorie und Praxis, aber ich glaube, die Wahrheit des Alltags liegt in der Mitte, denn, wie gesagt: »Mir san alle nur Menschen.«

1978

Das Blei im Hirn

»Hasi«, sagt der Herr Hrdlicka zu seiner Gattin, als er die »Kronen-Zeitung« las, »dös muaßt dir anschauen, was da steht: ›Die Welt kann auch an Bleivergiftung zugrunde gehen!‹«

Das Hasi hat gestaunt und aufgehorcht. Es ist ja wirklich erschütternd, wie gleichgültig wir unserer Gefahrensituation gegenüberstehen. Da hat zum Beispiel eine Untersuchung der Zürcher Universität ergeben, daß im Wohngebiet, nahe einer stark befahrenen Hauptstraße einer nicht genannten Industriestadt, achtmal mehr Menschen an Krebs erkranken als in der verkehrsarmen Region derselben Ortschaft. Diese Tatsache wird von den Experten auf die Luftverschmutzung durch Autoabgase, Gummiabrieb, Asbestpartikelchen von Bremsbelägen und in der Luft suspendierte Teerteilchen zurückgeführt.

Seit Jahrzehnten weiß man auch, daß das Blei praktisch überall tückisch auf uns lauert. Ein Großteil unseres Körperbleis stammt aus der Nahrung, von den Resten der Pflanzenschutzmittel auf Obst, Gemüse und Salat, von den Lötstellen der Konservenbüchsen, von den Trinkwasserrohren, von manchen Keramikgefäßen und natürlich auch aus der Luft, die insbesondere in Großstädten von den Verbrennungsmaschinen stammendes Bleitetraäthyl enthält. Anrainer, die in weniger als 100 Meter Entfernung von einer Hauptverkehrsstraße leben, haben um 50 Prozent mehr Blei in ihrem Körper. Verkehrspolizisten liegen sogar noch um ein Fünftel höher. Als besonders gravierend bezeichnet es die Wissenschaft, daß das Blei unter gewissen Bedingungen in den Lipiden von Hirn und Herz gespeichert wird und besonders bei Kleinkindern die Entwicklung des Zentralnervensystems durch Störung der Fermentfunktionen äußerst ungünstig beeinflußt. Schwere neurologische und psychische Erkrankungen wurden als Spätfolge verifiziert.

»Siehst, Hasi, so ist des, mir stecken alle voller Blei, jetzt waß i a, warum du soviel Übergewicht hast.«

»Aber dein Weibl ist gscheit«, trumpfte das Hasi auf, »deswegen hab i die ganzen Keramikhäferln, die was mir sich aus Spanien mitbracht ham, wie sich's gehört acht Tage in Essig gelegt, damit das Blei ausgeschwabt wird.« Mit diesen Worten stellte sie stolz die neuen Salatschüsseln auf den Tisch.

»Und was hast mit dem vielen Essig g'macht?« fragte der Herr Hrdlicka.

»Oberm Salat hab i eam g'schütt, weil mir sparen müssen, sonst können mir uns auf die Dauer ka Auto leisten.«

So, und jetzt soll noch einer daran zweifeln, daß das Blei im Gehirn abgelagert wird.

1978

Ein Oscar für die beste Lebensregie
oder
Franz Antel zum Fünfundsiebzigsten

Mein lieber Franz,

an Deinem 75. Geburtstag ist es fast vierzig Jahre her, daß uns das Schicksal zusammengeführt hat.

Noch sehe ich Dich vor mir, als ob es gestern gewesen wäre, wie Du mit einem Buch, einem Roman von Gabriele von Satzenhofen, ankamst.

Du hast mich motiviert, mit Dir ein Drehbuch für ein Filmlustspiel zu schreiben: *Kleiner Schwindel am Wolfgangsee*. Das war der Anfang unserer gemeinsamen Arbeit, und es wurden dann mehr als zwei Dutzend Filme, die wir miteinander gemacht haben. Wenn ich heute so zurückschaue, ist es ein »Blick zurück im Stolz«. Damit wir uns nicht mißverstehen: Stolz bin ich auf Dich und auf das, was Du geleistet hast in Deinem Leben. Und es ist auch ein »Blick zurück im Dank«, war doch mein Einstieg in den Film Dein Verdienst. Für mich war es ein neuer Anfang in einem ganz anderen Beruf, ich kam von der Psychiatrie zum Film.

In gewisser Hinsicht kein großer Unterschied, was die handelnden Personen und das Milieu betrifft.

Natürlich habe ich, wenn ich Dir so zusah bei allem, was Du anstelltest, meine diagnostischen Erkenntnisse verdrängt. Das Zustandsbild, das Du in Deinem privaten Umfeld dem Auge des Fachmannes geboten hast, war eine interessante Mischform. Bei Dir überlappte sich die Spätpubertät mit den Phänomenen der fortgeschrittenen Reife. Und das war der prickelnde Reiz Deiner Persönlichkeit. Damit hast Du Dein turbulentes Privatleben dynamisiert, hast die Damen gegeneinander ausgespielt, ausgetauscht, ausgetrickst und aufgestachelt zu spektakulären Kämpfen mit allen unerlaubten Griffen. Wer jemals bei Außenaufnahmen mit Dir und den Deinen im selben Hotel gewohnt hat, kann an den berühmten fernöstlichen Hahnenkämpfen keinen Gefallen mehr finden, denn bei diesen femininen Konfrontationen flogen die Federn wie auf Bali, und der Sieger warst immer Du.

Ich habe viel gelernt von Dir, Deine Wendigkeit und Vielseitigkeit haben mich ermutigt. Du warst Regisseur, Autor, Animator. Du warst auch ein genialer Organisator, scharf kalkulierender Rechner und vor allem ein Weltmeister im Schaffen neuer Projekte.

Deine Art und Weise, in der Du in den diversen Verleihdramaturgen Deine Filmideen konfabulieren und verkaufen konntest, ist bis heute unübertroffen.

Dich als Filmemacher zu beurteilen, war Sache des Publikums, das ja bekanntlich immer recht hat. Deine Erfolge sind unumstritten, Millionen von Menschen hast Du Freude bereitet, wenigstens 2000 Filmmeter lang ihren Alltag vergessen lassen.

Das war Dein Lebenswerk.

Einen Regisseur beurteilt man nach seinen Filmen, da gibt es den »Oscar«, den »Golden Globe«, den »Bären«, den »Löwen«, die »Palme« und noch so manche Auszeichnung, da wird die Regieleistung nach künstlerischen Kriterien bewertet, und die Konsequenz ist Ruhm und Ehre. Im Angesicht Deines langen, erfolgreichen Schaffens will ich jedoch einen Schritt weitergehen: Ich möchte Dich zur Würdigung Deiner interessantesten Inszenierung für den wertvollsten Oscar, den man sich wünschen kann, vorschlagen. Fühle somit Dich nominiert für einen ganz speziellen »academy award«.

Auf dem Sockel der goldenen Statue möge stehen:

Franz Antel

Für die beste Lebensregie.

Zu dieser verdienten Auszeichnung gratuliert Dir – zusammen mit allen, die Dich als Freund und Wegbegleiter kennen – von ganzem Herzen

Dein alter Spezi
Gunther Philipp
1988

Schwimmsport

1932 Erster Start als Schwimmer in der Knabenmannschaft des Wiener
     Amateur-Sport-Club »Austria«
1935 Österreichischer Rekord über 100 m Brust mit 1:15,4
1937 Österreichischer Rekord über 100 m Brust mit 1:12,4
1938 Österreichischer Rekord über 100 m Brust mit 1:11,8
1938 Österreichischer Rekord über 100 m Brust mit 1:11,5
1938 Österreichischer Rekord über 100 m Brust mit 1:11,3
1939 Österreichischer Rekord über 100 m Brust mit 1:11,2
     zugleich europäische Jahresbestleistung
1939 Akademischer Weltrekord bei den Deutschen Hochschulmeister-
     schaften in Schrießheim bei Mannheim
     Jahresbestleistung über 100 m Brust mit 1:10,6
     damit Zweiter in der Weltrangliste

Motorsport

1936 Unterricht bei den Gebrüdern Killmayer in Dirt-Track, Aschenbahn
     und Sandbahnrennen (Speedway)
1957–1959 Verschiedene Rennfahrerkurse in Monthery (Paris) (3 ×), Nür-
     burgring (Scuderia Hanseat) (2 ×), Köttingbrunn (Ö. A. S. C.) (3 ×)
1960 Gründung eines Rennstalles zusammen mit Rolf Markl und Corrado
     Bardy-Barry: Ecurie Vienne
     Ankauf von 2 Formel-J-Rennwagen (Massimo Poggi)
     Österreichischer Automobil-Staatsmeister für Berg- und Rundstrek-
     kenrennen auf Daimler-Benz 300 SLR (Werkswagen)
1962 Erweiterung des Rennstalls durch Ankauf von Ferrari-Rennwagen
     1. 250 GT (3000 cm, 12 Zyl., Passo Lungo)
     2. 250 GT Berlinetta Competizione Passo Corto
1963 Ankauf eines 250 GTO von Stirling Moss (300 PS)
     Ankauf eines Trainingswagens (250 GT California)
     Der Fahrzeugpark wurde noch erweitert durch einen 250 GT 2+2.

Weitere Rennerfolge:
1962 Österreichische Staatsmeisterschaft in der Kategorie GT über
     2000 ccm auf Ferrari 250 GT
1963 Österreichische Staatsmeisterschaft in der Kategorie GT über
     2000 ccm auf Ferrari GTO
     Insgesamt viermal Erster im Großen Preis von Österreich (Zeltweg)

Rollenverzeichnis Theater

(soweit feststellbar)

Zusammengestellt von Lothar Schirmer

Die Titel- und Gattungsbezeichnungen erfolgen nach der jeweiligen Ankündigung des Theaters (Theaterzettel, Programmheft); wenn dieses Material nicht vorgelegen hat, richten sich die Angaben nach den Buchveröffentlichungen. Genannt ist jeweils die Premierenbesetzung; Änderungen sind nur berücksichtigt, sofern sie Gunther Philipp betreffen. Unterschiedliche Schreibweisen von Namen sind vereinheitlicht, offensichtliche Druckfehler korrigiert. Die Darsteller sind in alphabetischer Reihenfolge genannt.

Verwendete Abkürzungen: GP = Gunther Philipp; R = Regisseur; B = Bühnenbildner; Ü = Übersetzer; U = Uraufführung; DE = Deutsche Erstaufführung

1946
Herbst
Ausseer Kammer-
spiele
Bad Aussee

Das Konzert
R: Wolfgang Schick
Lustspiel von Hermann Bahr
GP (Pollinger), Lotte Koch, Friedl Mayhof, Ernst
von Klipstein, Hans Unterkircher

1958
Löwinger-Bühne im
Renaissance-Theater
Wien

Meine Frau heißt Julius
(Familie Hannemann)
Schwank von Max Reimann und Otto Schwartz
Als musikalischer Schwank bearbeitet von Rolf
Olsen und Peter Wehle
R: Rolf Olsen; B: Felix Smetana
GP (Julius Oleander), Evi Kent, Gretl Löwinger,
Ilse Peternell, Eva Sandor, Florl Leithner, Rolf
Olsen, Erich Padalewski, Gerhard Wendland

1960
6. 1.
Löwinger-Bühne im
Renaissance-Theater
Wien

Hurra, ein Junge!
Schwank von Franz Arnold und Ernst Bach; neu
bearbeitet von Peter Loos
R: Peter Loos; B: Karl Heinz Miltner

GP (Gottfried Schreckenburg), Evi Kent, Andrea Klass, Gretl Löwinger, Vilma Vondra, Alfred Böhm, Fritz Heller, Egon Peschka, Louis Soldan

1961
12. 1.
Löwinger-Bühne im
Renaissance-Theater
Wien

Eduard III.
Nach dem Schwank »Mein Vetter Eduard« von Fritz Friedmann-Frederich und Ralph Arthur Roberts; neu bearbeitet von Peter Loos
R: Peter Loos; B: Erika Thomasberger
GP (Eduard I. / Eduard II. / Eduard III.), Gerda Marko, Else Rambausek, Renate Rohm, Marianne Schönauer, Alfred Böhm, Rudolf Carl, Herbert Fuchs, Fritz Heller, Helmuth Kolar, Karl Krittl, Raoul Retzer

1965
13. 11
Bernhard-Theater
Zürich

Hurra – ein Bub!
Schwank von Franz Arnold und Ernst Bach; neu bearbeitet von Peter Loos
R: Peter Loos; B: Almut Stammler
GP (Gottfried Schreckenburg), Elsa Fehrmann, Tanja Gruber, Renate Pichler, Anne-Marie Sieber, Otto Dewald, Felix Franchy, Kurt Müller-Walden

1966
28. 9.
Theater an der
Berliner Allee
Düsseldorf

Die Kaktusblüte
Komödie von Pierre Barillet und Jean-Pierre Grédy; Ü: Charles Regnier
R: Fred Nolte; B: Klaus-Ulrich Jacob
GP (Julien), Heide Keller, Gretl Schörg, Sylvia van Spronsen, Marianne Terplan, Thomas Frey, Hannes Rudolph, Peter Thomas

1967
23. 3.
Komödie
im Marquardt
Stuttgart

Die Kaktusblüte
Komödie von Pierre Barillet und Jean-Pierre Grédy; Ü: Charles Regnier
R: Berthold Sakmann; B: Karl-Heinz Franke
GP (Julien), Edith Behleit, Gabriele Reismüller, Ingeborg Solbrig, Sylvia van Spronsen, Jonny Goertz, Dieter Henkel, Günther Jerschke

3. 11.
Theater am Dom
Köln

Die Kaktusblüte
Komödie von Pierre Barillet und Jean-Pierre
Grédy; Ü: Charles Regnier
R: Berthold Sakmann; B: Klaus-Ulrich Jacob
GP (Julien), Ingrid Braut, Rosemarie Linden,
Gabriele Reismüller, Ingeborg Solbrig, Huber-
tus Durek, Dieter Henkel, Hans Künster

1968
3. 9.
Komödie
im Marquardt
Stuttgart

Die Kaktusblüte
Komödie von Pierre Barillet und Jean-Pierre
Grédy; Ü: Charles Regnier
R: Berthold Sakmann; B: Klaus-Ulrich Jacob
GP (Julien), Edith Behleit, Dorothea Carrera,
Gabriele Reismüller, Ingeborg Solbrig, Dieter
Henkel

1969
14. 2.
Theater am Dom
Köln

Ein Mädchen in der Suppe
Komödie von Terence Frisby; Ü: Nina Adler und
Ursula Lyn
R: Peter Loos; B: Werner Arand
GP (Robert Danvers), Edith Paffen, Marianne
Rogée, Petra Schroeder, Hubertus Durek, Klaus
Kaluscha, Gerd Plantikow

29. 4.
Komödie im
Marquardt
Stuttgart

Ein Mädchen in der Suppe
Lustspiel von Terence Frisby; Ü: Nina Adler und
Ursula Lyn
R: Hubertus Durek; B: Karl-Heinz Franke
GP (Robert Danvers), Gaby Gasser, Enrica Gera,
Tatjana von Radetzky, Hubertus Durek, Jonny
Goertz, Klaus Kaluscha

17. 9.
Die Komödie
Frankfurt am Main

Ein Mädchen in der Suppe
Komödie von Terence Frisby; Ü: Nina Adler und
Ursula Lyn
R: Peter Loos; B: Nick Waschow
GP (Robert Danvers), Ingrid Frankenstein, Ga-
briele Hellwig, Eva Rieck, Klaus Kaluscha, Hel-
mut Kosiarka, Walter Morbitzer

316

R: Peter Loos; B: Klaus-Ulrich Jacob
GP (Georges Dumesnil), Christine Glasner, Ruth Jaeger, Rosemari Kühn, Lotte Neumayer, Karyn von Ostholt, Fred Berthold, Hubertus Durek, Arno Görke

30. 12.
Komödie im
Marquardt
Stuttgart

Der Herr von »Wagons-Lits«
Schwank von Alexandre Bisson; bearbeitet von Peter Loos
R: Peter Loos; B: Karl-Heinz Franke
GP (Georges Dumesnil), Sibylle Geldbach, Christine Glasner, Lita Kähler, Lotte Neumayer, Marianne Rogée, Arno Görke, Fritz Korn, Erich Thormann

1973
11. 4.
Theater in der
Josefstadt
Wien –
Kammerspiele
(Auch Tournee)

Schlafwagen Paris–Marseille
Schwank von Alexandre Bisson in der Bearbeitung von Peter Loos
R: Peter Loos; B: Inge Fiedler
GP (Georges Dumesnil), Marion Donath, Christine Glasner, Erna Korhel, Brigitte Neumeister, Helly Servi, Karl Fochler, Rudolf Rösner, Michael Toost

26. 10.
Theater am Dom
Köln

Wann heiraten wir?
Komödie von Alfred Savoir und Etienne Rey; bearbeitet von Peter Loos
R: Peter Loos; B: Klaus-Ulrich Jacob
GP (Maxime), Doris Gallart, Christine Glasner, Rosemari Kühn, Hubertus Durek, Arno Görke, Gerd Plantikow

21. 12.
Die Komödie
Frankfurt am Main

Schlafwagen Paris–Marseille
Schwank von Alexandre Bisson in der Bearbeitung von Peter Loos
R: Peter Loos; B: Nick Waschow
GP (Georges Dumesnil), Christine Glasner, Ricci Hohlt, Jutta Kammann, Lotte Neumayer, Annemarie Wendl, Fred Berthold, Paul Walter Jacob, Helmut Oeser

1974
25. 10.
Theater am Dom
Köln
(Auch Tournee)

Der Mann, der sich nicht traut
Stück von Curth Flatow
R: Peter Loos; B: Klaus Hoeschel und Klaus-Ulrich Jacob
GP (Wolfgang Jäger, Standesbeamter), Christine Glasner, Rosemari Kühn, Marianne Rogée, Gudrun Schmidt, Fernando Gomez, Thomas Limburg, Holger Petzold

1975
15. 1.
Die Komödie
Frankfurt am Main

Wann heiraten wir?
Lustspiel von Alfred Savoir und Etienne Rey; bearbeitet von Peter Loos
R: Peter Loos; B: Nick Waschow
GP (Maxime), Senta Börner-Rädler, Hannelore Cremer, Gerlinde Döberl, Fred Berthold, Helmut Oeser

29. 3.
Kleines Theater
im Park
Bad Godesberg

Versuch's doch mal mit kleinen Mädchen
Lustspiel von Jacques Deval; bearbeitet von Peter Loos
R: Peter Loos; B: Klaus-Ulrich Jacob
GP (Raoul Sautelle), Vera Dahnen, Christiane Rücker, Elisabeth Stiepl, Herbert Eke, Hans Künster, Walter Sandner, Erich Uhland

23. 12.
Theater am Dom
Köln

Ein seltsames Paar
Komödie von Neil Simon; Ü: Gina Kaus
R: Klaus Wagner; B: Margarete Ruijgrok
GP (Felix Unger), Christine Glasner, Lilian Welther, Jürgen Claasen, Arno Görke, Benno Hoffmann, Thomas Limburg, Friedhelm Sarnecki

1976
1. 12.
Komödie
Düsseldorf

Vier Fenster zum Garten
Komödie von Pierre Barillet und Jean-Pierre Grédy; Ü: Charles Regnier
R: Karl Heinz Stroux; B: Margarete Ruijgrok
GP (Maurice / Bob / Der Maler / Marcel), Inga Abel, Ingrid Braut, Manfred Scheibler, Jürgen Wagner

1977
30. 4.
Kleines Theater
im Park
Bad Godesberg

**Die tote Tante und Traugotts Versuchung
oder Das Haus in Montevideo**
Komödie im alten Stil über Moral, Versuchung
und Belohnung der Tugend von Curt Goetz
R: Peter Frank; B: Rolf Cofflet
GP (Prof. Dr. Traugott Hermann Nägler), Julia
Ansorge, Marie-Luise Barotta, Brigitte Bennett,
Senta Börner-Rädler, Gilla Gotthardt, Ramona
Hinne, Maria Hügle, Carola Körner, Helen Kör-
ner, Anette Kraus, Lotte Rokohl, Eva Schmitz,
Nicole Schmitz, Beatrix Tiemann, Elisabeth
Vornhagen, Gitta Walcher, Martina Wiemer, Her-
bert Eke, Johannes Hönig, Helmut Klammer,
Walter Sandner

2. 11.
Theater am Dom
Köln

Vater einer Tochter
Komödie von Curth Flatow
R: Peter Loos; B: Günter Kupfer
GP (Dr. Robert Stegemann, Zahnarzt), Rosemari
Kühn, Ulla Martens, Renate Müller, Heinz Balk,
Hubertus Durek, Thomas Limburg

1978
6. 2.
Die kleine Komödie
Hamburg

Vater einer Tochter
Komödie von Curth Flatow
R: Peter Loos; B: Günter Kupfer
GP (Dr. Robert Stegemann, Zahnarzt), Rosemari
Kühn, Ulla Martens, Renate Müller, Heinz Balk,
Hubertus Durek, Thomas Limburg

4. 9.
Die kleine Komödie
Hamburg

Vater einer Tochter
Komödie von Curth Flatow
R: Peter Loos; B: Günter Kupfer
GP (Dr. Robert Stegemann, Zahnarzt), Ulla Mar-
tens, Lia Pahl, Reinhilt Schneider, Gernot Ende-
mann, Joachim Rake, Roland Schade

29. 11
Komödie
Düsseldorf

Versuch's doch mal mit kleinen Mädchen
Lustspiel von Jacques Deval; bearbeitet von Pe-
ter Loos
R: Alfons Höckmann; B: Klaus-Ulrich Jacob
GP (Raoul Sautelle), Christiane Hecker, Ingrid
Schröder, Elisabeth Stiepl, Hubertus Durek,
Claus Lange, Gerd Plantikow, Dieter Schaad

Das Haus in Montevideo oder Traugotts Versuchung
Komödie im alten Stil über Moral, Versuchung und Belohnung der Tugend von Curt Goetz
R: Peter Frank; B: Carlo Coene
GP (Prof. Dr. Traugott Hermann Nägler), Ursula Bredin, Gunhilt Eichhorn, Daniela Fagnano, Katja Fassbender, Dagmar Herckrath, Marie-Claude Karera, Rosemari Kühn, Claudia Kunkel, Susanne von Medvey, Tina Müller, Gabriella Odry, Maryam Parvin, Monika Reim, Lotte Rokohl, Heinz Balk, Hubertus Durek, Josef Fassbender, Arno Görke, Richard Kraus, Guido Kunkel, Thomas Schmitz, Peter Stütz, Dieter Tiefenbach, Peter Zeiller

Bitte nur keine Blumen
Komödie von Norman Barasch und Carroll Moore; deutsche Bearbeitung von Karl Georg Wiedemann
R: Peter Frank; B: Frank Ulrich Schmidt
GP (George Kimball – 2. Besetzung), Senta Börner-Rädler, Susanne von Medvey, Gerd Croll, Johannes Hönig, Hans Kahlert, Karl-Heinz Ullmann, Michael West

Wie man sich bettet
Komödie von Richard Harris und Leslie Darbon; Ü: Wolfgang Spier
R: Georg Marischka; B: Ulrich E. Milatz
GP (George Robinson), Rosemari Kühn, Marina Lehnert, Ingeborg Schöner, Walter Gontermann, Klaus Kaluscha

Die Kaktusblüte
Komödie von Pierre Barillet und Jean-Pierre Grédy; Ü: Charles Regnier
R: Peter Ahrweiler; B: Klaus-Ulrich Jacob
GP (Julien), Doris Gallart, Renate Görris, Monica Kaufmann, Senta Sommerfeld, Dieter B. Gerlach, Uwe Hacker, Edgar Maschmann

3. 12. Komödie Düsseldorf	**Die tote Tante und Traugotts Versuchung** **oder Das Haus in Montevideo** Komödie im alten Stil über Moral, Versuchung und Belohnung der Tugend von Curt Goetz R: Hasso Degner; B: Ulrich E. Milatz GP (Prof. Dr. Traugott Hermann Nägler), Ursula Bredin, Karin David, Eva Dubec, Sandra Fröh- lich, Andrea Höckmann, Elvira Hofer, Cecilia Mengers, Malwine Moeller, Maryam Parvin, Viola Polte, Andrea Vishers, Norbert Eltgen, Henrik Helge, Christian Maennersdoerfer, Den- nis Maennersdoerfer, Peter Oehme, Daniel Ra- demacher
1981 23. 4. Theater am Dom Köln (Auch Tournee)	**Ein Joghurt für zwei** Groteske Komödie von Stanley Price; Ü: Peter Goldbaum R: Georg Marischka; B: Klaus-Ulrich Jacob GP (Amadeus Fischer), Monica Kaufmann, Rose- mari Kühn, Renate Tschenett, Hubertus Durek, Dieter B. Gerlach, Arno Görke, Harry Tagore
8. 10. Kleine Komödie am Max-II-Denkmal München	**Das Haus in Montevideo oder Traugotts** **Versuchung** Komödie im alten Stil über Moral, Versuchung und Belohnung der Tugend von Curt Goetz R: Peter Frank; B: Klaus-Ulrich Jacob GP (Prof. Dr. Traugott Hermann Nägler), Britta Bayer, Jitka Frantova, Jacqueline Hankins, Bruni Löbel, Tatjana Pierau, Tracy Schönbach, Rebecca Winter, Hansi Zacher, Wilfried Blasberg, Theo Frisch-Gerlach, Thorwald Lössl, Peter Zeiller
1982 1. 3. Die kleine Komödie Hamburg	**Die Kaktusblüte** Komödie von Pierre Barillet und Jean-Pierre Grédy; Ü: Charles Regnier R: Peter Ahrweiler; B: Klaus-Ulrich Jacob GP (Julien), Doris Gallart, Marina Lehnert, Senta Sommerfeld, Hans-Jürgen Bäumler, Edgar Maschmann

<u>1983</u>

10. 2. U Theater am Dom Köln	**Wer mit wem?** Lustspiel von Gunther Philipp und Dieter B. Gerlach R: Helmuth Froschauer; B: Pit Fischer GP (Mario Krüger / Onkel Harry), Monica Kaufmann, Rosemari Kühn, Ilona Wiedem, Dieter B. Gerlach

29. 4.
Landesbühne
Rheinland-Pfalz
Neuwied –
Schloßtheater

Ein Abend bei Curt Goetz
Drei heitere Einakter
R: Peter Frank; B: Klaus-Ulrich Jacob
1. **Das Märchen**
Eine kitschige Begebenheit
GP (Der Lord), Karyn von Ostholt, Peter René Körner, Erich Uhland, Udo Voges
2. **Der Hund im Hirn**
Eine Groteske
GP (Herr Tittori), Karyn von Ostholt, Peter René Körner, Erich Uhland
3. **Minna Magdalena**
GP (Martin Sack), Heike Lutter, Karyn von Ostholt, Peter René Körner

16. 5.
Kleines Theater
im Park
Bad Godesberg

Ein Abend bei Curt Goetz
Drei heitere Einakter
R: Peter Frank; B: Klaus-Ulrich Jacob
1. **Das Märchen**
Eine kitschige Begebenheit
GP (Der Lord), Karyn von Ostholt, Peter René Körner, Erich Uhland, Udo Voges
2. **Der Hund im Hirn**
Eine Groteske
GP (Herr Tittori), Karyn von Ostholt, Peter René Körner, Erich Uhland
3. **Minna Magdalena**
GP (Martin Sack), Heike Lutter, Karyn von Ostholt, Peter René Körner

23. 8.
Die kleine Komödie
Hamburg

Wer mit wem?
Lustspiel von Gunther Philipp und Dieter B. Gerlach
R: Helmuth Froschauer
GP (Mario Krüger / Onkel Harry), Vera Dahnen, Gerda-Maria Jürgens, Ilona Wiedem, Hans-Jürgen Bäumler

322

GP (Harald Berghoff), Karin Dor, Christina Gattys, Ricci Hohlt, Nino Korda, Tonio von der Meden

1987
14. 4.
Bernhard-Theater
Zürich

Nicht zuhören, meine Damen!
Komödie von Sacha Guitry; Ü: Werner A. Schlippe nach der englischen Fassung von Guy Bolton
R: Hartmut Alberts; B: Nico Reck
GP (Daniel Bachelet), Voli Geiler, Monica Kaufmann, Hanns Dieter Braun, Eike Konold, Eugen May

3. 7.
Komödie am Max II
München

Wer mit wem?
Lustspiel von Gunther Philipp und Dieter B. Gerlach
R: Horst Heinze; B: Pit Fischer
GP (Mario Krüger / Onkel Harry), Monica Kaufmann, Karyn von Ostholt, Hansi Zacher, Eugen May

19. 11.
Contra-Kreis-Theater
Bonn

Wer mit wem?
Lustspiel von Gunther Philipp und Dieter B. Gerlach
R: Gunther Philipp; B: Pit Fischer
GP (Mario Krüger / Onkel Harry), Ruth Brück, Ricci Hohlt, Monica Kaufmann, Eugen May

1988
14. 3. U
Komödie
Düsseldorf

Damenroulette
Lustspiel von Gunther Philipp
R: Horst Heinze; B: Pit Fischer
GP (Gottfried Möbius), Susanne Altweger, Regina Frank, Hannelore Schoenfeld, Nurith Yaron, Michael Feldhoff, Peter Oehme

6. 8.
Theater am Dom
Köln

Wer mit wem?
Lustspiel von Gunther Philipp und Dieter B. Gerlach
R: Gunther Philipp; B: Pit Fischer
GP (Mario Krüger / Onkel Harry), Ricci Hohlt, Gerda-Maria Jürgens, Monica Kaufmann, Eugen May

10. 11. Theater am Dom Köln	**Damenroulette** Lustspiel von Gunther Philipp R: Horst Heinze; B: Pit Fischer GP (Gottfried Möbius), Susanne Altweger, Christina Gattys, Sibylle Kuhne, Hannelore Schoenfeld, Claus Elßmann, Peter Oehme
<u>1989</u> 2. 5. Bernhard-Theater Zürich (Auch Tournee)	**Damenroulette** Lustspiel von Gunther Philipp R: Pierre Lavalle; B: Uta Kadelburg GP (Gottfried Möbius), Angela Altinger, Susanne Altweger, Hannelore Schoenfeld, Sylvia Silva, Claus Elßmann, Peter Oehme
14. 9. St. Pauli Theater Hamburg	**Damenroulette** Lustspiel von Gunther Philipp R: Gunther Philipp; B: Pit Fischer GP (Gottfried Möbius), Susanne Altweger, Marion Hilgers, Sibylle Kuhne, Hannelore Schoenfeld, Claus Elßmann/Jörg Stolpe, Peter Oehme

Filmographie
(Kinofilme – soweit feststellbar)

Zusammengestellt von Peter Spiegel

Die Filme wurden nach ihrem Kinostart aufgelistet.
Wenn nicht anders vermerkt, handelt es sich um österreichische Produktionen.
R steht für die jeweilige Rolle von Gunther Philipp.

1949
Märchen vom Glück (Titel in BRD: »Traum vom Glück«)
Regie: August de Glahs
Mit O. W. Fischer, Maria Holst, Gretl Schörg, Nadja Tiller, Hans Olden, Evelyn Künneke, Walter Ladengast, Karl Fochler, Richard Eybner
R: Jean

Kleiner Schwindel am Wolfgangsee
Regie: Franz Antel; Buch: *Gunther Philipp*, Franz Antel nach einem Roman von Gabriele von Satzenhofen
Mit Hermann Erhardt, Susi Nicoletti, Hans Holt, Waltraut Haas, Peter Hey, Nadja Tiller, Ludwig Schmidseder, Rolf Olsen, Horst Winter mit dem Wiener Tanzorchester
R: Dr. Peter Kurz

1950
Schuß durchs Fenster
Regie: Siegfried Breuer
Mit Siegfried Breuer, Curd Jürgens, Edith Mill, Eva Leiter
R: Kriminal-Assistent Jelinek

Liebe auf Eis (BRD; Titel in Österreich: »Männer um Angelika«)
Regie: Kurt Meisel
Mit Margot Hielscher, Kurt Meisel, Hannelore Bollmann, Hubert von Meyerinck, Heinz Erhardt, Rudolf Schündler
R: Max

Skandal in der Botschaft (BRD)
Regie: Erik Ode; Künstlerische Oberleitung: Richard Eichberg

Mit Viktor de Kowa, Jeanette Schultze, Ernst Waldow, Michi Tanaka, Fritz Odemar, Fritz Rasp, Rudolf Carl

1951
Eva erbt das Paradies
Regie: Franz Antel; Buch: *Gunther Philipp*, Franz Antel, Kurt Maix; Musik: Hans Lang
Mit Maria Andergast, Annie Rosar, Josef Meinrad, Josef Egger, Susi Nicoletti, Rudolf Carl, Ludwig Schmidseder, Ilse Peternell, Margit Saad, Jutta Bornemann
R: Bill Wolkulek

1952
Ideale Frau gesucht
Regie: Franz Antel; Buch: Franz Antel, *Gunther Philipp* nach einer Originalidee von Franz Beron
Mit Inge Egger, Wolf Albach-Retty, Waltraut Haas, Susi Nicoletti, Jeanette Schultze, Oskar Sima, Rita Paul, Rudolf Carl, Peter Preses, Cornelia (= Conny Froboess), Fritz von Friedl
R: Stefan Blitz

Der Mann in der Wanne (Doppeltitel: »Verlobung in der Badewanne«)
Regie: Franz Antel; Buch: Lilian Belmont (nach dem gleichnamigen Theaterstück) unter Mitarbeit von *Gunther Philipp*; Musik: Hans Lang
Mit Axel von Ambesser, Maria Andergast, Jeanette Schultze, Wolf Albach-Retty, Günther Lüders, Mady Rahl, Lucie Englisch
R: Kurt Fröhlich

Der Obersteiger
Regie: Franz Antel; Buch: Franz Antel, Jutta Bornemann, Friedrich Schreyvogel, *Gunther Philipp* nach der Operette von Carl Zeller – Moritz West / Ludwig Held; Musik: Hans Lang
Mit Hans Holt, Josefin Kipper, Grethe Weiser, Theodor Danegger, Wolf Albach-Retty, Oskar Sima, Waltraut Haas, Annie Rosar, Rudolf Carl, Josef Egger, Walter Janssen
R: Medardus von Krieglstein

1953
Die Rose von Stambul (BRD)
Nach der Operette von Leo Fall – Julius Brammer / Alfred Grünwald
Regie: Karl Anton
Mit Inge Egger, Albert Lieven, Grethe Weiser, Hans Richter, Paul Hörbiger, Oskar Sima, Ethel Reschke, Laya Raky, Herbert Ernst Groh
R: Marcel Lery, Nachtklub-Stammgast

Der keusche Josef (BRD)
Nach dem Schwank »Unter Geschäftsaufsicht« von Franz Arnold und Ernst Bach
Regie: Carl Boese; Musik: Heinz Gaze
Mit Ernst Waldow, Waltraut Haas, Peter Mosbacher, Lucie Englisch, Renate Mannhardt, Alexa von Porembsky sowie Friedl Hensch und den Cypris
R: Teddy Brandt, Schriftsteller

Tante Jutta aus Kalkutta (BRD)
Nach dem Bühnenstück »Familie Hannemann« von Max Reimann und Otto Schwartz
Regie: Karl Georg Külb; Musik Peter Igelhoff
Mit Ida Wüst, Viktor Staal, Ingrid Lutz, Lucie Englisch, Dorit Kreysler, Paul Westermeier, Gustav Waldau, Bum Krüger
R: Emil

Kaiserwalzer
Regie: Franz Antel; Buch: Franz Antel, Jutta Bornemann, Friedrich Schreyvogel, *Gunther Philipp*; Musik: Hans Lang
Mit Maria Holst, Rudolf Prack, Angelika Hauff, Winnie Markus, Hans Holt, Oskar Sima, Erik Frey, Paul Westermeier, Ilse Peternell
R: Leutnant Zauner

Geh' mach' dein Fensterl auf ... (BRD / Österreich)
Regie: Anton Kutter
Mit Hans Olden, Elisabeth Stemberger, Peter Pasetti, Ilse Peternell, Gustl Stark-Gstettenbauer, Karl Skraup, Jutta Bornemann
R: Micky

Der Vetter aus Dingsda (BRD)
Nach der Operette von Eduard Künneke – Herman Haller / Rideamus
Regie: Karl Anton
Mit Vera Molnar, Gerhard Riedmann, Grethe Weiser, Joachim Brennecke, Irene von Meyendorff, Ina Halley, Hans Richter, Paul Westermeier
R: Dr. jur. Egon Krumm

1954
Die süßesten Früchte (BRD)
Regie: Franz Antel
Mit Wolf Albach-Retty, Maria Holst, Hannelore Bollmann, Katharina Mayberg, Joe Stöckel, Rudolf Platte, Oskar Sima sowie Leila Negra und Peter Alexander
R: Domingo Petitez

Rosen aus dem Süden (BRD)
Regie: Franz Antel

Mit Maria Holst, Gustav Fröhlich, Susi Nicoletti, Oskar Sima, Hannelore Bollmann, Karl Schönböck sowie Peter Alexander und Willy Hagara
R: Otto Pfennig

Kaisermanöver
Regie: Franz Antel; Buch: Jutta Bornemann, Karl Leiter, *Gunther Philipp*; Musik: Hans Lang
Mit Rudolf Prack, Hans Moser, Winnie Markus, Hannelore Bollmann, Walter Müller, Erik Frey, Josef Meinrad, Susi Nicoletti, Ilse Peternell
R: Hauptmann Török

Große Star-Parade (BRD)
Regie: Paul Martin; Musik: Michael Jary
Mit Adrian Hoven, Renate Holm, Fritz Imhoff, Bully Buhlan, Michael Jary, Aribert Wäscher, Hans Olden; als Gäste: Peter Alexander, Cornelia Froboess, Evelyn Künneke, Caterina Valente, Horst Winter sowie Sonja Ziemann, Rudolf Prack, Hannelore Bollmann

Schützenliesel (BRD)
Nach dem Singspiel von Edmund Eysler – Leo Stein / Carl Lindau
Regie: Rudolf Schündler
Mit Herta Staal, Helmuth Schneider, Susi Nicoletti, Joe Stöckel, Käthe Haack, Rudolf Carl, Paul Hörbiger, Willy Reichert
R: Baron von Simmering

1955
Ehesanatorium (Titel in der BRD: »Ja, so ist das mit der Liebe«)
Regie: Franz Antel; Buch: Kurt Nachmann, Franz Antel, *Gunther Philipp*; Musik: Lotar Olias
Mit Adrian Hoven, Maria Emo, Margit Saad, Oskar Sima, Paul Hörbiger, Hans Moser, Christl Mardayn, Annie Rosar, Susi Nicoletti, Kurt Nachmann, Adrienne Gessner, Fritz Eckhardt, Hans Unterkircher, Ernst Waldbrunn
R: Fritz Keller, Pressefotograf

Wunschkonzert (BRD)
Regie: Erik Ode; Buch: *Gunther Philipp* nach einer Idee von Aldo von Pinelli; Musik: Heino Gaze, Erwin Halletz
Mit Peter Frankenfeld, Georg Thomalla, Germaine Damar, Renate Holm, Bully Buhlan, Paul Dahlke, Elfe Gerhart, Curt Vespermann, Harald Juhnke, Walter Gross, Inge Meysel, Peer Schmidt
Anmerkung: *Gunther Philipp* hat nur als Drehbuchautor mitgewirkt.

Der fröhliche Wanderer (BRD)
Regie: Hans Quest; Musik: Norbert Schultze
Mit Rudolf Schock, Waltraut Haas, Elma Karlowa, Willy Fritsch, Helen Vita, Wolfgang Neuss, Ernst Waldow, Trude Hesterberg, Wolfgang Lukschy, Fritz Wagner, Edith Schollwer
R: Heini Krops

Hofjagd in Ischl / Kaiserjagd im Salzkammergut (Österreich / BRD;
zweiter Titel in der BRD: »Zwei Herzen und ein Thron«)
Regie: Hans Schott-Schöbinger
Mit Elma Karlowa, Herta Staal, Hans von Borsody, Paul Löwinger, Adrienne
Gessner, Hans Olden, Fritz Imhoff, Rudolf Vogel, Rudolf Carl, Herbert
Hübner
R: *Kuno Möslacher*

Die Deutschmeister
Regie: Ernst Marischka; Musik: Robert Stolz
Mit Romy Schneider, Magda Schneider, Siegfried Breuer jun., Hans Moser,
Gretl Schörg, Paul Hörbiger, Wolfgang Lukschy, Adrienne Gessner, Susi
Nicoletti, Josef Meinrad, Fritz Imhoff, Heinz Conrads
R: *Felix Baron Zorndorf*

Ja, ja, die Liebe in Tirol (BRD)
Nach dem Originalfilmstoff »Kohlhiesels Töchter« von Hans Kräly
Regie: Geza von Bolvary
Mit Doris Kirchner, Gerhard Riedmann, Hans Moser, Carla Hagen, Susi
Nicoletti, Hans Olden, Elfie Pertramer, Franz Muxeneder sowie Anton Karas
und den Don-Kosaken
R: *Hans Bondy*

Der Kongreß tanzt
Nach dem Originalfilmstoff von Norbert Falk und Robert Liebmann
Regie: Franz Antel
Mit Rudolf Prack, Oskar Sima, Johanna Matz, Karl Schönböck, Marte Harell,
Hans Moser, Hannelore Bollmann, Ernst Waldbrunn, Ilse Peternell, Josef
Meinrad, Jester Naefe
R: *Pepi Gallinger*

1956
IA in Oberbayern (BRD)
Regie: Hans Albin
Mit Joe Stöckel, Paul Westermeier, Renate Ewert, Beppo Brem, Hubert von
Meyerinck, Lucie Englisch, Harald Juhnke, Erika Remberg, Rudolf Schünd-
ler, Walter Buschhoff
R: *Detektiv Findeisen*

Symphonie in Gold
Regie: Franz Antel
Mit Joachim Fuchsberger, Germaine Damar, Hans Moser, Susi Nicoletti,
Hannelore Bollmann, Paul Westermeier, Fritz Muliar sowie mit dem Eislauf-
weltmeister Karl Schäfer und der Wiener Eisrevue
R: *Joe Lobedanz*

Ein Herz und eine Seele (Titel in der BRD: ». . . und wer küßt mich?«)
Regie: Max Nosseck; Musik: Gerhard Bronner, Peter Wehle
Mit Hans Moser, Wolf Albach-Retty, Johannes Heesters, Paul Hörbiger, Theo Lingen, Waltraut Haas, Susi Nicoletti, Rudolf Lenz, Erni Mangold, Heinz Conrads, Fritz Imhoff, Ernst Waldbrunn, Hans Thimig, Guido Wieland, Adi Berber, Dorothea Neff, Grethe Weiser
R: Pychiater Dr. Gunther Philipp

Lügen haben hübsche Beine
Regie: Erik Ode; Buch: Kurt Nachmann, *Gunther Philipp* nach einer Idee von Erna Fentsch; Musik: Hans Lang
Mit Adrian Hoven, Doris Kirchner, Oskar Sima, Susi Nicoletti, Erni Mangold, Senta Wengraf, Thomas Hörbiger, Melanie Horeschovsky sowie Paul Hörbiger, Annie Rosar, Rudolf Carl
R: Waldemar Bonislawsky, Regisseur

Lumpazivagabundus (BRD)
Nach dem Volksstück von Johann N. Nestroy
Regie: Franz Antel
Mit Paul Hörbiger, Joachim Fuchsberger, Hans Moser, Waltraut Haas, Jester Naefe, Renate Ewert, Günther Lüders, Jane Tilden, Fritz Muliar, Hugo Gottschlich, Fritz Imhoff, Rudolf Carl
R: Willibald Zwirn

Manöverzwilling (Titel in BRD: »Wenn Poldi ins Manöver zieht«; neuer Titel: »Die Blindgänger der 4. Kompanie«)
Regie: Hans Quest; Buch: *Gunther Philipp* frei nach »Der Färber und sein Zwillingsbruder« von Johann N. Nestroy; Musik: Hans Lang
Mit Doris Kirchner, Joachim Fuchsberger, Richard Romanowsky, Rudolf Carl, Louise Martini, Hans Olden, Paul Löwinger, Ernst Waldbrunn, Helly Servi
R: Franz / Poldi

Der Bettelstudent (BRD)
Nach der Operette von Karl Millöcker – F. Zell / Richard Genée
Regie: Werner Jacobs
Mit Gerhard Riedmann, Waltraut Haas, Elma Karlowa, Gustav Knuth, Fita Benkhoff, Rudolf Vogel, Ellen und Alice Kessler
R: Jan Janicki

Kaiserjäger
Regie: Willi Forst
Mit Judith Holzmeister, Erika Remberg, Rudolf Forster, Attila Hörbiger, Senta Wengraf, Adrian Hoven, Oskar Sima
R: Otto Schatz, Leutnant der Reserve

1957

Der schräge Otto (BRD)
Regie: Geza von Cziffra; Musik: Michael Jary
Mit Germaine Damar, Walter Giller, Willy Fritsch, Grethe Weiser, Paul Hörbiger, Claude Farell, Gerhard Wendland, Johannes Riemann, Trude Hesterberg sowie Fritz Schulz-Reichel alias Der schräge Otto
R: Fritz

Die Christel von der Post (BRD)
Regie: Karl Anton
Mit Gardy Granass, Carl Wery, Hardy Krüger, Paul Hörbiger, Claus Biederstaedt, Hannelore Bollmann, Carla Hagen, Wolfgang Neuss, Hilde von Stolz
R: Poldi Blaha

Das haut hin (BRD)
Regie: Geza von Cziffra; Musik: Heinz Gietz
Mit Peter Alexander, Grethe Weiser, Margit Nünke, Hans Olden, Wolfgang Lukschy, Reinhard Kolldehoff
R: Hassler, Diener

Kindermädchen für Papa gesucht (BRD)
Regie: Hans Quest
Mit Claus Biederstaedt, Susanne Cramer, Carla Hagen, Dinah Hinz, Bum Krüger, Ingrid Lutz, Margarete Haagen
R: Kurt Jäger

Hoch droben auf dem Berg (BRD)
Regie: Geza von Bolvary
Mit Gerhard Riedmann, Margot Hielscher, Lucie Englisch, Gardy Granass, Carla Hagen, Paul Hörbiger, Josef Egger
R: Egon Fehring, Manager

7 Jahre Pech (zweiter Titel in BRD: »Scherben bringen Glück«)
Regie: Ernst Marischka
Mit Adrian Hoven, Gudula Blau, Annie Rosar, Richard Romanowsky, Carla Hagen, Ellen und Alice Kessler, Chariklia Baxevanos, Helmut Qualtinger, Klaus Löwitsch, Richard Eybner, Ernst Waldbrunn
R: Paul Liebling, Instrumentator

Die Beine von Dolores (BRD)
Regie: Geza von Cziffra; Musik: Michael Jary
Mit Ruth Stephan, Germaine Damar, Claus Biederstaedt, Grethe Weiser, Theo Lingen, Ralf Wolter
R: Assistenzarzt Dr. Löhner

Der Graf von Luxemburg (BRD)
Nach der Operette von Franz Lehár – Alfred Maria Willner
Regie: Werner Jacobs

Mit Gerhard Riedmann, Renate Holm, Gustav Knuth, Ellen und Alice Kessler, Susi Nicoletti, Hans Olden, Hugo Lindinger, Germaine Damar, Theodor Danegger
R: Maler Brissard

Der kühne Schwimmer (BRD; Titel in Österreich: »Der kühne Schwimmer vom Alpensee«)
Regie: Karl Anton; Musik: Erwin Halletz
Mit Susanne Cramer, Gunnar Möller, Ruth Stephan, Boy Gobert, Walter Gross
R: Otto von Senff, Damenwäschefabrikant

Das Mädchen ohne Pyjama (BRD)
Regie: Hans Quest
Mit Elma Karlowa, Christiane Maybach, Oskar Sima, Bert Fortell, Alice Treff, Erika von Thellmann
R: Dr. Engelbert Moll

1958
Mikosch, der Stolz der Kompanie (BRD; Titel in Österreich: »Der k. u. k. Manöverschreck«)
Regie: Rudolf Schündler
Mit Walter Gross, Kurt Großkurth, Franz Muxeneder, Erwin Strahl, Paul Westermeier, Gisela Schlüter, Renate Ewert, Hans Olden, Karl Lieffen, Fritz Muliar
R: Ferdinand Strampfl

Münchhausen in Afrika (BRD; neuer Titel: »Unser Pauker ist der beste«)
Regie: Werner Jacobs; Musik: Heinz Gietz
Mit Peter Alexander, Anita Gutwell, Franz Muxeneder
R: Bill

Mein Mädchen ist ein Postillon (BRD; neuer Titel: »Das Posthaus im Schwarzwald«)
Regie: Rudolf Schündler
Mit Rudolf Lenz, Christine Görner, Ellen und Alice Kessler, Walter Gross, Willy Reichert, Eddi Arent
R: Dr. Richard Hebele, Hofdichter

Zauber der Montur (Titel in BRD: »Wenn Mädchen ins Manöver zieh'n«)
Regie: Rudolf Schündler
Mit Harald Juhnke, Christine Görner, Maria Sebaldt, Grethe Weiser, Franz Muxeneder, Hans Olden, Rolf Olsen
R: Leopold Eppeseder

Gräfin Mariza (BRD)
Nach der Operette von Emmerich Kálmán – Julius Brammer / Alfred Grünwald

Regie: Rudolf Schündler; Musikalische Bearbeitung: Bruno Uher
Mit Rudolf Schock, Christine Görner, Renate Ewert, Hans Moser, Annie
Rosar, Ellen und Alice Kessler
R: Koloman Zupan

1959
Mikosch im Geheimdienst (neuer Titel in BRD: »Drei Voll-Idioten«)
Regie: Franz Marischka
Mit Kurt Großkurth, Walter Gross, Renate Ewert, Franz Muxeneder, Eddi
Arent, Helmut Qualtinger, Hans Olden, Josef Egger
R: Mikosch

12 Mädchen und 1 Mann
Nach dem Bühnenstück »Die Gangster von Valencia« von Wolfgang Ebert
Regie: Hans Quest
Mit Toni Sailer, Margit Nünke, Joe Stöckel, Ernst Waldbrunn, Gerlinde
Locker, Susanne Cramer
R: Anderl Seidl, Hilfsgendarm

1960
Eine Nacht in Monte Carlo / Ça peut toujours servir (BRD/Frankreich)
Regie: Georg Jacoby
Mit Eddie Constantine, Marion Michael, Gunnar Möller, Barbara Laage,
Dominique Wilms, Albert Prejean, Viktor de Kowa
R: Dr. Swaart

Ich zähle täglich meine Sorgen (BRD)
Nach einer Novelle von Herbert B. Fredersdorf
Regie: Paul Martin
Mit Peter Alexander, Ingeborg Schöner, Loni Heuser, Paul Esser
R: Teddy Quick

Im weißen Rößl (Österreich/BRD)
Nach dem gleichnamigen Singspiel von Ralph Benatzky – Hans Müller
Regie: Werner Jacobs
Mit Peter Alexander, Waltraut Haas, Adrian Hoven, Karin Dor, Werner Finck,
Estella Blair, Rudolf Carl, Hugo Lindinger
R: Sigismund Sülzheimer

Das Dorf ohne Moral
Regie: Rudolf Zehetgruber
Mit Paul Löwinger, Liesl Löwinger, Bruno Dallansky, Loni Heuser, Hanne-
lore Bollmann, Adi Berger
R: Ober

O sole mio (BRD)
Regie: Paul Martin

Mit Senta Berger, Jerome Courtland, Angèle Durand, Trude Herr, Rex Gildo, Vico Torriani
R: Albekian, Ölboß

1961
Kauf dir einen bunten Luftballon (Österreich/BRD)
Regie: Geza von Cziffra; Musik: Anton Profes, Michael Jary
Mit Toni Sailer, Ina Bauer, Oskar Sima, Heinz Erhardt, Walter Gross, Ruth Stephan, Ernst Stankowski, Katharina Mayberg, Paul Hörbiger, Ralf Wolter
R: Mief, Trabrennstallbesitzer

Die Abenteuer des Grafen Bobby
Regie: Geza von Cziffra
Mit Peter Alexander, Adrienne Gessner, Vivi Bach, Susi Nicoletti, Oskar Sima, Hubert von Meyerinck, Boy Gobert, Fritz Muliar, Alma Seidler, Rolf Olsen
R: Baron Mucki von Kalk

Ach Egon! (BRD)
Nach dem Schwank »Hurra, ein Junge« von Franz Arnold und Ernst Bach
Regie: Wolfgang Schleif
Mit Heinz Erhardt, Corny Collins, Adrian Hoven, Grethe Weiser, Ruth Stephan, Hans Richter, Rudolf Vogel
R: Dr. Waldemar Weber

Mariandl
Nach dem Bühnenstück »Der Hofrat Geiger« von Martin Costa
Regie: Werner Jacobs
Mit Conny Froboess, Rudolf Prack, Waltraut Haas, Peter Weck, Susi Nicoletti, Hugo Gottschlich, Hans Moser
R: Gustl Pfüller

Blond muß man sein auf Capri (BRD)
Regie: Wolfgang Schleif
Mit Karin Baal, Helmut Lohner, Maurizio Arena, Alice Treff, Inge Meysel, Karl Schönböck, Hans Nielsen, Ruth Stephan, Ernst F. Fürbringer, Willi Rose
R: Eddi Schulze

Ein Stern fällt vom Himmel (Österreich/BRD)
Regie: Geza von Cziffra; Musik: Heino Gaze
Mit Toni Sailer, Ina Bauer, Susi Nicoletti, Ruth Stephan, Rolf Olsen, Hans Olden, Heribert Meisel und der Wiener Eisrevue
R: Willy Barsch, Sportveranstalter

Vor Jungfrauen wird gewarnt
Regie: Otto Ambros
Mit Heinz Conrads, Fritz Muliar, Gustl Stark-Gstettenbaur, Rudolf Carl, Wondra & Zwickl, Erich Padalewsky, Peter Gerhard, Gretl Schörg, Else

Raumbausek, Gretl Löwinger, Liesl Löwinger, Sissy Löwinger, Marianne Schönauer
R: Schibuschinsky

Saison in Salzburg
Nach der Operette von Fred Raymond – Max Wallner / Kurt Feltz
Regie: Franz J. Gottlieb
Mit Peter Alexander, Waltraut Haas, Ingeborg Schöner, Gunnar Möller, Loni Heuser, Richard Romanowsky, Oskar Sima, Beppo Brem, Peter Vogel
R: Schauspieler

Unsere tollen Tanten
Regie: Rolf Olsen
Buch: *Gunther Philipp*, Rolf Olsen
Mit Vivi Bach, Evi Kent, Sieglinde Thomas, Trude Herr, Gus Backus, Bill Ramsey, Udo Jürgens, Lotte Lang, Hannelore Bollmann, Walter Müller, Kurt Großkurth, Ernst Waldbrunn, Franz Muxeneder
R: Max

1962
Die Fledermaus
Nach der Operette von Johann Strauß – Henri Meilhac / Ludovic Halévy
Regie: Geza von Cziffra
Mit Peter Alexander, Marianne Koch, Marika Rökk, Willy Millowitsch, Oskar Sima, Susi Nicoletti, Rudolf Carl, Boy Gobert, Hans Moser
R: Pista von Bundassy

Unter Wasser küßt man nicht
Regie: Erich Heindl; Künstlerische Oberleitung: Rolf Olsen
Mit Evi Kent, Gerry Hytha, Rolf Olsen, Herbert Prikopa
R: Kurt Blitz, Privatdetektiv

Türkische Gurken (BRD)
Regie: Rolf Olsen; Buch: Rolf Olsen, Peter Loos, *Gunther Philipp*
Mit Oskar Sima, Susi Nicoletti, Ruth Stephan, Walter Gross, Hubert von Meyerinck, Ernst Waldbrunn, Gabriela, Lil Babs
R: Siegfried König, Zahnarzt

Das süße Leben des Grafen Bobby
Regie: Geza von Cziffra
Mit Peter Alexander, Ingeborg Schöner, Margitta Scherr, Oskar Sima, Rolf Olsen, Fritz Muliar, Krista Stadler, Peter Machac, Bill Ramsey
R: Mucki

Verrückt und zugenäht (BRD)
Regie: Rolf Olsen

Mit Vivi Bach, Peter Kraus, Rudolf Platte, Kurt Großkurth, Ursula Herking, Evi Kent, Oskar Sima, Walter Gross, Karl Lieffen, Beppo Brem, Siw Malmkvist
R: Valentin Zwirn / Ferdinand Zwirn

Das ist die Liebe der Matrosen
Regie: Franz Antel
Mit Gerhard Riedmann, Ursula Borsodi, Hannelore Auer, Hans Olden, Michael Cramer, Franz Muxeneder, Susi Nicoletti, Rudolf Carl
R: Bertl Stowasser

Hochzeitsnacht im Paradies
Nach der Operette von Friedrich Schröder – Heinz Hentschke
Regie: Paul Martin
Mit Peter Alexander, Marika Rökk, Waltraut Haas, Hubert von Meyerinck, Fred Liewehr, Rudolf Carl, Alice und Ellen Kessler
R: Felix Bröckelmann, Impresario

Almost Angels (USA 1962; deutscher Titel: »Ein Gruß aus Wien«)
Regie: Steve Previn
Mit Peter Weck, Sean Scully, Hans Holt, Fritz Eckhardt, Bruni Löbel, Denis Gilmore
R: Radiosprecher

Mariandls Heimkehr
Regie: Werner Jacobs; Musik: Johannes Fehring
Mit Conny Froboess, Waltraut Haas, Rudolf Prack, Peter Weck, Hans Moser, Susi Nicoletti, Sieghardt Rupp
R: Gustl Pfüller

Nachts ging das Telefon (BRD)
Regie: Geza von Cziffra
Mit Ingrid Andree, Günther Pfitzmann, Leonard Steckel, Elke Sommer, Loni Heuser, Walo Lüönd
R: Waldemar Meineke

Die lustige Witwe
Nach der Operette von Franz Lehár – Victor Léon / Leo Stein
Regie: Werner Jacobs
Mit Peter Alexander, Karin Hübner, Geneviève Cluny, Ernst Waldbrunn, Peter Machac, Paula Elges
R: Hugo

1963
Unsere tollen Nichten
Regie: Rolf Olsen
Mit Kurt Großkurth, Gus Backus, Udo Jürgens, Vivi Bach, Ruth Stephan, Evi

Kent, Irene Mann, Hannelore Auer, Oskar Sima, Paul Hörbiger, Rudolf Carl, Hans Richter, Gerhard Wendland, Rex Gildo
R: Max Rettich

Der Musterknabe
Regie: Werner Jacobs
Mit Peter Alexander, Conny Froboess, Gusti Wolf, Adrienne Gessner, Peter Machac, Theo Lingen
R: Dr. Erwin Berthold

Mit besten Empfehlungen
Nach dem gleichnamigen Bühnenstück von Hans Schubert
Regie: Kurt Nachmann
Mit Georg Thomalla, Adrian Hoven, Trude Herr, Paul Dahlke, Mady Rahl, Wera Frydtberg, Oskar Sima
R: Otto Alhoys

Ist Geraldine ein Engel?
Nach dem gleichnamigen Bühnenstück von Hans Jaray
Regie: Steve Previn
Mit Conny Froboess, Peter Weck, Vilma Degischer, Ivan Desny, Maxi Böhm, Herbert Fux
R: Onkel Viktor

Im singenden Rößl am Königssee
Regie: Franz Antel; Buch: Kurt Nachmann, *Gunther Philipp*
Mit Peter Weck, Waltraut Haas, Ingeborg Schöner, Oskar Sima, Trude Herr, Paul Hörbiger, Rolf Olsen, Paul Löwinger, Adi Berber
R: Strake

... denn die Musik und die Liebe in Tirol (BRD)
Regie: Werner Jacobs
Mit Vivi Bach, Claus Biederstaedt, Corny Collins, Hannelore Auer, Trude Herr, Hubert von Meyerinck, Gus Backus, Franz Muxeneder sowie Elke Sommer, Peppino di Capri
R: Petunius, Unterhaltungsboß vom Fernsehen

1964
Schwejk's Flegeljahre
Nach Novellen von Jaroslav Hašek
Regie: Wolfgang Liebeneiner
Mit Peter Alexander, Rudolf Prack, Lotte Ledl, Hannelore Auer, Susi Nicoletti, Erwin Strahl, Franz Muxeneder, Hans Unterkircher, Hugo Gottschlich
R: Loschek, Profos

Die ganze Welt ist himmelblau (zweiter Titel: »Rote Lippen soll man küssen«)
Regie: Franz Antel

Mit Johanna Matz, Peter Weck, Gustav Knuth, Sabine Sesselmann, Peter Vogel, Evi Kent, Trude Herr, Paul Hörbiger, Rudolf Carl, Alma Seidler, Egon von Jordan sowie mit Vico Torriani, Eddie Constantine
R: Burian

Unsere tollen Tanten in der Südsee
Regie: Rolf Olsen
Mit Gus Backus, Udo Jürgens, Kurt Großkurth, Barbara Frey, Ruth Stephan, Chris Howland, Trude Herr, Adi Berber
R: Max Rettich

Hilfe, meine Braut klaut
Regie: Werner Jacobs
Mit Peter Alexander, Conny Froboess, Elfriede Irrall, Fred Liewehr, Guggi Löwinger, Kurt Heintel, Rudolf Carl, Guido Wieland, Peter Gerhard, Rudolf Vogel
R: Gustav Notnagel

Jetzt dreht die Welt sich nur um dich
Regie: Wolfgang Liebeneiner
Mit Gitte, Rex Gildo, Gustav Knuth, Ruth Stephan, Mara Lane, Hans Söhnker, Claus Biederstaedt, Evi Kent
R: Stefan Vogt

Die große Kür (Österreich/BRD)
Regie: Franz Antel
Mit Peter Kraus, Marika Kilius und Hans-Jürgen Bäumler, Paul Hörbiger, Mady Rahl, Marte Harell, Wolf Albach-Retty, Heinz Erhardt und der Wiener Eisrevue
R: Tommy Toifel, Manager

Happy-End am Attersee (Österreich/BRD, zweiter Titel: »Happy-End am Wörthersee«)
Regie: Hans Hollmann
Mit Waltraut Haas, Rudolf Prack, Evi Kent, Peter Kraus, Paul Hörbiger, Melanie Horeschovsky
R: Walther von Peterjahn

Liebesgrüße aus Tirol
Regie: Franz Antel
Mit Peter Weck, Gitte, Margit Nünke, Josef Egger, Franz Muxeneder, Mady Rahl, Rudolf Schündler, Grethe Weiser, Bill Ramsey
R: Joshua Graham

1965
... und sowas muß um acht ins Bett (Österreich/BRD)
Regie: Werner Jacobs

Mit Peter Alexander, Gitte, Ingeborg Schöner, Loni Heuser, Peter Gerhard, Lotte Lang, Rudolf Vogel
R: *Dr. Arthur Schäfer*

Ein Ferienbett mit 100 PS (BRD)
Regie: Wolfgang Becker
Mit Vivi Bach, Dietmar Schönherr, Ann Savo, Hans Clarin, Elma Karlowa, Franz Otto Krüger, Franz Muxeneder, Josef Egger, Walter Müller
R: *Polizist*

1000 Takte Übermut (BRD)
Regie: Ernst Hofbauer
Mit Vivi Bach, Rex Gildo, Hannelore Auer, Edith Hancke, Harry Hardt, Gus Backus, Adi Berber, Elke Sommer
R: *Felix Glücklich*

Tante Frieda – Neue Lausbubengeschichten (BRD)
Nach Ludwig Thoma
Regie: Werner Jacobs
Mit Hansi Kraus, Elisabeth Flickenschildt, Heidelinde Weis, Friedrich von Thun, Gustav Knuth, Käthe Braun, Hans Quest, Fred Liewehr, Michael Hinz, Rudolf Rhomberg, Beppo Brem, Rudolf Schündler
R: *Inspektor Dirmhirn*

1966
Graf Bobby, der Schrecken des Wilden Westens
(Österreich/Jugoslawien)
Regie: Paul Martin
Mit Peter Alexander, Olga Schoberova, Hanne Wieder, Elisabeth Markus
R: *Mucki*

Das sündige Dorf (BRD)
Nach dem Bühnenstück von Max Neal
Regie: Werner Jacobs
Mit Hans-Jürgen Bäumler, Hannelore Auer, Michl Lang, Franz Muxeneder, Ruth Stephan, Beppo Brem, Hubert von Meyerinck
R: *Korbinian*

00 Sex am Wolfgangsee
Regie: Franz Antel
Mit Waltraut Haas, Hans-Jürgen Bäumler, Erwin Strahl, Helga Anders, Rolf Olsen, Franz Muxeneder, Paul Löwinger
R: *Eberhard*

1967
Das große Glück
Regie: Franz Antel

Mit Marika Kilius, Hans-Jürgen Bäumler, Uschi Glas, Scilla Gabel, Theo Lingen, Edith Hancke, Dunja Rajter, Toni Sailer, Franz Muxeneder, Gerd Vespermann und der Wiener Eisrevue
R: *Wallace, Manager*

Heubodengeflüster (BRD; neuer Titel: »Heubodengeflüster in Oberbayern«)
Regie: Rolf Olsen
Mit Peter Carsten, Ralf Wolter, Trude Herr, Ann Smyrner, Paul Löwinger, Christiane Rücker, Kurt Großkurth, Willy Millowitsch, Trude Marlen
R: *Blasius Schantl*

Wiener Schnitzel
Regie: Otto Ambros, Hans Herbert, Paul Löwinger
Besetzung: siehe **Vor Jungfrauen wird gewarnt** (1961)
Ein Großteil des genannten Films wurde in eine Rahmenhandlung eingebettet und in Sketches aufgelöst.
R: *Schibuschinsky*

Susanne – Die Wirtin von der Lahn / I dolci vizi della casta Susanna / Suzanne (Österreich/Italien/Ungarn; Titel in der BRD: »Die Wirtin von der Lahn«)
Regie: Franz Antel
Mit Terry Torday, Pascale Petit, Harald Leipnitz, Claus Ringer, Hannelore Auer, Jacques Herlin, Oskar Sima, Mike Marshall
R: *Wendich*

Paradies der flotten Sünder (BRD)
Regie: Rolf Olsen
Mit Willy Millowitsch, Paul Löwinger, Herbert Hisel, Georg Corten, Hans-Jürgen Bäumler, Angelica Ott
R: *Paul*

Otto ist auf Frauen scharf (Österreich/BRD)
Regie: Franz Antel
Mit Dietmar Schönherr, Terry Torday, Hubert von Meyerinck, Willy Millowitsch, Heinz Erhardt, Beppo Brem, Franz Muxeneder, Marte Harell, Mady Rahl, Edith Hancke
R: *Otto Zander*

1969
Das Go-go-Girl vom Blow-up (BRD/Schweiz)
Regie: Rolf Olsen
Mit Eddi Arent, Beppo Brem, Ann Smyrner, Fritz Wepper
R: *Conny Angel*

Charley's Onkel (BRD)
Regie: Werner Jacobs
Mit Gila von Weitershausen, Karl-Michael Vogler, Heidy Bohlen, Gustav Knuth, Willy Millowitsch, Rudolf Platte, Karel Gott, Ralf Wolter, Hubert von Meyerinck, Heinz Erhardt, Edith Hancke, Ingo Insterburg, Erna Sellmer, Andrea Rau, Rudolf Schündler, Loni Heuser
R: Dr. Krusius

Il Nero – Haß war sein Gebet / L'odio è il mio dio (BRD/Italien; Anmerkung: Der Film war schon 1967 abgedreht.)
Regie: Claudio Gora
Mit Tony Kendall, Marina Berti, Carlo Giordana, Claudio Gora, Herbert Fleischmann, Herbert Fux
R: Richter Edward Smith

Ludwig auf Freiersfüßen (BRD)
Regie: Franz Seitz jr.
Mit Hansi Kraus, Harald Juhnke, Kristina Nel, Käthe Braun, Bruno Hübner, Ernst F. Fürbringer, Ludwig Schmid-Wildy
R: Inspektor Dirmbirn
Anmerkung: G. P. ist in Rückblenden aus »Tante Frieda – Neue Lausbuben-geschichten« (1965) zu sehen.

1970
Wenn die tollen Tanten kommen (BRD)
Regie: Franz J. Gottlieb
Mit Rudi Carrell, Ilja Richter, Hubert von Meyerinck, Andrea Rau, Doris Kirchner
R: Poldi

Frau Wirtin treibt es jetzt noch toller (Österreich/BRD)
Regie: Franz Antel
Mit Terry Torday, Glenn Saxon, Paul Löwinger, Fritz Muliar, Harald Dietl, Herbert Hisel, Dolores Schmidinger, Jacques Herlin
R: Graf Seibersdorf

Musik, Musik – da wackelt die Penne (BRD; Titel in Österreich: »Musik, Musik – da wackeln die Bänke«)
Regie: Franz Antel
Mit Hansi Kraus, Chris Roberts, Mascha Gonska, Ilja Richter, Rudolf Schündler, Paul Löwinger, Jacques Herlin, Siegfried Schürenberg
R: Stich

1971
Mein Vater, der Affe und ich (Österreich/BRD)
Regie: Franz Antel
Mit Gerhart Lippert, Mascha Gonska, Paul Löwinger, Heinz Reincke, Terry Torday, Lotte Ledl, Fritz Muliar, Eva Maria Meineke
R: Dr. Felix Grimm, Professor für Verhaltensforschung

Das haut den stärksten Zwilling um (BRD)
Regie: Franz J. Gottlieb
Mit Peter Weck, Gerlinde Locker, Herbert Fux, Christine Schuberth, Ilja Richter, Karl Schönböck, Peggy March, Beppo Brem, Michaela May, Corinna Genest, Alexander Grill, Peter Weck, Peter Maffay, Marianne Mendt
R: Heinrich Kletter

Tante Trude aus Buxtehude (BRD)
Regie: Franz J. Gottlieb
Mit Rudi Carrell, Ilja Richter, Mascha Gonska, Chris Roberts, Theo Lingen, Ann Smyrner, Herbert Fux, Alexander Grill, Rudolf Schündler, Ralf Wolter, Toni Sailer, Doris Kirchner
R: Dr. Leid, Psychiater

Einer spinnt immer (Österreich/BRD)
Regie: Franz Antel
Mit Georg Thomalla, Terry Torday, Ralf Wolter, Jacques Herlin, Herbert Fux, Franz Muxeneder, Uwe Friedrichsen
R: Hammerschlag

Wenn mein Schätzchen auf die Pauke haut (BRD)
Regie: Peter Weck
Mit Uschi Glas, Roy Black, Theo Lingen, Ilja Richter, Christian Wolff, Peter Weck, Paul Löwinger, Rolf Wanka, Jochen Brockmann
R: Dr. Kellermann

Die tollen Tanten schlagen zu (BRD)
Regie: Franz J. Gottlieb
Mit Rudi Carrell, Ilja Richter, Theo Lingen, Hansi Kraus, Mascha Gonska, Trude Herr, Gretl Schörg, Klaus Wildbolz, Jane Tilden, Jacques Herlin
R: Bruno Kargel

Rudi, benimm dich! (BRD)
Regie: Franz J. Gottlieb
Mit Rudi Carrell, Anita, Chris Roberts, Angelica Ott, Doris Kirchner, Lotte Ledl
R: Sebastian Hill

Die Kompanie der Knallköpfe (BRD)
Regie: Rolf Olsen
Mit Eddi Arent, Ilja Richter, Kurt Nachmann, Ruth Stephan, Mascha Gonska, Hansi Kraus, Christiane Rücker, Rudolf Schündler, Roger Fritz, Ilse Peternell, Alexander Grill
R: Quirin Hinterbichler

1972
Außer Rand und Band am Wolfgangsee (Österreich/BRD)
Regie: Franz Antel
R: Finanzbeamter

Mit Heidi Hansen, Paul Löwinger, Waltraut Haas, Michael Schanze, Jutta Speidel, Hansi Kraus, Ralf Wolter, Hannelore Auer
R: Finanzbeamter

1974

Zwei im siebenten Himmel (BRD; neuer Titel: »Zwei himmlische Dickschädel«)
Regie: Siggi Götz
Mit Bernd Clüver, Peter Orloff, Alexander Grill, Barbara Nielsen, Heinrich Schweiger, Franz Schafheitlin
R: Strobl, Gendarmerie-Inspektor

1975

Der Geheimnisträger (BRD)
Regie: Franz J. Gottlieb; Musik: Mikis Theodorakis
Mit Willy Millowitsch, Sybill Danning, Brigitte Mira, Hansi Kraus, Jutta Speidel, Theo Lingen, Eddi Arent, Heinz Reincke
R: Drusus Malz

1982

Piratensender Powerplay (BRD)
Regie: Siggi Götz
Mit Thomas Gottschalk, Mike Krüger, Evelyn Hamann, Rainer Basedow, Ralf Wolter
R: Dr. Müller-Hammeldorf

Banana Joe (Italien/BRD)
Regie: Steno
Mit Bud Spencer, Marina Langner, Gianfranco Barra, Enzo Garinei
R: Sarto

Ein dicker Hund (BRD)
Regie: Franz Marischka
Mit Tommi Ohrner, Willy Millowitsch, Rainer Basedow, Anja Schüte, Helga Feddersen, Herbert Fux
R: Eduard von Bittermagen

1983

Plem, plem – die Schule brennt (BRD)
Regie: Siggi Götz
Mit Tommi Ohrner, Sybille Rauch, Helga Feddersen, Monika Kälin, Herbert Fux, Jacques Herlin
R: Schuldirektor

Laß das – ich hass' das (BRD)
Regie: Horst Hächler
Mit Beatrice Richter, Michael Schanze, Karl Lieffen, Ralf Wolter, Katja Wolf
R: Direktor Päffgen

Fernsehen

(Fernsehfilme und -serien, Aufzeichnungen
von Theateraufführungen und andere TV-Arbeiten –
soweit feststellbar)

Zusammengestellt von Peter Spiegel

BR = Bildregie, R = Rolle Gunther Philipp, DB = Drehbuch, FB =
Fernsehbearbeitung, OT = Originaltitel

Meine Frau heißt Julius. Musikalischer Schwank
von Rolf Olsen, Peter Wehle nach dem Schwank
»Familie Hahnemann« von Max Reimann und Otto
Schwartz; Musik: Peter Wehle. Regie: Rolf Olsen. Mit
Rolf Olsen, Gerhard Wendland, Evi Kent, Ilse Peter-
nell, Gretl Löwinger
R: Julius Oleander, Schauspieler

7. 4. 1958 FS 1
(ORF)
Aufzeichnung einer
Aufführung der
Löwinger-Bühne im
Renaissance-Theater
Wien

Eduard III. Ein Schwank von Peter Loos nach
»Mein Vetter Eduard« von Fritz Friedmann-Frede-
rich und Ralph Arthur Roberts; Regie: Peter Loos.
Mit Alfred Böhm, Marianne Schönauer, Else Ram-
bausek, Fritz Heller, Rudolf Carl
R: Eduard I. / Eduard II. / Eduard III.

10. 3. 1961 FS 1
(ORF)
Aufzeichnung einer
Aufführung der
Löwinger-Bühne im
Renaissance-Theater
Wien

Lauf doch nicht splitternackt herum. Farce von
Georges Feydeau (OT: »Mais te ne promène donc
pas toute nue!«). Regie: Peter Loos. Mit Christiane
Rücker, Heinz Baumann, Wolfgang Jansen, Fritz
Korn
R: Ventroux, Abgeordneter

6. 9. 1969 SDR 1
(ARD)

F.B.I. (Francesco Bertolazzi investigatore)
Mit Ugo Tognazzi in der Titelrolle
Gunther Philipp wirkte in einer Gastrolle in der
Folge »Una notte americana« mit.

1970 RAI

Spiel nicht mit kleinen Mädchen. Lustspiel von Jacques Deval; FB und Regie: Peter Loos; BR: Heribert Wenk. Mit Hans Künster, Hubertus Durek, Christiane Rücker, Elisabeth Stiepl
R: Raoul Sautelle, Modeschöpfer

11. 10. 1972 ZDF
Aufzeichnung einer
Aufführung des
Theaters am Dom
Köln

Die große Glocke. Satirisches Kabarett von Gerhard Bronner. 11. Folge
R: Fußballtrainer

27. 10. 1970 ORF

Cabaret, Cabaret. Kabarettistische Revue von Martin Floßmann, Friedrich Hollaender, Roland Knie, Fritz Riha, Sepp Tatzel, Peter Wehle. Musik und musikalische Leitung: Michael Danzinger. Regie: Jochen Bauer. Mit Alfred Böhm, Dolores Schmidinger, Kurt Sobotka, Martin Floßmann, Hans Harapat, Tamara Stadnikow
R: Roulettespieler, Arzt u. a.

17. 8. 1974 FS 1
(ORF)

Hochzeitsnacht im Paradies. FB: Hans Borgelt nach der gleichnamigen Operette von Friedrich Schröder/Heinz Hentschke; MB: Rudolf Kühn. Regie: Thomas Engel. Mit Johannes Heesters, Karin Dor, Uwe Friedrichsen, Barbara Schöne, Marlène Charell, Theo Lingen, Ekkehard Fritsch, Edith Hancke, Achim Strietzel, Jürgen Feindt
R: Dajos Lajos Földesy

24. 10. 1974 ZDF
(WDR/ZDF)

Verrückte Geschichten. Heiteres und Seltsames mit Gunther Philipp von Michael Baier (unter Mitarbeit von Gunther Philipp). Regie: Joachim Hess. Mit Marlene Appelt, Beppo Brem, Karl Lieffen, Hans Jürgen Diedrich, Edith Hancke, Herbert Fux, Jochen Brockmann
R: Ein Mensch wie du und ich

22. 7. 1975 FS 1
(ORF)

Spaß und Musik. Verrückte Geschichten um die Liebe mit Gunther Philipp und Eddi Arent. Regie: Dieter Wendrich. Mit Marianne Mendt, Margot Werner, Heidi Stroh
R: diverse Rollen

15. 7. 1976 ZDF

G'schichten über Bürokraten. Boshafte Bemerkungen über einen Typ. Eine satirische Unterhaltungssendung. DB: Edgar Böhm, Otto Grünwald, Christian Fuchs, Fritz Grünbaum, Erwin Steinhauer, Toni Schneeweis, Armin Thurnherr, Kurt Tucholsky. Mit Michaela Rosen, Kurt Sowinetz, Otto Grünwald
R: *diverse Rollen*

9. 5. 1978 FS 1 (ORF)

G'schichten über Urlauber. Boshafte Bemerkungen über einen Typ von Reinhard Tramontana. Regie: Herbert Fux. Mit Ossy Kolmann u. a.
R: *Hans Dampf, der Totalurlauber*

6. 9. 1978 FS 1

Der Klamottenprozeß. Regie: Peter Lodynski. Kompilationsfilm mit Ausschnitten aus Filmen mit Gunther Philipp und mit einer Rahmenhandlung, in der Gunther Philipp sich vor einem fiktiven Gericht wegen Klamottenspiels verantworten muß

9. 7. 1983 FS 1 (ORF)

Der Paragraphenwirt. 3. Folge einer 13teiligen TV-Serie von Horst Pillau: »Das Testament«. Regie: Thomas Fantl. Mit Hans Clarin, Lotti Krekel, Caroline von Bergen, Gerd Vespermann, Martin Jente
R: *Ernst-Günter Stroltz, Erbonkel*

18. 3. 1983 ZDF

So lebten sie alle Tage. 3. Folge eines 5teiligen Fernsehfilms von Wolfgang Menge. Regie: Ulrich Schamoni. Mit Horst Bollmann, Stefan Wigger, Margret Homeyer, Roswitha Schreiner sowie mit Willy Millowitsch, Hans Clarin
R: *Clerici*

18. 3. 1984 ARD

Ein Yoghurt für zwei. Ein Schwank von Stanley Price (OT: »The starving rich«). Deutsch: Peter Goldbaum; FB: Franz und Georg Marischka. Regie: Georg Marischka; BR: Hans Sommerfeld. Mit Isabella Ott, Peter Fricke, Harry Tagore, Monica Kaufmann
R: *Amadeus Fischer*

14. 7. 1984 ARD
Aufzeichnung einer Aufführung des Theaters am Dom Köln

Heiße Wickel – kalte Güsse. 5. Folge der 13teiligen TV-Serie von Georg Lohmeier. Regie: Franz J. Gottlieb. Mit Willy Harlander, Franz Muxeneder, Olivia Pascal, Eva Astor, Hugo Lindinger, Waltraut Haas
R: Simon Neudecker

25. 9. 1984 ZDF

Urlaub auf italienisch. 3. Folge der 7teiligen TV-Serie von Sven Severin und Klaus Brandt. Regie: Sigi Rothemund. Mit Stefan Behrens, Franziska Oehme, Pierre René-Müller, Christina Plate, Ingrid Steeger, Bruni Löbel, Kristina Nel, Elisabeth Volksmann, Helmut Förnbacher, Herbert Fux
R: Fernando

3. 9. 1986 ZDF

Sein bester Freund. Komödie von William Douglas-Home (OT: »A friend in need«). Regie: Helmuth Froschauer, BR: Hans Sommerfeld. Mit Arno Görke, Karyn von Ostholt, Christina Gattys, Monica Kaufmann
R: Sir John Holt

4. 10. 1986 ARD
Aufzeichnung einer
Aufführung des
Theaters am Dom
Köln

Namenregister

Achternbusch, Herbert 290
Aigner, Ludwig 40, 42
Albach-Retty, Wolf 156f.
Albers, Hans 114, 204
Alexander, Georg 160
Alexander, Hilde 95f.
Alexander, Ilse 160
Alexander, Peter 95, 145, 157, 180, 193, 197, 199f., 205, 239, 244, 263
Alfieri (Ingenieur) 255
Ander, Otto 23
Andree, Ingrid 161
Annast, Gustl 137, 143ff., 152, 159, 221
Antel, Franz 133ff., 155ff., 165, 173, 182, 191, 309ff.
Arnold, Franz 264
Arnold, Fredy 192
Artmann, H. C. 225

Bach, Ernst 264
Bachem, Bele 168
Bacher, Gerd 258
Bäumler, Hans-Jürgen 292
Bahr, Hermann 63, 65, 106
Balke, Jochen 46
Balser-Eberle, Vera 59
Bardi-Barry, Kurt 241
Bauernfeld, Eduard von 63
Baumbauer, Erna 160f., 189f.
Baumbauer, Frank 160
Bayer (Aufnahmeleiter) 127
Becker, Maria 57
Becker (Radiofabrikant) 239
Begum Aga Khan 182
Bekeffi, Ladislaus 180
Berger, Gerhard 257
Berger, Senta 206
Berghe von Trips, Graf 241, 243
Berlin, Achim 169, 183
Berndt, Hilde 146f.
Bertetti (Schwimmer) 51
Berti, Marina 213
Biancini, Liliana 213, 218
Bläck Fööß 268
Böhler, Lorenz 76
Boothe, Clare 150
Borg, Arnö 41
Brandtner (Magister) 22
Brauner, Artur (Atze) 189ff., 237
Brauner, Maria 191
Brauner, Wolf 194
Braut, Ingrid 272, 297

Brem, Beppo 114
Breuer, Siegfried 105f., 138ff., 145, 159
Brown, Tommy 196f.
Bülow, Bibi 145
Bulanda, Iwo 185ff.
Bungert, Wilhelm 111

Caracciola, Rudolf 239
Carl, Rudolf 79, 136
Cech (Sekretärin) 61f.
Celentano, Adriano 219
Christl (Stationsschwester) 109, 137
Churchill, Winston 185
Conci-Lincolm (Hellseher) 77f., 176
Constantine, Eddie 204ff., 246
Costoli (Schwimmer) 51
Cziffra, Geza von 180ff.
Cziffra, »Schnecki« von 181

Dahlke, Paul 105
Deisinger (Gipsfabrikant) 130
Dollfuß, Engelbert 48
Dor, Karin 297
Dostal, Nico 222
Douglas-Home, William 296
Durek, Inge 266, 272, 296

Eck, Anni siehe Ottavi-Cheli, Anna
Edith (Oberschwester) 109, 137
Egger-Lienz, Albin 34
Eibl, Johannes 234f.
Eichheim, Josef 114
Eigruber (Gauleiter) 86
Elizabeth II., Königin von England 185
Ernst, Max 151f.

Fangio, Juan Manuel 184
Faruk, Exkönig von Ägypten 186f.
Fassler, Hedy 124
Fehring, Johannes 157
Fellinger, Karl 76f., 81, 93, 101
Ferrari, Dino 244
Ferrari, Enzo 244f., 255
Figl, Leopold 269
Finck, Werner 148
Finkbeiner, Emma 68
Fischer, Nani 131
Fischer, O. W. 126, 128, 130f.
Fischer-Ashley, Hellmuth 139
Fleischmann, Herbert 213
Förster, Leo 114
Follmer, George 256